权威·前沿·原创

皮书系列为
"十二五""十三五""十四五"时期国家重点出版物出版专项规划项目

BLUE BOOK

智 库 成 果 出 版 与 传 播 平 台

妇女蓝皮书
BLUE BOOK OF WOMEN

新时代中国妇女发展报告
（2024）

REPORT ON THE DEVELOPMENT OF CHINESE WOMEN IN THE NEW ERA (2024)

妇女参与乡村振兴分析

Analysis of Women's Participation in Rural Revitalization

主　　编／刘利群　张　立
副 主 编／周应江
执行主编／魏开琼　李慧波

社会科学文献出版社
SOCIAL SCIENCES ACADEMIC PRESS (CHINA)

图书在版编目（CIP）数据

新时代中国妇女发展报告 . 2024：妇女参与乡村振兴分析 / 刘利群，张立主编；周应江副主编；魏开琼，李慧波执行主编 . -- 北京：社会科学文献出版社，2025.3. -- （妇女蓝皮书）. -- ISBN 978-7-5228-4416-9

Ⅰ . D442.6

中国国家版本馆 CIP 数据核字第 20245DV323 号

妇女蓝皮书
新时代中国妇女发展报告（2024）
——妇女参与乡村振兴分析

主　　编／刘利群　张　立
副 主 编／周应江
执行主编／魏开琼　李慧波

出 版 人／冀祥德
责任编辑／陈　颖
责任印制／岳　阳

出　　版／社会科学文献出版社·皮书分社（010）59367127
　　　　　地址：北京市北三环中路甲29号院华龙大厦　邮编：100029
　　　　　网址：www.ssap.com.cn
发　　行／社会科学文献出版社（010）59367028
印　　装／天津千鹤文化传播有限公司

规　　格／开　本：787mm×1092mm　1/16
　　　　　印　张：25.75　字　数：424千字
版　　次／2025年3月第1版　2025年3月第1次印刷
书　　号／ISBN 978-7-5228-4416-9
定　　价／188.00元

读者服务电话：4008918866

▲ 版权所有 翻印必究

《新时代中国妇女发展报告（2024）》
编　委　会

主　　编　刘利群　张　立

副 主 编　周应江

执 行 主 编　魏开琼　李慧波

编委会成员　刘利群　张　立　张李玺　周应江　赵　浩
　　　　　　魏开琼　李慧波

本 书 作 者　（按文序）
　　　　　　张　立　高秀娟　李慧波　刘　超　魏开琼
　　　　　　李奕霆　王宇霞　吴惠芳　左　玲　蔡双喜
　　　　　　李泓贝　石　鑫　高　凌　杨一帆　周志飞
　　　　　　胡秀琴　管墨霏　周晓琴　侯雪铁　高　歌
　　　　　　包兴亚　齐立格尔　张　静　杨江华
　　　　　　数字木兰女性公益研究小组　袁　玲

主编简介

刘利群 博士,中华女子学院(全国妇联干部培训学院)院长兼党委副书记、二级教授,全国妇联第十一届、十二届、十三届执委,第十三届常委。中国妇女研究会副会长,中国婚姻家庭研究会副会长,联合国教科文组织"媒介与女性"教席主持人,北京市第十六届人民代表大会代表。担任文化和旅游部国家文化和旅游公共服务专家委员会委员,教育部高等学校新闻传播学类专业教学指导委员会委员,中国女子高等院校联盟理事长。兼任中国传媒大学博士生导师。曾获"全国三八红旗手"荣誉称号。

张 立 国务院妇女儿童工作委员会办公室原副主任、一级巡视员,中华女子学院荣誉教授。主要从事妇女发展相关政策的研究制定工作。参加国务院发布的《中国妇女发展纲要(2001—2010年)》、《中国妇女发展纲要(2011—2020年)》和《中国妇女发展纲要(2021—2030年)》的编制。参加国务院新闻办公室2005年发布的《中国性别平等与妇女发展状况》白皮书、2015年发布的《中国性别平等与妇女发展》白皮书和2019年发布的《平等 发展 共享:新中国70年妇女事业的发展与进步》白皮书的起草。2003~2005年参加《中华人民共和国妇女权益保障法》修订工作,并执笔《妇女权益保障法条文释义》、《妇女权益保障法100问》和《妇女权益保障法读本》部分内容。是2016年人民出版社发行的《男女平等基本国策的贯彻与落实》一书主要编委之一。

摘　要

本报告由中华女子学院（全国妇联干部培训学院）全球女性发展研究院组织高校和科研院所的专家学者共同撰写。

本报告在梳理归纳新时代新征程性别平等与妇女全面发展取得最新进展的同时，基于所能收集到的相关性别信息资料，对妇女在乡村振兴战略中的积极参与和社会贡献进行了全面的梳理总结、评估分析并有针对性地提出了进一步促进女性人才高质量发展的策略措施。全书分为总报告、制度篇、产业篇、人才篇、地方篇、公益基金组织篇六部分。

本报告认为，在中国式现代化的征程上，男女平等的力量为新质生产力注入了强大动力，女性在乡村振兴中发挥了重要作用，为美丽乡村的建设贡献了自己的力量，成为推动社会进步的重要"半边天"。近年来，妇女在乡村振兴中的参与度和贡献显著提升，这既得益于制度政策的完善与多方力量的推动，也离不开女性自身的主动加入和积极参与。妇联组织在此过程中积极引领，通过实施一系列的政策措施，为妇女参与乡村振兴提供了有力支持，进一步激发了女性群体的活力和潜力。在农文旅融合发展、产业振兴、非遗效应以及乡村生态文明建设等多个领域，女性都展现出了独特的参与价值和新时代女性的力量。同时，女性还通过短视频等新兴媒介参与乡村振兴，展现了新的特点与潜力。乡村振兴背景下女性媒介形象的积极呈现，也反映了社会对女性角色的认可与期待。地方妇联及公益基金组织在促进乡村女性发展及参与乡村振兴方面的实践与成效，对于推动乡村女性全面发展和乡村振兴战略的深入实施具有积极意义。

展望未来，随着性别平等观念的广泛传播，妇女将有机会通过提升教育与技能水平，更积极地参与到乡村经济与社会发展的各个领域，进一步获得资源与支持，发挥自身在农业生产、手工艺、乡村旅游等方面的独特优势，成为乡村产业创新和经济增长的重要推动力。同时，随着乡村治理结构的优化，妇女在乡村规划、项目管理、文化传承与生态保护等方面将会发挥更大作用。

关键词： 乡村振兴　中国式现代化　妇女参与　妇女发展

目 录

Ⅰ 总报告

B.1 让性别平等力量为发展新质生产力注入强大动力
——中国式现代化征程上男女平等发展态势分析……… 张　立 / 001

B.2 为美丽乡村振兴贡献"她"力量
——中国式现代化征程上的"半边天"新作为 ………… 张　立 / 084

Ⅱ 制度篇

B.3 促进妇女参与乡村振兴的制度政策研究…………… 高秀娟 / 136
B.4 妇联组织引领妇女参与乡村振兴的分析报告………… 李慧波 / 158
B.5 乡村振兴背景下女性援派干部在少数民族地区的扶贫实践
——以凉山X县Z村为例 ……………………………… 刘　超 / 173

Ⅲ 产业篇

B.6 乡村旅游产业发展中女性村民参与状况报告…… 魏开琼　李奕霆 / 188
B.7 新时代返乡女性在产业振兴中的实践与思考…… 王宇霞　吴惠芳 / 209
B.8 新时代妇女参与乡村生态文明建设的成就和挑战……… 左　玲 / 224

B.9 农村女性通过短视频参与乡村振兴的作用、困境与优化路径
　　………………………………………………… 蔡双喜　李泓贝 / 241

Ⅳ 人才篇

B.10 乡村振兴与女性人才发展 ………………………… 石　鑫 / 261
B.11 乡村振兴视野下女性非遗传承人的保护和培养 …… 高　凌 / 274
B.12 乡村振兴背景下女性媒介形象呈现研究 …… 杨一帆　周志飞 / 292

Ⅴ 地方篇

B.13 四川妇女参与乡村振兴发展报告
　　………………………… 胡秀琴　管墨霏　周晓琴　侯雪轶 / 310
B.14 内蒙古自治区妇女参与乡村振兴发展报告
　　……………………………………… 高　歌　包兴亚　齐立格尔 / 330

Ⅵ 公益基金组织篇

B.15 友成基金会"香橙妈妈"乡村女性经济赋能项目案例 … 张　静 / 344
B.16 蚂蚁公益"数字木兰"计划助力乡村振兴的实践创新
　　与路径探索 …………………… 杨江华　数字木兰女性公益研究小组 / 352
B.17 姐妹乡伴：福建省乡村妇女参与乡村振兴模式探索 …… 袁　玲 / 369

Abstract ……………………………………………………………… / 379
Contents ……………………………………………………………… / 381

总报告

B.1
让性别平等力量为发展新质生产力注入强大动力

——中国式现代化征程上男女平等发展态势分析

张 立*

摘 要： 在中国式现代化进程中最大限度促进性别平等才能为发展新质生产力注入强大动能。本报告结合皮书主题"妇女参与乡村振兴分析"，围绕《中国妇女发展纲要（2021—2030年）》妇女在健康、教育、经济、参与决策和管理、社会保障、家庭建设、环境和法律8个领域的目标任务和策略措施，总结提炼新时代新征程中国男女平等与妇女全面发展取得的最新成就，数据展示中国"妇女能顶半边天"的社会价值和巾帼贡献，客观分析在高质量发展和发展新质生产力中国式现代化进程中持续推动男女平等与妇女全面发展面临的新挑战和现实障碍，提出深入推动妇女与经济社会同步发展、让男女平等力量为发展新质生产力注入强大动能的相关对策建议。

---

* 张立，国务院妇女儿童工作委员会办公室原副主任、一级巡视员，中华女子学院荣誉教授，主要研究方向为性别平等和妇女发展。

关键词： 中国式现代化　男女平等　妇女发展　新质生产力

习近平总书记指出："保障妇女儿童合法权益、促进男女平等和妇女儿童全面发展，是中国式现代化的重要内容。"① 这为在中国式现代化进程中深入落实男女平等基本国策、促进妇女事业高质量发展提供了根本遵循和行动指南。高质量发展是全面建设社会主义现代化国家的首要任务，发展新质生产力是推动高质量发展的内在要求和重要着力点。中国式现代化集中展现了新时代中国发展图景，体现了中国对现代化这一人类共同命题的不懈追求和促进人类文明进步的宽广情怀，亿万妇女既是中国式现代化建设的参与者，也是中国式现代化建设成果的享有者。保障妇女合法权益、促进妇女全面发展，才能让性别平等力量为发展新质生产力注入强大动力。妇女参与中国式现代化建设，必须具备新劳动者的能力和素养，具备知识化、专业化的创新能力，才能成为高技能人才和新劳动者主体，才能驱动高新科技化的劳动对象和劳动资料。这充分表明在中国式现代化进程中，促进男女平等发展具有重大现实意义。

一　在中国式现代化进程中男女平等与妇女全面发展的新成就

党的二十大擘画了全面建成社会主义现代化强国、以中国式现代化全面推进中华民族伟大复兴的宏伟蓝图。当前和今后一个时期，正是以中国式现代化全面推进强国建设、民族复兴伟业的关键时期。人口规模巨大是中国式现代化的本质特征，中国14亿多人口整体迈进现代化社会，艰巨性和复杂性前所未有。妇女占中国总人口的48.9%，在中国式现代化进程中推动妇女走在时代前列将是前所未有的创举。全体人民共同富裕的中国式现代化，是包括妇女在内的中国人民的共同福祉，需要着力保障和促进现代化进程中的性别平等，让发展成果更多更

---

① 《习近平在同全国妇联新一届领导班子成员集体谈话时强调：坚定不移走中国特色社会主义妇女发展道路　组织动员广大妇女为中国式现代化建设贡献巾帼力量》，中国政府网，2023年10月31日，https://www.gov.cn/yaowen/liebiao/202310/content_6912723.htm，最后检索时间：2024年8月1日。

公平惠及妇女。物质文明和精神文明相协调的中国式现代化，需要在不断夯实妇女物质幸福生活的同时，积极促进妇女全面发展，努力构建以男女平等为核心的先进性别文化，打破有碍妇女发展的落后观念和陈规旧俗，在物质文明和精神文明双向发展中促进男女平等发展。促进人与自然和谐共生的中国式现代化，需要最大限度凝聚亿万妇女奉献最优巾帼力量，做守护人类家园的担当者和引领者，并使妇女发展的自然环境更加美丽。走和平发展道路的中国式现代化，是中华文明大同世界的基因驱动，是包括亿万妇女在内的中国人民热爱和平的禀赋选择。推进中国式现代化是一项前无古人的开创性事业，只有让性别平等落到实处，才能推动妇女走在时代前列，才能最大限度激励亿万妇女为民族复兴伟业拼搏奋斗、奉献"半边天"力量。

新时代以来，国家持续推动完善实施男女平等基本国策的体制机制，2023年国务院妇女儿童工作委员会进行优化调整，由原来的35个成员单位调整为37个，增加了最高人民法院、最高人民检察院等国家机构和部门。新征程，做实做深做细妇女权益保障服务，为妇女全面发展营造环境、扫清障碍、创造条件，亿万妇女的获得感幸福感安全感不断提升，妇女发展事业取得了历史性新成就，充分彰显了习近平新时代中国特色社会主义思想的真理力量和实践伟力。"巾帼"将女性和国家连在一起，彰显出女性坚韧不拔和昂扬向上的精神力量。在2022~2023年连续2年举办的巾帼工匠论坛上，巾帼劳模工匠令人瞩目。她们之中，有串联起中国最尖端雷达核心的微电路总装师，有为中国移动通信产业实现跨越式发展作出贡献的技术研发人，还有为火箭发射平台加工零部件未有毫发之差的数控铣工……全国劳动模范、全国五一劳动奖章、全国五一巾帼标兵、大国工匠等荣誉等身的巾帼精英，积极投身各行各业火热一线，将个人梦想融入国家发展民族振兴之梦想，创造出非凡成就。[1] 2024年在纪念"三八"国际妇女节暨表彰大会上，10名全国三八红旗手标兵、300名全国三八红旗手、200个全国三八红旗集体受到表彰。[2] 其中10名全国三八红

---

[1] 《凝聚巾帼力量 绘就奋斗华章——全国总工会女职工委员会五年工作纪实》，中国工会女职工工作网，2024年4月26日，https://nzw.acftu.org/ywdd_18765/202404/t20240426_850495.html?dBuULwWO=0XoCkfGlqExzLobisFB7zRUvzv_zmbXi0eJGPFQioQuwsO70pAhSZEWZdvgORoQO5gPiICNaZwCi53bFv75M_TtEjLazNjRoY，最后检索时间：2024年8月16日。

[2] 《纪念"三八"国际妇女节暨表彰大会在京举行》，《中国妇运》2024年第3期，第7页。

旗手标兵光荣入选2024"最美巾帼奋斗者",她们是黄会林、张荣华、柯晓宾、张雨霏、苏琴、石玉莲、刘菊妍、惠敏莉、付巧妹、左莉。她们坚持以习近平新时代中国特色社会主义思想为指导,与党同心、跟党奋进,锐意进取、奋勇争先,以行动建功新时代,以奋斗创造美好生活,展现了把个人理想追求融入党和人民伟大事业中的巾帼奋进之路。有的在乡村振兴主战场拼搏实干,有的在科技创新前沿勇攀高峰,有的在竞技赛场上敢打敢拼,有的在危险紧要关头迎难而上,有的耄耋之年仍耕耘在三尺讲坛,有的为高铁安全高效运行保驾护航,有的为非遗文化传承工作贡献力量……她们以奋斗为美、以实干为荣,在各行各业创造出非凡业绩,书写出不凡人生,在新征程上谱写了无愧于时代的巾帼华章。①

本报告结合皮书主题"妇女参与乡村振兴分析",依据《中国妇女发展纲要（2021—2030年）》8个领域目标任务和策略措施阶段性实施情况,以及相关数据资料进行客观评估,对男女平等和妇女全面发展的成就进行总结评述,对新征程妇女发展面临的困难和挑战进行分析研究,对进一步促进男女平等发展和妇女全面发展提出对策建议。

（一）新时代妇女参与乡村振兴前景广阔,奉献巾帼力量成就显著

习近平总书记指出,改革是乡村全面振兴的重要法宝。党的十八大以来,以习近平同志为核心的党中央全面部署、系统推进农业农村改革,一些长期制约农业农村发展的体制机制障碍逐步破解,进一步解放和发展了农村社会生产力,增强了农业农村发展活力。新时代新征程,在习近平新时代中国特色社会主义思想指引下,亿万农村妇女正在汇聚更加强大的巾帼力量,投入加快农业农村现代化建设行列,在全面建设社会主义现代化国家的新征程上,努力为绘就"产业兴旺、生态宜居、乡风文明、治理有效、生活富裕"的乡村振兴壮美画卷贡献"她"力量！

（二）妇女参与乡村振兴的主要成就与积极贡献

党中央对实施乡村振兴战略进行的全面部署和周密安排,为妇女建设美丽

---

① 《2024年"最美巾帼奋斗者"》,《求是》2024年第6期,第80页。

乡村、享有发展成果提供了制度保障，在促进农业科技发展中，独特的"她"力量正在农田释放；在促进乡村电商发展中，独特的"她"力量正在互联网释放；在促进乡村旅游发展中，独特的"她"力量正在山水间释放。"农村妇女素质提升计划"培训 800 多万人次，推动妇女创办领办家庭农场、农家乐、民宿等近 40 万家，建设精品美丽庭院 1000 余万户。组织近百万女科技工作者参与"巾帼科技助农直通车"进乡村等科技服务活动，使 1800 多万人次受益。① 到 2023 年，全国农村妇女创业人数已超过 3000 万人，占农村创业总人数近 45%。创业项目覆盖农业种植、养殖、农产品加工、乡村旅游等多个领域。超过 70% 的农村妇女创业者年收入超过 5 万元，其中 10% 的创业者年收入超过 50 万元。②

1. 妇女参与产业振兴的主要成就与积极贡献

产业振兴是乡村振兴的重中之重。农村妇女在推动乡村特色产业、乡村新型服务业、乡村旅游业发展方面具有独特优势。围绕乡村一二三产业融合发展和全面振兴，地方各级政府部门相继出台更多更细的政策措施支持农村全面进步、农业全面升级、农民全面发展，给农村经济发展带来了全新机遇，为妇女参与乡村产业发展创造了新的发展空间。妇女在现代农业生产中发挥着主力军作用，创业项目覆盖农业种植、养殖、农产品加工、乡村旅游、文化产品创作等，80% 以上的农业劳动、70% 的家庭种植业和养殖业都由妇女承担。③ 陕西省妇联放大"特"优势，通过发展手工、家政等妇女特色产业，把妇女心灵手巧"指尖技艺"变成货真价实的"指尖经济"，创办各类省级"妇字号"特色产业基地 748 个。④ 截至 2023 年 9 月，河北省招募了 509 名女科技工作者（女医务工作者）和女科技特派员，建立了 352 个"妇字号"基地和"妇字

---

① 黄晓薇：《以习近平新时代中国特色社会主义思想为指导　动员引领广大妇女为强国建设民族复兴而团结奋斗——在中国妇女第十三次全国代表大会上的报告》，《中国妇运》2023 年第 11 期，第 16~17 页。
② 《最新发布！〈女性参与乡村振兴策略和路径研究〉》，"中国新就业形态研究中心"微信公众号，2024 年 3 月 8 日，https：//mp.weixin.qq.com/s/hXN8gzKdD79psf69TxNpog，最后检索时间：2024 年 5 月 28 日。
③ 丁雨辰：《妇女在生态文明建设中的地位和作用》，文秘邦网，2022 年 4 月 11 日，https：//www.wenmi.com/article/pps5rb02uvdv.html，最后检索时间：2024 年 8 月 4 日。
④ 陕西省妇联：《跟党奋进新征程　巾帼建功新时代　动员妇女群众在经济建设主战场谱写新华章》，《中国妇运》2024 年第 1/2 期合刊，第 43 页。

号"龙头企业与基层医疗机构,签订帮扶协议352项,深入基层送政策、送知识、送技术、送项目、送服务775场次。直播带货成为农村妇女增收的新途径。截至2024年5月,全国已有超过300万名农村妇女参与到直播带货中。[1]返乡女性在乡村振兴中成为产业发展带头人,截至2022年3月,包括妇女在内的全国返乡入乡创业人数累计达到1120多万人,70%是返乡创业的农民工。[2]

2. 妇女参与乡村人才振兴的主要成就与积极贡献

乡村振兴,人才是基石。乡村振兴战略实施以来,全国各地培养了更多爱农业、懂技术、善经营的新型职业女农民;通过制定人才、财税等优惠政策营造了良好的创业环境,吸引了各类女性人才返乡创业,进一步激活了农村的创新活力;鼓励支持高校毕业生到基层工作"下得去、留得住、干得好、流得动"的长效机制初步建立,使更多女大学生走进农村当起新型职业农民,成为乡村振兴的骨干力量。2021年以来,"农村妇女素质提升计划"深入实施,每年从国家到省、市、县级自上而下举办各级各类乡村振兴巾帼人才培训班,不断提升农村妇女参与乡村振兴的能力水平,共组织开展"农村妇女素质提升计划"培训800多万人次。[3] 2020年以来,福建省、市、县三级妇联累计举办各类"领头雁"培训班1500多期,覆盖基层"领头雁"14.45万人次。[4]到2023年底,全国新型职业农民总量超过2300万人,新型职业农民占有相当比例。

3. 妇女参与文化振兴的主要成就与积极贡献

文化振兴是乡村振兴的灵魂。没有乡村文化的高度自信,没有乡村文化的

---

[1] 《摆地摊的农村妇女进了"巾帼直播间":带货260场,效益600万!》,"全国妇联女性之声"微信公众号,2022年6月9日,https://mp.weixin.qq.com/s/rKNPpipL_0yzzTBvLCnIYw,最后检索时间:2024年5月29日。

[2] 《截至今年3月底 全国返乡入乡创业人数累计1120多万》,央视网,2022年4月27日,https://sannong.cctv.com/2022/04/27/ARTIqPT30YujkZQmcu0YjVTg220427.shtml,最后检索时间:2024年7月10日。

[3] 黄晓薇:《以习近平新时代中国特色社会主义思想为指导 动员引领广大妇女为强国建设民族复兴而团结奋斗——在中国妇女第十三次全国代表大会上的报告》,《中国妇运》2023年第11期,第17页。

[4] 全国妇联办公厅:《福建省妇联聚焦有效发挥桥梁纽带作用 构建基层妇联组织改革和建设新格局》,《全国妇联简报》2023年第4期。

繁荣发展，就难以实现乡村振兴的伟大使命。不断完善的县乡村公共文化服务体系为农村妇女参与文化振兴和享有文化振兴成果提供了物质条件和精神食粮。《中华人民共和国乡村振兴促进法》规定："促进男女平等，创建文明村镇、文明家庭，培育文明乡风、良好家风、淳朴民风，建设文明乡村。"妇女在实施乡村振兴战略中，积极保护传承和创新发展乡村文化，大力弘扬主旋律和社会正气，推动乡村文明建设向好向新发展。中国妇女发展基金会实施的"天才妈妈"公益项目，已在9个省份建立了20家梦想工坊和2家非遗体验中心，支持蜡染、刺绣、农民画等多种非遗技艺的创新，惠及6500多名手工艺妇女，[①] 助力农村妇女传承非遗文化、推动乡村文化振兴。全国妇联创新实施"家家幸福安康工程"，家庭家教家风建设呈现新风貌，家庭文明创建活动吸引6亿多人次参与。涌现出最美家庭1484万户、五好家庭558万户，举办家教家风巡讲、故事分享等活动41.2万场。[②] 越来越多的家庭在参与活动中成为"最美"。全国乡村普遍建立了妇女之家和儿童之家，成为乡村文明发展的重要思想建设引领阵地。由国务院妇女儿童工作委员会办公室编写、中国妇女出版社发行的《儿童之家案例集》收集了全国各地不同类型的儿童之家474个，代表了全国儿童之家创建类型。

4. 妇女参与生态振兴的主要成就与积极贡献

乡村振兴，生态宜居是关键。良好的生态环境是农村的最大优势和宝贵财富。乡村环境美不美，关系美丽中国建设的成效，更关系农村妇女群众的幸福感。乡村振兴战略实施以来，性别友好的生态环境保护机制不断完善，妇女参与生态文明建设的意识能力不断提高，人居环境和生产环境日益美丽。截至2021年底，全国农村生活垃圾收运处置体系已覆盖90%以上行政村。2022年，农村卫生厕所普及率超过73%，东部、中西部城市近郊区等有基础、有条件的地区，农村卫生厕所普及率超过90%。2023年，全国农村自来水普及率达

---

① 《"天才妈妈"公益项目赋能女性发展、创承非遗文化新生 绽放乡村振兴"她"力量》，新华网，2022年4月2日，http://www.xinhuanet.com/culture/20220402/477c1baaf1804bfbbc6311da7667e9df/c.html，最后检索时间：2024年7月10日。
② 黄晓薇：《以习近平新时代中国特色社会主义思想为指导 动员引领广大妇女为强国建设民族复兴而团结奋斗——在中国妇女第十三次全国代表大会上的报告》，《中国妇运》2023年第11期，第17页。

到90%。农村妇女生活的人居环境显著改善。妇女是家庭生态文明守护者和乡村生态整治的推动者，是环境卫生宣传的"活喇叭"、环境卫生整治的"助推器"。近年来，全国妇联推动建设精品美丽庭院1000余万户。2024年，继续深化拓展"乡村振兴巾帼行动"，学习运用"千万工程"经验，打造"美丽庭院看乡村"活动品牌，实施"十村百人千院"计划，带动各地建设美丽庭院1000万户以上，推动《乡村美丽庭院建设指南》国家标准有效落地。① "美丽家园"建设活动，为农村生态环境治理注入了新动力，促进了五大振兴的协同发展。妇女是乡村生态防护的践行者，全国妇联开展"三八绿色工程"示范基地建设，引导妇女发展林业增收致富，树立表彰妇女造林绿化典型，其间共建成200余个"三八绿色工程"示范基地。② 很多地方成立了"环保妈妈志愿服务队"等环保组织。近三年来，海南省妇联组建了覆盖全省19个市县的"妈妈环保团"志愿者队伍4.3万人，在全省19个市县创建了20个"巾帼禁塑与垃圾分类宣传教育站"，让生态文明意识融入妇女和家庭的日常生活。③ 妇女是乡村绿色消费的主导者，妇女的消费方式与生产方式对生态文化建设所提倡的绿色发展、消费和生活有着直接的影响。④ 研究调查显示，中国妇女主导了70%以上的家庭消费⑤。

5.妇女参与组织振兴的重要作用与积极贡献

组织强则基层强，基层安则乡村安。组织振兴重在保证乡村振兴的政治基础，充分发动群众参与基层社会治理。妇女作为乡村振兴的主力军，是推动和促进乡村组织振兴的半边天力量。近年来，中央组织部会同民政部、农

---

① 黄晓薇：《团结引领广大妇女为强国建设民族复兴伟业贡献巾帼力量——在全国妇联十三届二次执委会议上的工作报告》，《中国妇运》2024年第1/2期合刊，第17页。
② 马冬玲、赵凯旋：《新时代妇女与生态文明建设领域的积极变化与进展》，《中国妇运》2023年第10期，第36页。
③ 《海南省妇联"妈妈环保团"宣讲禁塑与垃圾分类知识》，中新网海南，2024年6月6日，http：//www.hi.chinanews.com.cn/hnnew/2024-06-06/705349.html，最后检索时间：2024年8月4日。
④ 丁雨辰：《妇女在生态文明建设中的地位和作用》，文秘邦网，2022年4月11日，https：//www.wenmi.com/article/pps5rb02uvdv.html，最后检索时间：2024年8月4日。
⑤ 黄仕强：《一般家庭女性主导了70%以上的消费，商家紧盯"她经济"》，人民网，2018年4月11日，http：//finance.people.com.cn/n1/2018/0411/c1004-29918751.html，最后检索时间：2024年7月17日。

业农村部等推动农村"两委"集中换届，注重从优秀人员中选拔村级党组织和村委会成员。2022年，全国村民委员会成员中的女性比例为26.1%，村委会主任比例为10.9%；① 全国村妇联主席进村"两委"比例高达99.43%。② 乡村基层妇联组织成为乡村组织振兴的重要力量。近年来，全国妇联组织实施"破难行动"，1273个县级妇联完成换届，新增专挂兼职副主席、执委1万多人；108万个妇女小组、90万个"妇女之家""妇女微家"遍布城乡社区。③ 江西省在"破难行动"中推动全省行政村所辖村民小组普遍设立了村妇女小组长，形成了"六级妇联组织、七级工作队伍"的组织体系，有效破解服务妇女群众"最后一公里"问题。截至2023年底，全省妇女小组长已达18万余人。2021年村妇联与村"两委"同步换届时，全省村妇女小组长中有210人当选党支部书记或村委会主任，6664人当选村妇联主席。④ 村妇女小组长具备一定的群众基础和办事能力，充分发挥在妇女群众身边和做妇女群众工作的优势，及时了解妇女思想动态、生活状况，争做党和政府方针政策的"宣传员"、关爱帮扶的"贴心人"。2016年，全国妇联改革方案提出推动在城乡社区"妇女之家"普遍建立妇女议事会。截至2023年10月，全国共建立妇女议事会41.6万个，畅通妇女诉求表达渠道，组织妇女参与协商并推动解决涉及妇女切身利益的村（社区）重要事务，仅2022年11月至2023年10月就开展议事活动135万次。妇女议事会通过组织妇女群众参与协商涉及妇女切身利益的村（社区）的大事实事，引导和带动妇女群众依法合理表达诉求，参与公共事务管理，推动解决涉及基层妇女群众最关心、最直接、最现实的利益问题和实际困难，议出了妇女参与社会治理的新风尚新气象。

---

① 国家统计局社会科技和文化产业统计司编《中国妇女儿童状况统计资料2023》，中国统计出版社，2023，第72页。
② 黄晓薇：《以习近平新时代中国特色社会主义思想为指导　动员引领广大妇女为强国建设民族复兴而团结奋斗——在中国妇女第十三次全国代表大会上的报告》，《中国妇运》2023年第11期，第18页。
③ 黄晓薇：《以习近平新时代中国特色社会主义思想为指导　动员引领广大妇女为强国建设民族复兴而团结奋斗——在中国妇女第十三次全国代表大会上的报告》，《中国妇运》2023年第11期，第18页。
④ 全国妇联办公厅：《江西省妇联发挥村妇女小组长在基层治理中的积极作用　推动改革向纵深发展、向基层延伸》，《全国妇联简报》2024年第2期。

（三）新时代妇幼健康事业全面加强，妇女健康水平持续提升

习近平总书记指出："健康是促进人的全面发展的必然要求，是经济社会发展的基础条件，是民族昌盛和国家富强的重要标志，也是广大人民群众的共同追求。"① 减少死亡、延长寿命和健康生活，是人类始终不懈追求的社会发展目标。妇女占全国总人口的一半，妇女健康是全民健康的基石，是衡量中国式现代化健康中国实现的考核标准。妇幼健康工作以习近平新时代中国特色社会主义思想为指导，以妇女儿童健康为中心，以高质量发展为主题，围绕"妇女生命全周期、儿童生长全过程"拓展服务链条、深化服务内涵，提升服务能力和水平，持续加大对妇女健康的财政投入，促进公共健康服务对妇女和女童更加公平可及。2021年以来，政府累计投资995亿元支持妇幼保健机构建设，"互联网+医疗"便民服务持续推广，线上问诊、药品在线配送、家庭医生签约服务不断完善，90%的城乡家庭15分钟内能够到达最近的医疗点，妇女可获得的医疗资源不断增加，妇幼健康事业持续实现高质量发展。

1. 妇女人均预期寿命持续提高，孕产妇死亡率降至历史最低

世界卫生组织将人均预期寿命、孕产妇死亡率和婴儿死亡率作为衡量一个国家人民健康水平的主要指标。2000年，中国进入长寿国家行列，女性人均预期寿命从2015年的79.43岁提高到2020年的80.88岁。② 联合国《世界人口展望》测算结果显示，2020年中国女性人均预期寿命水平在184个国家中列第62位，比世界女性平均预期寿命水平高出4岁。③ 上海、北京、天津、浙江、海南、山东、广西、重庆8省（区、市）均高于全国的80.88岁。2022年全国孕产妇死亡率降至15.7/10万，2023年死亡率持续下降至15.1/10万，为历史最低，提前实现联合国2030年可持续发展议程目标。2022年，城市和农村孕产妇死亡率分别为14.3/10万和16.6/10万，城乡差距由2020年的4.4/10

---

① 《习近平：把人民健康放在优先发展战略地位》，新华网，2016年8月20日，http://www.xinhuanet.com/politics/2016-08/20/c_1119425802.htm，最后检索时间：2024年6月21日。
② 国家统计局社会科技和文化产业统计司编《中国妇女儿童发展状况统计资料2023》，中国统计出版社，2023，第4页。
③ 《国家统计局：我国女性平均预期寿命突破80岁 妇女社会地位显著提高》，搜狐网，2021年12月21日，https://www.sohu.com/a/510559410_121123772，最后检索时间：2024年6月21日。

万缩小为 2.3/10 万。① 妇女人均预期寿命持续提高、孕产妇死亡率持续降低，充分说明中国式现代化进一步推动了妇女健康水平的高质量发展。

2. 全国妇女"两癌"防治纵深推进，"两癌"检查覆盖率和救治水平大幅提升

宫颈癌、乳腺癌"两癌"是危害妇女健康的两大恶性肿瘤。《中国妇女发展纲要（2021—2030 年）》把"两癌"防治作为提高妇女健康水平的主要目标之一，从提高妇女"两癌"防治意识、增强"两癌"防治能力、扩大"两癌"筛查覆盖范围三方面大力推动。2022 年，国家卫生健康委实施《宫颈癌筛查工作方案》和《乳腺癌筛查工作方案》，筛查服务对象范围由农村适龄（35~64 周岁）妇女扩大为城乡适龄妇女，筛查服务优先保障农村妇女、城镇低保妇女；发布《中国女性乳腺癌筛查指南（2022 年版）》，明确推荐乳腺超声为女性乳腺癌的首选筛查手段；大力实施《加速消除宫颈癌行动计划（2023—2030 年）》，加快妇女宫颈癌消除进程。截至 2022 年，全国"两癌"检查项目覆盖了全国 2600 多个县市区，其中县（区）级覆盖率超过 90%；累计开展宫颈癌免费筛查 1.8 亿人次，乳腺癌免费筛查近 1 亿人次。"两癌"检查项目救助患病妇女近 15 万人。②

3. 地方政府因地制宜积极推进"两癌"防治，切实保障妇女生命健康安全

甘肃、内蒙古、云南、福建、广东等地把妇女"两癌"免费检查项目作为改善民生、造福适龄妇女的一项民心工程。2018 年以来，甘肃省委、省政府连续六年将妇女"两癌"免费检查列入为民办实事项目。2018~2023 年，累计争取全国妇联、中国妇基会"低收入妇女两癌救助专项基金"855 万元，救助 8550 名符合条件的"两癌"妇女。联合爱心企业开展宫颈癌援助项目，为 180 名符合救助条件的妇女发放救助金和复查检测券 62.2 万元。联合中国人寿甘肃分公司开展"关爱陇原妇女捐赠两癌保险"行动，为参加 2023 年为民办实事妇女"两癌"免费检查的 3.34 万名城镇低收入妇女每人购买 10 元

---

① 国家统计局社会科技和文化产业统计司编《中国妇女儿童发展状况统计资料 2023》，中国统计出版社，2023，第 14 页。
② 黄晓薇：《以习近平新时代中国特色社会主义思想为指导　动员引领广大妇女为强国建设民族复兴而团结奋斗——在中国妇女第十三次全国代表大会上的报告》，《中国妇运》2023 年第 11 期，第 17 页。

"两癌"保险，人均保额1万元，共计购买保险33.4万元，保额3.5亿元。指导带动7个市州、23个县市区政府出台妇女"两癌"救助配套政策。协调争取地方财政和爱心企业、人士捐赠，发放"两癌"救助金473.74万元，爱心物资价值19.8万元，购买"两癌"保险1816.47万元，惠及59.82万名妇女。① 内蒙古"两癌"事项被列入自治区政府工作报告和"十四五"规划、纳入民生实事，启动农村牧区和城镇低保家庭适龄妇女"两癌"筛查项目，构筑"筛查+救助+保险+关爱"四位一体女性健康服务体系，向低收入患病妇女发放"两癌"救助金9233万元，争取爱心企业与中国妇基会捐赠150万元，协调中国人寿内蒙古分公司捐赠1万份保费50万元、总保额2.5亿元的关爱女性健康保险。② 云南保山市构建"筛查+救助+保险+关爱"四位一体健康屏障，2024年初"乳腺健康关爱"公益项目在五县市区启动实施，参保妇女由项目实施之初的2.35万人增加到7.41万人，共筹集保费2042.9万元、赔付510人次，争取中央、省级救助资金196.4万元，救助337人。③ 广东省将宫颈癌防治关口前移，率先在全国开展适龄女生免费接种HPV疫苗项目并将其纳入省政府民生实事高位推进，全省完成首针接种初一女生超过66万人。④ 福建省将健康主要目标之一"逐步提高全省13~15岁女性宫颈癌疫苗接种率"列入省深化医药卫生体制重点改革任务清单，将"适龄女性HPV疫苗免费接种项目"自2022年起连续三年纳入省委、省政府为民办实事项目，已惠及45.8万人。⑤ 在中国式现代化健康高质量发展中，完善"两癌"防治体系和救助政策，为农村妇女特别是家庭困难和低收入妇女提供了制度支持和资金帮助，为农村妇女参与乡村振兴创造了健康发展的制度环境和政策扶持。

4. 有效预防艾滋病、梅毒、乙肝母婴传播，疾病检测率和传播率下降

2021年，国务院发布的《中国妇女发展纲要（2021—2030年）》在

---

① 甘肃省政府妇儿工委办公室：《聚焦为民实事扎实推进"两癌"检查走深走实》，《中国妇运》2023年第9期，第32页。
② 内蒙古自治区妇联：《举办"十送"活动 用心用情把民生实事办实办细办好》，《中国妇运》2023年第9期，第16页。
③ 周玉林：《为妇儿解决急难愁盼问题近8000件》，《中国妇女报》2024年8月2日，第1版。
④ 广东省妇儿工委办公室：《稳步推进纲要规划落地实施 妇女儿童事业取得新进展》，《中国妇运》2023年第7/8期合刊，第71页。
⑤ 福建省妇儿工委办公室：《众志成城 守正创新 推动八闽妇女儿童事业发展取得长足进步》，《中国妇运》2024年第3期，第46页。

妇女与健康领域提出了实现消除母婴传播的主要目标任务，使实现消除母婴传播成为中国式现代化新征程预防母婴传播领域下一阶段的核心目标。国家卫生健康委组织研究世界卫生组织消除评价标准和认证流程，在浙江、广东和云南开展消除母婴传播试点，探索适宜中国的消除母婴传播工作模式。2022年出台《消除艾滋病、梅毒和乙肝母婴传播行动计划（2022—2025年）》，提出到2025年，在全国范围内实现消除母婴传播结果指标；2/3以上省份在实现结果指标基础上，实现消除母婴传播其他重要评估指标。这一行动计划重视保障妇女儿童身体健康，积极履行"消除儿童感染艾滋病"的国际承诺，将预防母婴传播工作纳入国家重大公共卫生服务项目，将预防母婴传播服务与妇幼保健常规工作和孕产期全程服务有机整合，建立消除母婴传播服务新模式，为全国孕产妇免费提供艾滋病、梅毒和乙肝筛查，同时免费为发现的感染孕产妇及所生儿童提供预防母婴传播综合干预服务。这一行动计划以预防艾滋病、梅毒和乙肝三种疾病母婴传播为重点，取得了积极成效，全国孕产妇艾滋病、梅毒和乙肝的检测率始终稳定在99%以上。2022年，全国艾滋病母婴传播率从干预前的34.8%下降到3.0%，艾滋病感染孕产妇及所生儿童抗病毒用药率分别为98.7%和99.6%，比2021年分别提高1.2个和0.1个百分点。①

5. 孕产妇保健水平大幅提高，全国住院分娩率保持高位水平

《中国妇女发展纲要（2021—2030年）》在"妇女与健康领域"提出了推进婚前医学检查、孕前优生健康检查等婚前孕前保健服务更加公平可及的策略措施，旨在提高妇女生殖健康水平。2022年，全国婚前医学检查率为74.8%，比2021年提高3.9个百分点。完善医疗机构产科质量规范化管理体系，提供生育全程基本医疗保健服务，将孕产妇健康管理纳入基本公共卫生服务范围，孕产妇系统管理率达到90%以上。2022年，全国孕产妇产前检查率和产后访视率分别为97.9%、96.5%，为历史最高水平。以上两项指标高于全国水平的有北京、上海等17个省（区、市）和北京、天津等23个省（区、市）。孕产妇系统管理率持续提高，从2020年的92.7%上升到2022年的

---

① 《2022年〈中国妇女发展纲要（2021—2030年）〉统计监测报告》，国家统计局网，2023年12月31日，https://www.stats.gov.cn/xxgk/sjfb/zxfb2020/202312/t20231231_1946118.html，最后检索时间：2024年6月22日。

93.6%。孕产妇住院分娩是保障妇女儿童生命安全和健康的最主要措施。全国住院分娩率从2012年起一直保持在99%以上水平，2022年，北京、天津、重庆3个直辖市和河北、山西、内蒙古、宁夏等20个省（区）孕产妇住院分娩率均为100%，占全国31个省（区、市）的74.2%。① 从2020年开始，农村住院分娩率保持在99.9%，城市住院分娩率保持在100%，城乡差距明显缩小。② 在中国式现代化新征程健康中国高质量发展中，育龄期和孕产期妇女的健康水平显著提升。

6. 广泛开展妇幼健康教育，妇女自我保健意识和能力增强

新时代新征程，国家相继发布实施《健康中国行动（2019—2030年）》《中国妇女发展纲要（2021—2030年）》《"十四五"国民健康规划》，明确提出要大力普及妇幼健康知识，提升妇女健康素养水平。2021年，设立国家心理健康和精神卫生防治中心，服务妇女的心理健康与科普。从2020年开始，抑郁症防治知识被列为孕妇学校必备宣教内容。2020年，全国妇联联合国家卫生健康委、国家体育总局启动"健康中国 母亲行动"，指导各地开展健康宣传服务活动，覆盖近4亿人次。"母亲健康快车"受益人次达1940多万。开展"关爱女性健康中国行""巾帼健康大讲堂"等线上线下义诊进乡村、进家庭、进学校行动。发布微电影、宣传片等普及健康知识，累计覆盖妇女14亿人次，将优质医疗服务送到国家乡村振兴重点帮扶县870多万农村妇女身边，满足了妇女多元化健康需求，推动妇女健康素养稳步提升，以妇女健康助力健康中国建设。③ 内蒙古自治区各级妇联成立巾帼健康专家团队，同步直播"北疆女声"，累计观看8000余人次，点赞2.5万次。两年来，共开展健康讲座1614场，受益20.78万人，全网观看量达1811.1万人次，开展义诊超过1000

---

① 国家统计局社会科技和文化产业统计司编《中国妇女儿童发展状况统计资料2023》，中国统计出版社，2023，第15~18页。
② 张晓兰：《深化"健康中国母亲行动"促进女性健康素养提升》，《中国妇运》2024年第3期，第14~15页。
③ 黄晓薇：《以习近平新时代中国特色社会主义思想为指导 动员引领广大妇女为强国建设民族复兴而团结奋斗——在中国妇女第十三次全国代表大会上的报告》，《中国妇运》2023年第11期，第16~17页。

场，受益妇女19.53万人，发放56.65万份宣传资料和价值168.17万元药品。① 三年来，云南保山市累计整合帮扶资金668.23万元，开展"送法律、送政策、送关爱、送技能、送健康"活动8761场次，覆盖10.76万人。②

（四）教育领域性别平等深入推进，妇女教育事业持续实现高质量发展

妇女平等接受教育是基本人权，是社会发展的变革性力量。性别平等教育是社会公平的一项重要价值共识。新时代新征程，男女平等基本国策教育被纳入国民教育体系，性别平等理念逐步深入教育教学各方面。全国学前教育普及水平进一步提升，义务教育扩优提质进一步推进，高中阶段办学条件进一步改善，高等教育入学机会进一步增加，妇女平等接受教育的权利进一步得到保障，男女受教育差距进一步缩小。

1. 中小学性别平等教育创新开展，男女平等基本国策在国民教育领域贯彻落实

为实现教育领域的性别平等，以教育公平促进社会公平正义，党和国家把教育公平作为中国式现代化建设的基本目标任务，在《中国妇女发展纲要（2021—2030年）》中提出"教育工作全面贯彻男女平等基本国策""大中小学性别平等教育全面推进"的主要目标，要求国策落实到各级各类教育内容、教学过程、学校管理各环节和全过程，教师和学生的男女平等意识明显增强。在2020年全国17个省（区、市）普遍开展中小学性别平等教育基础上，各地积极创新推进性别平等教育。近年来，广东省培育创建性别平等教育示范学校514所，参与编写国家中小学性别平等教育教材，研发专题课、融合课、实践课等系列课程。持续举办男女平等基本国策中小学师资能力提升活动，培育了一支面向高等院校、中小学、学前教育等性别平等教育师资力量1100人。③ "在教育程度方面，中国的性别平等水平达到93.5%⋯⋯在高等教育方面则实

---

① 内蒙古自治区妇联：《四项巾帼行动推动妇女事业高质量发展》，《中国妇运》2023年第12期，第25页。
② 周玉林：《为妇儿解决急难愁盼问题近8000件》，《中国妇女报》2024年8月2日，第1版。
③ 广东省妇儿工委办公室：《稳步推进纲要规划落地实施 妇女儿童事业取得新进展》，《中国妇运》2023年第7/8期合刊，第71页。

现了完全的平等，仍位列世界第一。"①

2. 持续推进学前教育和义务教育均衡发展，女童平等接受义务教育的权利得到全面保障

2021年12月，教育部等九部门联合印发《"十四五"学前教育发展提升行动计划》，强化公益普惠，优化城乡幼儿园布局，持续增加普惠性学前教育资源供给，进一步提高学前教育普及水平，有效满足适龄儿童就近接受学前教育需求，有效缓解"入园难、入园贵"问题，进一步提高学前教育普及普惠水平，保障男女适龄儿童平等入园。截至2022年底，全国在园幼儿女童占比47.3%。推进义务教育优质均衡发展，保障女童平等接受公平优质义务教育。加强义务教育阶段控辍保学，多措并举保障适龄女童受教育的机会，义务教育阶段基本消除性别差距。2022年，小学学龄女童净入学率接近100%，与男童无明显差距；九年义务教育阶段在校生女生占比46.7%；九年义务教育巩固率为95.5%，距离妇女发展纲要提出的"提高到96%以上"还有0.5个百分点的差距。②

3. 推进高中阶段教育普及攻坚，女性平等接受高中阶段教育得到发展

2021年，教育部等印发《"十四五"县域普通高中发展提升行动计划》，提出围绕建设高质量教育体系，全面提高县中教育质量，促进县中与城区普通高中协调发展，着力补齐县中条件短板，扩大县域普通高中资源，女性接受高中阶段教育机会进一步增加。2022年，高中阶段教育在校生中女生为2117.7万人，占全部在校生的46.7%，与2021年基本持平。其中普通高中在校生比2021年增加44.8万人，占普通高中在校生的49.9%，男女比例保持均衡发展。2022年，高中阶段毛入学率为91.6%，距离妇女发展纲要提出的"达到并保持92%以上"的目标更近。

4. 高等教育女生占比持续超过半数，男女比例呈均衡发展态势

新时代以来，锚定2035年建成教育强国目标，国家着力扩大优质高等教育

---

① 《2023年全球性别差距报告：全球性别平等进程已经停滞》，网易，2023年6月27日，https://www.163.com/dy/article/I88KRLLO0528B640.html，最后检索时间：2024年8月15日。
② 国家统计局社会科技和文化产业统计司编《中国妇女儿童状况统计资料2023》，中国统计出版社，2023，第35页。

资源，2023年高等教育毛入学率超过60%，总体规模实现了新提升。稳步扩大研究生人才培养规模，不断优化高层次人才培养结构，引导高校优化学科结构，加强工程技术领域高层次应用型领军人才培养，加大STEM人才培养力度，加快培养科技创新人才，持续加强关键领域战略科技人才储备，学科性别结构进一步优化。2022年，高等教育在校生女生占比为50.0%，男女比例保持均衡。其中女研究生187.1万人，占研究生总数的51.2%；普通本专科、成人本专科在校生女生占比分别为50.0%和56.9%。① 2023年，理工农医类的硕士招生女生规模占比60%，博士招生女生规模占比超过80%，② 越来越多的女性报考理工类院校，选择科学、技术、工程、数学等，为强国建设储备了更多女性高科技人才。

5. 职业教育呈现多样化发展趋势，女性接受各类职业教育的人数比例增加

职业教育是与经济社会发展关系最为紧密的教育，承担着为区域经济社会发展培养技术技能人才的重要责任。新时代新征程，国家加快推进现代职业教育体系建设改革，构建产教深度融合的发展格局。2022年修订《中华人民共和国职业教育法》为促进妇女接受职业教育提供了法律支撑，实施《关于深化现代职业教育体系建设改革的意见》着力提升中等职业教育办学质量，各类职业教育在校生中的女生人数增加。2022年，中等职业教育在校生中女生为750.7万人，比2021年增加24.1万人，占在校生总数的42.1%；高等职业教育本专科在校生中女生为791.5万人，增加43.4万人，占在校生总数的46.7%。③ 广东省大力推进学历教育和非学历教育协调发展、职业教育和普通教育相互贯通、职前教育和职后教育有效衔接，每年为社会输送70万名以上高素质技术技能人才。④

---

① 国家统计局社会科技和文化产业统计司编《中国妇女儿童状况统计资料2023》，中国统计出版社，2023，第33页。
② 教育部：《教育部召开新闻发布会介绍2023年全国教育事业发展基本情况》，中华人民共和国教育部官网，2024年3月1日，http://www.moe.gov.cn/fbh/live/2024/55831/，最后检索时间：2024年8月15日。
③ 国家统计局社会科技和文化产业统计司编《中国妇女儿童状况统计资料2023》，中国统计出版社，2023，第33页。
④ 广东省妇儿工委办公室：《稳步推进纲要规划落地实施 妇女儿童事业取得新进展》，《中国妇运》2023年第7/8期合刊，第71页。

6. 女性科技人才数量快速增长，科技强国建设增添巾帼力量

《中国妇女发展纲要（2021—2030年）》"妇女与教育领域"提出要大力加强女性科技人才培养。探索建立多层次女性科技人才培养体系，培养具有国际竞争力的女性科技人才。2021年实施的《支持女性科技人才在科技创新中发挥更大作用的若干措施》，特别强调加强对理工科女生职业发展的规划辅导，培养女生对学习科学的浓厚兴趣，鼓励更多女性学习和进入科学技术领域。强化中小学科学教育，提供更加优质的科学教育，激发女生STEM学习潜力。"科技赋能女童"等公益活动深入开展，积极培养大中小学女生的科学兴趣。2023~2024年，中国妇女发展基金会与OLAY共同发起的"科学有她——女生爱科学"公益项目走进全国多所高校，为有志投身科研的女大学生搭建起与优秀女科技工作者交流学习平台，吸引了更多优秀女科技工作者参与，惠及更多热爱科学的女大学生。"女性科学家成长计划"项目鼓励女研究人员在STEM领域坚持职业发展道路，追求更高更有品质和价值的发展目标。联合国教科文组织报告指出，当前全球科研人员中女性占比33%。而中国女性科技人员达4000万人，占比为45.8%，高出全球平均水平近13个百分点。中国科学院的研究报告显示，国家重点研发计划项目中，女性项目课题负责人约有6000人，项目骨干力量中女性占比达27%，女性科技人员在科研参与度、职场竞争力等方面都取得了进步，各学科领域中的性别差异在逐步弱化，女性以往在教育、文化等领域贡献突出，现在在生命科学、医学等新兴科技领域也不让须眉。从屠呦呦、张弥曼等107名女院士，到许许多多"70后""80后"女性中坚力量，① 女性科技人才辈出，女性科技成果层出不穷，巾帼力量在科技创新时代浪潮中越来越有分量。

7. 科学素质建设体系不断优化，科学素质水平性别差距逐年缩小

科学素质是人类发展指数之一，是社会文明进步的基础。缩小男女科学素质差距对于促进男女平等发展至关重要。新时代新征程，国家印发《关于新时代进一步加强科学技术普及工作的意见》，实施《全民科学素质行动规划纲要（2021—2035年）》，大力促进公民科学素质水平快速提升。《中国妇女发

---

① 黄晓薇：《在高层次女性科技人才研修班座谈会上的讲话》，《中国妇运》2023年第12期，第6页。

展纲要（2021—2030年）》"妇女与教育领域"提出主要目标，要使"男女两性的科学素质水平差距不断缩小"。2022年，科学素质水平性别差为3.8个百分点。① 2023年，男性公民和女性公民具备科学素质的比例分别达到15.66%和12.53%，比2022年分别提高0.89个和1.55个百分点，性别差距缩小0.66个百分点，说明女性科学素质快速提升，性别差距进一步缩小。2023年大学本科及以上人群具备科学素质的比例达到43.99%，大学专科受教育程度公民具备科学素质的比例为25.17%。公民科学素质水平随受教育程度的提高呈陡升式阶梯分布。② 这说明科学素质性别差距的进一步缩小与男女受教育程度差距的缩小直接相关。

（五）就业创业政策和服务更加精准，妇女参与经济持续实现高质量发展

促进男女平等就业是妇女参与经济社会发展的基本保障。中国数字经济发展总体规模连续多年位居世界第二，以数据为关键要素的数字经济已经成为中国高质量发展的新引擎、新动能。新时代新征程，党和国家持续推动男女平等就业，高度关注就业中的隐性性别歧视，加大就业性别歧视联合约谈和劳动保障监察力度，提供更多更好更精准的就业创业服务，促进妇女共享数字经济发展红利，数字性别鸿沟在缩小。目前，中国全社会就业人员女性占比超过四成，全国科技工作者中女性占比为45.8%，数字贸易、电商、直播等新业态中女性约占1/3。③ "在经济参与和机会方面的性别差距缩小，中国已经缩小了72.7%的性别差距，并在劳动参与率方面达到81.5%的平等水平。"④

---

① 《2022年〈中国妇女发展纲要（2021—2030年）〉统计监测报告》，国家统计局网站，2023年12月31日，https：//www.stats.gov.cn/xxgk/sjfb/zxfb2020/202312/t20231231_1946118.html，最后检索时间：2024年6月20日。

② 《2023年中国公民具备科学素质比例达14.14%　比上年提高1.21个百分点》，中国新闻网，2024年4月16日，https：//www.chinanews.com/sh/2024/04-16/10199804.shtml，最后检索时间：2024年8月15日。

③ 黄晓薇：《在安理会预防冲突与妇女青年赋权公开辩论会上的发言》，《中国妇运》2024年第3期，第10页。

④ 《2023年全球性别差距报告：全球性别平等进程已经停滞》，网易，2023年6月27日，https：//www.163.com/dy/article/I88KRLLO0528B640.html，最后检索时间：2024年8月15日。

1. 持续完善男女平等就业法律政策，妇女就业态势保持平稳且人数比例提升

2022年修订《中华人民共和国妇女权益保障法》，新增保障妇女平等就业权益多项举措，包括监察招聘与就业过程中的性别歧视行为、建立纠正就业性别歧视联合约谈机制、责成用人单位预防和制止性骚扰、检察机关对侵权行为提起公益诉讼等具体规定，强化了对妇女平等就业权利的法律保障。2021年印发的《国家人权行动计划（2021—2025年）》、《中国妇女发展纲要（2021—2030年）》及《"十四五"就业促进规划》等，均有保障妇女平等就业权利的主要目标。近年来，家政服务业越来越成为促进妇女特别是农村妇女就业增收的重要抓手。2020年以来，全社会就业人员中女性占比始终保持在43%以上，2023年全国女性就业人员达3.2亿人，占全部就业人员的43.2%。城镇非私营单位就业人员中女性就业人数为6766.4万人，占比40.5%。两项就业指标均比2021年有所提升。

2. 新规加强消除就业性别歧视，保障妇女在"三新"领域平等就业

为保障妇女在以新产业、新业态、新商业模式为核心内容的"三新"领域平等就业，2021年出台的维护新就业形态劳动者劳动权益专门规定，禁止企业在招用劳动者时违法设置性别等歧视性条件。2024年，福建省出台妇女权益保障条例，保障灵活就业和新就业形态中女性劳动者权益，增加生育保险规定等措施。发挥就业性别歧视约谈机制的有效制约作用依法查处违法行为。目前，妇女已成为信息技术领域的重要力量，数字贸易、电商、直播等新就业形态中的妇女从业者占比约1/3。"全国巾帼助农创业基地"开展"百县万品"项目，搭建线上线下销售平台，仅2023年就帮助销售脱贫地区农产品5.8亿元。浙江义乌、广东广州创建"巾帼助农创业基地"，与阿里巴巴、抖音、快手等合作开展网络直播带货，累计帮助农村妇女销售农产品收入超10亿元。百度联合多家机构发布《2023AI华人女性青年学者榜》，鼓励女性在人工智能领域成为领军人物。2023年，女企业家占企业家总数的30%，女科技工作者占科技人员总数的45.8%。[①] 智联招聘发布的《2024中国女性职场现状调查报告》和淘天集团研究

---

① 黄晓薇：《以习近平新时代中国特色社会主义思想为指导　动员引领广大妇女为强国建设民族复兴而团结奋斗——在中国妇女第十三次全国代表大会上的报告》，《中国妇运》2023年第11期，第16页。

中心发布的《淘宝平台女性创业报告2024》显示，有27.9%的职场女性使用数字化工具，占比高于男性4.9个百分点，显示职场女性能够以更强的热情拥抱数字化；在淘宝主播中女性占比高达80%，近5年在淘宝销售额前100头部店铺中女老板占据"半壁江山"，2023年为54%，超过男性。①

3. 巾帼建功系列活动见实效，妇女创业就业能力水平大幅提升

全国妇联围绕国家重大战略，启动"巾帼就业创业促进行动"，拓展"科技创新巾帼行动"，深化"乡村振兴巾帼行动"；推广"妈妈岗"灵活就业模式，助力200余万名包括女大学生在内的女性就业创业；为43.9万名妇女提供703亿元创业贷款；举办高层次女性科技人才研修班、女科学家论坛和峰会、女生爱科学活动，开展巾帼科普示范活动，吸引2000多万人；动员34.9万名女科技工作者助医助企助农；培训200多万名农村妇女，示范带动建设各级各类妇字号基地11476个、"美丽庭院"1200多万户，指导浙江湖州、安吉妇联申请的《乡村美丽庭院建设指南》国家标准获批，农村妇女素质提升计划被写入《中共中央 国务院关于做好2023年全面推进乡村振兴重点工作的意见》。2024年，全国妇联提出做响巾帼家政服务品牌，建立一个标准，制定巾帼家政服务机构评价标准，培树100家巾帼家政龙头企业，打造100个社区服务站点；发布一个标识，打造巾帼家政品牌专属LOGO，提升巾帼家政品牌形象；统一平台发布，在国家级平台上设立专区专栏，做好信息发布；强化一套品牌宣传，开展巾帼家政宣传展示活动，推出"一地一品"；办好一个大赛，联合举办全国巾帼家政服务职业技能大赛，促进巾帼家政服务专业化、标准化、职业化发展，实现"就业一个人，幸福两个家"。②

4. 促进巾帼家政提质扩容上规模，农村妇女就业机会增加就业能力提升

各地妇联积极探索，打造了"阳光大姐""黔灵女""北疆亮姐""好苏嫂"等6600余个特色巾帼家政品牌，吸纳就业妇女81万余人。目前，居民对家政服务需求旺盛，但高品质、专业化的家政服务供不应求，家政用工缺

---

① 江苏省连云港市妇联：《新时代妇联组织如何更好地发挥作用》，《中国妇运》2024年第5期，第31页。
② 黄晓薇：《团结引领广大妇女为强国建设民族复兴伟业贡献巾帼力量——在全国妇联十三届二次执委会议上的工作报告》，《中国妇运》2024年第1/2期合刊，第19页。

口在2000万人以上,妇女在促进家政服务提质扩容中大有可为。① 陕西省妇联坚持把做好家政进社区作为促进巾帼家政提质扩容、提高家政品质的重要抓手,多措并举让"秦嫂助家"走进千家万户,既服务百姓民生,又推动妇女就业。从2011年起,省妇联每年将巾帼家政纳入全省妇女儿童发展专项资金项目给予扶持,仅省级妇联就投入1000余万元,扶持创建省级"秦嫂"巾帼家政示范基地126个。2023年,全省共新建家政进社区服务网点105个。拓展"一站式"家政服务,打造"秦嫂助家""1+1+N"服务模式,即一个社区建立一个巾帼家政驿站(服务站)、组建一支秦嫂爱心志愿者队伍、提供若干项家政服务项目,形成妇联主导、协会协调、社区统筹、居民参与的长效合作共建机制。强化人才链,实现培训"一体化",让家政人员招得来。各级妇联组织通过开展"妇联约你学家政"系列培训,帮助有意愿从事家政服务的农村妇女、城镇社区未就业妇女、低收入妇女、因生育中断就业妇女当秦嫂、学技能、强本领,实现就地就近就业、灵活就业。2023年,全省妇联组织开展巾帼家政培训974期,培训5.4万余人次。② 内蒙古妇联打造"北疆亮姐"家政品牌,助力女性稳岗就业。组建"北疆亮姐"巾帼家政联盟,建设"北疆亮姐"巾帼家政服务程序平台,搭建线上数据共享平台,推动《家政服务培训规范》等4项细化家政地方标准通过审定,推荐的内蒙古地方标准《家政服务规范》入选全国巾帼家政服务标准30个优秀案例。联盟成员单位144家,举办各类培训班312期,培训7368人次,促进4685人在家政领域居家灵活就业。③

5. 大力实施普惠金融政策,为妇女经济赋权提供政策保障和资金支持

《中国妇女发展纲要(2021—2030年)》提出创新金融、保险产品和服务模式,拓宽妇女创业融资渠道。2023年,国家推进普惠金融高质量发展实施意见,明确为妇女创业贷款扩面增量。央行、金融监管总局等建立专项机制,

---

① 谌贻琴:《在全国妇联十三届二次执委会议上的讲话》,《中国妇运》2024年第1/2期合刊,第6页。
② 陕西省妇联:《"秦嫂助家"让妇女儿童在"家门口"的幸福感越来越高》,《中国妇运》2024年第3期,第27~28页。
③ 内蒙古自治区妇联:《举办"十送"活动 用心用情把民生实事办实办细办好》,《中国妇运》2023年第9期,第16页。

为妇女参与发展提供支持。截至 2023 年底，全国创业担保贷款余额 2817 亿元，其中妇女担保创业贷款余额 787 亿元。妇联组织为女企业家、女高校毕业生创业提供"鲁担巾帼贷""巾帼信用贷"等多样化金融服务，为 43.9 万名妇女提供了 703 亿元创业贷款。① 2020 年以来，山东省"巾帼惠农惠企贷"等金融产品投放资金 521 亿元，使 23.4 万名创业妇女和"妇"字号企业受益。实施"齐鲁巾帼创业就业促进行动"，帮助创业妇女办理贷款 360 亿元。② 江苏扬州市妇联以妇女创业担保贷款为引擎，靶向施策，全链条服务，通过股债结合和投贷联动机制，重点为高科技型、高成长型、增收致富带动型等企业提供融资服务，为 16 家女性创办企业投资 200 多万元。联合金融机构，先后推出"巾帼荣誉贷""科技创新巾帼贷""乡村振兴巾帼贷"等专属产品，为创业女性提供贷款支持近 3 亿元。③ 2021 年以来，广东省妇女创业小额担保财政贴息贷款项目发放贷款 5.18 亿元，推动全省发放妇女创业贷款 33 亿元，带动 30 万名妇女增收致富。④ 广东清远市妇联会同市农业农村局印发《关于推进巾帼示范乡村产业振兴发展的若干措施》，以 16 条举措激励妇女积极参与乡村振兴产业发展；制定落实妇女小额贷款政策，提供小额担保贴息资金 60 万元，推动发放贷款超 800 万元，辐射带动 3500 名妇女群众增收致富。⑤ 福建漳州市妇联会同市农商行推出"巧妇贷"妇女创业贷款，目前全市妇女创业贷款余额 31.7682 亿元，惠及女性创业者 16549 户。⑥ 各地普惠金融战略的实施促进了经济领域性别平等与包容性增长。

6. 女职工劳动保障不断加强，劳动保护状况持续改善

持续深入落实《中华人民共和国妇女权益保障法》和《女职工劳动保护

---

① 黄晓薇：《团结引领广大妇女为强国建设民族复兴伟业贡献巾帼力量——在全国妇联十三届二次执委会议上的工作报告》，《中国妇运》2024 年第 1/2 期合刊，第 14 页。
② 孙丰华：《发挥"五个优势"参与基层治理》，《中国妇运》2023 年第 9 期，第 12 页。
③ 江苏省扬州市妇联：《"三个一"赋能妇女创业创新　点燃创业贷款"星星火"》，《中国妇运》2023 年第 7/8 期合刊，第 54 页。
④ 广东省妇儿工委办公室：《稳步推进纲要规划落地实施　妇女儿童事业取得新进展》，《中国妇运》2023 年第 7/8 期合刊，第 71 页。
⑤ 广东省清远市妇联：《用好"五个+"激活乡村振兴"她力量"》，《中国妇运》2023 年第 7/8 期合刊，第 40 页。
⑥ 福建漳州市妇联：《实施"五大行动"助推乡村振兴》，《中国妇运》2023 年第 7/8 期合刊，第 81 页。

特别规定》，推动完善女职工权益保障法律法规政策体系，河北、山西等16个省（区）颁布了《女职工劳动保护特别规定》实施条例或办法，对女职工产假、"四期"保护、妇科疾病及乳腺疾病检查等作出细化规定。2024年"情系女职工 法在你身边"女职工普法宣传活动走近职工身边，为积极维护女职工合法权益、充分保障女职工特殊权益筑起防护墙。全国各地对《女职工劳动保护特别规定》等法律法规政策贯彻落实情况协同开展监督检查，发挥"一函两书"等制度作用，及时协调处理侵犯女职工权益案件，联合开展依法维护妇女儿童权益十大案例征集发布和保障妇女儿童权益典型案例发布，推动构建和谐稳定劳动关系。2022年，全国女职工职业健康素养水平达到53.3%，比男性高1.1个百分点；执行《女职工劳动保护特别规定》企业比重为72.9%。福建省积极规范企业用工行为，执行《女职工劳动保护特别规定》的企业比重达94.8%。

7. 提供针对性就业公共服务，帮助妇女强化技能提升就业能力

2021年，国家出台《"十四五"职业技能培训规划》要求做好妇女职业技能培训，将编织、手工制作等专项技能纳入培训内容，针对性组织妇女参加紧缺职业培训。大力推行终身职业技能培训制度，每年女性劳动者参加政府补贴性职业培训的规模为900万人次。实施创业培训"马兰花计划"，提升参训者的项目选择、市场评估、创业计划等能力，妇女从中受益。持续推进"春风行动"促进妇女就业，对农村妇女、女大学生、残疾妇女等群体提供针对性服务。全总女职工委员会启动女职工数字技能提升专项行动，印发《女职工数字技能提升方案》，举办巾帼劳模工匠和全国女职工数字技能提升培训班。2021年以来，持续为女性高校毕业生提供职场和招聘辅导、专场招聘会、实习岗位、就业创业基金等，保障高校女毕业生充分就业。内蒙古自治区妇联策划推进女大学生四季招聘活动，两年来全区各级妇联组织累计开展线上线下招聘活动574场，提供岗位26.36万个，介绍女性就业2.21万人，女大学生就业5105人，创建女大学生创业就业实习实践基地77个。① 福建省深入实施"福建省女性就业创业促进计划"，多领域开展女性职业技能培训，2023年参

---

① 内蒙古自治区妇联：《四项巾帼行动推动妇女事业高质量发展》，《中国妇运》2023年第12期，第24页。

加政府补贴性职业技能培训的女性劳动者24.42万人，占比54.69%。参加高素质农民培训的女性6.34万人次，占比56.6%。① 出台《"十四五"残疾人保障和发展规划》《促进残疾人就业三年行动方案（2022—2024年）》等政策措施，助力残疾妇女就业。2023年，中国新增残疾妇女就业17.5万人，培训残疾妇女15.7万人。设立帮助残疾妇女实现就业梦想的"美丽工坊"项目，扶持就近就便集中或居家开展手工制作。截至2024年3月，全国建成198个"美丽工坊"，直接安置5573名残疾妇女就业。

（六）中国特色社会主义民主政治建设全面推进，妇女参与决策管理持续实现高质量发展

发展全过程人民民主是中国式现代化的本质要求。妇女参与国家决策管理和基层社会治理是全过程人民民主的具体、现实体现。新时代新征程，在国家治理体系和治理能力现代化进程中，党领导的人民代表大会制度更加成熟，民主政治协商渠道更加广泛，女干部的选拔培养更加有力。制定实施全国党政领导班子建设规划纲要，换届前出台政策，对市、县党政班子和省、市党政工作部门配备女干部和女性正职提出数量要求，拓宽了妇女参与决策管理的途径；全国普遍开展提升女领导干部素养能力的政治业务培训，全面加强女领导的能力建设，推动妇女在国家经济文化社会事务管理中发挥更大作用。妇女在国家、地方民主政治建设和各行各业决策管理中积极建言献策，为中国式现代化民主政治建设贡献"她"力量。全国和地方人大女代表、政协女委员单独或领衔提出的议案提案逐年增加，妇女参议政能力显著提高。

1. 中国共产党党员、党代会代表中的女性比例稳步提高

中国共产党第十二届中央委员会第三次全体会议公报指出：党的领导是进一步全面深化改革、推进中国式现代化的根本保证。《中国妇女发展纲要（2021—2030年）》"妇女参与决策管理领域"提出的主要目标是"中国共产党女党员保持合理比例。中国共产党各级党员大会中女党员代表比例一般不低于本地区党员总数中女性比例"，并在实践工作中注重从各行各业青年女性中

---

① 福建省妇儿工委办公室：《众志成城 守正创新 推动八闽妇女儿童事业发展取得长足进步》，《中国妇运》2024年第3期，第46页。

发展党员，在党代表候选人酝酿过程中，充分关注政治过硬、作风优良、敢于担当、实绩突出的优秀女性，推动党员代表大会中女党员代表比例不断增加。2022年，中国共产党女党员比例为29.9%，比2012年提高了6.1个百分点。第二十次党代会女代表比例为27.0%，比第十八届提高了4个百分点。

2. 新时代中国民主政治进程提速，妇女在最高权力机关和民主协商机构中发挥着重要作用

新时代新征程，坚定不移走中国特色社会主义政治道路，坚持和完善国家根本政治制度、基本政治制度、重要政治制度，加强人民当家作主制度建设，健全民主协商机制，为妇女进入国家最高权力机关和民主协商机构参政议政提供了更多渠道。聚焦新时代新征程的每年全国两会，女代表、女委员来自中国式现代化建设的各行各业，活跃在国家决策管理和公共生活各领域，她们以精湛的专业素养与宏阔的整体视野，通过提案、建议等制度保障方式，关切性别平等和妇女发展议题，助力男女平等事业在中国式现代化进程中健康发展。2023年，第十四届全国人民代表大会代表中女性占比26.5%，比上一届提高1.6个百分点；第十四届全国政协妇联界别由67名来自民主党派、人民团体、企业、少数民族等多方面的妇女委员组成，对女童和妇女发展中的重难点问题提交提案建议，通过协商座谈、专题调研等建言献策。在政治协商、民主监督、参政议政进程中女委员人数比例不断提高。2023年，第十四届全国政协委员中女性占比22.5%，比上一届提高2.1个百分点。一些地方人大代表和政协委员中的女性比例高于全国平均水平。如辽宁省级人大代表、政协委员中女性占比分别为31%、39.6%。①

3. 妇女参与机关部门决策管理的人数比例提高，参与各类企业决策管理的人数比例增加

新时代新征程，国家不断丰富各阶层民主形式，把人民当家作主具体、现实体现到国家政治生活和社会生活各方面。妇女参与国家决策管理的形式更加多样，成为中国特色社会主义政治制度建设的重要力量。2022年，省、市、县三级政府工作部门领导班子配有正职女干部的班子比例分别为11.2%、

---

① 辽宁省妇儿工委办公室：《立足职能聚合力 守正创新促提升——全力推动新时代妇女儿童事业高质量发展》，《中国妇运》2023年第12期，第30页。

15.2%和13.5%，分别比2021年提高1.1个、1.2个和1.2个百分点。2022年，省、市、县三级政府工作部门领导班子配有女干部的班子比例分别为55.2%、57.3%和52.8%，分别比2021年提高1.6个、1.6个和2.0个百分点。中国女法官、女检察官占比达到40%左右。企业管理者是负责企业的经营管理、掌握公司重要信息、完成企业目标的重要执行者。2022年，企业职工董事中女性占比为37.1%，企业职工监事中女性占比为40.8%，企业职工代表大会中女性比例为30.3%。各级各类互联网公司努力为女性参与决策管理提供平台、创造机会。2023年，阿里巴巴员工中的女性比例为49.1%，管理人员中的女性比例为49.1%，高级管理人员中女性占比25%，集团董事会成员中女性占比30%。① 2022年，百度管理层中女性比例达到43.9%。福建省科技项目中负责人为女性的占比超33%。②

4. 注重培养和选拔基层女干部，妇女参与基层社会治理的队伍不断壮大

新时代新征程，不断健全完善基层民主制度是中国式现代化发展全过程人民民主的一项重要任务。全国各地在村民委员会换届选举工作实施方案中，通过女性成员候选人单独提名、专职专选等重要举措和选举方式，努力提升妇女参与基层社会治理和民主管理的人数比例。2022年，全国居委会成员、居委会主任中女性比例分别为54.3%和41.3%；村委会成员、村委会主任中女性比例分别为26.1%和10.9%。2022年，北京、上海、安徽、福建、湖北、湖南、宁夏、山东、吉林、重庆10个省（区、市）村委会成员中女性比例均超过30%，重庆最高为43.9%，这些地区提前实现了《中国妇女发展纲要（2021—2030年）》"妇女参与决策管理"领域提出的"村委会成员中女性比例达到30%以上"的目标任务。2022年，上海村委会主任中女性比例高达32.6%，为全国2030年实现该目标树立了标杆。③ 2021年换届选举，四川省实现了100%村（社区）"两委"有女性，100%村（社区）妇联主席进村（社区）

---

① 陈宁：《阿里巴巴发布2023年ESG报告：女性员工占比为49.1%，41.9%的管理人员为女性》，劳动电子报，2023年7月24日，https://www.51ldb.com/shsldb/zc/content/018986ed0891c0010000df844d7e124a.html，最后检索时间：2024年8月16日。
② 福建省妇儿工委办公室：《众志成城 守正创新 推动八闽妇女儿童事业发展取得长足进步》，《中国妇运》2024年第3期，第46页。
③ 国家统计局社会科技和文化产业统计司编《中国妇女儿童状况统计资料2023》，中国统计出版社，2023，第72、147页。

"两委"，村委会成员中女性占比为27.31%，比上届提高2.16%。云南省大理白族自治州1159个村（社区）均超标准完成"村（社区）妇联主席100%进'两委'，村民委员会成员中女性比例达30%以上"。① 河北省任丘市403个村（社区）妇联主席全部进"两委"。②

5. 加强社会组织女性专业和管理人才培养，促进女性社会组织积极参与社会治理

2021年，国务院发布实施的《中国妇女发展纲要（2021—2030年）》，在"妇女参与决策管理领域"提出"鼓励支持女性参加社会组织、担任社会组织负责人"主要目标。有关部门积极实施女性社会组织建设项目，举办女性社会组织专题培训班，提升女性社会组织负责人及骨干成员能力。举办西部13个省（区、市）女性社会组织负责人、业务骨干能力建设培训班，近11万人次参与了网络平台培训。支持女性社会组织承接政府购买服务，鼓励引导更多女性参与社会组织管理和发展。2022年，社会组织从业人员中女性比例为41.5%，比2021年提高2.3个百分点；社会组织负责人中女性比例为26.7%，与2021年基本持平。2017~2022年，福建省常态化培育扶持、引领联系女性社会组织899个；创新实施"团体会员倍增行动"，广泛吸纳规模较大的女性社会组织成为团体会员，2023年全省新增团体会员160个，增幅达78.4%。226位女性社会组织负责人获评全国、省、市、县三八红旗手，吸纳609名女性社会组织带头人成为各级妇联执委或担任兼职副主席。福州市女性社会组织孵化培育基地孵化培育女性社会组织200多家，被评为全国妇联改革创新优秀案例。③

6. 拓展妇联组织团体会员、网上组织和妇女组织，妇女参与社会治理的覆盖面大幅提升

针对服务妇女对象的日益多元，各级妇联切实将符合条件的女性社会组织吸纳为团体会员。截至2022年9月，全国妇联团体会员数量增加为19个，

---

① 云南省大理白族自治州妇联：《守正创新担使命 深化改革谱新篇》，《中国妇运》2024年第1/2期合刊，第46页。
② 河北省任丘市妇联：《融合资源 开拓创新 全方位推进妇联组织发挥最大效应》，《中国妇运》2024年第5期，第40页。
③ 福建省妇联：《以"新"提"质"激发女性社会组织建设发展新动能》，《中国妇运》2024年第5期，第42~43页。

全国县级及以上妇联组织团体会员8017个。针对互联网发展新情况，妇联将组织网络由实体空间向虚拟空间延伸，打造网上妇女工作平台，构建多层次网络工作体系与网上工作新形态，走好习近平总书记提出的"网上群众路线"。2020年5月，全国妇联印发文件启动实施"破难行动"，强调推动社会组织中妇女组织应建尽建。截至2022年9月，新建新领域妇联13.4万余个。其中在新经济组织与新社会组织中，福建省分别建立妇女组织8833个、982个；云南省分别建立妇女组织1989个、360个；宁夏回族自治区分别建立妇女组织795个、131个。"流动妇女之家""女主播联盟妇联""广场舞妇联"等灵活多样的妇女组织在全国各地普遍建立。①甘肃天水实施"巾帼同建"工程，夯实基层组织建设，在"三新"领域新建妇联组织104个，规范化建设"妇女之家"2721个、灵活建立"妇女微家"309个。②

7. 信息通信技术可及性增加，妇女通过通信媒体表达自己意愿的渠道扩大

加强信息基础设施建设，为妇女在媒体中表达意见和参与决策创造了有利条件。截至2023年5月，中国建成5G基站284.4万个，覆盖全国所有地级市的城区和县城城区。截至2023年底，中国互联网普及率达到77.5%，总网民达到10.92亿人，女网民占比为48.8%，③与中国总人口中女性48.89%的比例相一致。发布一系列互联网网站、手机App信息无障碍建设标准，鼓励智能技术产品和服务进行无障碍通用设计。2023年，有1735家老年人、残疾人常用的网站和手机App改造升级，④设置长辈模式、语音文字转换等功能，为老年妇女、残疾妇女通过网络表达诉求提供支持。国家立法机关在法律法规起草、审议过程中，通过网络向社会公开征求意见，为妇女自由表达意见和参与决策提供平等参与机会。《信访工作条例》规定各级机关、单位应当向社会公

---

① 王书吟、王一喆：《新时代深化妇联组织网络建设的创新与实践》，《中国妇运》2024年第1/2期合刊，第34~35页。
② 甘肃省天水市妇联：《开展"巾帼五同"工程 共建共享幸福家园》，《中国妇运》2023年第9期，第31页。
③ 《尺素金声丨中国农村互联网普及率再提升2个百分点，会带来什么》，央广网，2024年6月19日，http://news.cnr.cn/native/gd/20240619/t20240619_52675 5017.shtml，最后检索时间：2024年8月16日。
④ 《无障碍环境建设有法可依 如何实现有爱无碍?》，荆楚网，2023年8月24日，http://news.cnhubei.com/content/2023-08/24/content_16474262.html，最后检索时间：2024年8月16日。

布网络信访渠道、咨询投诉电话等，为妇女表达意见提供便利。全国31个省（区、市）政府普遍开通了"12345"便民热线，通过手机短信、手机客户端、微博、微信多种方式受理群众热线事项。全国妇联设立"12338"全国统一的妇女维权公益服务热线，受理有关妇女儿童的侵权投诉，收集妇女儿童的意见建议，每年为群众提供咨询服务近10万件次。

（七）新时代新征程国家多谋民生之利，妇女享有社会保障持续实现高质量发展

增进民生福祉是社会发展的根本目的，在发展中保障和改善民生是中国式现代化的重大任务。党的十八大确定了社会保障全民覆盖目标，党的二十大进一步提出"健全社会保障体系，健全覆盖全民、统筹城乡、公平统一、安全规范、可持续的多层次社会保障体系，扩大社会保险覆盖面。坚持男女平等基本国策，保障妇女儿童合法权益"。党的二十届三中全会提出健全灵活就业人员、农民工、新就业形态人员社会保障制度，提高社会保障政策的灵活性和包容性。前进在新时代新征程上的中国，已经建成世界上规模最大的社会保障体系，在"应保尽保"目标基本实现后，正在推进更多关切关怀妇女等特殊群体的民生保障，妇女享有各项社会保障的水平不断提高。

1. 生育保障能力持续增强，妇女参保率和待遇水平稳步提高

2022年7月，国家卫生健康委等17个部门联合印发实施《关于进一步完善和落实积极生育支持措施的指导意见》，要求深入实施一对夫妻可以生育三个子女政策及配套支持措施，将婚嫁、生育、养育、教育一体考虑，综合施策、精准发力，完善和落实财政、税收、保险、教育、住房、就业等积极生育支持措施，落实政府、用人单位、个人等多方责任，加快建立积极生育支持政策体系，从完善生育休假和待遇保障机制、构建生育友好的就业环境、加强优质教育资源供给等7个方面提出了20项重要举措。在完善生育休假和待遇保障机制中提出，国家统一规范并制定完善生育保险生育津贴支付政策，强化生育保险对参保女职工生育医疗费用、生育津贴待遇等保障作用，保障生育保险基金安全。有条件的地方可探索参加职工基本医疗保险的灵活就业人员同步参加生育保险。未就业妇女通过参加城乡居民基本医疗保险享受生育医疗待遇，

为领取失业保险金人员缴纳职工基本医疗保险费（含生育保险费），保障其生育权益；为增强生育保障能力、提高妇女生育保障水平提供了制度依据。浙江、天津、江西、贵州等地探索参加职工基本医疗保险的灵活就业人员同步缴费参加生育保险，带动了全国生育保险参保人数的增加。2022年末，全国妇女参加生育保险的人数为1.08亿人，比2021年末增加325.3万人。截至2023年底，生育保险参保人数为2.49亿人，生育保险基金待遇支出1069.10亿元，比2022年增加12.38%。

2. 覆盖全民的基本医疗保险制度体系更加完善，妇女参加基本医疗保险人数稳步增加

为积极应对人口老龄化、就业形式多样化，适应人口流动、参保需求变化和夯实基本医疗保险制度根基，2024年，《国务院办公厅关于健全基本医疗保险参保长效机制的指导意见》印发，提出优化参保结构，提高参保质量，在高质量发展中增进民生福祉，切实解决好群众看病就医的后顾之忧。从完善政策措施、优化管理服务、强化部门协作和加强组织领导四方面推进基本医疗保险制度进一步完善，大力推进统一的城乡居民基本医疗保险和大病保险制度，促进了妇女参加基本医疗保险人数的增加。2022年末，全国女性参加基本医疗保险的人数为6.5亿人，占全部参加基本医疗保险人数的48.5%，比2021年末提高0.2个百分点。其中，女性参加职工基本医疗保险人数为1.7亿人，增加187.6万人，占全部参加职工基本医疗保险人数的47.8%；参加城乡居民基本医疗保险人数为4.8亿人，占全部参加城乡居民基本医疗保险人数的48.8%。其中，全国被纳入监测范围农村低收入人口参保率稳定在99%以上。各项医保综合帮扶政策惠及农村低收入人口就医1.86亿人次，减轻农村低收入人口医疗费用负担1883.5亿元，①使农村符合条件的妇女享有了医疗保障。

3. 养老政策不断调整完善，妇女参加基本养老保险的人数持续增加

随着中国人口老龄化程度的提高，养老保险需求不断增加。截至2022年末，全国60岁及以上老年人口数量超过2.8亿人，占总人口的18.9%。其中，60~64岁的老年人中女性占比为50.2%、65~69岁的女性占比为50.8%、70~

---

① 《2023年全国医疗保障事业发展统计公报》，国家医疗保障局官网，2024年7月25日，https://www.nhsa.gov.cn/art/2024/7/25/art_7_13340.html，最后检索时间：2024年8月16日。

74岁的女性占比为51.8%、75~79岁女性占比为53.8%、80岁及以上的女性占比为56.9%，可见，随着年龄的逐渐增长，老年女性人数比例逐步增高。国家养老政策的不断完善为老年妇女养老提供了制度保障。《"十四五"国家老龄事业发展和养老服务体系规划》提出，完善基本养老保险和基本医疗保险体系，不断扩大基本养老保险覆盖面，尽快实现企业职工基本养老保险全国统筹，推进社会保险法定人员全覆盖，推动放开外地户籍灵活就业人员在就业地参加职工养老保险的户籍限制，组织未参加企业职工基本养老保险的灵活就业人员按规定参加城乡居民基本养老保险。2022年末，全国女性参加基本养老保险的人数为5.1亿人，比2021年末增加2096.5万人，占全部参加养老保险人数的48.7%；其中，参加城镇职工基本养老保险、城乡居民基本养老保险的女性人数分别为2.4亿人和2.7亿人，分别增加1227.5万人和869.1万人①。

4. 兜底性、普惠型、多样化的养老服务体系不断健全，妇女养老服务供给能力明显增强

国务院关于《"十四五"国家老龄事业发展和养老服务体系规划》提出，为实施积极应对人口老龄化国家战略，推动老龄事业和产业协同发展，构建和完善兜底性、普惠型、多样化的养老服务体系，不断满足老年人日益增长的多层次、高品质健康养老需求，制定本规则，以进一步保障老年妇女共享改革发展成果、安享晚年生活。2022年末，全国共有各类提供住宿的养老机构4.0万个，民政养老服务床位822.3万张。截至2024年2月，全国托位数约为480万个，比2022年增加了32.5%。对家庭养老给予个人所得税减免，2023年赡养老人专项附加扣除标准从2019年的每月2000元提高到每月3000元②。加强失能老年人长期照护服务和保障，创新居家社区养老服务模式，增强养老服务设施建设。浙江省推行养老服务"爱心卡"制度，康养联合体镇街覆盖率达到70%。截至2022年末，全国共有4143万老年人享受老年人补贴，其中享受高龄津贴的老年人3406.4万人，享受护理补贴的老年人94.4万人，享受养老

---

① 国家统计局社会科技和文化产业统计司编《中国妇女儿童状况统计资料2023》，中国统计出版社，2023，第44页。
② 《国务院关于提高个人所得税有关专项附加扣除标准的通知》（国发〔2023〕13号），中华人民共和国中央人民政府网，2023年8月28日，https://www.gov.cn/zhengce/zhengceku/202308/content_6901207.htm，最后检索时间：2024年8月16日。

服务补贴的老年人574.9万人，享受综合补贴的老年人67.4万人①。2023年，国家医保局和财政部印发《长期护理保险失能等级评估管理办法（试行）》，进一步稳步推进长期护理保险制度完善和试点工作推进。2023年，49个试点城市参加长期护理保险人数共18330.87万人，享受待遇人数134.29万人。长期护理保险定点服务机构8080家，护理服务人员30.28万人。② 失能老年妇女可申请享受长期护理保险待遇。

5. 失业保险和工伤保险制度进一步完善，符合条件的女性享有保险金

2023年，全国城镇登记失业率为4.4%，较2022年有所降低，国家有效控制了经济运行的波动性，宏观经济稳定中低速发展。③ 虽然全国失业率持续降低，但失业问题仍然存在，尤其是特定群体的失业情况较突出。国家一方面积极采取激励政策和就业促进政策，针对失业人员提高培训水平，积极适应城镇就业市场现实需要，保障较弱劳动力的就业机会；另一方面不断扩大失业保险范围，提升保险水平。女性参加失业保险人数增长。2022年，全国共有9949万名女性参加失业保险，占参保总人数的41.8%。

6. 持续强化社会救助兜底保障，困难妇女救助水平稳步提升

《"十四五"国家老龄事业发展和养老服务体系规划》提出，健全分层分类的社会救助体系，将符合条件的老年人纳入相应社会救助范围，予以救助。为经济困难的老年人提供养老服务补贴，为经济困难的失能老年人提供护理补贴，并建立补贴标准动态调整机制。推动地方探索通过政府购买服务等方式为经济困难的失能老年人等提供必要的访视、照料服务。2022年，全国城市、农村低保人均保障标准分别为752.3元/月和582.1元/月；2023年，全国城市、农村低保人均保障标准分别为768.8元/月、601.5元/月④。2022年，城

---

① 《2022年度国家老龄事业发展公报》，民政部官网，https://www.mca.gov.cn/n152/n165/c1662004999979996614/attr/315138.pdf。
② 《2023年全国医疗保障事业发展统计公报》，国家医疗保障局官网，2024年7月25日，https://www.nhsa.gov.cn/art/2024/7/25/art_7_13340.html，最后检索时间：2024年8月16日。
③ 《2023年全国就业情况及失业情况分析》，三个皮匠报告网，2023年5月5日，https://www.sgpjbg.com/info/9f268d8506e212bad5404db751751fdc.html，最后检索时间：2024年8月16日。
④ 《民政部办公厅关于提交2023年妇女儿童工作总结和2024年工作计划的函》（民办便函〔2023〕1109号）。

乡低保对象和特困人员共4501.5万人，其中女性1952.6万人，占比为43.4%。截至2023年第三季度末，全国城乡低保对象3995.2万人，其中女性1890.6万人，分别比2019年减少36.8万人、12.3万人。对被纳入低保、特困人员、返贫致贫人口中的妇女参加基本医疗保险的，给予定额或全额资助。包括妇女在内的8500万残疾人在康复、教育、就业及精神文化方面获得全面支持，900万名困难和重度残疾妇女享受特殊补贴[1]。2020~2023年，中央专项彩票公益金投入11.6亿元救助11.6万名农村低收入"两癌"患病妇女[2]。

（八）促进家庭发展措施综合施策，妇女参与家庭建设持续实现高质量发展

数据显示，中国目前有4亿多个家庭。家庭家教家风建设既是家事，也是国事。"加强家庭家教家风建设"被写入党的二十大报告、纳入中国式现代化战略全局，凸显了家庭建设在强国建设、民族复兴中的重大意义和现实作用。国家在平衡工作与家庭照料方面不断出台新政策、实施新举措。在积极应对人口老龄化、完善和落实生育支持政策、促进人口长期均衡发展过程中，鼓励支持男性参与家庭建设，促进男女平等分担家庭照料责任，努力缩小男女在承担无偿照料及家务劳动方面的差距。大力建设基本养老和托幼机构，持续提高社会照料服务的可及性，提升家庭服务质量，确保男女平等享受有制度保障的生育假，促进有偿护理体面工作。推动提升有偿护理工作者的社会保障、职业安全水平等政策落地见效。

1. 家庭家教家风建设不断深化，推动社会主义核心价值观在家庭落地生根

新时代新征程，家庭家教家风建设取得丰硕成果，爱国爱家、相亲相爱、向上向善、共建共享的社会主义家庭文明新风尚落地生根。全国妇联等七部门联合印发《关于进一步加强家庭家教家风建设的实施意见》，明确新时代家庭

---

[1]《新时代妇女人权保障的中国理念与实践——中国代表团团长黄晓薇在中国参加〈消除对妇女一切形式歧视公约〉履约审议会议上的介绍性发言》，《中国妇女报》2023年5月18日。

[2]《2020年农村贫困母亲"两癌救助"专项基金落实情况公示》《中国妇女发展基金会关于中央专项彩票公益金支持低收入妇女"两癌"救助项目2021年度彩票公益金执行情况公告》《中国妇女发展基金会关于中央专项彩票公益金支持低收入妇女"两癌"救助项目2022年度执行情况公告》《妇女发展部2023年工作总结及2024年重点工作》。

家教家风建设的总体要求、基本原则、重点任务，建立多部门会商机制，进一步强化思想政治引领、突出家庭文明建设、增强实践涵育成效、加大正面宣传倡导，为强国建设、民族复兴不断注入"家"力量。全国妇联以"家国情·小家大爱"为主题，联动中央主要媒体、网络平台开展"AI传家风""我给妈妈送束花""最美家风润万家接力宣讲""探访最美家"等系列宣传活动，网上相关话题总浏览量超14亿次。31个省（区、市）以党委或多部门名义印发文件，对家庭家教家风建设作出具体部署，将其纳入精神文明建设、学校家庭社会协同育人、基层社会治理、廉洁文化建设等总体布局。党委领导统筹、多部门协同联动、各方面广泛参与的家庭工作格局形成并落地见效，为推动家庭家教家风建设深入开展提供了坚实保障。2021年，各级妇联组织共表彰五好家庭49858户，寻找推荐各级各类最美家庭178.6万户；家风家教主题宣传月期间，开展红色家风故事宣讲活动11.3万场，直接参与群众3400万人。河南省郑州市持续做优做强"万家"品牌，纵深推进家庭建设全方位融入新时代公民道德建设工程，将一个个小家的和谐安康汇集成城市的文明灯火。开展"德润万家"活动，常态化寻找评选最美家庭10万余户。采取送奖进机关、下基层、到家庭等多种形式，创新开展礼遇最美家庭活动，增强最美家庭幸福感和荣誉感，以家庭"小气候"温润社会"大气候"。①

2. 支持家庭发展的政策措施不断完善，更广泛惠及妇女群众和亿万家庭

2020~2022年，中央预算投资普惠托育服务专项行动20亿元，带动地方政府和社会投资超过50亿元；2023年实施中央财政支持普惠托育服务发展示范项目，中央财政对择优确定的项目补助1亿元。各地陆续修订人口与计划生育条例，出台财政、税收、教育、住房、就业等新生育政策的配套支持措施，积极探索减轻家庭生育养育教育负担。国家统一规范制定完善生育保险生育津贴支付政策，全面落实参保女职工享受国家法定产假98天期间的生育津贴待遇。全国21个省（区、市）相继出台生育支持政策，为家庭提供生育补贴、育儿补贴、托育补贴等，减轻家庭生育养育负担。生育休假制度优化，生育假期普遍延长，多数省份的产假延长到158天，男性陪产假延长至15~30天，

---

① 吕挺琳：《谋新路 出实招 全面谱写新时代家庭文明新篇章》，《中国妇运》2023年第9期，第29~30页。

各地普遍增设育儿假，子女三周岁前父母双方每人每年有育儿假5~20天。落实生育支持政策，减轻家庭负担。2019年、2022年，国家相继将子女教育、3岁以下婴幼儿照护纳入个人所得税专项附加扣除项目，2023年继续提高标准，两项专项附加扣除标准为每孩每月2000元。

3.《托育从业人员职业行为准则（试行）》发布，为有托育需求的3岁以下婴幼儿家庭提供方便可及有质量的服务

随着家庭规模缩小、育幼功能减弱，3岁以下婴幼儿家庭越来越需要现代化、社会化的托育服务。全国3岁以下婴幼儿有3000万人，超过三成婴幼儿家庭有托育需求。国家正在建立健全生育支持政策体系，大力发展普惠托育服务体系，推动建设生育友好型社会。2024年，全国托育服务宣传月启动仪式在长沙举行，国家卫生健康委发布了《托育从业人员职业行为准则（试行）》。满足托育需求对于提升生育水平、保障妇女就业、促进婴幼儿发展具有积极作用。有关部门多渠道增加托育服务供给，拓展社区托育服务功能；加强人才培养，大力促进医育结合，促进医疗机构支持托育服务发展；支持有条件的用人单位提供托育服务，鼓励家庭在住宅开展托育服务，推动公共服务资源下沉到社区，为人民群众提供"楼底下""单位里""家门口"的便捷、普惠、优质服务。2024年6~7月，国家卫生健康委在全国范围内组织开展"放心托育 方便可及"系列宣传，鼓励各地因地制宜办托育，解决民众对3岁以下婴幼儿送托"不放心""不方便"难题。近年来，全国各地积极探索，通过协调场地、盘活资源、发放补贴等，不断提升托育服务质量。上海市的"宝宝屋"、山东济南市的"泉心托"等社区托育服务品牌赢得家长信赖，杭州、长沙、西安等全国婴幼儿照护服务示范城市和中央财政支持普惠托育服务发展示范项目城市，探索形成了一批可复制、可推广的新鲜经验。

4. 制定出台政策措施，促进男女共担家庭照料责任

在家庭领域推动实施《中华人民共和国人口与计划生育法》《中华人民共和国家庭教育促进法》等相关法律，推动落实《关于优化生育政策促进人口长期均衡发展的决定》和《中国妇女发展纲要（2021—2030年）》"妇女与家庭建设"领域的主要目标，激励支持夫妻双方共同承担家庭责任。2021年新修订的《中华人民共和国人口与计划生育法》规定，各地普遍增设5~20天父母育儿假，将男性陪产假延长至15~30天，为男性承担育儿责任、平衡工作与家庭提供时间支持。一些地方设立推动男性参与家庭育儿项目取得成效，如四川成都、贵州贵阳、浙江宁波等地开展"父爱空间"项目（2021年）、"企鹅爸爸工作室"（2022年）等，提升增进父亲对孩子高质量陪伴的能力和增加时间。鼓励用人单位制定有利于职工平衡工作和家庭关系的措施。目前全国已有28.6万个基层单位和企业工会建立了母婴室。[①] 中国太平洋保险公司斥资200亿元在全国10~15个大中型城市建设养老社区。这些措施有效减轻了妇女家庭照料负担，解放了妇女的社会劳动力。

5. 加大社会化养老照料服务供给，为老年妇女营造高质量的生活环境

近年来，覆盖城乡、惠及全民、均衡合理、优质高效的养老服务供给进一步扩大，家庭养老照护能力有效增强，兜底养老服务更加健全，普惠养老服务资源持续增加，努力满足老年人多层次多样化需求。2022年，国家将养老设施建设项目纳入了地方政府专项债券支持范围，对符合条件的养老托育机构减征资源税、教育附加费等税费，对承租国有房屋的养老托育服务小微企业和个体工商户减免房租，鼓励地方结合实际给予养老托育服务机构贷款贴息支持。2021~2022年，全国投入养老服务资金315亿元，指导地方探索将空置公租房免费提供给社会力量，为老年人提供助餐助行、日间照料、康复护理、老年教育等服务。推动家政企业与社区合作，通过有效运营社区日间照料中心、老年助餐点等公共服务设施，或提供上门照护服务，惠及老年妇女及家庭。2023年，国家开始实行老年助餐服务行动，不断扩大老年助餐服务覆盖率。社会化养老照料服务供给的不断增加，既减轻了家庭照顾负担，又缩小了无偿照料的性别差距。

6. 落实法律政策认可无偿家务劳动价值，制度保障提高妇女家庭地位

在缺乏公共服务支持状况下，妇女需要承担大量无偿的家务劳动。新时代，贯彻落实男女平等基本国策从法治中国建设开始，从提高妇女家庭地位着力，从法律承认无偿家务劳动价值入手。《中华人民共和国民法典》和《中华人民共和国妇女权益保障法》均规定，夫妻一方因抚育子女、照料老年人、协助另一方工作等负担较多义务的，离婚时有权向另一方请求补偿，另一方应

---

① 《全国已有28.6万个基层单位和企业工会建立"母婴室"》，央视网，2023年3月8日，https://news.cctv.com/2023/03/08/ARTI5EHVCnsk2t2Itvh7GUkc230308.shtml，最后检索时间：2024年8月16日。

当给予补偿。从法律层面承认了妇女在婚姻期间对家庭的无偿劳动价值。在国家级专项调查中纳入无偿护理和家务，如2020年开展的中国妇女社会地位调查涵盖了无偿护理和家务劳动，为了解掌握男女两性家务劳动时间提供数据依据，为无偿家务承担者提供法律政策保护与相关支持。在离婚案司法实践中，已有家务补偿案例，"家务也是一种劳动"的观念，不仅有助于提升妇女对自己承担家务劳动价值的认识，而且有利于提升社会对"家务劳动"观念的认知，倡导"家务劳动"应该带来金钱收入、都是劳动的价值观念。

7. 促进有偿护理者体面工作，为老年妇女和家庭提供有质量的爱心服务

进入新时代，国家在促进家政服务业提质扩容和加强养老服务人才建设中，高度关注和保障有偿护理工作者权益。印发《深化促进家政服务业提质扩容"领跑者"行动三年实施方案（2021—2023年）》，加大对家政服务人员技能培训政策支持，提高家政从业人员待遇和职业保障水平。近年来，各地妇联积极探索，打造了"阳光大姐""黔灵女""北疆亮姐""好苏嫂"等6600多个特色巾帼家政品牌，吸纳妇女就业81万多人。① 2021~2023年，各级妇联开展家政技能培训428万人次。2024年以"五个一"为抓手，推进品牌建设，即建立一个标准，制定巾帼家政服务机构评价标准，培树100家巾帼家政龙头企业，打造100个社区服务站点；发布一个标识，打造巾帼家政品牌专属LOGO，提升巾帼家政品牌形象；统一平台发布，在国家级平台上设立专区专栏，做好信息发布；强化一套品牌宣传，开展巾帼家政宣传展示活动、推出"一地一品"；办好一个大赛，联合举办全国巾帼家政服务职业技能大赛，促进巾帼家政服务专业化、标准化、职业化发展，实现"就业一个人，幸福两个家"。② "十四五"时期，国家不断完善养老服务人才职业技能认定制度，提高养老服务人才薪酬保障水平和社会认可度，将符合条件的家政企业员工纳入公租房、保障性租赁住房、城镇职工社会保险等保障范围，推进巾帼家政服务品牌建设，直接惠及女性护理工作者群体。

---

① 谌贻琴：《在全国妇联十三届二次执委会议上的讲话》，《中国妇运》2024年第1/2期合刊，第6页。
② 黄晓薇：《深入学习贯彻习近平总书记重要讲话精神　团结引领广大妇女为强国建设民族复兴伟业贡献巾帼力量——在全国妇联十三届二次执委会议上的工作报告》，《中国妇运》2024年第1/2期合刊，第19页。

（九）妇女发展的社会环境更加优化，妇女参与环保的水平持续实现高质量发展

社会环境是妇女赖以生存和全面发展的外在条件，也是影响男女平等发展的重要因素。《中国妇女发展纲要（2021—2030年）》将"妇女与环境"作为重要关切领域，提出多项目标任务，通过政策措施推动男女平等基本国策贯彻落实在环境领域各方面，促进妇女参与环境决策管理的能力更强，促进妇女发展的社会环境质量更高。新时代新征程，国家大力支持妇女参与环境决策和治理，妇女参与环境领域发展的意识和能力明显增强。"我为环境做贡献、环境为我做保障"的双向奔赴成为中国式现代化进程中男女平等发展最亮的巾帼风采。

1. 男女平等基本国策教育进党校（行政学院），成为各级领导干部学习培训的必修课程

为持续提高广大领导干部贯彻落实男女平等基本国策的领导力和执行力，《中国妇女发展纲要（2021—2030年）》"妇女与环境领域"提出：推进各级领导干部学习习近平总书记关于妇女和妇女工作的重要论述以及马克思主义妇女观、男女平等基本国策。各地积极落实纲要目标要求，多部门联合发文推进男女平等基本国策教育进党校（行政学院）、入课程。辽宁省委组织部、省委宣传部等6部门出台《辽宁省推进男女平等基本国策教育培训进党校（行政学院）、社会主义学院的实施意见》，要求全省14个市全部制定实施方案。辽宁省委党校（行政学院）将男女平等基本国策课程纳入副厅级干部进修班和正处级干部进修班、中青班等主体班次，推动将性别平等意识纳入决策主流。[①] 海南省委宣传部、省委党校等联合出台《海南省推进男女平等基本国策教育培训进党校（行政学院）的实施意见》，要求将男女平等基本国策教育培训纳入全省各级党校（行政学院）教学内容和各级干部教育培训规划，国策进党校课程体系逐步完善形成长效机制，教学水平和培训效果显著提升，全省乡村"重男轻女"现象得到有效遏制；全省各级党校（行政学院）将国策纳

---

① 辽宁省妇儿工委办公室：《全力推动新时代妇女儿童事业高质量发展》，《中国妇运》2023年第12期，第30页。

入课程体系和主体班次,以及国家治理体系和治理能力建设、积极应对人口老龄化战略等相关专题培训;全省各级党校(行政学院)立足地方资源,组织编写海南特色男女平等基本国策教材或读本,加强国策培训课程设计,研究阐释好国策的理论内涵、时代内涵、实践经验和最新成果。① 近年来,广东省把男女平等基本国策教育纳入各级党校(行政学院)教学计划,纳入各级党校主体班课程。累计培训各级党政领导干部近15万人次。②

2. "跟党奋进新征程 巾帼建功新时代"主题宣传活动实现全覆盖,党的声音直抵妇女人心

2023年以来,全国妇联组织以中国妇女十三大代表团为龙头、以各地特色宣讲队为骨干的宣讲团,层层开展接力宣讲和推文,举办线下"跟党奋进新征程 巾帼建功新时代"主题宣讲13.1万场,17个代表团推文阅读量达10万+,影响受众达3.2亿人次,把习近平总书记的殷殷嘱托传递到基层、浸润到妇女心中。链接中央主流媒体、融合系统传播矩阵、联动社会网络资源,策划推出《绽放新时代》短视频、"喜迎盛会"互动打卡等融媒产品,2天时间线上互动超4300万,17家网络平台为大会开屏,7个话题冲上热搜;人民日报、新华社持续推出《总书记关心关爱"半边天"的故事》等重磅文章,中央广播电视总台在《新闻联播》《焦点访谈》等推出系列报道,相关产品和话题浏览量超12.8亿。网络平台聚合优势明显加强。推出"温暖习语""喜讯捎给总书记2023"系列专题,深化"头条工程",让党的声音直抵妇女人心。针对年轻受众特点推出"唱响中国经济光明论 争做最美巾帼奋斗者"全网主题实践活动,总浏览量超4300万,通过晒美照、赏美图、看美文、听心语等方式,引导亿万妇女点赞参与,激发投身中国式现代化建设的正能量。③

3. 妇女参与媒体发展人数比例显著提高,"她"力量促进融媒体快速发展

截至2021年12月,在全国194263名持证记者中女性占比高达50.6%,

---

① 《推进男女平等基本国策教育进党校》,新浪财经,2023年7月12日,https://finance.sina.com.cn/jjxw/2023-07-12/doc-imzakmiy8997528.shtml?cref=cj,最后检索时间:2024年8月16日。
② 广东省妇儿工委办公室:《稳步推进纲要规划落地实施 妇女儿童事业取得新进展》,《中国妇运》2023年第7/8期合刊,第71页。
③ 黄晓薇:《团结引领广大妇女为强国建设民族复兴伟业贡献巾帼力量——在全国妇联十三届二次执委会议上的工作报告》,《中国妇运》,2024年第1/2期合刊,第12~13页。

其中，中国新闻社新闻从业者中的女性比例达到47%。① 这说明新时代的女性已经成为中国新闻事业的"半边天"，她们以政治品格和专业精神创新讲好中国故事和中国妇女故事。2019年，中国新媒体今日头条女性创作者占比约40%。今日头条致力于通过技术，提升信息匹配率，促进创作与交流，扶持培育出一大批优质女性创作者，"小小莎老师""巧妇9妹""简里里""范志红注册营养师""年糕妈妈"等深受用户喜爱。过去一年，今日头条女性创作者共发布5629万篇文章，累计创造5109亿次浏览量，让平台内容生态变得更加多元，让更多用户见证了女性创作的力量。② 短视频平台诸多女性博主，积极传播男女平等观念。喜马拉雅播客女性创作者占比高达64%。③ 全国有65.8%的女性通过网络关注和了解世界重要信息和重大事件，在18～24岁青年女性中这一比例高达91.2%。妇联组织不断加强优质网络内容策划供给，全国、省、市三级妇联系统搭建了多层次、多类型女性网络表达平台，形成集网站、微博、微信等6700多个新媒体平台于一体的联动发力、互动活跃的融媒体集群矩阵，覆盖人群超过1.1亿人。建强官方"报网微端号"，全国妇联女性之声公众号粉丝破百万、同比上年增长17.6%。开展特色主题宣传，在2023年"三八"国际妇女节发起互动话题"致敬了不起的她"年度传播120亿、累计超320亿。④

4. 推动数字资源全民共享，妇女享有更加方便可及的数字化工具和服务

新时代，大力实施数字乡村建设工程，加快农村光纤宽带、移动互联网、数字电视网发展，持续完善乡村数字基础设施建设，引导5G、千兆光网、北斗导航等服务向农业领域延伸、向农村拓展，让更多妇女享受到数字化红利。

---

① 《最新发布!〈中国新闻事业发展报告2022〉（附全文）》，搜狐网，2022年5月19日，https://www.sohu.com/a/548633853_121123762，最后检索时间：2024年8月16日。
② 《今日头条2019创作者画像：女性创作者占比约40%》，中金在线网，2019年3月13日，http://hy.stock.cnfol.com/bankuaijujiao/20190313/27328944.shtml，最后检索时间：2024年8月16日。
③ 周到君：《女性创作者占比64%，喜马拉雅播客成为女性表达的能量场》，网易，2023年3月10日，https://www.163.com/dy/article/HVFVI1T70530Q0OP.html，最后检索时间：2024年8月16日。
④ 黄晓薇：《团结引领广大妇女为强国建设民族复兴伟业贡献巾帼力量——在全国妇联十三届二次执委会议上的工作报告》，《中国妇运》2024年第1/2期合刊，第13页。

第53次《中国互联网络发展状况统计报告》显示：截至2023年12月，中国网民规模10.92亿人，网络视频用户规模达10.67亿人，占网民整体的97.7%。2023年中国农村网民规模达3.26亿人，较2022年12月增长1788万人，城乡上网差距进一步缩小。截至2023年12月，农村地区互联网普及率达66.5%，较2022年12月提升4.6个百分点。网约车、互联网医疗用户规模增长明显，较2022年12月分别增长9057万人、5139万人，增长率分别为20.7%、14.2%。完成了2577家老年人、残疾人常用网站和App适老化及无障碍改造，超过1.4亿台智能手机、智能电视完成适老化升级改造，群体间数字鸿沟持续弥合，①帮助老年妇女、残疾妇女等特殊群体解决视听障碍、"不好操作"等问题。支持、指导高德地图联合阿里公益研发上线公益无障碍导航，为包含老年妇女和残疾妇女在内的残疾人等提供出行引导服务，目前已覆盖北京、上海、杭州等30座城市。

5. 数字化建设政策关注妇女发展需求，注重提升妇女数字素养与技能

国务院发布的《中国妇女发展纲要（2021—2030年）》明确要求消除性别数字鸿沟。2022年，《中共中央 国务院关于构建数据基础制度更好发挥数据要素作用的意见》颁布，提出要着力消除不同人群间数字鸿沟。实施《数字乡村发展行动计划（2022—2025年）》，要求加强妇女数字素养教育与技能培训，推出数字素养公开课，增强妇女通过网络参与经济生活的能力，增加直播带货、电商运营等内容，以引导西部地区、偏远山区妇女网上就业创业等系列举措。在实施数字乡村发展行动中，加强面向脱贫地区妇女发展的公益项目开发与网络帮扶筹资。开展"数字巾帼先锋培育助力"等专题活动，积极普及数字技术知识和技能，扶持打造巾帼电商品牌。从2023年起，在生成式人工智能服务管理的政策文件中，要求在算法设计、训练数据选择、模型生成和优化、提供服务等过程中，采取有效措施防止产生包括性别在内的各种歧视，为在数据收集、使用、共享等方面促进性别平等提供法规政策保障，消除AI相关技术中的性别歧视。持续开展"争做巾帼好网民"活动，通过公开课、征集推选"百个巾帼好网民故事"和"十大争做巾帼好网民优秀案例"等形

---

① 《2023年中国互联网发展亮点纷呈》，中国新闻网，2024年3月22日，https://www.chinanews.com/cj/2024/03-22/10185260.shtml。最后检索时间：2024年8月16日。

式，引导妇女网民共同维护清朗网络生态。

6.加强媒体领域法律制度建设，营造媒体传播男女平等的网络文明环境

《中华人民共和国广告法》规定"不得含有淫秽、色情内容；性别歧视的内容"。《中华人民共和国妇女权益保障法》规定："媒体报道涉及妇女事件应当客观、适度，不得侵害妇女的人格权益。"还规定通过大众传播媒介或者其他方式贬低损害妇女人格，导致社会公共利益受损的，检察机关可以依法提起公益诉讼。《中国妇女发展纲要（2021—2030年）》提出"健全文化与传媒领域的性别平等评估和监管机制"的目标。2021年，《国家广播电视总局办公厅关于停止播出"美容贷"及类似广告的通知》发布。国家主流媒体领域连续十年执行媒体社会责任报告制度，通过媒体自律优化男女平等的社会文化环境。《中国妇女报》连续十余年推出"性别平等十大新闻事件"，发布"妇女儿童热点舆情观察与分析"，对媒体报道进行常态化监测。2023年，北京16家网站平台共同发布《首都互联网平台"自媒体"管理行业自律公约》，倡导抵制网络暴力和虚假宣传，将保障妇女、儿童、老年人和残疾人合法权益和身心健康等作为新闻工作者的职业道德准则。

7.妇女积极参与生态文明建设，参与环境管理决策的人数比例增加

2018年，生态环境部、全国妇联等五部门发布《公民生态环境行为规范》，旨在推动公民树立社会主义生态文明观，推动形成人与自然和谐发展现代化建设新格局。近年来，妇女担任生态护林员、护路员、护水员等成为时代风尚。海南省妇联举办妇女环保志愿者培训班，近10万人学习禁塑和垃圾分类知识。福建省女性专家、研究员、科技工作者组成"碳中和"宣讲小分队，宣讲低碳理念、节能知识。云南、四川等地开展农村妇女制作环保酵素培训，实现农业生产废弃物的再利用，改善人居环境。发布美丽庭院建设国家标准，鼓励广大妇女创建"美丽庭院"1200多万户。全国人大环境与资源保护委员会共有女委员7名，占比25.9%；生态环境部机关女干部占比34.5%。环境和自然资源管理与治理领域的女性专家作为人大代表提出环保议案、作为团队领导者负责编制农村改厕及粪污利用标准体系。到2023年3月，气象局首席科学家中的女性占比63%，全国气象部门具有正高级职称职工中的女性占比43%。在气象部门重要业务科研岗位上女性约占半数。

8. 城乡妇女饮用水安全水平提高，获得使用卫生厕所的机会增加

2021年，《中共中央 国务院关于深入打好污染防治攻坚战的意见》印发，城市水源地规范化建设加快推进，城乡妇女饮用水安全得到保障。2022年，全国地级及以上城市集中式生活饮用水水源水质达标率为95.9%，比2021年提高1.7个百分点。2023年，全国农村自来水普及率达到90%，较2020年提高7.0个百分点。中国妇女发展基金会"母亲水窖"项目以水窖为龙头，集沼气、种植、养殖、卫生、庭院美化等于一体，截至2023年底，在以西部为主的省（区、市）修建集雨水窖13.99万口、集中供水工程2007处、校园安全饮水工程1060处。2021年，《农村人居环境整治提升五年行动方案（2021—2025年）》实施，务实推进农村厕所革命，农村人居环境得到改善。2022年末，农村卫生厕所普及率超过73%，比2021年末提高约3个百分点。

9. 性别意识纳入防灾减灾政策，妇女在防灾减灾中发挥重要作用

《中国妇女发展纲要（2021—2030年）》提出了"妇女应对突发事件能力不断提高，作用得到发挥，特殊需求得到满足"的主要目标。"十四五"国家综合防灾减灾规划充分考虑妇女、儿童需求，加强对孕产妇等重点群体的关爱保护。2023年修订《工贸企业重大事故隐患判定标准》，进一步完善包括纺织等领域行业重大事故隐患判定条款，降低女职工受有害物质和危险生产工艺危害的风险。2024年3月，全国拥有25.2万名女性灾害信息员，在灾害预警信息传递、灾情报送等工作中发挥半边天作用。2024年3月，全国有女性注册消防志愿者150.6万人，占比51.6%。2022年9月5日，四川甘孜州泸定县发生6.8级地震后，70多支巾帼志愿队、3000余名巾帼志愿者积极投身抗震救灾行动，走村入户协助开展震后安全检查、抗震救灾知识宣传、心理疏导，在灾后重建中贡献"她"力量。

（十）促进男女平等的法律制度更加有效，保障妇女合法权益的法治水平持续实现高质量发展

法治是中国式现代化的重要内容。保障妇女各项合法权益，是中国式现代化法治社会建设的重要内容，是中国特色社会主义法治文明的重要标志。新时代新征程，党和国家将保障妇女权益全面纳入依法治国各领域各方面，科学立法、严格执法、公正司法中的性别平等意识明显增强，顶层设计和地方实践中

的男女平等法治素养不断提升，妇女群体普遍享有最管用的法治环境，全民普法和群众性法治文化建设取得新成就。

1. 相关法律规定进一步细化完善，妇女在婚姻家庭中的财产权益得到保障

进入新时代，国家在保障妇女婚姻家庭权益方面的立法不断取得新突破。相继出台和修订了多部涉及保障妇女婚姻家庭权益的法律法规。《中华人民共和国民法典》继承编与婚姻家庭编，均对于保障妇女财产权益作出明确规定。如婚姻家庭编特别强调保障妇女的婚姻家庭权益，涉及夫妻平等决策，夫妻共同债务"共债共签"原则，家务劳动补偿的适用范围扩大等。继承编中规定男女继承权平等，尽了主要赡养义务的丧偶儿媳享有对其公婆的第一顺位继承权等。《中华人民共和国妇女权益保障法》规定，国家保障妇女享有与男子平等的财产权利。在夫妻共同财产、家庭共有财产关系中，不得侵害妇女依法享有的权益；还规定了农村妇女在集体经济组织中的财产权益，既包括对妇女在农村集体经济组织中成员身份确认和各项收益分配，土地征收补偿安置、宅基地使用登记等实体权利的确认，也包括对农村妇女参与村民自治章程、村规民约制定，村民会议决策等的程序性权利的保障。从法律源头破解妇女权益保障的痛难点，省级及以上妇联牵头参与法律政策制定修订2500多部。[1] 福建省妇联推动出台《福建省妇女权益保障条例》，发挥法规政策性别平等评估制度对设区市全覆盖优势，2021年以来对32部法规政策开展了性别平等评估，推动各级各部门在出台法规、制定政策、编制规划、部署工作时充分考虑两性的现实差异和妇女的特殊利益。[2]

2. 加大预防和制止家庭暴力工作力度，防止家庭暴力取得新成效

《中华人民共和国民法典》《中华人民共和国家庭教育促进法》和2022年新修订的《中华人民共和国妇女权益保障法》《中华人民共和国反家庭暴力法》相衔接，明令禁止对妇女实施家庭暴力，明确政府部门、司法机关、社会团体、企事业单位、村（居）委会以及其他组织，应当在各自职责范围内

---

[1] 黄晓薇：《以习近平新时代中国特色社会主义思想为指导　动员引领广大妇女为强国建设民族复兴而团结奋斗——在中国妇女第十三次全国代表大会上的报告》，《中国妇运》2023年第11期，第17页。

[2] 福建省妇儿工委办公室：《众志成城　守正创新　推动八闽妇女儿童事业发展取得长足进步》，《中国妇运》2024年第3期，第46页。

预防和制止家庭暴力，依法为受害妇女提供救助。《中华人民共和国妇女权益保障法》明确恋爱分手或离婚后，纠缠、骚扰妇女，泄露、传播妇女个人隐私，受害人可以向人民法院申请人身安全保护令。最高人民法院就人身安全保护令制度适用出台司法解释，规范发放和执行程序，先后发布三批反对家庭暴力典型案例，为各地司法机关统一正确适用法律提供实用指引。实施《关于加强人身安全保护令制度贯彻实施的意见》，细化完善家庭暴力发现机制、联动机制等，明确人身安全保护令发放后各方责任。2021~2022年，针对女性的人身安全保护令签发数分别为2530件、3792件。全国14个省（区、市）公安机关制定家庭暴力告诫实施制度，实行分级干预，探索建立与社工服务的有效链接。湖北省监利市公益项目"万家无暴"，聚焦家暴受害人求助难问题，探索出"妇联+公安+社会组织"多部门反家暴联动模式，已服务国内家暴受害者逾4000人。在2023年新时代"枫桥经验"优秀案例评选中，"万家无暴"项目被评为精品案例。

3. 反拐工作长效机制不断完善，打击针对妇女违法犯罪行为取得新进展

2021年，国务院办公厅印发的《中国反对拐卖人口行动计划（2021—2030年）》提出，要坚持和完善集预防、打击、救助、安置、康复于一体的反拐工作长效机制，健全反拐工作协调、配合、保障机制，推进法治反拐、协同反拐、科技反拐、全民反拐的工作模式，不断提高反拐工作法治化、协同化、科技化、社会化水平。提出六个方面具体措施，有效防范和严厉打击利用网络拐卖人口等新型犯罪，加大力度预防和打击拐卖、性侵、组织卖淫等各类犯罪行为，确保被拐卖受害人及时得到救助康复和妥善安置，帮助被拐卖受害人顺利回归家庭和社会等。2021年，全国破获拐卖妇女案件251起；破获强奸案件3.5万起；破获组织、强迫、引诱、容留、介绍妇女卖淫案件1.5万起；性骚扰损害责任纠纷收案数88件。2022年，全国破获拐卖妇女案件数970起；破获强奸案件数3.7万起；破获组织、强迫、引诱、容留、介绍妇女卖淫案件数1.7万起。① 2024年3月，在全国范围内再次部署开展打拐专项行动，要求通过线索排查、信息完善、技术比对、大案攻坚等工作，全力斩断一

---

① 国家统计局社会科技和文化产业统计司编《中国妇女儿童状况统计资料2023》，中国统计出版社，2023，第94页。

批犯罪链条，找回一批被拐妇女儿童，有效打击拐卖妇女儿童犯罪。

4. 加强职场性骚扰法治保障，营造妇女人身安全的职场工作环境

近年来，从国家制定实施的法律法规到部门联合发布的规章制度，全国形成了依法依规打击职场性骚扰、保护职场妇女人身安全的法治保障机制。《中华人民共和国民法典》第1010条对性骚扰概念作出界定，并规定了用人单位有防治性骚扰义务。2022年《中华人民共和国妇女权益保障法》修订，进一步明确了学校和用人单位对性骚扰应当采取的预防和制止措施以及未采取必要措施应承担的行政责任，规定相关单位未采取合理措施预防和制止性骚扰，检察机关可以依法提起公益诉讼。2023年3月，人力资源和社会保障部办公厅、国家卫生健康委员会办公厅等六部门联合发布《消除工作场所性骚扰制度（参考文本）》共20条，分别对性骚扰定义及主要表现行为、公开承诺、宣传培训、职工举报投诉、调查处置、工会参与监督等主要内容予以明确。参考文本还指导用人单位对举报投诉人和调查处置工作予以保密，要求注意保护个人隐私，通过采取调整工作岗位等措施，避免对受害者造成二次伤害。2023年9月，上海市徐汇区检察机关牵头七部门发布防治性骚扰行为指南，明确在性骚扰预防、受理投诉、调查处置等环节，用人单位可采取的措施，落实防治性骚扰的法定责任。全国总工会、全国妇联等部门联合开发的《防治职场性骚扰指导手册》和《消除工作场所性骚扰指导手册》，为用人单位有效防止职场性骚扰提供专业支持。

5. 完善法律援助和司法救助制度，妇女接受公共法律服务的可及性增强

在中国式现代化法治中国建设进程中，国家持续健全司法救助制度，法律服务覆盖面不断扩大，妇女接受公共法律服务的可及性进一步增强，妇女群众的法治安全感进一步提升。截至2021年底，全国共有法律援助机构2629个，妇女获得法律援助32.9万人次，县级及以上妇联组织受理妇女儿童投诉17.9万件次。截至2022年末，全国共有法律援助机构3019个，妇女获得法律援助31.8万人次，县级及以上妇联组织受理妇女儿童投诉20.1万件次。截至2023年10月，"中国妇女法律援助行动"帮助妇女群体挽回经济损失近4.5亿元。[1] 云南保山市妇联推动在全市建成党政主导的维权服务机制，在保山市司

---

[1] 黄晓薇：《以习近平新时代中国特色社会主义思想为指导 动员引领广大妇女为强国建设民族复兴而团结奋斗——在中国妇女第十三次全国代表大会上的报告》，《中国妇运》2023年第11期，第17页。

法局建立市级"一站式"关爱服务中心，在76个乡镇（街道）建立维权服务工作站，进一步打造和提升"12338有事找娘家"热线服务品牌。① 截至2024年8月，四川德阳市全市82个派出所妇女儿童维权站全面建成，建站比例达100%，实现市、县（市、区）、乡镇（街道）"横向到边、纵向到底、多方参与"的妇女儿童维权网络体系三级全覆盖。②

6. 法治宣传普及力度持续加大，妇女的法律意识和自我保护能力增强

全民普法是全面依法治国的长期基础性工作，全国"七五"普法规划强调推进"互联网+法治宣传"行动，"八五"普法规划强调以互联网思维和全媒体视角深耕智慧普法。国家机关严格落实"谁执法谁普法"责任制，扎实推进"八五"普法规划全面实施。学习强国、人民网、新华网、法治网等开辟了法治专栏，司法部门强化全国智慧普法平台功能，推动与中国庭审公开网、中国裁判文书网等网络平台的信息共享，保障妇女权益的内容不断呈现。各法治宣讲平台结合不同群体的普法需求，运用图解、动漫、短视频、网络直播、网络音乐等多种形式创作大量网络普法产品，通过微博客、公众账号等多种渠道向公众提供法律知识，解读法律法规。网络普法显著提升了法律知识的到达率、普及率、知晓率，男女平等、权利与义务、个人自由与社会责任相统一的法治观念不断深入人心，尊法守法学法用法日益成为网络空间的广泛共识和基本准则。全国建立以普法为主要任务的微博、微信公众号、客户端、视频号等超过3万个。"中国普法"微信公众号2022年总阅读量6.67亿次，订阅用户突破3000万户。截至2023年10月，全国妇联持续开展的"法治中国·巾帼在行动"吸引妇女2.39亿人次参与。③

7. 培育妇联"巾帼法律明白人"，带动妇女群众尊法学法守法用法见实效

全国妇联《"十四五"时期妇联事业发展规划》提出实施培养妇联"巾帼法律明白人"计划，提高妇联干部法律素养，带动妇女尊法学法守法用

---

① 周玉林：《为妇儿解决急难愁盼问题近8000件》，《中国妇女报》2024年8月2日，第1版。
② 任然：《实现妇女儿童维权站在派出所全覆盖》，《中国妇女报》2024年8月1日，第3版。
③ 黄晓薇：《以习近平新时代中国特色社会主义思想为指导 动员引领广大妇女为强国建设民族复兴而团结奋斗——在中国妇女第十三次全国代表大会上的报告》，《中国妇运》2023年第11期，第17页。

法。"巾帼法律明白人"计划有效推动妇女依法有序参与基层社会治理。河南平顶山市妇联通过"评选、培育、管理、使用"工作机制,一体化推进"巾帼法律明白人"培育工程。通过村民自荐(村组指定)、组织遴选、考核上岗方式,吸纳有热心、善调解、懂法律等人员作为培育对象,建立结构合理、作风优良队伍。2024年以来,全市共评选出1000余名优秀"巾帼法律明白人",以典型引领推动作用发挥。将婚姻家庭纠纷调解工作等纳入"巾帼法律明白人"考核管理,建立工作台账,强化工作职责,列出服务清单,翔实记录"巾帼法律明白人"参加培育和进行法治实践的情况。探索打造"巾帼法律明白人+法治宣传+走访排查+纠纷化解"工作模式,全市万余名"巾帼法律明白人"利用"地熟、人熟、事熟"优势,组织开展各类普法活动3000余场次,为群众提供法律咨询10万人次。[1] 2024年7月以来,甘肃渭源县妇联和县法院,采用"知心姐姐+女法官"沉浸式普法方式,在全县16个乡镇全覆盖开展"陇原巾帼普法乡村行"渭源县村(社区)"巾帼法律明白人"专题培训,对镇和村妇联干部、妇联执委和妇女群众2800余人进行培训[2]。"巾帼法律明白人"培育从省(市、区)深入县镇、乡村,为法治中国建设增添了更多学法遵法懂法守法用法的巾帼力量。

二 在中国式现代化进程中男女平等与妇女全面发展面临的新挑战

男女平等和妇女事业发展状况是衡量现代社会文明进步的重要标志。全面贯彻落实坚持男女平等基本国策、全方位保障妇女合法权益,是中国式现代化的重要内容。党的二十届三中全会通过的《中共中央关于进一步全面深化改革、推进中国式现代化的决定》,为中国式现代化提供了强大动力和制度保障。推进中国式现代化是一项全新的事业,前进道路上必然会遇到各种矛盾和风险挑战。身处利益诉求多样化的新时代,坚持问题导向和目标导向相统一,

---

[1] 河南省平顶山市妇联:《培育"巾帼法律明白人"探索基层社会治理有效途径》,《中国妇运》2024年第3期,第48页。

[2] 曹彦华:《甘肃渭源深入开展"陇原巾帼普法乡村行"活动 沉浸式培育"巾帼法律明白人"》,《中国妇女报》2024年8月19日,第3版。

分析研究找准促进男女平等和保障妇女权益的着力点和关键点，推动影响妇女发展突出问题的有效解决，充分彰显习近平新时代中国特色社会主义思想的真理力量和实践伟力，才能引领亿万妇女积极投身中国式现代化伟业，为中华民族伟大复兴凝聚磅礴的巾帼力量。

（一）实施乡村振兴战略既给妇女带来新的发展机遇，也提出更大挑战

推动男女平等基本国策全面贯彻落实在乡村振兴各方面至关重要。妇女在乡村振兴中扮演着重要角色，她们不仅是家庭的照顾者，也是乡村经济、社会活动的参与者，是推动乡村振兴和农业农村现代化的重要力量。然而，由于传统观念、教育水平、资源获取等方面限制，妇女在参与乡村振兴过程中面临诸多问题和挑战。从目前妇女参与乡村振兴的能力水平和知识储备来看，社会性别意识固化是妇女参与乡村活动的主要阻碍，她们在参与过程中因自身对性别角色的传统认知而表现出自信不足，同时外界的性别偏见也使其在乡村发展中面临困境。改变男女不平等的性别文化，增强政策的性别敏感性是促进妇女深度参与乡村振兴的前提，需要将男女平等基本国策贯彻落实到乡村振兴战略实施的各方面和全过程。

1. 促进妇女参与乡村振兴和惠及妇女群体的制度政策有待进一步完善

从已有政策措施促进妇女参与乡村振兴发展的情况来看，农村妇女较男性承担着更多照料家庭的责任，她们参与乡村振兴的积极性还未被充分调动，主观能动性有待增强，参与水平有待提高。访谈结果表明，参与到乡村振兴中的妇女仍会因自身文化、技能不足而发展受阻。31.89%的女性认为文化水平偏低阻碍了其参与乡村振兴，68.6%的女性认为培训项目是促进女性参与乡村振兴最有效的途径，75%的乡村创业女性最需要的是政府提供技能培训。女性与男性在创业、就业过程中所受的差别待遇在农村更为明显。研究表明，相对男性，女性获得资金支持的难度更大，生产经营中也会更多被家庭琐事和生活照料羁绊，承受着更多社会偏见压力。因此，课题组建议在推动乡村振兴过程中，政府应当制定女性参与乡村振兴的专门规划。①

---

① 张成刚、陈文娟：《政府·妇联·女性：共同激发乡村振兴中的她力量》，《中国妇女报》2024年4月2日，第5版。

2. 乡村振兴地区发展的不平衡导致妇女群体间发展的不平衡不充分

从 2022 年全国农村居民人均可支配收入分析可以看出，不同地区农村居民人均可支配收入差距很大。2022 年，上海农村居民人均可支配收入 39729.4 元，为全国最高，甘肃农村居民人均可支配收入 12165.2 元，为全国最低，两者相差 2.3 倍之多。2022 年，全国 22 个省（区、市）农村居民人均可支配收入均在 20000 元以下，这说明促进全国乡村产业振兴协调发展的任务依然艰巨。以乡村妇女产业发展为例，四川省 21 个市（州）、183 个县（市、区）区域之间自然条件和经济社会发展水平相差很大，成都平原及周边一些地区妇女在讨论全方位链接"资金+资产+资源"、开展乡村规划，建设乡村、经营乡村，而边远地区妇女则更多在关心种什么、农产品卖不卖得出去和去哪里打工挣钱的问题。到 2024 年，四川省仍有 39 个欠发达县域，巩固脱贫攻坚成果的任务依然艰巨，防止妇女返贫也是妇女参与乡村振兴面临的重大挑战。

3. 妇女参与乡村产业、人才、文化、生态和组织五大振兴面临的挑战

在产业振兴中主要是资金和技能方面的挑战。资金支持是妇女参与乡村振兴的重要保障。农村创业妇女贷款难度较大、资金周转困难，特别是创业初期妇女，由于生产规模较小难以获得政策上的资金扶持。在人才振兴中面临的更大挑战是女性人才队伍建设亟待加强，特别是懂经营的管理型人才、创业型产业带头人、技能型和专业型文化传承人等严重不足。从性别视角分析看，城市生活和工作与农村相比更有吸引力，一些较为优秀的妇女更愿意到城市就业发展，导致在乡村产业发展中女农民整体素质偏低，且老龄化程度明显。推动更多农村妇女掌握高科技现代农业技术是当务之急。在乡村文化振兴中面临的挑战是妇女主体地位凸显不足，留守农村的老年妇女人数居多，对乡村文化建设的认识程度较低，参与乡村文化建设的积极性能动性不高，特别是女性非遗传承人总量不足。在生态振兴中面临的挑战是男女平等基本国策尚未在政策体系制定和实施中得到充分体现，妇女参与生态文明决策管理的人数比例偏低，生态文明知识储备不足。在乡村组织振兴中面临的挑战是妇女参与基层社会治理的人数比例偏低。2017 年，在经选举产生的村民代表中，男性占比 78.1%，女性占比仅 21.9%，相差 56.2 个百分点；2022 年，在经选举产生的村民代表中，男性占比 83.9%，女性占比 16.1%，相差 67.8 个百分点。从两组数据对比看，2017～2022 年，男性在村民代表中的人数比例增长了 5.8 个百分点，女性在村民代表中的人数比例却下降了5.8个百分点。基层妇联组织需要进一步拓展,相关社会组织特别是女性社会组织参与乡村振兴的积极性有待充分调动。

4. 妇联组织引领妇女参与乡村振兴的独特作用需要进一步重视

乡村振兴战略实施以来,各级妇联围绕促进农业农村现代化发展议题,积极落实引领联系服务职能,深入实施"乡村振兴巾帼行动",在产业振兴、人才振兴、文化振兴、生态文明振兴和组织振兴中引领乡村妇女积极参与,充分发挥半边天作用。课题组在访谈中了解到,多位女性乡村创业者、女性合作社理事长在发展最艰难的时刻都有寻求并接受妇联帮助的经历,包括经验传授、贷款申请和心理情感鼓励等。由此可见,妇联组织深受女性信任和依赖。妇联积极推动广大妇女参与乡村振兴各项工作和活动,如"巾帼脱贫""乡村振兴巾帼行动"等颇具成效。① 这说明妇联组织在乡村振兴中具备引领妇女为乡村振兴作出更大贡献的能力和潜力。

(二)推进中国式现代化发展新质生产力,妇女健康水平持续实现高质量发展面临新挑战

全面开启中国特色社会主义现代化建设、发展新质生产力对妇女健康高质量发展提出了新要求,区域发展的不平衡不充分依然是影响妇女健康水平高质量发展的主要障碍,妇女日益增长的健康需求与妇幼健康事业发展态势之间依然存在一定差距,城乡、区域之间和不同妇女群体之间对健康知识的掌握应用、享有健康服务的覆盖范围、人均健康预期寿命等健康指标实现的高低均存在差距。

1. 从妇女群体健康需求地区分析看,存在供求不平衡区域发展不平衡挑战

受区域、城乡经济发展水平、健康资源分布不均衡等因素影响,妇女健康发展不平衡现象仍然存在。一是妇女健康素养水平不平衡。2022年全国妇联开展的女性健康素养调查显示,在健康基本知识、心理健康、"两癌"防治、营养膳食等方面,东部地区被调查女性了解掌握情况和关注度都高于西部和东北地区。农村妇女对"科学健身、科学运动""营养和膳食指导""心理健

---

① 张成刚、陈文娟:《政府·妇联·女性:共同激发乡村振兴中的她力量》,《中国妇女报》2024年4月2日,第5版。

康"等健康知识的关注度分别为57.9%、50.2%和45.8%,明显低于城镇妇女的71.6%、59.4%和55.4%。掌握细分领域健康知识不足,践行健康生活方式不够。在急救和科学用药方面,36.3%的被调查妇女对"心肺复苏等急救方法"不了解,对"合理用药,能口服不肌注,能肌注不输液"认知度较低。在膳食营养和饮食习惯方面,能够做到"进食有规律"的人不到60%。在科学健身方面,41.5%的被调查妇女没有养成锻炼习惯。参加"两癌"检查的主动性有待增强。适龄妇女缺乏对"两癌"的风险认知和防治意识是限制被调查妇女参与"两癌"检查的主要因素。① 二是城乡人均预期寿命的地区差距明显,从2020年妇女人均预期寿命看,上海最高为84.87岁,北京位居第二为84.62岁,天津位居第三为83.40岁,而西藏最低为74.75岁,青海、甘肃分别为76.43岁和77.85岁,最高的上海和最低的西藏相差10.12岁。三是孕产妇死亡率的城乡和区域差距依然明显,从2022年监测地区孕产妇死亡率指标数据看,2022年城市孕产妇死亡率为14.3/10万,农村为16.6/10万,依然相差2.3个十万分点。② 2022年,孕产妇系统管理率北京最高为97.9%,西藏最低只有77.9%,相差20个百分点;中部地区人口大省河南孕产妇系统管理率只有88.5%。③

2. 保障母婴安全依然面临挑战,女性抑郁症患病率明显高于男性

孕产妇死亡的第一死因是产科出血,第二死因是心脏病,第三死因是妊娠期高血压疾病,第四、第五死因分别为羊水栓塞和产褥感染。2030年如期实现《中国妇女发展纲要(2021—2030年)》提出的"全国孕产妇死亡率下降到12/10万以下,城乡、区域差距缩小"的主要目标仍需付出更大努力。来自联合国卫生组织(WHO)调查表明,女性终生抑郁症患病率高达20%~26%,几乎是男性8%~12%的两倍。④ 中国各年龄段妇女中约有1/5不

---

① 全国政协委员张晓兰建议:《深化"健康中国母亲行动"促进女性健康素养提升》,《中国妇运》2024年第3期,第14~15页。
② 国家统计局社会科技和文化产业统计司编《中国妇女儿童发展状况统计资料2023》,中国统计出版社,2023,第14页。
③ 国家统计局社会科技和文化产业统计司编《中国妇女儿童发展状况统计资料2023》,中国统计出版社,2023,第18页。
④ 《调查显示:女性忧郁症患病率是男性的两倍》,中国新闻网,2002年9月27日,https://www.chinanews.com.cn/2002-09-27/26/227245.html,最后检索时间:2024年6月21日。

同程度的心理健康问题，孕产妇心理健康问题最为突出，产后抑郁症发病率有增高趋势。

3. 人口老龄化趋势更加明显，给妇女预期健康寿命延长带来挑战

2022年，中国60~64岁老年人口的男女性别构成为49.8∶50.2；70~74岁老年人口的男女性别构成为48.2∶51.8；80岁以上老年人口的男女性别构成为43.1∶56.9。① 从上述三组数据可以看出，年龄越大女性群体的占比越高。同时，中国对健康与衰老的研究、老年医学人才队伍建设与相对早一些进入人口老龄化社会的国家特别是一些发达国家相比起步较晚，建立完善的、符合中国国情的老年健康服务体系任务艰巨，落实《中国妇女发展纲要（2021—2030年）》"妇女健康预期寿命延长"目标面临重大挑战。

（三）推进中国式现代化发展新质生产力，妇女受教育水平持续提高面临新挑战

全面开启中国特色社会主义现代化建设、发展新质生产力对持续提高妇女受教育水平提出了新要求。新时代以来，尽管妇女平等接受教育的机会明显增加，各级各类在校生中的性别差距显著缩小，但在教育、教学、校园文化以及在教育结果上的性别差距仍然存在；妇女在高等教育、职业教育和专业选择上仍与男性存在明显差距，其或将成为未来妇女职业选择的重要影响。

1. 农村女童受教育水平有待提高，性别平等差距并未从根本上消除

义务教育公平是男女平等受教育权利最直接的反映。一方面，中小学男女生平等接受教育水平不断提高，在校生男女比例基本均衡，但在城乡之间、不同地区之间义务教育普及质量仍有差距。伴随着中国式现代化进程教育优化程度不断提高，农村义务教育质量提升水平将会更直接影响农村女童受教育水平的优化提升。另一方面，从2012~2022年高中和高等教育在校生性别比例结构看，女性比例逐年上升超过半数，但性别差距逐渐由显性转向隐性，教育不公平逐渐从起点不公平转向教育过程和结果的不公平，主要反映在农村女性和城市女性受教育水平的不平衡、大学学科专业中的性别结构不平衡等方面。农

---

① 国家统计局社会科技和文化产业统计司编《中国妇女儿童发展状况统计资料2023》，中国统计出版社，2023，第3页。

村女性在公办和重点高中以及大学接受教育的人数比例明显低于城市。

2. 职业教育中的专业性别隔离明显，影响国家职业教育发展对未来人才需求培养的客观判断

教育是实现成功职业生活的一种重要手段，特别是职业教育。女性职业教育程度越高，越能增加其职业主动选择机会，增加其社会合理流动的速度与水平，从而提高女性人力资源开发的水平和质量。教育部《职业教育专业目录（2023年）》共设置19个专业大类、97个专业类、1349个专业，其中，中职专业358个、高职专科专业744个、高职本科专业247个，包含农林牧渔、资源环境、能源材料、土木建筑、水利水电、机械制造、生物化工、轻工纺织、食品药品、交通运输、电子信息等，专业性别隔离明显，女生若选择男生主导的专业需要跨越的专业壁垒远高于男生。一些职业学校的专业设置遵循市场的性别逻辑，课程设置沿袭传统性别观念角色功能，直接影响到女生未来职业选择和人生事业发展。

3. 男女平等基本国策纳入国民教育体系有待深化，大中小学性别平等教育全面推进成效不明显

截至2020年，全国17个省（区、市）不同程度开设了中小学性别平等教育课程，实现了历史性突破。但2021年《中国妇女发展纲要（2021—2030年）》发布实施后，全国中小学性别平等教育推进速度较为缓慢，纲要提出的扩面提质目标要求落地见效面临挑战。同时，一些大学虽然设置有女性学专业，或开设了女性学课程，但性别平等教育与女性学教育不完全等同，从男女两性视角看待经济社会发展问题，与单独从女性视角看待经济社会发展问题有着本质不同。目前，大学性别平等教育呈现不明显态势。

（四）推进中国式现代化、发展新质生产力，持续推进妇女参与经济高质量发展面临挑战

全面开启中国特色社会主义现代化建设、发展新质生产力对持续提高妇女参与经济发展水平提出了新要求。新时代以来，虽然妇女参与经济活动的人数不断增加，但与男性参与人数相比仍有差距，就业中的性别歧视依然存在。《2024年世界人口状况》报告指出，妇女和女童是有能力的经济参与者。妇女参与经济发展，能极大地提升社会生产力和经济活力，积极缩小男女平等发展差距。

1. 职场性别不平等现象依然存在，男女工资收入存在差距，职业晋升机会仍不均衡

就业是妇女参与经济活动、融入社会的前提条件，也是发扬自尊自信自立自强精神的巾帼底气。虽然全社会就业人员中女性比重保持在四成以上，但女性就业相对于男性来说仍然面临更大压力，就业机会不平等、职业选择受限、职业技能不足等问题都不同程度存在。① 2022年和2023年智联招聘发布的中国女性职场现状调查报告均显示，男女工资收入均相差12%。《2022中国女性职场现状调查报告》显示，2022年职场女性平均月薪8545元，低于男性的9776元，相差12.6%。拥有大学本科及以上学历的职场女性占比为55.9%，高于男性的33.6%。但处于基层及以上管理职位的女性占比为34.2%，低于男性的40.7%。职场72.2%的人对女性的评价是"有耐心，善于协作"，这种认知对女性职业造成一定程度影响。73.3%的职场女性对升职缺乏信心，晋升机会有限是关键。婚育与性别是女性求职的坎，61.2%的女性在求职中被问婚育，高于2021年的55.8%，也远高于男性的32.3%。② 《2024年中国女性职场现状调查报告》显示：54%的职场女性曾遭遇性别歧视，明显高于男性的6.6%。面对显性不公和隐性不适并存局面，50.3%的职场女性认为打破性别刻板印象有助于推动职场性别平等。③ 就业中的性别歧视行为，不仅侵害了妇女的劳动权益，也阻碍了妇女"半边天"作用的充分发挥和巾帼活力的有效绽放。

2. 企业承担的生育成本偏大，是影响男女平等就业的主要因素之一

2022年，全国妇联"企业生育成本负担对女性就业的影响"课题对29个省（区、市）1043个企业的调查显示，三孩生育政策实施以来，有25.39%的被访企业承认存在只招男性或同等条件下男性优先的情况；在有生育女职工的

---

① 谌贻琴：《在全国妇联十三届二次执委会议上的讲话》，《中国妇运》2024年第1/2期合刊，第5页。
② 《2022中国女性职场现状调查报告》，凤凰新闻，2022年3月7日，https://ishare.ifeng.com/c/s/v002RDLsUmkRl0d2ifAUsRks9kz16kK5kIYHlgiJHz77--TA__最后检索时间：2024年7月6日。
③ 《〈2024年中国女性职场现状调查报告〉发布：54%职场女性曾遭遇性别歧视》，搜狐网，2024年8月11日，https://www.sohu.com/a/762909147_585752?scm=1019.20001.0.0.0，最后检索时间：2024年7月6日。

930个被访企业中,有63.40%的企业没有执行延长产假政策。调查还发现,被访企业中,有43.81%的企业反映企业生育成本占工资总额的0.5%以上,即企业承担的生育成本与失业保险费率大体相当,其中,82.36%的被访企业希望对其承担的产假期间(含延长产假)社会保险费予以补贴,有74.40%的被访企业希望延长产假津贴由职工基本医疗保险(生育保险)支付,有48.71%的被访企业希望为当年有女职工生育的企业适当减免税收,有41.99%的被访企业希望政府优先采购女职工达到一定比例竞标企业的产品或服务。①

3. 妇女数字技术从业者规模与男性相比存在差距,性别数字鸿沟依然存在

随着互联网、大数据、人工智能等技术的快速发展,数字经济几乎覆盖了人们生活的方方面面。数字经济因其突破时空束缚、减少体力限制、增强社会交往的特殊属性,在减轻妇女劳动力市场竞争劣势、促进男女平等就业创业方面发挥着重要作用。但基于性别刻板印象性别理念影响和女职工数字技能掌握不够等诸多因素,妇女数字技术从业者规模与男性相比存在差异,性别数字鸿沟依然存在。2023年全总女职工委员会的相关调研显示:女职工在数字技能提升方面面临三重困境:一是数字技能积累应用不够,83.5%的女职工认为当前掌握的数字技能不足以满足工作需要;二是数字化思维不够,近三成女职工认为自身缺乏"向数字化转变的思维和意识"以及"向数字化转变的信心";三是数字技能培训效果不充分。50.4%的女职工接受过单位提供的数字技能培训,但仅20%的女职工认为单位提供的相关培训充分满足了自身的数字技能需要。②

4. 男女退休年龄差距较大,女性人力资源浪费不利于发展新质生产力

现行退休相关法律政策规定为男女60周岁退休,仅限于公务员、参公人员和事业单位。现实中,一些高校、研究机构等对具有高级职称的女性没有严格执行国家退休政策,致使一些女性遭受了男女非同龄退休的不公平待遇。同时,男女退休年龄的现实差距,不仅影响了女性参与经济活动的积极性和主观能动性,而且浪费了女性人力资源的充分挖掘和对国家经济发展的贡献水平。

---

① 全国人大代表谭琳:《支持妇女生育要用好组合拳》,《中国妇运》2024年第3期,第16页。

② 全国政协委员马璐:《消除性别数字鸿沟 推动女职工数字技能提升》,《中国妇运》2024年第3期,第20~21页。

（五）在推进中国式现代化进程中发展全过程人民民主，持续提高妇女参与国家决策管理和基层治理水平面临挑战

发展全过程人民民主是中国式现代化的本质要求。党的二十届三中全会提出：必须坚定不移走中国特色社会主义政治发展道路，坚持和完善根本政治制度、基本政治制度、重要政治制度，丰富各层级民主形式，把人民当家作主具体、现实体现到国家政治生活和社会生活各方面。新时代新征程，妇女参与国家决策管理和基层社会治理的人数比例和能力水平有所提高，但与妇女"半边天"作用的主体力量相比仍存在差距。"在政治赋权方面，中国实现了11.4%的平等，其中女性部长占比为4.2%，女性议员占比为24.9%。"[①]

1. 法律政策规定的硬性要求不够，削弱了执行效力和考核标准

新时代新征程，从国家到地方保障妇女平等享有政治权利的法律法规和政策措施不断出台，为妇女平等参与国家和社会事务管理提供了法律依据和政策支持。但从妇女参政的现实情况分析看，法律政策的倡导性、原则性规定较多，削弱了法律政策的执行效力。各国议会联盟呼吁各国政府妥善设定并采取性别配额制，并将其作为在议会中促进性别平等的关键一步。在中国式现代化全过程人民民主的不断完善中增强法律政策的刚性规定需要深入研究，结合国情实际提出相应的目标比例要求。

2. 男女平等的价值理念尚未落实，性别不平等文化观念依然影响妇女参政意识和参政水平的提升

一方面，在培养选拔女干部和推进基层社会治理工作中，还存在对妇女参政重要性认识、必要性认识不足的问题。另一方面，家庭领域传统观念导致的不平等男女性别分工，也一定程度上影响了妇女广泛参与社会管理特别是基层社会治理的潜力和主体意识，影响了她们政治参与的积极性和主动性，在权衡工作和家庭照顾时，女性往往选择照顾家庭，进而失去了更广范围、更大平台、更多参政机会和事业向上向新发展的空间。

[①] 《2023年全球性别差距报告：全球性别平等进程已经停滞》，网易，2023年6月27日，https://www.163.com/dy/article/I88KRLLO0528B640.html，最后检索时间：2024年8月15日。

3. 妇女参与高层决策管理的人数比例增长缓慢，参与基层社会治理的水平偏低

改革开放以来，全国人大女代表比例始终徘徊在 20%～25%，在各国议会联盟中全国人大女代表比例排名位次持续下降，从 2021 年的第 86 位下降至 2024 年的第 89 位，2021 年全国省部级及以上女干部比例在全球女部长排名中仅列第 164 位，与新时代中国经济社会发展水平和国际影响力的显著增强不相适应。在农村基层社会治理中，村委会成员中的女性比例十年间均未突破 30%国际目标最低限额要求，2022 年为 26.1%；在企业民主管理中，妇女参与的人数比例增长缓慢，所占比例与女职工 1.3 亿人数比例不相适应。2012～2022 年，企业职工代表中的女性人数比例从 28.4%增长到 30.3%，十年间仅增长了 1.9 个百分点。

（六）推进中国式现代化强调保障和改善民生，持续提高妇女社会保障水平面临挑战

新时代以来，党和国家高度重视人民的社会保障，建立了覆盖全民的多层次基本保障体系，民生保障持续改善，妇女群体成为最直接受益者。但现实情况是女性就业、职业发展与男性相比处于相对弱势，导致在社会保障方面也存在差距，特别是城镇非农就业妇女的社会保障受劳动力市场性别隔离影响明显，体制外的就业女性还处于社会保障制度覆盖的保护边缘，男女平等分享改革发展成果方面依然存在一定差距。

1. 社会保险制度的性别平等意识不足，男女平等享有改革成果存在差距

目前，职工生育保险覆盖面不够，尚未实现应保尽保，大部分地区灵活就业和失业人员等仍然不能参加生育保险，不能享受职工生育保险待遇。尽管生育保险和职工基本医疗保险制度合并实施带来资源优势，但两项保险制度设计上存在许多不同步，不同职业身份的女性社会成员适用不同的生育保险政策，不同地区和不同制度的享有者待遇水平差异较大，形成了生育女性群体在享有生育保险待遇上的不公平现象。医疗保险待遇水平差异主要表现为不同保险类型差异，城镇职工医疗保险待遇水平较高，城乡居民医疗保险待遇相对较低。妇女连续性就业、全日制就业比例整体低于男性，造成了男女享有待遇水平的差距，形成了妇女整体享有水平低于男性的不平衡现象。中国人口老龄化进入

快速发展阶段，养老保险虽然实现制度全覆盖，但养老服务相对发展不足，养老金依然存在性别差距，影响到占老年人数较多老年妇女的权益保障。另外，城乡居民养老保险、生育保障水平较低，困难妇女没有被全部覆盖。相对于全面覆盖的养老和医疗保险来说，失业保险和工伤保险发展缓慢，存在较大性别差距。

2. 社会救助和福利享有中存在性别差距，男女平等享有存在不平衡

从城乡最低生活保障人数看，男女享受程度存在明显差距，2012~2021年，城市女性享有最低生活保障的人数比例从41.5%提高到46.9%，每年略有上升，但与男性相比2022年仍少6.2个百分点。农村特困人员救助供养的男女占比差距较大，2022年分别为90.1%和9.9%。现实生活中，照顾家庭病患者和残疾孩子多数是妻子，她们基本失去了独立的经济收入，家庭和社会地位也受到影响。

3. 伴随着人口老龄化进程加快，长期护理保险制度完善对老年妇女生活保障更为重要

2022年9月发布的《长期护理失能等级评估标准（试行）》，使长期护理保险实施更加规范，为更多更好助力失能老年妇女"老有所护"提供了服务。但从一些地方试点情况看，这一制度与人口老龄化快速发展的新趋势、与老年人快速增长的护理服务需求还不相适应，迫切需要进一步加强制度设计和实践探索，以更好满足老年妇女的多元化生活需求。

（七）推进中国式现代化促进家庭建设高质量发展，持续提高家庭领域的男女平等发展水平面临挑战

家和万事兴。在中国式现代化进程中全面提升家庭文明建设水平，需要深入推动全社会养成和传承尊老爱幼、男女平等、勤俭持家、邻里和睦的社会主义新风尚。新时代以来，家庭结构和生活方式、婚育和家庭观念、婚姻家庭关系都发生了深刻变化，家庭养老育幼功能弱化、家庭责任伦理和经济纽带相对松弛，对新型家庭观的牢固树立和发扬光大造成了冲击，婚姻家庭领域男女平等、夫妻之间的和谐相处，以及家庭成员之间的包容性发展受到负面影响，推动新时代家庭建设高质量发展、持续提高家庭领域男女平等发展水平依然面临诸多挑战。

1. 家庭建设领域的性别平等水平相对较低，现有家庭发展政策尚不能很好支持妇女平衡工作与家庭

生育政策调整以来，国家出台了一系列支持生育的政策措施，但从现实情况看还没有形成提升生育率的积极效应。2022年中国出生人口1062万人，创下了近年来新低，总和生育率已经降至全球主要经济体中的倒数位次。生育堆积效应逐渐消失、生育率低迷、育龄妇女规模持续下滑、生育成本高等因素都使得人口下降的趋势难以逆转。2024年中国出生人口数量预计将会迎来小幅反弹，但从长期来看，如果不采取更加实质有效的鼓励生育政策，出生人口下降趋势较难扭转。影响人口出生率的因素中政策因素排位第一，说明激励生育的政策还不能有效调动育龄夫妇的生育意愿，也说明政策的性别敏感性不足。以产假为例，延长产假看似为女性提供了更加充分的育儿时间，但在客观上强化了女性的生育和养育责任，提高了女性生育成本。休产假导致女性竞争力下降直接影响其职业发展，造成职业女性生与不生的现实困扰。

2. 女性承担家庭责任的范围大于男性，影响年轻女性的职业选择和老年女性的晚年生活

2020年第四期中国妇女社会地位调查数据显示，在业女性工作日平均总劳动时间为649分钟，其中有酬劳动时间为495分钟，照料家庭成员和做饭/清洁/日常采购等家务劳动时间为154分钟，约是男性家务劳动时间的2倍。0~17岁孩子的日常照料由母亲承担的占76.1%。研究显示，"生育/照料孩子"是女性职业中断的主要原因，[①] 这说明家庭领域的性别平等发展水平偏低，养老、育幼和教育子女的责任主要由女性承担。当前中国城乡空巢家庭超过50%，家庭照料社会化服务还不能满足现实需求，家庭照料的社会化服务体系还不健全，老年女性较多地承担了照料配偶及孙辈的家庭责任。农村和城市有更多老年女性在照顾配偶的同时还要照顾下一代，严重影响了她们的老年生活质量，也影响到家庭和谐与夫妻和美。

---

① 全国人大代表谭琳：《支持妇女生育要用好组合拳》，《中国妇运》2024年第3期，第16~17页。

3. 随着社会主要矛盾发生重大变化，家庭家教家风建设面临新情况新问题新挑战

随着社会主要矛盾发生重大变化，家庭结构和生活方式发生新的变化，家庭家教家风建设也面临着许多新情况新问题。在家庭发展方面，少子化、老龄化使得家庭承担的养老育幼功能逐渐弱化，部分家庭存在婚俗陋习等问题；在家庭教育方面，部分家长教育子女时存在短视化、功利性倾向，不利于孩子全面健康成长；在家风传承方面，受不良社会风气影响，部分家庭成员缺乏正确的价值判断和良好的道德风尚。个别党员领导干部家风不正、家教不严，出现家族式腐败现象。① 这些都给中国式现代化进程中依法治国和以德治家带来重大挑战。

4. 婚姻家庭纠纷呈现多元化趋势，新型家庭观有待进一步深化

当前婚姻家庭纠纷成因有以下几类：一是农村富余劳力大部分外出务工，许多夫妻长期分居缺乏感情交流，再加上彼此生活环境变化，感情日益生疏，直至难以维系夫妻关系；二是时代变化过程中的家庭观念冲突，父母干涉过多时常引发家庭矛盾；三是家庭暴力影响女性的人身和生命安全；四是离异或问题婚姻对儿童身心健康造成负面影响。婚姻家庭矛盾频发降低人们的家庭幸福感和安全感，这对妇女在家庭生活中充分发挥独特作用造成不利影响。

5. 企业创建家庭友好型工作场所的积极性不高，影响妇女平衡工作和家庭的能动性

创建家庭友好型工作场所是提高妇女就业的重要措施，也是促进男女平等就业的创新举措。调研中发现，一些地区和部门为推动企业创建家庭友好型工作场所进行了积极探索，但许多企业在创建家庭友好型工作场所方面积极性不高。究其原因，主要有三个方面，一是生育成本负担影响企业落实生育休假的积极性，二是相关部门对企业创办托育机构支持力度不够，三是企业实行灵活工作安排的动力不足。②

---

① 全国政协委员吴海鹰：《生动讲好新时代家风故事　大力营造家庭文明新风尚》，《中国妇运》2024年第3期，第19~20页。
② 全国政协委员林怡：《为农村妇女参与数字经济创造条件支持企业创建家庭友好型工作场所》，《中国妇运》2024年第3期，第17~18页。

（八）推进中国式现代化实现物质文明和精神文明相协调及人与自然和谐共生，持续优化妇女全面发展的社会环境面临挑战

中国式现代化是物质文明和精神文明相协调的现代化，是人与自然和谐共生的现代化。环境是围绕人群空间及其可以直接、间接影响人类生活和发展的各种自然因素和社会因素的总和，是促进妇女全面发展的重要影响因素和客观外在条件，既与以空气、水、土地、植物、动物等为内容的物质因素密切相关，也与以观念、制度、行为准则等为内容的非物质因素密切相关。当前文化制度、传媒制度和生态文明制度建设等方面的性别平等意识水平与促进男女平等发展要求存在差距。

1. 文化和传媒领域的性别平等观念存在偏差或误解，性别偏见和歧视现象时有发生

新时代以来，文化传媒领域虽然加大了推动宣传性别平等力度，但一些影视作品表面看是传播男女平等价值观，实质是宣传封建落后的男尊女卑思想。网络上涉及保障妇女权益和性别平等相关议题，往往迅速发酵成为引发社会普遍关注的舆情事件，有时会成为传播性别不平等观念的温床。这说明男女平等基本国策的贯彻还需要在文化传媒领域深入推进。

2. 城乡公共文化服务均等化普及程度存在差距，农村妇女特别是老年妇女群体文化需求满足受到不利影响

第52次《中国互联网络发展状况统计报告》显示，截至2023年6月，中国农村网民规模3.01亿人，占网民整体的27.9%；城镇网民规模7.77亿人，占网民整体的72.1%，城镇网民与农村网民占比相差44.2个百分点，城乡差距明显；城镇地区互联网普及率为85.1%，农村地区互联网普及率为60.5%，城镇高于农村24.6个百分点，城乡差距明显；60岁及以上老年群体是非网民的主要群体，占非网民总体比例的41.9%。非网民群体无法接入网络，在出行、消费、就医、办事等日常生活中遇到不便，无法充分享受智能化服务带来的便利。一些农村特别是边远地区老年妇女受教育程度较低、使用互联网的比例更低。有数据显示，2020年中国城市社区综合服务设施覆盖率达到100%，农村为65.7%，城市高出农村34.3个百分点，城乡差距明显。

3. 生态文明建设中的性别敏感性不足，妇女参与生态文明建设的水平偏低

一方面，妇女参与生态文明建设的层次还处于较低水平，参与生态环境决策管理的人数比例偏低，说明生态文明建设中的性别敏感性不够。另一方面，妇女参与生态文明建设的积极性、主动性和能动性尚未充分调动，妇女在生态文明建设中的重要作用和贡献尚未得到社会层面的充分认识与肯定。这些现象都不利于妇女平等参与生态文明建设，影响妇女在可持续发展中发挥"半边天"作用。

（九）推进中国式现代化推动高质量全面依法治国，持续提高妇女权益保障水平面临挑战

法治是中国式现代化的重要保障。实施全面依法治国，健全法律面前人人平等保障机制，在深入推进依法行政、健全公正执法司法体制机制中，进一步提高立法、执法和司法领域男女平等的法治水平依然面临挑战。从科学立法看，促进男女平等的立法仍有缺失，保障妇女权益法律法规的操作性还不够强。从严格执法看，侵犯妇女人身权利的违法犯罪行为时有发生，执法者的不正确认识会影响严格执法效力。从公正司法看，保障妇女权益的法律适用还存在空白。

1. 立法领域的男女平等意识有待提升，保障妇女权益法律法规的操作性需要进一步增强

当前，立法领域仍然存在将男女平等的社会问题单纯地看作妇女自身问题的现象，在制定和实施法律中男女平等的法治意识还不够强。保障妇女权益相关法律法规的规定比较宏观，实际操作中只能由相关部门工作人员自我认定，容易造成主观性认定偏差，会影响到法律的公平公正和有效落实。目前，涉及保障妇女合法权益的司法解释越来越多越细，但也还有不相适应的空白存在，对一些法律法规原则性规定的内容还需要司法机关进一步加大法律解释力度。

2. 执法者的男女平等意识有待提升，严格执法的效力需要进一步增强

在执行法律过程中，一些执法人员对法律的理解和掌握存在偏差或误解，使法律执行中的以法律为准绳落实不到位，一些问题被推诿或搁置。现实中，一些执法人员往往将性骚扰、强奸、性侵等归咎于妇女受害者的自身问题，将

家庭暴力理解为家务事，但家暴行为一旦上升为刑事犯罪，将成为严重侵害公民人身权利的故意伤害罪和故意杀人罪，社会危害极大，对妇女的人身侵害非常严重。

3.法规政策的性别平等评估需要深化，妇女群体的法治意识培养需要强化

法规政策性别平等评估机制是将男女平等价值理念具体落实到法规政策的制定、实施和监督各环节的法治保障机制。从2020年起，国家和省级均建立了法规政策性别平等评估机制，为推动将男女平等基本国策全面纳入法治中国建设搭建了新平台，提供了制度保障。但从目前这一制度的实际运行来看，推进落实中存在不平衡不充分问题，评估指标体系建设和评估程序制定需要更加精准规范，评估队伍的专业化程度有待提高。面向妇女群众普法是推进全民守法的基础性工程，更是依法治国战略实施中提高妇女整体法律意识的重要工作，特别是在全面深化改革和推进中国式现代化进程中，面向妇女群众的普法工作更为迫切。

三 在中国式现代化进程中促进性别平等与妇女全面发展的对策建议

《中共中央关于进一步全面深化改革、推进中国式现代化的决定》指出：中国式现代化是在改革开放中不断推进的，也必将在改革开放中开辟广阔前景。人才是中国式现代化的基础性和战略性支撑。在全面推进中国式现代化进程中促进性别平等与妇女全面发展，充分开发妇女人力资源发展新质生产力，需要严格遵循习近平总书记关于男女平等和妇女全面发展的重要论述精神，在全社会和各行业各领域进一步贯彻落实男女平等基本国策，让性别平等落到实处，推动妇女与经济社会同步发展，让半数妇女人力资源成为推动中国式现代化强国建设的"半边天"人才资源和发展新质生产力的重要力量。

（一）妇女参与乡村振兴的对策建议

2024年《中共中央 国务院关于学习运用"千村示范、万村整治"工程经验有力有效推进乡村全面振兴的意见》一号文件，强调坚持以人民为中心的发展思想，完整、准确、全面贯彻新发展理念，创新工作方法和推进机制，为

在乡村振兴中坚持贯彻男女平等基本国策、树立性别平等观念、创新妇女参与乡村振兴的工作方法和制度机制明确了方向。妇女既是乡村振兴的受益者和享有者,更是推动者和建设者,在乡村振兴中发挥重要作用恰逢其时、大有可为。

1. 进一步完善制度机制,拓展妇女参与乡村振兴战略实施的广度深度

进一步为农村妇女提供更多进入数字经济领域就业创业的机会,加大对农村妇女就业创业的帮扶力度,引导鼓励相关企业开发更多适合农村妇女增收致富的新职业、新业态,在项目实施与资金分配中给予更多政策倾斜。为农村妇女参与数字经济提供更丰富、更多层次的培训机会与资源。结合数字技能认证体系与终身教育服务平台建设,开发更多资源加强对农村妇女数字技能的培训;支持引导相关企业开展面向农村妇女,特别是偏远地区农村妇女的数字素养公益培训。为农村妇女参与数字经济创建更友好的社会环境。进一步加强制度保障的顶层设计激发妇女活力,通过提供培训项目和科技强农惠农政策为农村妇女创造跟随经济形势的机会。进一步强化妇女投身乡村振兴的自我赋能,通过参加职业技能、家庭教育、法律知识等培训,加快知识更新,优化知识结构,拓宽眼界视野,不断提升适应新改革新变化的能力素质,为全面推进乡村振兴贡献巾帼力量。

2. 进一步促进妇女深度参与乡村产业振兴

推动乡村产业发展的目的是带动农民就业增收。发展乡村产业,最直接的指向就是要让农民有活干、有钱赚。提升产业振兴水平,需要将推动乡村产业振兴和坚持女农民主体地位相结合,把保障女农民利益放在首位,既要促进女农民合作社规范化发展,壮大以女农民为主体的农业社会化服务组织,积极探索服务小农户、富裕小农户的现实路径,鼓励更多女农民小农户和现代农业发展有机衔接,充分发挥妇女在促进乡村特色产业发展中的独特作用。进一步深入实施"巾帼助航计划",支持更多妇女在电商、直播带货、云客服等新业态就业增收,帮助女农民工、农村低收入妇女及其他特殊困难妇女多渠道就业,促进乡村旅游、手工、家政等妇女优势特色产业提质增效,带动妇女在新产业新业态中创业致富。进一步加大政策支持增加农村妇女的发展机会,在政策决策过程中树立性别意识,注重促进妇女经济赋权,支持妇女参与农业合作社、家庭农场等新型经营主体,为妇女提供小额信贷和财政支持,帮助更多妇女开

展小规模创业项目,鼓励她们成为乡村经济发展的带头人。品牌是提升产业竞争力的重要因素,进一步聚焦创新驱动发展,加强对妇女家政服务、手工制作、电商、养殖等分级分类的技能培训,提高产品质量、拓宽销售渠道。

3. 进一步促进妇女深度参与乡村人才振兴和文化振兴

未来需要加快培养农村生产经营管理人才、农村二三产业发展人才、乡村公共服务人才、乡村治理人才、农业农村科技人才,激励各类女性人才在农村广阔天地大施所能、大展才华、大显身手,打造一支强大的有能力、留得住的乡村女性人才队伍,成为乡村发展引路人、产业振兴带头人、乡村治理政策明白人。进一步优化乡村妇女文化人才队伍建设,提高乡村妇女群体的整体素质以激发其最大潜能。通过分层开展培训,分区域为不同地区农村妇女提供分层次的教育培训,用好用活"土专家""田秀才"和农民田间学校等一线培训资源。继续抓好高素质女农民培育工程,加强妇女实用技能如农业技术、手工艺、电子商务等培训,提升妇女就业能力和创业能力。通过项目推动女性人才培养,以政府购买社会组织的培训服务方式,鼓励更多社会组织、企业、高校提供更多的培训项目。持续深入实施乡村产业振兴带头人培育"头雁"项目,提高妇女带头人的主体人才能力水平。进一步优化提升"乡村振兴巾帼行动",实施"乡村巾帼追梦人计划",培育高素质女农民、巾帼新农人,支持女大学毕业生、女能人、女农民工、女企业家入乡返乡,加快农村妇女人才队伍建设。构建多元乡村女性非遗人才培养机制,促进乡村女性传承人才的快速培养,扩大女性传承人的数量和优化梯队结构,逐渐扩大乡村年轻女性非遗人才的规模。

4. 进一步促进妇女深度参与乡村生态文明建设

实践证明,妇女在生态环境领域具有天然优势,在推进绿色转型、实施节约战略、促进绿色产业发展、倡导绿色低碳的生产和生活方式等方面都具有独特作用,进一步允分调动广大妇女参与生态文明建设的积极性,增强妇女的主体意识,提升妇女的参与能力和水平,让妇女真正成为生态文明建设的主力军。进一步深化环境政策制定实施中的性别平等意识,在政策制定过程中充分考虑女性在不同环境领域(如水资源管理、土壤保护、林业发展等)的特定需求和挑战,全面深入关注妇女需求。进一步提高妇女参与乡村生态建设的参与率,增加妇女在乡村环境领域的决策管理人员比例,确保妇女有机会平等地参与到乡村生态文明建设的规划、设计、决策和管理等各个环节。进一步加强对妇女生态文明理论和相关知识的培训与教育，包括与乡村生态治理相关的政策培训、科技培训等，弥补农村妇女在生态保护方面的知识盲区，培养妇女的生态思维，强化妇女的生态意识。进一步发挥农村妇女参与环境治理的引领作用，提升妇女参与农村人居环境整治的成效。以"家风美、庭院美、居室美、厨厕美、绿化美"引导广大妇女美化家居环境、整治村容村貌，推动新农村建设。

5. 进一步促进妇女深度参与乡村组织振兴

农村党支部和村委会"两委"班子是乡村振兴的"先锋队"、带头人，严格选人标准，拓宽选人渠道，大胆起用各类优秀女性人才进入村"两委"班子，进一步提高村党支部和村委会成员中的女性比例，注重从女致富能手、经商务工女性、乡村女教师女医生、女社会工作者、女大学生村官、女退休干部职工等群体中培养选拔村（社区）干部。妇联组织是乡村引领服务联系妇女群众的重要组织力量，重视把政治合格、业务过硬的女干部放在妇联岗位任职，让她们成为帮助支持农村妇女群众的"娘家人"和"亲姐妹"。进一步锻造充满生机活力的乡村妇联组织，将妇联组织的根在乡村扎得更深、覆盖的网织得更密、与乡村妇女群众联得更紧。进一步推动乡村妇联组织嵌入、工作融入、力量加入基层"党建+网格"治理模式，推动将妇建工作纳入乡村基层党建格局，推动在乡村的互联网平台、快递物流业、新媒体行业等新业态新就业群体领域灵活多样建立妇女组织。社会组织是社会服务的"生力军"，社会组织负责人是社会组织发展的核心要素，地方政府应当进一步畅通社会组织人才服务基层的"绿色通道"。

（二）妇女与健康领域的对策建议

习近平总书记指出："现代化最重要的指标还是人民健康，这是人民幸福生活的基础。"[①] 拥有健康的人民意味着拥有更强大的综合国力和可持续发展的能力。保障妇女健康权益、持续提升妇女健康水平是中国式现代化的重要内容。健全完善妇幼健康卫生服务体系，是走以人民健康为中心现代化道路的目标任务。新时代新征程，需要进一步提升妇女健康水平，让妇女健康更安全更

---

① 周珊珊：《抓牢"现代化最重要的指标"》，求是网，2021年4月2日，http://www.qstheory.cn/qshyix/2021-04-02/c_1127287158.ht，最后检索时间：2025年2月18日。

公平更可及，缩小城乡妇女健康发展差距，最大限度满足妇女对更高健康服务水平期盼。

1. 在中国式现代化进程中进一步提高妇女全生命周期的健康管理水平

进一步推进妇幼健康全程服务，从生命起点守护妇女健康安全。持续加强妇幼健康服务体系建设，深入推进妇幼保健机构标准化建设，加强妇幼保健机构绩效考核，构建优质高效妇幼健康服务体系，推动优质资源扩容和区域均衡布局，对现有存量的妇幼保健机构标准化建设不达标地区开展专项促进行动。为妇女提供全方位卫生健康服务，保障妇女获得高质量、有效率、可负担的医疗和保健服务，全面提升妇幼健康服务供给能力和水平。强化县、乡、村三级妇幼卫生服务网络建设，进一步完善基层网底和转诊网络，有效提高乡村妇女健康水平。完善医疗机构产科质量规范化管理体系，提供生育全程基本医疗保健服务，进一步推进高龄孕产妇等重点人群的分类管理和优质服务，有效运行危重孕产妇救治网络，提高危急重症救治能力。深入加强艾滋病、梅毒、乙肝母婴传播防治，为孕产妇感染者及其家庭提供多形式健康咨询、心理和社会支持。

2. 在中国式现代化进程中进一步完善宫颈癌和乳腺癌综合防治体系

进一步针对性开展"两癌"检查与救助宣讲活动，开展妇女健康知识进乡村、进社区活动，不断提高适龄妇女"两癌"防治和主动参检意识，特别要提高农村地区妇女的宫颈癌和乳腺癌防治意识和能力。全面强化妇女宫颈癌和乳腺癌健康服务的科技支撑，加强宫颈癌和乳腺癌筛查与诊断技术创新应用，提高筛查能力和服务水平。落实基本公共卫生服务对农村妇女宫颈癌和乳腺癌的检查项目，督促用人单位落实女职工保健工作规定，定期进行女职工宫颈癌和乳腺癌筛查。通过综合施策有效提高妇女群体的整体筛查率。多措并举、因地制宜推进适龄妇女人乳头状瘤病毒疫苗接种试点工作的不断深入。进一步强化筛查和后续诊治服务的衔接，促进早诊早治，为农村贫困家庭妇女的救治提供经济帮助和精神抚慰。进一步落实宫颈癌和乳腺癌的三级防控策略，通过一级防控努力实现不得病；通过二级预防努力实现少得病；通过三级防控，使患病妇女能够实现早治疗和早康复，力争如期实现《中国妇女发展纲要（2021—2030年）》提出的宫颈癌患者治疗率达到90%以上的目标要求。

3. 在中国式现代化进程中进一步全面提升妇女群体的健康素养水平

持续深入开展健康科普宣传教育，规范发布妇女健康信息，引导妇女树立科学的健康理念，学习健康知识，提高妇女参与传染病防控、应急避险的意识和能力，着力提升妇女健康素养。针对不同地区妇女健康素养水平和健康需求，制作和发放形式多样、内容多元的宣传手册、海报、折页等，做好妇女健康知识宣传和相关政策讲解。创作一批积极向上、严谨科学的健康科普影视精品节目，开展妇女保健和急救、科学用药、膳食营养等细分领域健康知识的普及。充分利用国家级媒体平台和抖音、快手、小红书等新媒体平台，讲述妇女健康发展的鲜活经验和典型故事，辐射和带动身边妇女及家庭参与，营造共建共治共享健康美好生活的良好环境。发挥中国女医师协会、中华护理学会等作用，开展趣味性强、群众喜闻乐见的活动，引导广大妇女带动家庭成员做自己健康的第一责任人。

4. 在中国式现代化进程中进一步全面提升妇女生殖健康和体质健康水平

进一步推动将生殖健康服务融入妇女健康管理全过程，落实基本避孕服务项目，加强产后和流产后避孕节育服务，提高服务可及性。进一步推进婚前医学检查、孕前优生健康检查、增补叶酸等婚前孕前保健服务更加公平可及。预防非意愿妊娠，减少非医学需要的人工流产。规范不孕不育症诊疗服务和人类辅助生殖技术应用。进一步充分发挥公共政策调节和保障作用，为妇女健康权益保障、健康环境提升、健康服务提质增效提供全面支持，推动更多地区开展"健康中国　母亲行动"。进一步凝聚社会力量，满足妇女多元化健康需求。针对不同地区、不同业态、不同年龄妇女群众的多元化健康需求，充分发挥社会各界资源优势，有效提升妇女健康水平。发挥公益组织作用，为各行业、各领域以及新业态妇女劳动者提供多元化健康服务。进一步深入推进全民健身和全民健康深度融合，组织开展丰富多彩的群众性体育锻炼、群众性体育赛事等活动。

（三）妇女与教育领域的对策建议

《中共中央关于进一步全面深化改革、推进中国式现代化的决定》提出，教育、科技、人才是中国式现代化的基础性、战略性支撑。强调加快建设高质量教育体系，统筹推进育人方式、办学模式、管理体制、保障机制改革。实现强国建设人才是第一资源，人才培养靠教育。在中国式现代化进程中全面提高妇女受教育水平和质量，促进妇女教育事业高质量发展是教育工作的重要目标任务。

1. 在中国式现代化进程中进一步保障女童平等接受公平优质义务教育权利

教育工作全面贯彻男女平等基本国策，需要在加快城乡义务教育一体化发展中，积极有效均衡配置城乡教育资源，有效改善农村学校办学条件，大力加强乡村教师队伍建设，全面提高农村义务教育教学的质量，推进义务教育优质均衡发展，促进优质教育资源共享使用，帮助农村学校开足开齐开好国家课程，让更多基础教育精品课进乡村学校，进一步缩小城乡教育差距，确保所有女童都能平等接受公平优质的义务教育。在农村和边远地区，需要进一步健全完善精准控辍保学长效机制，切实解决义务教育女童失学辍学的突出问题。特别要支持帮助家庭经济困难女童完成自己的学业，全面提高农村女童接受义务教育的巩固水平，增进农村女童的教育福祉。

2. 在中国式现代化进程中进一步提高女性接受高质量职业教育的水平

进一步加快构建纵向贯通、横向融通的中国特色现代职业教育体系，大幅提升新时代职业教育现代化水平和服务能力，不断优化专业设置，提供多种形式的学习方式，支持帮助更多女性获得职业技能等级证书，培养复合型技术技能女性人才和能工巧匠、大国工匠。在职业教育专业课程改革试点中，将性别平等理念纳入核心课程、优质教材、优秀教师团队和实践项目，在改革过程中培育一批女性优秀教师团队。在职业教育进入提质培优过程中，出台相关措施大力鼓励职业院校面向高校女毕业生、女农民工、去产能分流女职工等重点人群开展就业创业和职业技能培训，为女性职业发展提供更多选择，为促进经济社会持续发展和提高国家竞争力培养多层次、高质量的女性技术技能人才。

3. 在中国式现代化进程中进一步推进大中小学性别平等教育向纵深发展

全面落实《中共中央关于进一步全面深化改革、推进中国式现代化的决定》，需要进一步大力推动男女平等基本国策在教育领域的贯彻落实，严格按照《中国妇女发展纲要（2021—2030年）》妇女与教育领域提出的主要目标和策略措施要求，进一步大力推动各级各类学校广泛开展性别平等教育，并科学融入学校教学内容、校园文化、社团活动和社会实践活动全过程和各方面。支持鼓励各级各类高等院校推陈出新开发性别平等教育课程，将性别平等理论与教学实践相结合开发出生动有质量的课件，利用现实中的性别不平等问题引导大学生思考男女平等发展的现实意义和重要性，思考男女平等的社会价值；推动各省（区、市）因地制宜开发中小学性别平等相关课程，不断强化现有融合课的深度和广度；进一步加强性别平等专题的师资力量培训和使用，制定奖励措施和建立考评制度提高各科教师主动开发课程的积极性和能动性。不断探索总结经验、推陈出新，特别是推广一些地区在构建学校教育、家庭教育、社会教育相结合性别平等教育模式的好经验，让性别平等教育成为各级各类教育教学的创新精品课程。

4. 在中国式现代化进程中进一步从基础教育起步消除高等教育学科专业中的性别隔离

在中小学教育阶段，进一步引导中小学女生积极主动参加各级各类科普活动和科技竞赛活动，大力培养她们的科学兴趣、创新精神和实践能力。在高中教育阶段，特别是高年级职业规划中，进一步面向女生开展性别平等的学科选择和职业生涯规划指导，提高女生自主选择未来职业的能力。在高等教育阶段，采取有效激励奖励措施和相关支持政策，加强对基础学科拔尖女生的积极培养和优质培养，大力提高女性在科学、技术、工程、数学等学科中的人数和比例。鼓励女大学生积极参与项目设计、社会实践、创新创业、科技竞赛等活动。在高等院校招生过程中，进一步严格控制特殊专业范围，强化监管，建立约谈、处罚机制。

（四）妇女与经济领域的对策建议

党的二十届三中全会指出：当前，推动高质量发展面临的突出问题依然是发展不平衡不充分，这些问题都是社会主要矛盾变化的反映，是发展中的问题。只有进一步全面深化改革，才能为以高质量发展全面推进中国式现代化提供强大动力。改革经济领域制度机制，在习近平新时代中国特色社会主义思想指导下，在聚焦构建高水平社会主义市场经济体制中，进一步贯彻落实男女平等基本国策，使广大妇女成为经济改革的受益者，让改革成果更多惠及妇女群众；也使广大妇女成为参与经济改革的推动者，为中国式现代化积极贡献经济参与率。

1. 在中国式现代化进程中进一步提高妇女就业创业各项权益保障水平

党的二十大报告强调"建立生育支持政策体系""消除影响平等就业的不合理限制和就业歧视",国家"十四五"规划纲要明确提出"推动生育政策与经济社会政策配套衔接""消除就业性别歧视"等制度机制建设,为促进男女两性平等、营造生育友好的就业环境提供了制度保障。在积极应对人口和劳动力结构变化与完善人力资源开发利用机制的制度建设中,进一步推动全面落实消除就业性别歧视的法律法规政策,为妇女平等参与高质量经济社会发展创造性别平等的就业市场环境。在立足职能职责,聚焦构建全国统一大市场、构建支持全面创新体制机制、健全因地制宜发展新质生产力体制机制等重点领域规划制定中,进一步健全畅通劳动力市场流动机制,充分发挥劳动保障法律监督作用。

2. 在中国式现代化进程中进一步消除妇女就业中的性别歧视

进一步落实保障妇女权益相关法律法规和政策措施,加强对招聘、录取、晋职、晋级、培训、辞退等环节性别歧视行为的监管。依法有效遏制就业性别歧视,完善生育成本合理分担机制,营造家庭友好、夫妻共担家庭责任的社会文化氛围。加强对就业性别歧视的事前、事中和事后监管,对在招聘、录用环节涉嫌性别歧视的用人单位坚决依法依规惩处。进一步健全完善就业性别歧视联合约谈机制,会同工会、妇联约谈涉嫌歧视用人单位,纠正其违法行为。大力督促各类用人单位加强对就业性别歧视的自查自纠,提高保障妇女权益的社会责任感和自觉性。在深化人才发展相关体制机制改革、加快培育塑造现代化人力资源各项工作中,充分发挥党政机关、国有企事业单位在招录(聘)和职工晋职晋级、评定专业技术职称等方面坚持男女平等基本国策、保障妇女合法权益的示范引领作用,为全社会经济领域消除性别歧视树立榜样、做出表率。

3. 在中国式现代化进程中进一步持续提高妇女就业的人数比重

在进一步完善就业优先政策、推动构建就业友好型发展方式、着力解决结构性就业矛盾的制度机制建设和各项工作规划中,全面贯彻男女平等基本国策,充分发挥现代服务业和新业态吸纳妇女就业的功能,加强对妇女参与新业态新模式从业的技能培训。进一步出台支持帮扶政策,大力发展农村电子商务,鼓励外出务工妇女返乡就地就近就业。多形式支持有意愿妇女下乡创业,相应拓宽妇女创业融资渠道。进一步加强职业生涯规划指导服务,引导女大学生树立正确的择业就业观,持续完善高校和属地政府为女大学生提供不断线就业服务,深入拓宽女大学生市场化社会化就业渠道。畅通就业渠道,加强对女大学生就业的专业化指导,确保未就业女大学生及时享受公共就业服务。进一步大力培育知识型、技能型、创新型女性劳动者,不断提高妇女在高新技术产业、战略性新兴产业和现代服务业从业人员中的人数比例,让更多妇女成为经济高质量发展的贡献者。

4. 在中国式现代化进程中进一步充分释放生育女性参与经济社会发展的人力资源潜能和贡献率

在推动构建就业友好型发展方式和环境制度机制建设中,全面贯彻男女平等基本国策,加大保障妇女权益相关法律法规特别是《女职工劳动保护特别规定》的执行力度,推动落实《人力资源市场暂行条例》,坚持人力资源市场求职、招聘和开展人力资源服务,做好人力资源市场的管理监督工作,坚决禁止用人单位因女职工怀孕、生育、哺乳而降低工资、恶意调岗、予以辞退、解除劳动(聘用)合同,全面推动落实国家法律法规政策有关生育奖励假期间的工资待遇,统筹协调多部门定期开展女职工生育权益保障的专项督查,特别是对在岗怀孕、产后返岗女性合法劳动和经济权益进行有效保障,并为生育女性回归岗位或再就业提供专业化培训。进一步积极鼓励社会力量参与人力资源市场建设,为生育女性再就业提供服务和帮助。进一步释放"全职妈妈"再就业的社会价值和贡献,完善求职就业信息服务平台,将适合"全职妈妈"就业的招聘信息纳入公共就业信息服务范围,为其提供合适的岗位信息和再就业指导;链接发动各方资源力量为"全职妈妈"提供多样性及实用性强的就业创业技能培训,促进训用供需匹配;设置灵活工作和弹性就业的亲职岗;在社区公益项目中设立亲职岗,采取购买公共就业服务项目方式,为"全职妈妈"更好地兼顾工作与家庭提供服务;进一步健全3岁以下婴幼儿托育服务,缩短"全职妈妈"脱岗、离职时间,为其尽快进入劳动力市场提供支持。

5. 在中国式现代化进程中进一步消除性别数字鸿沟

《提升全民数字素养与技能行动纲要》要求将"开展妇女数字素养教育与技能培训"作为主要任务与重点工程之一。《中国妇女发展纲要(2021—2030年)》提出:加强妇女网络素养教育,提升妇女对媒介信息选择、判断和有效利用的能力，提升妇女网络安全意识和能力，消除性别数字鸿沟。在中国式现代化进程中，通过构建多元化女职工数字技能人才培养长效机制，营造"政府主导+单位支持+社会参与"的女职工数字技能提升友好环境，建立健全有利于提升女职工数字创新创造能力的体制机制，以进一步丰富女职工数字资源供给。探索建立多部门协同配合的女职工数字技能工匠学院，推动人工智能等高精尖数字技能领域女职工人才选育，丰富女职工日常化参与数字工作、数字生活、数字安全等各类应用技能的培训途径，鼓励女职工在职参加信息技术管理、计算机科学、人工智能等相关学历学位和资格认证学习。鼓励用人单位发挥各自优势，为单位女职工提供有利于数字技能学习的友好环境。建设女职工数字创新创造网络社区，以巾帼劳模工匠为重点，鼓励女职工建立数实融合人才团队，开展数实融合创新创业。提高数字创新创造大赛等各类女职工数字技能劳动竞赛开展频次和认证层级，推动女职工数字技能大幅提升。

6. 在中国式现代化进程中进一步营造有利于男女平等就业的社会环境

通过相关政策创新完善、制度机制建设推进，大力营造男女平等就业的社会环境。深入研究制定出台与职工生育数量、提供带薪生育假及托育服务情况挂钩的企业税收减免政策，减轻企业创建家庭友好型工作场所的成本负担。立法机关在修改招标投标法、政府采购法时，增加有关在政府采购和招投标项目中对性别平等状况较好、劳动保障守法诚信等级评价较高的企业予以适当加分、同等条件优先考虑等内容。将企业建立男女职工入职、培训、晋升、离职等性别平等年度报告制度，鼓励男职工休陪产假、育儿假、帮助职工平衡工作与家庭等，纳入和谐劳动关系创建示范企业的基础性评价指标，并对表现优秀者进行奖惩。加大力度指导企业建设家庭友好型工作场所，通过发布指导手册、典型案例以及开展评选表彰等活动，推动企业落实女职工特殊劳动保护、父母育儿假、男性陪产假等规定。广播、电影、电视、报刊、网络等强化男性育儿责任宣传倡导，督促夫妻共担家庭责任，改变育儿为女性专职的传统观念，真正提高女性的生育意愿。

（五）妇女参与决策管理领域的对策建议

党的二十届三中全会强调：发展全过程人民民主是中国式现代化的本质要求，并对健全全过程人民民主制度体系作出重要部署，对加强人民当家作主制度建设、健全协商民主机制、健全基层民主制度、完善大统战工作格局等提出了改革任务，要求把人民当家作主具体、现实地体现到国家政治生活和社会生活各方面。

1. 在中国式现代化推进进程中进一步加大对妇女参与全过程人民民主的支持力度

加大对各级领导干部政治和业务培训力度，提高贯彻落实男女平等基本国策的战略性全局意识；把提高妇女参政比例水平纳入干部工作重要议程，提出与民主政治建设进程相适应的女干部培养目标要求和政策举措；深入开展女领导干部的政治素质和领导能力培训，培养年轻女干部的政治素养及参与决策和管理的意识和能力水平。加大以男女平等为核心的先进性别文化的宣传普及，全面提升全社会对于男女平等基本国策的普遍认同度，破除制约妇女参与决策和管理的思想障碍，通过先进性别文化建构破除妇女参政的制度机制障碍，进一步营造男女平等的参政环境。

2. 在中国式现代化进程中进一步加大对企事业单位和基层妇女骨干的培养力度

通过专项培训和持续培训，有效提高企事业单位妇女在法治和德治中的参与意识和能力，推动政治站位高、有能力有水平的女干部积极参与企事业单位的决策管理。采用组织推荐、公开招聘、民主推荐等有效方式，大力选拔优秀女性专业技术人员进入各级决策层和管理层，促进一批优秀女性进入各类企业董事会、监事会和各级管理层。积极支持女职工通过职工代表大会等形式参与企业民主决策、民主管理和民主监督，让女职工真正成为企事业单位发展的重要力量。

3. 在中国式现代化进程中进一步促进妇女积极参与基层社会治理

在广大农村社区，基层女干部和致富女能手是最具影响力的人才，在乡村振兴发展组织建设中，立足城乡一体化发展格局和目标，进一步加强对乡村妇女参政规划设计和政策支持。通过完善农村基层工作机制、开展城乡社区管理结对帮扶、提升妇女参政意识和能力等途径，强化农村妇女带头人的专项培养，注重从女致富能手、经商务工女性、乡村女教师、女社会工作者、女大学生村官等群体中培养选拔村（社区）干部，通过集中培训和专业指导，激发其内生学习动力、发展动力，提高农村女干部在乡村公共领域治理中的领导力，在乡村治理和乡村建设中充分发挥"半边天"作用。加强对社会组织妇女参政的支持与管理，制定发展规划和可量化操作标准，科学合理评价、客观正确引导，消除机构间妇女参政差异。

（六）妇女与社会保障领域的对策建议

中国共产党第二十届中央委员会第三次全体会议提出，在发展中保障和改善民生是中国式现代化的重大任务。在尽力而为、量力而行中完善基本公共服务制度体系，加强对妇女群众的普惠性、基础性、兜底性民生建设，解决好妇女最关心最直接最现实的利益问题，不断满足妇女对美好生活的幸福向往。

1. 在中国式现代化进程中进一步满足不同妇女群体对社会保障的高度期待

在普惠性、基础性、兜底性社会保障各项法律政策制定中，更加重视关切和保障妇女的特殊利益和现实需求。进一步提高妇女参与各项社会保险的参保率，增强新经济新业态妇女从业者社会保障，缩小男女性别差距。进一步完善覆盖城乡妇女的生育保障制度，推动全民生育保障制度建设，建立国家、单位、个人三位一体的缴费和责任分担机制，强化政府主体责任，加大财政投入，减轻用人单位负担，逐步消除职业不同、岗位不同和城乡差距、地区差距带来的生育保障水平差距，使符合条件的生育女性都能获得保障。重视推进灵活就业人员的职业伤害保障以及生育保障，更好惠及新经济新业态灵活就业妇女从业者，包括无明确劳动关系的新业态从业人员，提供更加方便快捷的参保服务和待遇保障，退出劳动力市场和因生育中断职业的妇女可以获得基本生活保障。加强社会保障的分性别统计，完善信息动态监测和管理工作，拓展60周岁及以上老年人口享有社会福利的各项津贴补贴分性别统计指标。

2. 在中国式现代化进程中进一步缩小养老金的性别差距和城乡差距

进一步增强社会保障再分配功能，缩小劳动力市场性别差距。通过激励政策促进城乡居民积极参保，逐步提高城乡居民养老保险待遇水平。进一步提高中央和地方各级政府的缴费补贴标准，保障农村养老保险金不低于最低生活保障标准，充分保障老年妇女的日常基本生活。进一步探索建立遗属养老保险制度，解决现有遗属只能获得配偶个人账户养老金保障水平偏低问题，提高老年丧偶妇女基本生活质量。向承担家庭照护责任的妇女提供养老金缴费减免，将养老金作为家庭财产，离婚时可进行分割，保障全职家庭妇女的合法权益。

3. 在中国式现代化进程中进一步为更多老年失能妇女提供基本生活保障和服务

进一步加快推动长期护理保险的立法进程，健全完善长期护理保险制度，推动《长期护理保险失能等级评估操作指南（试行）》在各地有效实行，将符合条件的失能妇女按规定应纳尽纳到保障范围之中，妥善解决其护理保障。进一步加强长期护理保险制度与长期照护服务体系有机衔接，探索建立相关保险、福利、救助相衔接的长期照护保障制度，扩大养老机构护理型床位供给，不断提高护理服务水平。进一步推动建立子女护理假制度，完善社区老年人关爱服务机制，实现居家养老服务成为老年妇女的幸福生活供给。

（七）妇女与家庭建设领域的对策建议

制度是关系党和国家事业发展的根本性、全局性、稳定性、长期性问题。新征程上，加强家庭建设，发挥妇女在家庭建设中的独特作用，需要坚持以制度建设为主线，进一步完善促进男女平等和妇女全面发展的家庭政策体系；进一步加强婚姻家庭纠纷预防化解机制建设；进一步创造生育友好的工作环境和家庭环境，提高男女平等分担家务劳动的性别平等水平。以家庭产品供给为辅助，在制度建设环境下全面提升家庭公共服务的社会化水平。

1. 在中国式现代化进程中进一步加速制定促进男女平等和妇女全面发展的家庭政策

积极应对人口老龄化和生育政策调整的现实需求，进一步推动人口生育相关法律法规政策的制定完善，减轻生育家庭的生育养育教育负担。进一步完善幼儿养育、青少年发展、老人赡养、病残照料等相关政策，逐步形成支持完善家庭基本功能、促进男女平等发展的家庭政策体系。进一步建立完善促进家庭全面发展的政策评估机制，把家庭建设纳入社会建设体系，与社会发展同步规划、同步推动、同步落实。坚持保障生育政策全面贯彻婴幼儿照护"家庭为主、托育补充"原则，提高祖辈托育照护等家庭托育服务的社会化水平。鼓励有条件地区探索制定以家庭为单位实施差异化租赁和购买房屋的优惠政策，为同一家庭多代人就近居住提供支持。

2. 在中国式现代化进程中进一步大力发展面向家庭的公共服务和产品

进一步完善普惠托育服务体系，综合运用各项支持政策，提升托育服务能力供给。进一步加快完善养老、家政等服务标准，推动婚姻家庭辅导服务、家庭教育指导服务普惠享有，通过政府购买服务等方式，引导社会力量开展家庭服务，满足家庭日益增长的个性化、多元化发展需求，重点为经济困难、住房困难、临时遭遇困难的家庭和残疾人家庭等提供支持，加大对计划生育特殊家庭的帮扶保障力度。进一步加大社区托育服务设施建设，持续完善社区养老托育、家政物业等服务网络。

3. 在中国式现代化进程中进一步创造生育友好的工作和家庭环境

进一步加强激励引领机制建设，评选表彰执行育儿休假制度、保障生育女性职业发展等方面有突出成绩的家庭友好型用人单位。进一步加强督促用人单位落实探亲假、职工带薪休假、配偶陪产假等制度，倡导夫妻家务劳动的合理分工，共同承担照料陪伴子女老人、教育子女、料理家务，缩小男女两性家务劳动时间差距。鼓励用人单位实施灵活休假和弹性工作制，推动用人单位鼓励男职工享有育儿假，支持男女共同分担育儿责任，降低用人单位招录生育女性的社会成本。结合园区入驻企业多、职工托育需求旺等特点，建议相关部门指导地方在园区建设中明确规划托育服务用途，同步规划、同步设计、同步建设、同步验收，并按照普惠托育机构托位补助标准，给予相应补贴和政策扶持，切实帮助园区托育机构降低运营成本。

4. 在中国式现代化进程中进一步推动社会主义核心价值观在家庭落地生根

在中国式现代化进程中，从三方面促进好家风涵养社会风气。一是落实《习近平新时代中国特色社会主义思想进课程教材指南》，将优良家风故事融入学校课程教材，引导学生加深对习近平总书记关于注重家庭家教家风建设重要论述的理解与认同。针对不同年龄段学生特点，通过思政课等将家风故事与社会主义核心价值观、中华优秀传统文化、革命文化和社会主义先进文化等教育内容有机融合，帮助学生养成良好社会公德、家庭美德、个人品德，形成正确的婚恋观、生育观、家庭观。二是将家风故事作为干部培训重要内容、纳入群众文化活动。三是依托党报党刊、电台电视台、新闻网站、新媒体和社交平台，开发群众爱听爱看爱参与的融媒体产品，生动讲好新时代家风故事，大力营造家庭文明新风尚，大力宣传群众身边可亲可敬、可信可学的家庭典型，发挥榜样引领示范作用。

5. 在中国式现代化进程中进一步加强婚姻家庭纠纷预防化解机制建设

针对性开展面向家庭的法律法规和政策宣传，促进男女平等观念在婚姻关系和家庭建设中进一步落实，反对一切形式针对妇女的家庭暴力。进一步推广婚姻登记、婚育健康宣传教育、婚姻家庭关系辅导等"一站式"服务，广泛宣传生育政策的普惠性，提高出生人口数量和质量。进一步加强婚姻家庭纠纷预测预防预警，健全纠纷排查调处制度，推进县（市、区、旗）建立婚姻家庭纠纷人民调解委员会，加强人民调解员队伍建设，搭建"互联网+"纠纷预防化解工作平台，支持社会力量提供多元便捷服务。进一步推进移风易俗，坚决抵制高价彩礼，大力选树婚事新办典型，积极推动构建新型婚育文化，让性别平等理念成为引领家庭建设健康发展的时代风尚。

（八）妇女与环境领域的对策建议

中国共产党第二十届中央委员会第三次全体会议提出，中国式现代化是物质文明和精神文明相协调的现代化。在完善意识形态工作责任制、优化文化服务和文化产品供给机制中，进一步健全促进男女平等发展的网络综合治理体系。中国式现代化是人与自然和谐共生的现代化。在完善生态文明基础体制、健全生态环境治理体系和绿色低碳发展机制中，进一步创造有利于妇女参与生态文明建设的社会文化环境。

1. 在中国式现代化进程中必须始终坚持用习近平新时代中国特色社会主义思想引领妇女发展

充分发挥新时代文明实践中心、主流媒体、妇女之家等阵地作用，推动理想信念教育的常态化制度化，激发妇女的历史责任感和主人翁精神，引领亿万妇女听党话、跟党走。进一步开展针对性强的联系服务宣传教育活动，凝聚青年女性、知识女性、新兴产业从业女性和活跃在网络空间的妇女群体为中国式现代化贡献巾帼力量。利用妇女之家、网络课堂等开展面向妇女的媒介素养培训和指导，加强妇女网络素养教育，提升妇女网络安全意识和能力，进一步消除男女两性的数字鸿沟。重点要帮助老年妇女、困难妇女和残疾妇女群体掌握网络基本知识技能。进一步充分发挥妇联组织在营造男女平等和妇女发展环境中的积极作用，深入开展争做"巾帼好网民"活动，全面提高妇女弘扬网上正能量的意识和水平。

2. 在中国式现代化进程中进一步开展以男女平等为核心的先进性别文化宣传教育

全面加强先进性别文化的制度体系建设，不断提升文化与传媒领域性别平等的传播力和影响力，进一步优化有利于男女平等和妇女全面发展的社会舆论环境，积极消除网络媒体、影视产品、公共出版物等出现的歧视妇女和物化妇女等不良现象。深入推进男女平等基本国策进机关、进学校、进企业、进城乡社区、进家庭，形成全方位、立体化学习宣传和普及教育格局，让国策意识进一步深入人心，成为新征程经济社会发展考核的目标内容。多形式大力宣传妇女在社会生活和家庭生活中发挥的独特作用，宣传优秀妇女典型和性别平等优秀案例，在全社会形成男女平等发展携手推进中国式现代化的文化环境。

3. 在中国式现代化进程中进一步促进妇女参与精神文明和生态文明建设

在优化文化服务和文化产品供给机制建设中，支持妇女积极参与城市文明建设，将妇女群体参与程度、满意程度考核纳入文明城市评选内容。推进城乡公共文化服务体系一体建设，创新实施文化惠民工程，广泛惠及妇女群众。在完善生态文明基础体制、健全生态环境治理体系和健全绿色低碳发展机制的各项工作中，引导妇女树立生态文明意识，提高环境科学素养，掌握环境科学知识，进一步提高妇女的生态环境保护意识和能力，促进更多妇女主动参与农村人居环境整治提升、农村文化发展、文明乡风培育和乡村社会治理各项活动。支持鼓励妇女引领绿色生产生活，养成节约适度、绿色低碳、文明健康的生活方式和消费模式。

（九）妇女与法律领域的对策建议

法治是中国式现代化的重要保障。必须全面贯彻实施《宪法》，维护《宪法》权威，协同推进立法、执法、司法、守法各环节改革，健全法律面前人人平等保障机制，弘扬社会主义法治精神，维护社会公平正义，全面提高国家各项事业发展中的男女平等法治化水平，通过深化立法领域改革、深入推进依法行政、健全公正执法司法体制机制，不断提升中国式现代化进程中促进男女平等发展的法治制度机制建设水平。

1. 在中国式现代化进程中进一步全面提高保障妇女合法权益的法治水平

进一步完善促进男女平等和保障妇女合法权益的法律体系，在修订涉及妇女权益相关法律工作中,认真落实习近平总书记关于在出台法律时充分考虑男女两性的现实差异和妇女特殊利益的重要指示要求。进一步加大《中华人民共和国民法典》《中华人民共和国妇女权益保障法》等相关保障妇女权益法律法规的实施力度,持续深化妇女权益保障领域的执法检查和督查督办,大力开展妇女权益保障领域的公益诉讼,保障侵害妇女权益案件获得公平公正处理。进一步推动将保障妇女权益相关内容纳入基层社会治理体系和制度建设,纳入法治队伍建设、全民普法规划和群众性法治文化活动,增强全社会的男女平等法治意识和法治素养,推进男女平等宪法原则和基本国策贯彻落实到法治中国建设的各方面。

2. 在中国式现代化进程中进一步加快法规政策性别平等评估机制运行的规范化和科学化建设

在立法内容方面,建议在《中华人民共和国立法法》中增加开展法规政策性别平等评估内容的相关条款,对涉及特定妇女群体权益的内容明确规定开展性别平等评估。在评估技术方面,进一步明确评估理念、评估方法,统一评估流程,制定完善的评估指标体系,强化性别平等评估的规范化和科学化制度建设。在思想认识方面,要严格按照男女平等基本国策的价值观念以及性别平等指标提供的技术标准,对政策法规的制定、实施及效果进行评价判断。在制度执行方面,进一步提高全社会特别是有关执行部门和专项工作人员对性别平等评估重要意义和必要性的深度认识,增强其性别敏感性,消除性别中立或性别盲点对法规政策制定的影响,避免法规政策在制定与执行过程中可能因性别中立的刻板印象导致对妇女群体发展产生的制度歧视,让性别平等真正成为法治中国建设的价值标准和考核内容,成为中国法治建设的创新范本。

3. 在中国式现代化进程中进一步加强妇女人身权利保护机制的建设和落实

进一步深入实施《中国反对拐卖人口行动计划(2021—2030年)》,坚决严厉打击拐卖妇女的犯罪行为。分地区、分人群经常化开展防性侵教育宣传,提高妇女特别是女童的防性侵意识和能力。进一步完善重点人群和家庭关爱服务机制、侵权案件发现报告机制、多部门联防联动机制和侵权案件推进工作督查制度。进一步健全性侵害违法犯罪人员信息查询系统,落实从业禁止制度。进一步加大反家庭暴力法的实施力度,深入推进建立和完善反家暴多部门联动机制，强化宣传教育、预防排查，建立社区网格化家庭暴力重点监控机制，制度化发布反家庭暴力的典型案例或指导性案例，持续提高地方法院在审理家暴案件过程中正确适用法律的能力水平；制度化开展反家暴一线工作实务层面的能力培训，促进反家庭暴力一线执法及相关人员准确掌握家庭暴力及其防治相关理论和法律制度知识。进一步完善落实家庭暴力发现、报告、处置机制，强化相关主体强制报告意识，履行强制报告义务。进一步研究完善证据审查、法律适用、政策把握的尺度，完善民事审判实践中人身安全保护令适用标准，提高人身保护令审核签发率，从更早、更快、更有效上加大执行力度。

4. 在中国式现代化进程中进一步加大面向妇女群众的普法宣传力度

全民普法是全面依法治国的长期基础性工作，是法治的着力点。全面推进依法治国，是建设社会主义现代化强国的根本遵循。新时代新征程全面推进中国式现代化，需要全面提升妇女群众的整体法治水平，让广大妇女成为全面依法治国的重要参与力量。需要进一步拉紧法律与百姓交流的共同纽带，拓宽法治宣传的信息公路，激发人民群众积极学法的充沛活力。通过提高普法方式的生动化和普法目标的针对性，不断提升妇女群众的法治素养。针对不同妇女群体推出更加生动、通俗的普法产品，加大音视频普法内容供给，运用电影、电视、网络信息新媒体丰富普法宣传形式，让越来越多的妇女群众在润物细无声中受到内化于心、外化于行的潜移默化法治教育。坚持把妇女普法作为依法治国的长期性工作，不断提升妇女对法律法规的知晓度、法治精神的认同度、法治实践的参与度，培养树立妇女办事依法、遇事找法、解决问题用法、化解矛盾靠法的法治精神。

B.2
为美丽乡村振兴贡献"她"力量
——中国式现代化征程上的"半边天"新作为

张 立*

摘　要： 实施乡村振兴战略是推进中国式现代化进程中促进农业农村现代化的重要规划。农村妇女既是乡村振兴的建设者，也是乡村振兴成果的享有者。农村妇女参与乡村振兴的水平在很大程度上影响着乡村振兴的成效，农村妇女享有乡村振兴成果的水平是衡量中国式现代化促进人的全面发展的主要指标。本报告依据《中华人民共和国乡村振兴促进法》，按照产业兴旺、生态宜居、乡风文明、治理有效、生活富裕的总要求，分析评估新时代以来妇女在参与乡村产业振兴、人才振兴、文化振兴、生态振兴和组织振兴方面的成效与贡献，客观判断妇女在参与乡村振兴中面临的困难与障碍，研究提出进一步完善政策支持体系，并进一步从促进妇女深度参与乡村产业振兴、乡村人才和文化振兴、乡村生态文明建设、乡村组织振兴等方面提出相关对策建议。

关键词： 中国式现代化　乡村振兴　"她"力量　新作为

习近平总书记指出："全面建设社会主义现代化国家，最艰巨最繁重的任务仍然在农村。"① 农业强不强、农村美不美、农民富不富，决定着社会主义现代化的质量。党的十九大报告正式提出实施乡村振兴战略，将其列为决胜全

---

* 张立，国务院妇女儿童工作委员会办公室原副主任、一级巡视员，中华女子学院荣誉教授，主要研究方向为性别平等和妇女发展的政策与实践。

① 习近平：《高举中国特色社会主义伟大旗帜 为全面建设社会主义现代化国家而团结奋斗——在中国共产党第二十次全国代表大会上的报告》，共产党员网，https://www.12371.cn/2022/10/25/ARTI1666705047474465.shtml，2022年10月25日，最后检索时间：2024年11月9日。

面建成小康社会需要坚定实施的七大战略之一。党的二十大报告进一步明确了乡村振兴的总体要求，首次提出加快建设农业强国。实施《乡村振兴战略规划（2018—2022年）》，印发《中共中央国务院关于打赢脱贫攻坚战三年行动的指导意见》。2021年《中华人民共和国乡村振兴促进法》颁布实施。"十四五"时期"三农"工作进入了全面推进乡村振兴、加快农业农村现代化发展新阶段。2024年中央一号文件明确提出有力有效推进乡村全面振兴"路线图"，为建设更具活力、包容和可持续乡村社会创造了新机遇。《中共中央关于进一步全面深化改革、推进中国式现代化的决定》指出：实施乡村振兴战略是推进中国式现代化进程中促进农业农村现代化的重要规划。2023年10月，习近平总书记在同全国妇联新一届领导班子成员集体谈话时发表重要讲话，指出"要激励广大妇女在贯彻新发展理念、构建新发展格局、推动高质量发展、实现高水平科技自立自强、全面推进乡村振兴中发挥自身优势和积极作用"。实施乡村振兴战略，是走好中国式现代化协调发展之路的重要任务，是不断增强城乡协调发展、男女平等发展、不同妇女群体均衡发展的重要机遇，是实现全体人民共同富裕的伟大实践和创新之举。

一 妇女参与乡村振兴的"半边天"显著成就与巾帼贡献

2022年，全国乡村人口49104万人，女性占48.9%，[①] 是名副其实的乡村振兴"半边天"。在新时代乡村振兴新征程中，广大妇女正经历着深刻变革，面临着前所未有的发展机遇，她们坚定听党话跟党走，在希望的田野上彰显巾帼担当、贡献巾帼作为、创造巾帼出彩人生，为全面推进乡村振兴注入了澎湃"她"力量。

（一）妇女参与乡村振兴的政治思想引领和法律政策支持

2021年，《中华人民共和国乡村振兴促进法》颁布实施，从坚持农业农村

---

① 国家统计局社会科技和文化产业统计司编《中国妇女儿童状况统计资料2023》，中国统计出版社，2023，第2页。

优先发展、坚持农民主体地位、坚持人与自然和谐共生、坚持改革创新和坚持因地制宜、规划先行、循序渐进五大方面全面实施乡村振兴战略。新时代以来，每年中央一号文件均对重视发挥妇女在乡村振兴中"半边天"作用提出明确要求。2024年中央一号文件推出了有效有力乡村全面振兴"路线图"，再次强调重视广大农村妇女的全面参与，要求"加强农村生育支持和婴幼儿照护服务""强化正向引导激励，加强家庭家教家风建设"，更大程度发挥"半边天"在乡村振兴中的作用。习近平总书记的重要论述、党中央的战略部署、法律政策的制定实施，为广大妇女在美丽乡村发展中贡献巾帼力量提供了方向指引、思想引领、目标指向和制度保障。

1. 习近平总书记关于实施乡村振兴战略的一系列重要论述，为妇女参与乡村振兴提供了根本遵循

党的十八大以来，习近平总书记从不同层面反复强调推动实施乡村振兴战略的重大意义和现实要求。"实施乡村振兴战略，是党的十九大作出的重大决策部署，是决胜全面建成小康社会、全面建设社会主义现代化国家的重大历史任务，是新时代做好'三农'工作的总抓手。"乡村振兴应该怎么干？总书记提出"五个振兴"——乡村产业振兴、人才振兴、文化振兴、生态振兴、组织振兴，强调推动农业全面升级、农村全面进步、农民全面发展，为乡村振兴搭建了"四梁八柱"。2018年5月，习近平总书记主持召开中央政治局会议，审议了《乡村振兴战略规划（2018—2022年）》和《关于打赢脱贫攻坚战三年行动的指导意见》。这两份具有行动指南意义的重要文件同时审议，是总书记对于"要把脱贫攻坚同实施乡村振兴战略有机结合起来"这一要求的直接体现。2022年6月，《论"三农"工作》出版发行，收集了党的十八大以来习近平总书记关于"三农"工作的重要文献稿61篇，科学深入阐述了全面推进乡村振兴的一系列重大理论和思想问题。2023年《求是》杂志第6期发表的习近平总书记署名文章《加快建设农业强国 推进农业农村现代化》指出：全面推进乡村振兴是新时代建设农业强国的重要任务。"三农"工作重心已经实现历史性转移，人力投入、物力配置、财力保障都要转移到乡村振兴上来。这件事刚刚破题，更为艰巨繁重的任务还在后面，绝不能松劲歇脚，更不能换频道。总的要求仍然是全面推进产业、人才、文化、生态、组织"五个振兴"。"五个振兴"是相互联系、相互支撑、相互促进的有机统一整体，要统筹部署、协同推进，抓住重点、补齐短板，还要强调精准、因地制宜，激发乘数效应和化学反应，提高全面推进乡村振兴的效力效能。这一重要论述是建设农业强国、加快推进农业农村现代化、全面推进乡村振兴的科学指南和行动纲领，从实施途径到目标效果，走好中国特色社会主义乡村振兴道路的重要内容都蕴含其中。把握好这些重点，妇女参与乡村振兴就找准了方向。

2. 党中央对实施乡村振兴战略进行全面部署和周密安排，为妇女建设美丽乡村享受发展成果提供了制度保障

党的十九大报告提出实施乡村振兴战略，党的二十大围绕擘画全面建成社会主义现代化强国宏伟蓝图，对农业农村工作作出总体部署，提出未来5年"三农"工作要全面推进乡村振兴，到2035年基本实现农业现代化，到21世纪中叶建成农业强国。进一步明确了乡村振兴的总体要求，即"产业兴旺、生态宜居、乡风文明、治理有效、生活富裕"，推动农村实现经济、社会、文化、人才、生态、组织建设等方面的全面现代化。这是党中央着眼全面建成社会主义现代化强国作出的战略部署。没有农业强国就没有整个现代化强国；没有农业农村现代化，社会主义现代化就是不全面的。一是加强顶层设计。制定加快建设农业强国规划，针对未来5年、2035年、21世纪中叶目标，分别制定路线图和施工图，强化规划的法规效力。二是坚持稳扎稳打。建设农业强国是一项长期艰巨的历史任务，要分阶段扎实稳步推进，以钉钉子精神锲而不舍干下去。三是坚持因地制宜。要求各地立足资源禀赋和发展阶段，发挥自身优势，从本地农业农村发展最迫切、农民反映最强烈的实际问题入手，充分调动农民群众的积极性、主动性、创造性。2018年中央一号文件《中共中央国务院关于实施乡村振兴战略的意见》对实施乡村振兴战略作出全面战略部署。党的二十大后发布的第一个中央一号文件再次聚焦"三农"，文件用"至关重要、不容有失"8个字深刻阐释守好"三农"基本盘的特殊重要性。2024年中央一号文件聚焦"千村示范、万村整治"工程经验，推动乡村全面振兴，强调发展理念、工作方法和推进机制的创新，确保国家粮食安全，防止规模性返贫，提升农业产业、建设、治理水平，要求科技和改革协同驱动，确保农民持续增收，为新时代农业农村发展注入了新动力。

3. 密集出台振兴乡村的法律规划和举措，政策红利见效普惠妇女群众

促进乡村振兴纳入了法治中国建设体系，广大妇女在依法推进乡村振兴中

普遍受益。中共中央、国务院和有关部门整体推进、阶段实施的各项规划措施，为妇女参与乡村振兴提供了前所未有的历史机遇和发展平台。《中华人民共和国乡村振兴促进法》明确了各级地方政府及有关部门推进乡村振兴的职责任务，为妇女参与乡村振兴做贡献和依法享有乡村振兴成果提供了法律保障。乡村振兴以来，党中央、国务院及有关部门紧密出台实施了一大批推进现代农业、乡村建设和乡村发展等规划。2021年，国务院印发《"十四五"推进农业农村现代化规划》，部署了7个方面发展任务、58项重大工程，其中17项主要考核指标与妇女发展密切相关。2023年，中共中央办公厅、国务院办公厅印发《关于进一步深化改革促进乡村医疗卫生体系健康发展的意见》，提出多项重大政策措施，为提高农村妇女健康水平提供了政策保障。2021年，交通运输部出台《农村公路中长期发展纲要》推动"四好农村路"高质量发展；农业农村部印发《"十四五"全国农业农村科技发展规划》，提出到2025年，力争突破一批受制于人的"卡脖子"技术和短板技术，农业领域原始创新能力大幅提升，农业科技进步贡献率达到64%。2022年，人力资源和社会保障部等印发《关于进一步支持农民工就业创业的实施意见》，财政部、农业农村部发布《2022年重点强农惠农政策》等，支持稳定农民工就业岗位，通过发展县域特色产业等促进农民工就近就业创业，通过推进重大政策、重大工程、重大项目实施以促进农民增收致富。2023年，中国人民银行和农业农村部等出台《关于金融支持全面推进乡村振兴 加快建设农业强国的指导意见》，围绕建设农业强国，提出建立完善多层次、广覆盖、可持续的现代农村金融服务体系和提升农村基础金融服务水平、强化金融支持农业强国建设政策保障等九方面目标。这些政策措施使农村妇女成为参与乡村振兴的推动者和享有乡村振兴成果的获得者。

4."乡村振兴巾帼行动"深入实施，妇女参与乡村振兴取得显著成效

妇女是推动农业农村现代化的重要力量。2018年《全国妇联关于开展"乡村振兴巾帼行动"的实施意见》印发，提出"乡村振兴巾帼行动"的主要任务：加强思想引领，动员农村妇女积极投身乡村振兴战略；实施"农村妇女素质提升计划"，提高农村妇女参与乡村振兴的素质和能力；开展"美丽家园"建设活动，引领农村妇女共建共享生态宜居新农家；拓展寻找"最美家庭"活动内涵，以文明家风促进乡风文明；持续深化"巾帼脱贫行动"，增强

贫困妇女群众获得感。截至2023年底，31个省（区、市）妇联均出台了贯彻落实"乡村振兴巾帼行动"的意见或工作方案，把开展"乡村振兴巾帼行动"作为新时代农村妇女工作的创新载体和总抓手，积极加强与农业农村、文化旅游、人力资源和社会保障等部门的协调配合，建立健全"乡村振兴巾帼行动"推进机制，以人才培养、基地建设、典型带动、品牌打造为重点，制定工作规划、整合项目资源、落实政策举措，为妇女参与乡村振兴赋能鼓劲、创造条件、搭建平台、提供支持，"乡村振兴巾帼行动"取得丰硕成果。2020年"巾帼脱贫行动"圆满收官，培训760万人次，配合发放扶贫小额信贷678亿元，帮助400多万贫困妇女增收致富。开展"乡村振兴巾帼行动"与之有效衔接，开展"巾帼兴粮节粮"活动，"农村妇女素质提升计划"培训800多万人次，推动妇女创办领办家庭农场、农家乐、民宿等近40万家，建设精品美丽庭院1000余万户。组织近百万女科技工作者参与"巾帼科技助农直通车"进乡村等科技服务活动，使1800多万人次受益。提高农村妇女健康水平的宫颈癌、乳腺癌"两癌"项目救助患病妇女近15万人。专项帮助农村女童完成学业的"春蕾计划"资助52.3万人次困难女童圆了求学梦。以"健康中国 母亲行动"为主题的妇女健康宣教覆盖近4亿人次，"母亲健康快车"受益人次达1940多万。①

（二）妇女参与乡村振兴的主要成效与积极贡献

助力乡村振兴战略实施，妇女不止"半边天"。在如火如荼的乡村振兴浪潮中，在美丽乡村建设的征途上，有那么一群人，无私奉献、不惧挑战、执着坚守，以巾帼之智诠释最美"她"力量。在促进农业科技发展中，独特的"她"力量正在农田释放；在促进乡村电商发展中，独特的"她"力量正在互联网释放；在促进乡村旅游发展中，独特的"她"力量正在山水间释放。

1. 妇女参与产业振兴的主要成效与积极贡献

产业振兴是乡村振兴的重中之重。《中国妇女发展纲要（2021—2030年）》提出："支持妇女积极参与乡村振兴。积极发挥妇女在农村一二三产业

---

① 黄晓薇：《以习近平新时代中国特色社会主义思想为指导 动员引领广大妇女为强国建设民族复兴而团结奋斗——在中国妇女第十三次全国代表大会上的报告》，《中国妇运》2023年第11期，第16~17页。

融合发展和农业农村现代化建设中的作用。""支持女性科技人才投身科技创业，发展农村电子商务，鼓励外出务工妇女返乡创业，支持有意愿的妇女下乡创业。"农村妇女在推动乡村特色产业、乡村新型服务业、乡村旅游业发展方面具有独特优势。国家推动农村三大产业融合发展，推动农业产业链延伸，给女农民创造了更多就业增收机会。围绕乡村一二三产业融合发展和全面振兴，地方各级政府相继出台更多政策支持农村全面进步、农业全面升级、农民全面发展，给农村经济发展带来了全新机遇，为妇女参与乡村产业发展创造了新的发展空间。各地政府、合作社鼓励当地妇女返乡创业，带动乡村产业发展；鼓励在外务工妇女返乡加入农业合作社，吸纳农村女能人加入合作社，推动乡村振兴。面向农村妇女骨干、基层妇联干部和返乡下乡创业女大学生、女农民工实施"巾帼助航计划"，开展现代农业实用技术、电子商务、乡村旅游、手工制作等示范培训，帮助农村妇女提高适应生产力发展和市场竞争的能力水平，支持妇女在电商、直播带货、云客服等新业态就业增收致富。农业部门实施的"巾帼兴农"计划，为农村妇女提供包括资金、技术和市场信息在内的全面支持。① 截至2023年底，该计划已使全国范围内超200万名女农民受益。到2023年，全国农村妇女创业人数已超过3000万人，占农村创业总人数近45%。创业项目覆盖农业种植、养殖、农产品加工、乡村旅游等。超过70%的农村妇女创业者年收入超过5万元，其中10%的创业者年收入超过50万元。②

（1）直播电商普惠赋能乡村妇女产业致富。《中共中央 国务院关于做好2022年全面推进乡村振兴重点工作的意见》提出：实施"数商兴农"工程，聚集"三农"，发展农村电商新基建，打造农产品网络品牌，培育直播新农人。直播电商为女农民带来新的致富路，直播带货已成为农村妇女增收的新途径。2022年，中国妇女发展基金会与快手联合发起"她力量·乡村振兴帮扶计划"项目，以直播电商、直播带货为抓手，通过电商人才培训、女性创业

---

① 《巾帼共创丨让巾帼新农人成为最美兴农人 嘉兴市巾帼新农人培育行动在我市启动》，澎湃新闻客户端网站，https://www.thepaper.cn/newsDetail_forward_27511546，2024年5月24日，最后检索时间：2024年5月28日。
② 《最新发布！〈女性参与乡村振兴策略和路径研究〉》，中国新就业形态研究中心微信公众号，2024年3月8日，https://mp.weixin.qq.com/s/hXN8gzKdD79psf69TxNpog，最后检索时间：2024年5月28日。

点扶持等，帮助农村妇女就业增收，助推乡村产业升级。"她力量·乡村振兴帮扶计划"，该项目覆盖山西全省超过1000名乡村妇女参与乡村产业发展。一方面，对普通妇女群体开展电商知识、网络视频基础知识等普惠性培训，筛选出优秀妇女由快手提供直播电商培训、外出学习等扶持帮助；另一方面，为妇女致富带头人提供创业资金支持。2022年，在山西临汾市、运城市、长治市、阳泉市开展的4场巾帼电商培训，使近400名妇女受益。首批得到扶持的创业点带头人卫红宇，扎根家乡创业，2012年创办众福缘合作社，重点发展直播电商，计划打造一个100平方米以上直播间，开展直播带货，将非遗转化为经济效益。卫红宇曾获全国巾帼建功标兵、感动山西十大人物等荣誉称号。① 作为践行国家乡村振兴战略的有效探索，"她力量·乡村振兴帮扶计划"打造了一个较为成功的促进妇女参与乡村振兴的项目运行模式，将使更多妇女受益。甘肃张掖市持续推进电商直播产业，开展"巾帼直播"培训和达人秀活动20余场次，培训妇女1300余人次，组建"彩虹张掖千人主播团"之百人巾帼主播团。依托金张掖巾帼特色产品展销馆，每月定期举办直播带货宣传推介，并组织巾帼主播团赴乡村实地开展直播带货活动30余场次，为52家企业的34种农特产品代言，实现直播带货年收入120余万元。② 陕西省积极推动巾帼电商产业发展，以"妈妈益起团"为抓手，助推妇女参与乡村数字经济发展。成立秦女子电商专委会和巾帼电商妇联，首批吸纳会员企业65家，年销售额近10亿元，让更多农产品通过网络"出山"又"出海"，把"小买卖"做成"大产业"。通过打造"妈妈益起团"活动品牌，培养了一大批懂网络、善经营的电商创业妇女。全省同步启动"妈妈益起团"百场直播进基层活动，全年举办省级示范直播活动9场次，示范带动全省各级妇联全年举办"妈妈益起团"百场直播进基层系列活动3106场次，帮助妇女售出农产品9598.5万元。该活动被评为2023年陕西网络公益工程典型案例。③ 截至2024年5月，全国已有超过300万

---

① 《"她力量"点亮乡村创业就业半边天，快手持续助力山西乡村女性电商人才培养》，光明网，2023年4月19日，https://topics.gmw.cn/2023-04/19/content_36507156.htm，最后检索时间：2024年8月2日。
② 甘肃省张掖市妇联：《"四大计划"助力"巾帼就业创业促进行动"走深走实》，《中国妇运》2024年第1/2合刊，第72页。
③ 陕西省妇联：《跟党奋进新征程　巾帼建功新时代　动员妇女群众在经济建设主战场谱写新华章》，《中国妇运》2024年第1/2合刊，第44~45页。

名农村妇女参与到直播带货中,她们利用自己的知识、技能和热情,为家乡的农产品打开了新的销售渠道,也为自己带来了可观的经济收益。

(2)巾帼女能人带领农村妇女振兴产业脱贫致富。在实施乡村产业振兴中,涌现出一大批带领妇女和村民创业增收的致富女能人,村党支部女书记是巾帼女能人,也是乡村产业振兴带头人。安徽六安市金寨县大湾村党总支第一书记、驻村工作队队长余静带领大湾村脱贫致富就是典型案例。2015年7月,余静成为驻村第一书记、扶贫工作队队长。2016年4月24日,习近平总书记到大湾村考察时,余静郑重承诺:"大湾村一户不脱贫,我坚决不撤岗。"这既是对总书记的承诺,也是在全体村民面前立下的铮铮誓言。八年多时间,余静带领全村干群因地制宜制定脱贫攻坚规划,找准优势特色产业,做大茶产业、做强种养业、做旺旅游业,使地处大别山腹地的六安市金寨县大湾村从集山区、库区和老区于一体远近闻名的穷山村,走上了红绿结合、茶旅融合的乡村振兴发展快车道,2018年,大湾村整村脱贫"摘帽"。2022年,大湾村接待游客35万人次,旅游综合收入5000余万元,是远近闻名的"明星村"。2023年4月,村里引进小香薯种植加工项目,村民第一批试种150余亩。2023年,余静(挂职)当选共青团中央书记处书记。① "我们村正着手打造以'郘状元'酒为主题的生态旅游观光园,面积可达2.5万平方米。"在湖南省宁远县湾井镇周家坝村的文化墙前,村党支部书记刘水兰将休闲度假村的未来规划娓娓道来。2023年,刘水兰带领村民与湾井镇其他行政村共同出资成立宁远县十里画廊农旅专业合作社联合社,利用联合社资金开工建设宁远县十里画廊农业社会化服务示范基地,建成后将为2000余户种粮大户提供现代化、高品质的农业服务,带动全镇13个行政村集体经济增收。②

(3)返乡女性成为乡村产业振兴带头人。截至2022年3月,包括妇女在内的全国返乡入乡创业人数累计达到1120余万人,70%是返乡创业的农民工。③ 返

---

① 《在乡村振兴路上继续做实干者奋斗者》,中国妇女网,2023年9月25日,https://www.women.org.cn/2023/09/27/99342116.html,最后检索时间:2024年7月29日。
② "湖南宁远广大妇女争当新型职业女农民和致富女能人",中国妇女网,2023年9月27日,https://www.cnwomen.com.cn/2023/09/27/99342116.html,最后检索时间:2024年7月29日。
③ 《截至今年3月底 全国返乡入乡创业人数累计1120多万》,央视网,2022年4月27日,https://sannong.cctv.com/2022/04/27/ARTIqPT30YujkZQmcuOYjVTg220427.shtml,最后检索时间:2024年7月10日。

乡女性既是农业产业创新者、乡村旅游从业者、传统手工艺传承者、电子商务创业者,也是社会组织的领导者,她们的多元化就业选择补充了乡村劳动力,拓宽了乡村增收途径,提升了乡村经济效益,增强了乡村凝聚力。地方政府通过提供政策咨询、开展创业培训以及特色产业发展等举措吸引女性返乡创业就业,使越来越多有想法、有行动力的年轻女性返乡创业,为乡村经济发展注入新活力。返乡创业女性借助智能农业、物联网、大数据等技术推进农业现代化进程,借助数字技能有效促进当地特色产品线上销售,拓宽市场范围,提升运营效率,提高产品质量。福建光泽县"80后"女大学生叶芬从苏州大学毕业回家乡打造自己的"绿色"梦想,成立蔬菜合作社,发展生态种植,通过入股分红、土地流转等形式,带动周边建档立卡贫困户脱贫致富。经过组织选派,叶芬担任光泽县鸾凤乡十里铺党支部书记,在更广阔空间施展才华,通过民企带村,办起村办企业,村财政收入从6万元增加到200余万元。从返乡创业青年到村党支部书记,叶芬被评为"全国巾帼建功标兵"。① 90后山西返乡创业新农人姚艳梅是大学生返乡创业的典型代表。2019年,姚艳梅办了稻田剪纸画和杂粮迷宫试验基地,通过把静乐特色剪纸艺术与农业有机结合,充分挖掘农产品本身的附加值,开拓出"农业+文化+旅游"创意农业脱贫致富模式。2021年底,姚艳梅发起成立静乐县青年创业互助协会,通过发展电商销售、乡村民宿,带动更多妇女就业,有效激活了当地经济。② 2023年2月,在南京江宁区各级政府、区妇联支持下,非遗苎麻编织助力乡村振兴项目在汤山街道宁西村落地,成立了非遗苎麻编织工坊,为当地留守妇女和残疾人提供技能培训,实现居家灵活就业。为助推非遗苎麻编织传承,刘梅放弃了城市百万年薪工作,在江宁佘村景区设立了非遗苎麻编织艺术馆,设计研发苎麻文创产品、打磨研究教学课件、展示传播体验课程……非遗工坊传承苎麻技艺,把"指尖技艺"转化成"指尖经济",带动妇女共同致富。③

---

① 福建省南平市妇联:《让女性人才奔跑在发展"新赛道"》,《中国妇运》2024年第1/2期合刊,第64~65页。
② 《"她力量"点亮乡村创业就业半边天,快手持续助力山西乡村女性电商人才培养》,光明网,2023年4月19日,https://topics.gmw.cn/2023-04/19/content_36507156.htm,最后检索时间:2024年8月2日。
③ 茹希佳:《让非遗在指尖"活"起来》,《中国妇女报》2024年8月1日,第1版。

（4）因势利导发展妇女特色产业创品牌。农业要实现现代化，需要打造一个个农业品牌。地方妇联针对乡村资源禀赋和自然环境发展特色产业，落实《农业生产"三品一标"提升行动实施方案》，引领妇女开展农业品牌打造行动。陕西省妇联立足乡村资源优势，深挖"土"资源，围绕省域旅游示范省建设要求，开展秦女子"庭院+乡村旅游"行动，举办"不负青山、留住乡愁"全省最美巾帼乡村旅游线路发布活动，争取陕西农信支持，为发展乡村旅游的妇女整体授信5亿元。放大"特"优势，通过发展手工、家政等妇女特色产业，把妇女心灵手巧的"指尖技艺"变成货真价实的"指尖经济"。累计投入4179万元，创办各类省级"妇字号"特色产业基地748个。2023年，以"四个100"为重点，推动妇女特色产业发展，全年孵化100个省级妇女手工产品标准化生产基地、举办100场"科技助农到我家"送技到基层培训会、开展100场巾帼家政培训进社区活动、发放100亿元妇女创业贷款。启动"金凤计划"专项培训，示范带动全省各级妇联开展培训1644期，培训6.5万人次。延伸"产"链条，开展巾帼现代农业科技示范基地创建活动，着力培育一批贯通产供销、融合农文旅的巾帼新型农业经营主体和服务主体，累计创建了50个省级及以上巾帼现代农业科技示范基地，并给予资金扶持。开展"巾帼科技助农直通车"进乡村活动，成立"秦女子科技助农服务队"98支，举办活动1100场次。开展"巾帼兴粮节粮"系列活动，引领带动妇女"种粮兴粮、爱粮节粮"，推动粮食全产业链协同发展。服务数字经济，采取"组团、建团、开团"三项举措，积极推动巾帼电商产业发展。成立秦女子电商专委会和全省巾帼电商妇联，首批吸纳会员企业65家，年销售额近10亿元，让更多农产品通过网络"出山"又"出海"，把"小买卖"做成"大产业"。[①] 近年来，河北承德市妇联大力实施创新创业巾帼行动、科技助农助企巾帼行动，积极培育女性领办的科技示范、农业手工、民宿旅游等示范基地，辐射带动周边妇女就业增收，助力推动乡村振兴。截至2024年上半年，全市共获评全国巾帼（农业、科技）示范基地7个，获评省巾帼现代农业、手工业、乡村旅游业、家政业各类示范基地324个。市级累计培育各类农业、旅游、手工、家

[①] 陕西省妇联：《跟党奋进新征程　巾帼建功新时代　动员妇女群众在经济建设主战场谱写新华章》，《中国妇运》2024年第1/2期合刊，第43~45页。

政示范基地407个，带动2万余名妇女就近就业、增收致富。①

（5）"巾帼科技助农直通车"引领女科技人员助力产业提质增效。《"十四五"全国农业农村科技发展规划》提出到2025年，农业科技进步贡献率达到64%。2021年9月，全国"巾帼科技助农直通车"进乡村活动正式启动，组织女科技工作者、农技女专家深入农村，开展科技培训、创业讲座、政策咨询、业务指导等。两年来，各级妇联共组织97万名女科技工作者参与助农服务，1800余万人受益，涌现出山东巾帼助农"小麦保卫战"、海南"巾帼科技轻骑队"、吉林"科技备春耕专家服务团"等助农典型。地方妇联依托"巾帼科技助农团""科技工作者协会"等，通过送课下乡、集中培训、田间指导、集市咨询、网络直播方式，带动农村妇女学科技、懂科技、用科技，培育可持续、可循环绿色经济发展模式。山东省妇联在全国率先开通"巾帼科技助农兴农直通车"，开展技术指导、科技服务等1500余场次。② 2022年，中组部、科技部等六部门联合印发《关于向国家乡村振兴重点帮扶县选派科技特派员的通知》，要求以"一县一团"方式向160个国家乡村振兴重点帮扶县选派科技特派团，支持一批女科技特派团成员深入基层，精准开展科技服务和人才培养帮带。2022年12月，河北省妇联会同省委组织部、省科技厅等4部门推出燕赵科技创新巾帼行动"双百双进"助农助企直通车活动，在全省志愿招募200名女科技工作者（女医务工作者）、女科技特派员，招募200个"妇字号"基地、"妇字号"龙头企业，打通科技助农助企服务"最后一公里"。截至2023年9月，河北省招募了509名女科技工作者（女医务工作者）和女科技特派员，建立了352个"妇字号"基地和"妇字号"龙头企业及基层医疗机构，签订帮扶协议352项，深入基层送政策、送知识、送技术、送项目、送服务775场次。全省选树科技型全国巾帼文明岗6个、科技型全国巾帼建功先进集体3个、科技型全国巾帼建功标兵8名，助力巾帼科技创新团队申报项目300余项，命名"河北省巾帼现代农业科技示范基地"50个、"全国巾帼现代农业科技示范

---

① 周丽婷：《河北承德积极培育女性领办的科技示范、农业手工、民宿旅游等示范基地——"她力量"为文旅康养产业注入新动能》，《中国妇女报》2024年8月6日，第2版。
② 孙丰华：《发挥"五个优势"参与基层治理》，《中国妇运》2023年第9期，第12页。

基地"9个。① "巾帼科技助农直通车"系列活动,精准帮助农村妇女解决农业生产最需要、农村发展最迫切、农民群众最关心的突出问题,激发农村妇女奉献乡村振兴的内生动力,以科技兴农、科技富农,引领更多妇女创业致富。

2. 妇女参与乡村人才振兴的主要成效与积极贡献

乡村振兴,人才是基石。习近平总书记指出:"人才是最宝贵的资源,是加快建设农业强国的基础性、战略性支撑。""各级党委和政府要坚持本土培养和外部引进相结合,用乡村广阔天地的发展机遇吸引人,用乡村田园宜居的优美环境留住人。""着力打造一支沉得下、留得住、能管用的乡村人才队伍,强化全面推进乡村振兴、加快建设农业强国的智力支持和人才支撑。"② 乡村振兴战略实施以来,全国各地培养了更多爱农业、懂技术、善经营的新型职业女农民;通过制定人才、财税等优惠政策营造良好创业环境,为更多人才参与乡村振兴搭建干事创业平台,吸引各类女性人才返乡创业,进一步激活了农村创新活力;鼓励支持高校毕业生到基层工作"下得去、留得住、干得好、流得动"的长效机制初步建立,使更多女大学生走进农村当起新型职业农民,成为乡村振兴骨干,充分彰显中国特色社会主义农业农村现代化建设的巾帼力量。

(1)人才培育的规划政策为农村女性人才成长创造了条件。2019年《中国共产党农村基层组织工作条例》印发,要求加强党对农村工作的全面领导,组织党员、群众学习农业科学技术知识,运用科技发展经济,吸引各类人才到农村创业创新,打赢脱贫攻坚战、深入实施乡村振兴战略。从2019年起,农业农村部实施"新型职业农民培育三年提质增效行动",推动新型职业农民转型升级,聚集产业需要加强人才培育。2020年,农业农村部等七部门印发《关于推进返乡入乡创业园建设 提升农村创业创新水平的意见》,提出到2025年,在全国县域建设1500个功能全、服务优、覆盖面广、承载力强、孵化率高的返乡入乡创业园,吸引300万名返乡入乡人员创业创新,带动2000万名农民工就地就近就业。2021年,中共中央办公厅、国务院办公厅印发《关于加快推进乡村人才振兴的意见》,提出培养造就一支懂农业、爱农村、

---

① 《"双百双进"打通科技助农"最后一公里"》,中国妇女网,2023年9月25日,https://www.cnwomen.com.cn/2023/09/25/99341602.html,最后检索时间:2024年7月29日。
② 习近平:《加快建设农业强国 推进农业农村现代化》,《求是》2023年第6期,第16页。

爱农民的"三农"工作队伍。农业农村部实施《"十四五"农业农村人才队伍建设发展规划》，聚集农业农村主体人才、支撑人才和管理服务人才共3类10支人才队伍，统筹加强农业农村各类人才队伍建设，为乡村振兴提供人才支持和动力保障。聚焦培育建强3类10支人才队伍，实施9项人才培育重大工程、专项行动和提升计划，成为"十四五"农业农村人才队伍建设的重要助推器。创新谋划"顶天""立地"两个重大人才工程。"顶天"人才工程围绕打造农业领域战略人才力量，实施"神农英才"计划，5年打造一支战略人才队伍，引领带动农业科技整体实力跨越式提升。"立地"人才工程围绕培育乡村产业振兴带头人，实施带头人培育"头雁"项目，5年打造一支10万人的"领头雁"队伍，带动形成500万人的新型农业经营主体"雁阵"，培育壮大乡村产业振兴内生力量。这说明乡村是各类女性人才干事创业、发挥才能、实现作为的广阔天地。调查结果显示，75%的乡村创业女性最需要的是政府提供的技能培训，68.6%的女性认为培训项目对支持女性参与乡村振兴最有效。① 调查结果说明，一方面妇女参与乡村振兴的积极性很高，另一方面妇女参与乡村振兴需要参加培训、增长知识技能和才干。

（2）乡村人才振兴培育出更多农村女性人才。《中共中央 国务院关于实施乡村振兴战略的意见》明确提出实施"乡村振兴巾帼行动"，将妇女作为实现乡村振兴的主要力量。深入实施"乡村巾帼追梦人"计划，提高农村妇女在高素质农民培训中的参训比例。推动各省（区、市）妇联与地方组织部门共同举办高层次女性科技人才研修班，加大对科技创新、绿色转型、普惠小微、数字经济等方面的培训力度，② 为农业发展增技赋能女性人才。2021年，四川省妇联启动"乡村振兴巾帼人才培养计划"，联合人力资源和社会保障厅、农业农村厅等部门，面向乡村振兴女性带头人和农村妇女开展分层分类培训，累计开展市（州）级培训班50期，培训妇女近3000人，开展县（市、区）级培训班375期，培训妇女近4万人。福建南平市把女干部（人才）培训纳入干部教育总体规划、人才研修班、高

---

① 张成刚、陈文娟：《政府·妇联·女性：共同激发乡村振兴中的她力量》，《中国妇女报》2024年4月2日，第5版。
② 黄晓薇：《团结引领广大妇女为强国建设民族复兴伟业贡献巾帼力量——在全国妇联十三届二次执委会议上的工作报告》，《中国妇运》2024年第1/2期合刊，第14~19页。

素质农民培训等课程计划，分领域、分层次、分专题组织女性人才赴高等院校交流培训。近三年，共选调800余名女干部（人才）参加各类培训班，有效提升创业就业和履职能力。①福建南平市不断深化"才聚武夷"行动，通过政策引导、平台搭建、畅通渠道，激发女性创新创业活力，让"巾帼红"在乡村振兴赛道上飘扬，让干得好的人才在重要岗位锻炼成长。持续引导女大学生到乡、女能人回乡、女农民工返乡、女企业家入乡。连续6年开展"人才·南平校园行"专场招聘会，统筹岗位招聘一批乡镇事业单位专业技术人员，在全省首创基层党群工作者选拔机制，着力打造既熟悉本土环境又具备引领能力的本土人才队伍。政和县"90后"姑娘叶晶晶大学毕业后，主动投身乡村振兴，组建巾帼服务队，发起"点亮空房子"、助农销售等公益活动，先后荣获福建省三八红旗手、南平市"廖俊波式好党员"称号。②2020年以来，福建省、市、县三级妇联累计举办各类"领头雁"培训班1500多期，覆盖基层"领头雁"14.45万人次。③

（3）实施"农村妇女高素质提升计划"取得成效。2023年，全国妇联推动将农村妇女素质提升计划写入《中共中央 国务院关于做好2023年全面推进乡村振兴重点工作的意见》。乡村振兴战略实施以来，各级党委政府、各级妇联和社会公益组织开展了不同形式不同类型提高妇女参与乡村振兴能力培训班，妇女受益人数不断增长。乡村振兴带动了人才振兴特别是新型职业农民的快速发展成长，成为家庭农场、农民合作社、农业企业等新型农业经营主体带头人和骨干。到2022年7月，福建省妇联实施"农村妇女素质提升计划"，组织各类培训班近2000期，受益妇女近10万人次。④2023年，福建省参加高素

---

① 福建省南平市妇联：《让女性人才奔跑在发展"新赛道"》，《中国妇运》2024年第1/2期合刊，第65页。
② 福建省南平市妇联：《让女性人才奔跑在发展"新赛道"》，《中国妇运》2024年第1/2期合刊，第64~65页。
③ 全国妇联办公厅：《福建省妇联聚焦有效发挥桥梁纽带作用 构建基层妇联组织改革和建设新格局》，《全国妇联简报》2023年第4期。
④ 《柔肩担重任五载绽芳华 福建妇女事业五年建设发展综述》，中新网福建，2022年7月20日，http://www.fj.chinanews.com.cn/news/2022/2022-07-20/506340.html，最后检索时间：2024年8月13日。

质农民培训的妇女达到6.34万人次，占比高达56.6%。[①] 浙江省妇联通过建立行业发展联盟，举办主题研修班、妇女创业创新周、巾帼村播大赛、集中展示展销、先进典型选树等活动，创新建强乡村振兴人才库，培育建强来料加工女经纪人、巾帼新农人、巾帼云创客、民宿女主人、女红巧手等工坊负责人和乡村振兴巾帼带头人队伍。通过巾帼"新农人"提能强基、"巾帼共富工坊"聚能增效、"妈妈的味道"赋能服务三大行动，培育建强高素养巾帼"新农人"队伍。一是推进巾帼"新农人"提能强基行动，落实年培训30万名农村妇女、培育万名乡村振兴巾帼人才目标，分层分类开展高效生态农业、来料加工、村播电商等技能培训，举办主题研修班、妇女创业创新周等大型活动，培育乡村振兴妇女带头人、巾帼"领头雁"。二是推进"巾帼共富工坊"聚能增效行动，通过召开全省党建引领"巾帼共富工坊"建设现场会、建立省"巾帼共富工坊"服务中心，培育"新粗浅人"。2023年以来开展培训130余场次，建立"巾帼共富工坊"2534家。三是推进"妈妈的味道"赋能服务行动，做优"妈妈的味道"公益品牌，推出"妈妈的味道"百城百店建设、线上线下集市、全省公益巡回直播等，打造"一县一味道""一店一特色"，推动品牌化、产业化发展，赋能美食巧女、女红巧手、巾帼新农人、民宿女主人等交流融合。[②] 2022年以来，各级妇联共培育各类工坊负责人和乡村振兴巾帼带头人2万余名，开展工坊从业人员技能培训30万人次。[③] 2018年，全国新型职业农民突破1500万人，到2023年底，全国新型职业农民总量超过2300万人，新型职业女农民占有相当比例。

（4）"乡村振兴巾帼行动"促进农村妇女素质提升上水平。2021年，全国妇联制定《"十四五"时期妇联事业发展规划》，提出"深化乡村振兴巾帼行动"，加快培育高素质女农民。着力提升农村妇女综合素养，推动将农村妇女培训纳入政府普惠性培训计划，提高妇女参训比例。依托农职院、农函校、

[①] 福建省妇儿工委办公室：《众志成城 守正创新 推动八闽妇女儿童事业发展取得长足进步》，《中国妇运》2024年第3期，第46页。

[②] 浙江省妇联：《支撑科技人才发展 实施助企系列计划 培育巾帼"新农人"——"三大"举措赋能女性人才队伍建设》，《中国妇运》2024年第5期，第18页。

[③] 浙江省妇联：《打造"巾帼共富工坊"将主题教育成效转化为富民增收成果》，《中国妇运》2023年第7/8期合刊，第33页。

妇干校和妇女之家等阵地，实施高素质女农民和"乡村振兴女致富带头人"培养计划。鼓励支持女企业家、女大学生、女农民工等返乡下乡创业，为她们提供及时便利的政策咨询、项目对接、融资牵引等服务。2021年以来"农村妇女素质提升计划"深入实施，每年从国家到省、市、县自上而下举办各级各类乡村振兴巾帼人才培训班。五年来，共组织开展"农村妇女素质提升计划"培训800多万人次。① 2024年，全国妇联联合人力资源和社会保障部实施巾帼家政培训专项工程，目标是五年培训10万人。天津市妇联创新妇女素质提升"小课堂"教学模式，集中资源培训更多农村基层妇女，特别是"新农学堂"项目采用灵活多样教学模式为农村妇女提供便捷的个性化学习途径，超过70%的培训课程直接深入田间地头来到妇女身边。5年来，"新农学堂"开办培训班1000余场，培训妇女人数达64万人次。② 2024年8月，"浙赣湘"巾帼家政三省联盟培训班举办，拓展跨省促进妇女提升素质培训方式。浙江常山县聚焦农村妇女群众技能水平较低、就业渠道狭窄的问题，通过在"联"字上求突破、在"标"字上出实招、在"专"字上下功夫，全面实施"常山阿姨"提质升级工程，一举完成了从人力输出向标准输出、从单一培训向职业教育、从就业服务向闭环管理的转变。2017年以来，全县累计培训家政技能人员15000余人次，年均2000余人次。③

（5）全国乡镇党委书记培训班助力女书记当好乡村振兴带头人增长才干。2024年7月，中央组织部、中共中央党校（国家行政学院）、农业农村部联合举办全国乡镇党委书记推进乡村全面振兴视频培训班，对包括妇女在内的全国2.96万名乡镇党委书记进行全覆盖培训。培训班以学习贯彻习近平新时代中国特色社会主义思想特别是习近平总书记关于"三农"工作重要论述为主题，结合乡镇党委书记岗位特点，就党的创新理论武装、推进乡村全面振兴政策解读、深入推进抓党建促乡村振兴、提高应急管理能力等作专题授课；围绕

---

① 黄晓薇：《以习近平新时代中国特色社会主义思想为指导 动员引领广大妇女为强国建设民族复兴而团结奋斗——在中国妇女第十三次全国代表大会上的报告》，《中国妇运》2023年第11期，第17页。
② 天津市妇联：《为民服务"小课堂"助力乡村"大发展"》，《中国妇运》2023年第10期，第39页。
③ 姚改改：《"浙赣湘"巾帼家政三省联盟培训班开班》，《中国妇女报》2024年8月6日，第3版。

"如何当好乡镇党委书记"和推进乡村产业振兴、人才振兴、文化振兴、生态振兴、组织振兴进行交流，提升乡镇干部的政治素质和领导乡村振兴的能力。培训班在中共中央党校（国家行政学院）设主课堂，在31个省区市党校（行政学院）和部分市（地、州、盟）党校（行政学院）设261个分课堂，采取集中视频授课、研讨交流相结合的方式在全国开展。①

3. 妇女参与文化振兴的主要成效与积极贡献

文化振兴是乡村振兴的灵魂。习近平总书记指出："要推动乡村文化振兴，加强农村思想道德建设和公共文化建设，以社会主义核心价值观为引领，深入挖掘优秀传统农耕文化蕴含的思想观念、人文精神、道德规范，培育挖掘乡土文化人才，弘扬主旋律和社会正气，培育文明乡风、良好家风、淳朴民风，改善农民精神风貌，提高乡村社会文明程度，焕发乡村文明新气象。"② 乡村振兴，既要塑形，也要铸魂。实施乡村振兴战略，需要把乡村文化振兴贯穿于乡村振兴全过程，为乡村振兴提供持续的精神动力。《中华人民共和国乡村振兴促进法》规定："促进男女平等，创建文明村镇、文明家庭，培育文明乡风、良好家风、淳朴民风，建设文明乡村。"广大妇女在实施乡村振兴战略中，积极传承发展乡村文化。首届"全国乡村振兴青年先锋"、第19届"湖南青年五四奖章"获得者周燕放弃在北京工作的优厚待遇，回乡创办宁远县"大元社"艺术文化交流中心，用艺术教育服务乡村孩子。8年来组织活动800余次，服务留守儿童近万名。

（1）完善县乡村公共文化服务体系，为农村妇女提供物质条件和精神食粮。《乡村振兴战略规划（2018—2022年）》提出："按照有标准、有网络、有内容、有人才的要求，健全乡村公共文化服务体系。""推动城乡公共文化服务体系融合发展，增加优秀乡村文化产品和服务供给，活跃繁荣农村文化市场，为广大农民提供高质量的精神营养。"乡村振兴不断加强乡村文化基础设施建设，打造公共文化服务平台，妇女享有文化服务的水平不断提高。2022年，文化和旅游部印发《关于推动文化产业赋能乡村振兴的意见》，启动文化

---

① 《中央组织部、中央党校（国家行政学院）、农业农村部联合举办全国乡镇党委书记推进乡村全面振兴视频培训班》，《人民日报》2024年7月11日，第4版。
② 马梅：《大力推动乡村文化振兴》，中国新闻网，2022年3月16日，https://www.chinanews.com.cn/sh/2022/03-16/9703500.shtml，最后检索时间：2025年2月19日。

产业赋能乡村振兴试点，实施"文化产业园区携行计划"，公布第二批123个国家级夜间文化和旅游消费集聚区名单，实施"百城百区"文化和旅游消费助企惠民行动计划。2022年末，全国共有广播电视播出机构2522家、公共图书馆3303个、乡镇综合文化站33932个。推出91个具有区域影响力的"中国民间文化艺术之乡"典型范例，举办全国"村晚"示范展示活动1.2万场，参与群众达1.18亿人次。①所有行政村都有了农家书屋、电子阅览室和文化活动室。②截至2021年4月，全国333个地市、2846个县结合当地农民文化需求出台了具有普适性的文化服务目录。③

(2) 妇女积极推动乡村文明建设向好向新发展。《"十四五"时期妇女事业发展规划》提出："深入实施'家庭幸福安康工程'，弘扬家庭文明新风尚，常态化开展'最美家庭'活动，力争到2025年各级各类最美家庭数量翻一番。"从2014年2月起，一场场寻找"最美"、发现"最美"、争做"最美"的接力活动在全国城乡开展。1000户"五好家庭"从各地寻找"最美家庭"活动中脱颖而出。第三方评估显示，寻找"最美家庭"活动已覆盖全国各省（区、市）和90%的区县，社区（村）覆盖率达80%。各地开辟专栏专题，建立5500多个活动官网、官微传播"最美家庭"感人事迹，越来越多家庭在参与活动中成为"最美"。2017年以来，全国妇联主办的"家和万事兴"——家教家风主题展，300张图片、80余件实物、43个家风故事，勾勒出中华民族优秀传统家风形成的历史轨迹；开展"家书抵万金——现代家书家信征集"和"社会主义核心价值观进家庭"创新案例征集活动，35万封家书家信、4.6万个优秀案例，凝聚家国情怀，折射时代变迁。"最美家庭"主题曲、宣传片和家风家教主题公益广告在"国际家庭日"、春节等节日滚动播放，家庭和谐

---

① 《2022年文化和旅游发展统计公报发布》，中国政府网，2023年7月13日，https://www.gov.cn/zhengce/zhengceku/2021-04/20/content_5600894.htm，最后检索时间：2024年7月29日。
② 《文明乡风吹在希望田野上》，人民网，2022年9月20日，http://gs.people.com.cn/n2/2022/0920/c358184-40131165.html，最后检索时间：2024年7月29日。
③ 《关于印发〈国家基本公共服务标准（2021年版）〉的通知》，中国政府网，2021年3月30日，https://www.gov.cn/zhengce/zhengceku/2021-04/20/content_5600894.htm，最后检索时间：2024年7月29日。

的动人旋律响彻中华大地。① 陕西省培树各级各类"最美家庭""五好家庭"170余万户。② 近年来，全国妇联通过创新实施"家庭幸福安康工程"，家庭家教家风建设呈现新风貌。家庭文明创建活动吸引6亿多人次参与。涌现出"最美家庭"1484万户、"五好家庭"558万户，举办家教家风巡讲、故事分享等活动41.2万场次。③ 开展寻找"最美家庭"活动，赋予家庭文明和乡风文明新活力，妇女成为乡风文明建设的主力军。

（3）"妇女之家"和"儿童之家"为巩固农村思想文化阵地增添活力。基层"妇女之家"是依托村级组织和社区活动场所等建立的联系服务妇女群众的妇联组织基层工作阵地，在宣传教育、维权服务、组织开展活动等方面发挥着重要作用，是基层民主协商、公共服务、社会治理的重要平台。目前"妇女之家"在村、社区不断巩固发展，成为凝聚农村妇女思想的坚强阵地、服务妇女群众的温暖之家、带动妇女发展的议事场所、维护妇女权益的幸福港湾，成为有效打通服务妇女群众的"最后一公里"和妇女群众思想文化建设的主阵地。2022年，全国共建有"妇女之家"717989个。各地乡镇妇联不断优化工作载体，丰富服务内涵，提升工作质量，发挥桥梁纽带作用，把基层妇联组织建成充满活力、服务高效，党和政府满意、妇女群众信赖的温暖之家。《中国儿童发展纲要（2011—2020年）》提出"90%以上的城乡社区建设1所为儿童及其家庭提供游戏、娱乐、教育、卫生、社会心理支持和转介等服务的儿童之家"。这是国家对创建儿童之家的硬性目标要求。儿童之家依托社区资源建立，是以保护儿童权利为宗旨，向儿童及其家庭提供各种活动指导、课后托管、健康教育、生活技能和品德与行为指导、心理社会支持、家庭教育、儿童保护等服务的社区综合服务体系。到2022年，全国有儿童之家334280个，成为落实党的十九大提出的幼有所育、弱有所扶目标的创新项

---

① "家风拂润文明花——妇联家庭文明建设工作综述"，中国网，2018年10月29日，http://news.china.com.cn/2018-10/29/content_68819238.htm，最后检索时间：2024年7月29日。
② 陕西省妇联：《跟党奋进新征程 巾帼建功新时代 动员妇女群众在经济建设主战场谱写新华章》，《中国妇运》2024年第1/2期合刊，第43页。
③ 黄晓薇：《以习近平新时代中国特色社会主义思想为指导 动员引领广大妇女为强国建设民族复兴而团结奋斗——在中国妇女第十三次全国代表大会上的报告》，《中国妇运》2023年第11期，第17页。

目。各地在创建儿童之家活动中,结合当地实际,创建有"儿童友好家园""儿童快乐家园"等,虽然名称不同,但为儿童提供各项服务的功能相同。《儿童之家案例集》收集了全国各地不同类型的儿童之家474个,代表了全国儿童之家创建类型。妇女之家和儿童之家,成为乡村文明发展的重要思想建设引领阵地。

(4)广大农村妇女在乡风文明活动中扮演"半边天"角色。《"十四五"时期妇联事业发展规划》提出:"面向农村家庭重点开展婚事新办、丧事简办、孝老敬老等移风易俗活动,发挥村规民约、红白理事会等作用,坚决抵制婚嫁陋习、天价彩礼、厚葬薄养等不良风气,倡扬文明新风。"全国妇联推动各地普遍开展家庭助廉活动、举办清廉家风文化作品展播,协同构建廉洁文化;积极推进移风易俗,征集推广64个试点地区健全村规民约、创新激励礼遇机制等典型案例和做法,倡树文明风尚。① 四川省建立了巾帼志愿服务队,村里的环境卫生、垃圾分类、安全管理等大小事务,巾帼志愿者都带头参加。凉山州17支妇女组成的县级卫生健康服务队,共205人;17支科学家教服务队,共154人;乡镇文明新风工作队2754支,6300余人;村级文明新风工作队、科学家教服务队1万余支,近10万人。河北省妇联探索创建推进移风易俗长效机制,破除天价彩礼、盲目攀比、铺张浪费等陈规陋习,打出"制度强、阵地实、措施多、氛围浓"移风易俗组合拳,引导妇女群众在日新月异的文明新风中见贤思齐、崇德向善,春风化雨浸润千家万户。开展"文明新风进万家"移风易俗专项行动,织密一张宣传网络、组建一支服务队伍、培树一批示范典型、确定一批工作试点。村"两委"成员、妇女代表、乡贤、老干部等组成红白理事会、村民议事会等,全省90%以上的村将推动移风易俗、治理高价彩礼、拒绝大操大办等内容写入村规民约,引导妇女群众践行文明、节俭、绿色、和谐的生活风尚。动员村民代表、基层妇联干部、执委、巾帼志愿者、党员、乡贤等组建1.38万人的公益红娘队伍,开展各类宣传活动4500余场次,举办集体婚礼38场。把移风易俗融入寻找"最美家庭"和"五好家庭"评选活动,大力培树新事新办、"零彩礼"、夫妻和睦等家庭典型。向全省家庭和青年发出"拒高价彩

---

① 黄晓薇:《团结引领广大妇女为强国建设民族复兴伟业贡献巾帼力量——在全国妇联十三届二次执委会议上的工作报告》,《中国妇运》2024年第1/2期合刊,第13页。

礼　树文明新风"倡议书，开办"为爱赋能"云课堂，宣传移风易俗新做法、好经验，妇联执委、巾帼宣讲团走进"妇女之家""妇女微家"开展移风易俗主题宣讲活动，实现线上线下互联互动，引导群众摈弃高价彩礼、大操大办，践行婚事新办、丧事简办、勤劳奋斗文明新风。①

（5）打造特色文化品牌，丰富乡村传统文化底蕴。各级妇联策划组织各种文化活动，打造具有巾帼特色的文化品牌，不仅丰富了乡村文化内涵，也为乡村振兴注入了更多文化元素和活力。文化活动形式多样，既有传统的剪纸、刺绣、编织等手工艺展示，也有现代的歌舞、朗诵、戏剧等文艺表演，为乡村妇女提供了一个展示自己才华和创造力的平台，也使她们在参与中提升自身的文化素养和审美水平。这种以妇女为主体的文化建设模式，不仅有助于传承和弘扬乡村的优秀传统文化，也为乡村振兴战略实施提供了文化支撑。全国妇联和31个省（区、市）妇联都成立了妇女手工编织协会，在帮助农村妇女依靠手工技艺实现就近就地创业就业的同时，也推动了乡村文化和文化产业的振兴发展。广东清远市妇联培育女农民专业合作的瑶绣、壮绣等手工业经营主体，指导培育一批集乡村研学、手工创意、田园风貌观光等于一体的巾帼"田园综合体"。② 作为四川非遗代表，刺绣技艺历史悠久。除成都蜀绣之外，遂宁观音绣、阿坝绵阳羌绣、凉山彝绣、阿坝甘孜藏绣等相继发展起来，每个市（州）都有大大小小的妇女刺绣专业合作社，各个地方都有自己的技艺传习和风格特色，打造了丰富的巾帼品牌和刺绣代表作品。凉山彝绣与北京服装学院、浙江女企业家合作，在传统基础上提升创意设计，设计出服装、手包、装饰艺术品等产品，开拓了市场空间，提升了绣品价值，依托"树新风促振兴"三年行动推出"彝心彝意，爱购凉山"公益品牌，引领更多乡村绣娘加入刺绣行业，仅凉山彝绣就有5000多名绣娘。苏东坡故里眉山市青神县依托国家级非物质文化遗产——青神竹编建起竹编城，目前竹编城有技术工1.5万人，其中女性占比高达98%。

（6）妇女挑起乡村非遗文化传承重任。《中华人民共和国乡村振兴促进法》规定："各级人民政府应当采取措施保护农业文化遗产和非物质文化遗

---

① 河北省妇联：《移风易俗走深走实　文明新风日新月异》，《中国妇运》2024年第1/2期合刊，第37页。
② 广东省清远市妇联：《用好"五个+"激活乡村振兴"她力量"》，《中国妇运》2023年第7/8期合刊，第40页。

产，挖掘优秀农业文化深厚内涵，弘扬红色文化，传承和发展优秀传统文化。"2019年，中国妇女发展基金会升级打造"天才妈妈"公益项目，在全国9个省份建立了20家梦想工坊和2家非遗体验中心，支持蜡染、刺绣、农民画等多种非遗技艺的创新，惠及6500多名手工艺妇女。通过融合时尚设计与传统工艺，"天才妈妈"构建了涵盖传播、营销、设计、渠道、服务等环节的产业链支持体系，覆盖多种非遗工艺，影响带动6万人次受益①。返乡妇女用先进知识理念推动非遗文化与现代科技相结合、传统文化与现代生活相融合，展示了妇女在文化传承和创新中的重要作用。张兰是贵州创和服饰有限公司董事长、非遗挑花绣传承人，是"创和故事""张兰Zhanglan"品牌创始人，古法裁剪技能传播者，也是贵州锦绣计划智库专家，2023年当选中国妇女十三大代表。张兰2003年成立创和服装设计制作中心，组建800多名由农村绣娘、染娘组成的队伍，通过采用"公司+农户"和建立产业基地的方式，打造良性循环乡村文化产业链。她探索研发了最具特色的刺绣针法，包含颇具特色的平针绣、破线绣、打籽绣、马尾绣、剪纸绣等，把绣品通过设计合理运用到服装、围巾、丝巾、手包、吊坠上，积极推动民族民间手工艺刺绣、染、织及服装产业发展与国际市场接轨。她的短视频账号粉丝量超140万人，获赞900多万次，为这一古老艺术的壮大和发展注入了新活力。她积极培养非遗传承人，累计对3000余人次农村少数民族妇女进行刺绣和蜡染授课，直接带动500多名妇女参与刺绣制作，为刺绣和蜡染非遗文化传承储备了源源不断的人才。②

4. 妇女参与生态振兴的主要成效与积极贡献

乡村振兴，生态宜居是关键。生态宜居是实施乡村振兴战略的重大任务，通过"绿化""美化""规划"等措施，以优化农村人居环境和完善农村公共基础设施为重点，把乡村建设成为生态宜居、富裕繁荣、和谐发展的美丽家

---

① 《"天才妈妈"公益项目赋能女性发展、创承非遗文化新生　绽放乡村振兴"她"力量》，新华网，2022年4月2日，http://www.xinhuanet.com/culture/20220402/477c1baaf1804bfbbc6311da7667e9df/c.html，最后检索时间：2024年7月10日。
② 《嫁接时尚文化　激发苗绣活力丨访中国妇女十三大代表贵州创和服饰有限公司董事长张兰》，改革网，2023年11月6日，http://www.cfgw.net.cn/2023-11/06/content_25067681.htm，最后检索时间：2024年7月29日。

园。乡村环境美不美，关系美丽中国建设的成效，更关系农村广大妇女群众的幸福感。乡村振兴战略实施以来，性别友好的生态环境保护机制不断完善，妇女参与生态文明建设的意识能力不断提高，人居环境和生产环境日益改善，妇女群众普遍受益。在实施《"美丽中国，我是行动者"提升公民生态文明意识行动计划（2021—2025年）》中，广大妇女积极投身乡村振兴生态文明建设，与男性携手共建文明绿色家园。

（1）农村人居环境整治使妇女普遍享有生态文明建设成果。进入新时代，党和国家出台一系列规划政策和措施方案，精准加强农村人居环境治理。2018年2月，中共中央办公厅、国务院办公厅印发《农村人居环境整治三年行动方案》，提出"开展厕所粪污治理、推进农村生活垃圾治理、梯次推进农村生活污水治理"三大重点任务。随着三年行动方案目标任务完成，长期困扰农村的脏乱差现象得到根本扭转，农村面貌焕然一新。村庄环境基本实现干净整洁有序，农民群众环境卫生观念发生可喜变化、生活质量普遍提高。2021年12月，中共中央办公厅、国务院办公厅印发《农村人居环境整治提升五年行动方案（2021—2025年）》，提出"深入学习推广浙江'千村示范、万村整治'工程经验，以农村厕所革命、生活污水垃圾治理、村容村貌提升为重点，巩固拓展农村人居环境整治三年行动成果，全面提升农村人居环境质量，为全面推进乡村振兴、加快农业农村现代化、建设美丽中国提供有力支撑"。全国95%以上的村庄开展了清洁行动，实现了村容村貌从干净整洁向系统健康转变。截至2021年底，全国农村生活垃圾收运处置体系已覆盖90%以上行政村[①]，垃圾处理设施投资显著增加，农村垃圾山、垃圾围村等现象明显改善。2022年，农村卫生厕所普及率超过73%，比2021年提高约3个百分点[②]。东部、中西部城市近郊区等有基础、有条件的地区，农村卫生厕所普及率超过了90%。2023年，全国农村自来水普及率达到90%。全国开工建设农村供水工程2.3万处，提升了1.1亿农村人口供水保障水平，农村规模化供水工程覆盖农村人口比例

---

① 农业农村部：《农村生活垃圾收运处置体系覆盖全国90%以上行政村》，新浪网，发布时间：2020年9月19日，https://news.sina.com.cn/c/2020-09-19/doc-iivhvpwy7662652.shtml，最后检索时间：2024年7月17日。
② 国家统计局编《2022年〈中国儿童发展纲要（2021—2030年）〉统计监测报告》，发布时间：2023年12月31日。

达到60%①。2022年，全国农村生活污水治理率为31%左右，较2020年提升约5.5个百分点②。

(2) 广大农村妇女积极参与"美丽家园"建设增添巾帼活力。2018年，全国妇联发布《关于开展"乡村振兴巾帼行动"的实施意见》，开展"美丽家园"建设活动，引领农村妇女共建共享生态宜居新农家。2019年，全国妇联再次印发《学习浙江"千万工程"经验进一步深化"美丽家园"建设工作实施方案》，就深化"美丽家园"建设进行再动员、再部署。"美丽家园"建设成为妇联发挥妇女独特作用、推动乡村生态振兴的重要抓手和工作载体。近年来，全国妇联推动建设精品美丽庭院1000余万户。③ 2024年，全国妇联提出继续深化拓展"乡村振兴巾帼行动"，学习运用"千万工程"经验，打造"美丽庭院看乡村"活动品牌，实施"十村百人千院"计划，带动各地建设美丽庭院1000万户以上，推动《乡村美丽庭院建设指南》国家标准有效落地。④ 在"美丽家园"建设中，各地妇联积极创新，产生了以生态振兴促进"五大振兴"的溢出效应，形成了妇女发挥独特作用、"美丽家园"建设与生态文明建设双向互动的显著成果。"美丽家园"建设的溢出效应是以生态振兴促进产业、文化、人才和组织振兴，对产业振兴的促进作用是地方因地制宜，推动了庭院经济发展和美丽家园环境发展。安徽省妇联创新推进"乡村振兴巾帼行动"，确立了"美丽庭院"的"美丽庭院·共美"、"美丽经济·共富"和"美好生活·共创"三项目标。目前已创建118万多户"美丽庭院"。融合乡村资源，推进"美丽庭院+"计划，与改厕、污水和垃圾治理相结合，融入乡

---

① 《2023年全国农村自来水普及率达到90%》，中华人民共和国中央人民政府网站，2024年1月11日，https：//www.gov.cn/lianbo/bume/202306/content_6885862.htm，最后检索时间：2024年7月17日。

② 《2022年全国农村生活污水治理率较2020年提升5.5个百分点——水美乡村景色新》，中华人民共和国中央人民政府网站，2023年6月12日，https：//www.gov.cn/yaowen/liebiao/202306/content_6885862.htm，最后检索时间：2024年7月17日。

③ 黄晓薇：《以习近平新时代中国特色社会主义思想为指导 动员引领广大妇女为强国建设民族复兴而团结奋斗——在中国妇女第十三次全国代表大会上的工作报告》，《中国妇运》2023年第11期，第17页。

④ 黄晓薇：《团结引领广大妇女为强国建设民族复兴伟业贡献巾帼力量——在全国妇联十三届二次执委会议上的工作报告》，《中国妇运》2024年第1/2合刊，第17页。

风文明建设和产业发展，打造具有地方特色的微菜园、果园和花园。① 陕西省妇联累计创建县级以上"五美庭院"示范村1344个、示范户22万余户。② 广东清远市妇联以"家"为核心，通过"创建+创新"双轮驱动推动妇女参与美丽乡村建设，在近500个村庄开展"美丽庭院"示范创建活动，打造了一批省、市级"美丽庭院"示范户和示范村，成为乡村一道道亮丽风景线。③ "美丽家园"建设活动，为农村生态环境治理注入了新动力，也促进了五大振兴的协同发展。

（3）妇女是家庭生态文明守护者和乡村生态整治的推动者。新时代，农村妇女以家风建设为纽带，将生态文明理念融入日常家庭生活，以家庭支"点"，带动乡村社会支"面"，实现了从个体到集体、从微观到宏观的生态文明理念的全面覆盖与深入实践。2017年，全国妇联将绿色节俭作为评选标准写入《全国五好家庭评选表彰办法》，鼓励家庭强化生态意识和环保理念，自觉践行绿色生活方式。2021年，生态环境部、中宣部、中央文明办、全国妇联等联合发布《"美丽中国 我是行动者"提升公民生态文明意识行动计划（2021—2025年）》，要求各级妇联依托"妇女之家"和"儿童之家"等阵地，广泛开展绿色家庭创建。各地妇联开展的巾帼志愿者活动，以庭院"小美"促进村居"大美"，用实际行动参与乡村清洁行动，争做美化家园的先行者，成为环境卫生宣传的"活喇叭"、环境卫生整治的"助推器"，为创造清洁舒适的人居环境发挥妇女半边天作用。2024年世界环境日，海南省妇联组织万宁市妇联、东方市妇联及东方市生态环境局分别在当地开展2024海南省巾帼禁塑和垃圾分类宣传系列活动，以"弘扬新时代娘子军精神 争做巾帼环保先锋"为主题，组织"妈妈环保团"志愿者通过发放禁塑和垃圾分类宣传手册、宣传讲解禁塑与垃圾分类政策、分享垃圾分类技巧等，增强民众对禁塑与垃圾分类知识的了解，进一步引导民众成为禁塑与垃圾分类的参与者、实践者和推广者。三年来，海南省妇联举办了89场各类沉浸式互动体验主题宣

---

① 安徽省妇联：《"共美·共富·共创"汇聚乡村振兴"她力量"》，《中国妇运》2023年第6期，第34页。
② 陕西省妇联：《跟党奋进新征程 巾帼建功新时代 动员妇女群众在经济建设主战场谱写新华章》，《中国妇运》2024年第1/2期合刊，第43页。
③ 广东省清远市妇联：《用好"五个+"激活乡村振兴"她力量"》，《中国妇运》，2023年第7/8期合刊，第40页。

传宣讲活动，创作了巾帼原创环保主题曲《让爱去改变》，组建了覆盖全省19个市、县的"妈妈环保团"志愿者队伍4.3万人，在全省19个市、县创建了20个"巾帼禁塑与垃圾分类宣传教育站"，让队伍建设、阵地建设、活动开展形成闭环常态，使生态文明意识融入妇女和家庭的日常生活。①

(4) 妇女是乡村生态防护的践行者和乡村绿色消费的主导者。2013~2017年，全国妇联、全国绿化委员会等3部门持续开展"巾帼绿色家园行动"，动员乡村妇女参加植树造林活动。全国妇联深化"三八绿色工程"示范基地建设，引导妇女发展林业增收致富，树立表彰妇女造林绿化典型，其间共建成200余个"三八绿色工程"示范基地。② 四川阿坝州红原县"巾帼护河队"由64名妇女组成，被称为黄河源头生态保护中的巾帼红。护河队始终践行"绿水青山就是金山银山"新理念，坚持以"河畅、水清、岸绿、景美"为目标，积极参加黄河干支流域生态防护带建设行动——"保护母亲河·共植巾帼林"志愿服务活动，创建巾帼林6.07亩。护河队坚持不定期对黄河干支流域生态防护带"巾帼林"进行浇水灌溉、补植补造、修剪树木，确保巾帼林生长趋优质态势。护河队长期坚持在黄河干支流域生态防护带，常态化拾捡白色垃圾、劝导不文明行为和监督污水直排，确保黄河出川一江清水向东流。全国像这样的巾帼志愿妇女组织还有很多，她们在乡村生态文明振兴中积极发挥作用。大自然赋予了妇女繁衍生命的使命，也赋予她们保护后代的本能。母性敏感和责任，有助于妇女理解生态环境问题的本质。在现代化农业生产中，80%以上的农业劳动、70%的家庭种植业和养殖业都由妇女承担。因此，妇女的消费方式与生产方式对生态文化建设所提倡的绿色发展、消费和生活产生着直接的影响。③ 研究调查显示，中国妇女主导了70%以上的家庭消费④。这一比例

---

① 《海南省妇联"妈妈环保团"宣讲禁塑与垃圾分类知识》，中新网海南，2024年6月6日，http://www.hi.chinanews.com.cn/hnnew/2024-06-06/705349.html，最后检索时间：2024年8月4日。
② 马冬玲、赵凯旋：《新时代妇女与生态文明建设领域的积极变化与进展》，《中国妇运》2023年第10期，第36页。
③ 丁雨辰：《妇女在生态文明建设中的地位和作用》，文秘邦网，2022年4月11日，https://www.wenmi.com/article/pps5rb02uvdv.html，最后检索时间：2024年8月4日。
④ 工人日报：《一般家庭女性主导了70%以上的消费，商家紧盯"她经济"》，人民网，2018年4月11日，http://finance.people.com.cn/n1/2018/0411/c1004-29918751.html，最后检索时间：2024年7月17日。

不仅彰显了妇女在家庭经济中的主导地位，更预示了妇女在塑造乡村绿色生态面貌上的巨大潜力。农村妇女的消费行为较为保守，为家庭的长期发展精打细算，整体更具资源节约意识，更倾向于选择绿色环保和节能产品，比如偏好携带布袋子代替塑料袋，自觉抵制一次性用品的泛滥。欧洲数据显示，男性个人消费产生的碳足迹比女性高约16%，主要原因是消费方式的差异，女性在肉类消费和汽车燃油方面消费相比男性低[1]。这说明，妇女主导领航绿色消费方式，对乡村生态文明建设所提倡的绿色发展与绿色生活具有直接影响。

5. 妇女参与组织振兴的重要作用与积极贡献

组织强则基层强，基层安则乡村安。《中华人民共和国乡村振兴促进法》提出："建立健全党委领导、政府负责、民主协商、社会协同、公众参与、法治保障、科技支撑的现代乡村社会治理体制和自治、法治、德治相结合的乡村社会治理体系，建设充满活力、和谐有序的善治乡村。""县级以上地方人民政府应当采取措施加强基层群团组织建设，支持、规范和引导农村社会组织发展，发挥基层群团组织、农村社会组织团结群众、联系群众、服务群众等方面的作用。"组织振兴重在保证乡村振兴的政治基础，充分发动群众参与基层社会治理。近年来，中央组织部会同民政部、农业农村部等推动农村"两委"集中换届，注重从优秀人员中选拔村级党组织和村委会成员。2022年，全国村民委员会成员中的女性比例为26.1%，村主任比例为10.9%；[2] 全国村妇联主席进村"两委"比例高达99.43%。[3] 福建省村"两委"女性正职占比从上届的4.5%跃升至11%，村"两委"中女性成员占比29.6%，比全国平均水平高出1.5个百分点。[4] 同时，乡村基层妇联组织蓬勃发展成为乡村组织振兴的重要力量。

---

[1] 《欧洲媒体：研究发现，单身男性碳足迹比单身女性高16%》，光明网，2023年3月29日，https://m.gmw.cn/2023-03/29/content_1303323565.htm，最后检索时间：2024年7月17日。

[2] 国家统计局社会科技和文化产业统计司：《中国妇女儿童状况统计资料2030》，中国统计出版社，2023，第72页。

[3] 黄晓薇：《以习近平新时代中国特色社会主义思想为指导 动员引领广大妇女为强国建设民族复兴而团结奋斗——在中国妇女第十三次全国代表大会上的报告》，《中国妇运》2023年第11期，第18页。

[4] 《柔肩担重任五载绽芳华 福建妇女事业五年建设发展综述》，中新网福建，2022年7月20日，http://www.fj.chinanews.com.cn/news/2022/2022-07-20/506340.html，最后检索时间：2024年8月13日。

（1）妇女参与乡村基层组织治理的人数比例明显提高。全国妇联《"十四五"时期妇联事业发展规划》提出："有序推进妇女参与基层民主建设。加强基层妇联干部和执委等妇女骨干培训。通过'专职专选'等办法，保证村'两委'班子中至少有一名女性成员，推动村妇联主席进入村民委员会。鼓励妇女积极参与村（居）民议事会、理事会等自治组织，依托妇女之家，组织妇女开展议事协商活动，探索开展妇女网上议事，引导妇女积极有序参与基层民主管理和基层民主协商。"江西省妇联深入实施"破难行动"，探索在全省行政村所辖村民小组普遍设立村妇女小组长，形成了"六级妇联组织、七级工作队伍"组织体系。2020年，省妇联积极争取党委重视支持，推动将村妇女小组长配备工作纳入省委全面深化改革委员会工作要点、纳入全省农村基层社会治理总体格局、纳入江西省第十一届村"两委"换届的配套组织建设。截至2023年底，全省妇女小组长已达18万余人。2021年村妇联与村"两委"同步换届时，全省村妇女小组长有210人当选党支部书记或村委会主任，6664人当选村妇联主席。① 村妇女小组长参与乡村治理树新风。村妇女小组长利用基层议事平台，组织妇女群众参与民主管理和民主监督，开展家庭矛盾纠纷调解、婚丧嫁娶服务、邻里互助和道德评议。村妇女小组长发挥在妇女群众身边和做妇女群众工作的优势，及时了解妇女思想动态、生活状况，做党和政府方针政策"宣传员"和关爱帮扶"贴心人"。

（2）基层妇联组织蓬勃发展成为乡村组织振兴的重要力量。全国妇联《"十四五"时期妇联事业发展规划》提出："强化基层妇联组织建设，巩固地方妇联改革成果，推进县级妇联分别按照不少于1名、2名、30名的标准配备挂职副主席、兼职副主席、执委，进一步发挥县级妇联指导基层、带动基层、活跃基层的作用。巩固拓展村（社区）妇代会改建妇联、乡镇妇联区域化建设改革成效，推动重心下移、资源保障下沉，在城乡基层党建创新发展中不断加强乡镇（街道）、村（社区）妇联组织建设，推动妇联组织网络向基层扎根。"近年来，全国妇联组织实施"破难行动"，有1273个县级妇联完成换届，新增专挂兼职副主席、执委1万多人；108万个妇女小组、90万个"妇女之家""妇女微家"

---

① 全国妇联办公厅编《江西省妇联发挥村妇女小组长在基层治理中的积极作用 推动改革向纵深发展、向基层延伸》，《全国妇联简报》2024年第2期。

遍布城乡社区，基层根基不断夯实。① 河北任丘市 20 个乡镇（街道）全部实现妇联主席由副科级女干部担任，403 个村（社区）妇联主席全部进"两委"，市、乡、村三级妇联执委 3175 人，多为"80 后""90 后"，工作更具活力。② 福建南平市妇联开展"下沉式"服务织密服务网络，通过推选优秀女性充实到妇联执委和网格员队伍，加强村（社区）妇联执委和基层网格员交叉任职、双重履职，目前全市 2358 名妇联执委兼任村居网格员。③

（3）"妇女议事会"成为和美乡村建设有温度有态度的基层群众组织。2016 年，全国妇联改革方案提出推动在城乡社区"妇女之家"普遍建立妇女议事会，组织妇女开展乡规民约制定修订等议事协商活动。妇女议事会成为基层妇女参政议政的重要平台、参与乡村社会治理的有效载体。2018 年，中国妇女第十二次全国代表大会报告要求"依托城乡社区'妇女之家'普遍建立妇女议事会，引导妇女有序参与基层民主自治实践"。截至 2023 年 10 月，全国共建立妇女议事会 41.6 万个，畅通妇女诉求表达渠道，组织妇女参与协商并推动解决涉及妇女切身利益的村（社区）重要事务，2022 年 11 月至 2023 年 10 月开展议事活动 135 万次。妇女议事会是以村（社区）妇联执委为骨干，以普通妇女群众为主要议事群体的一种议事形式。在议题选择上，围绕村（社区）中心工作、重要公共事务等开展议事。在议事组织上，及时就妇女议事工作情况向村（社区）"两委"请示报告，必要时邀请村（社区）"两委"领导或相关部门负责人直接参加议事活动推动问题解决。在人员参与上，鼓励妇女群众参与议事，加强女性村（居）民代表推荐，邀请村（社区）"两委"参与妇女议事，直接听取意见建议。妇女议事会为妇女群众提供了一个话有处说、怨有处诉、难有处帮、理有处讲的平台，引领妇女依法反映利益诉求，自觉维护社会和谐稳定。妇女议事会不仅提升了辖区妇女对基层治理的热情，而且使妇女拥有话语权，参与基层治理的满意度和获得感增强。截至 2021 年 11

---

① 黄晓薇：《以习近平新时代中国特色社会主义思想为指导　动员引领广大妇女为强国建设民族复兴而团结奋斗——在中国妇女第十三次全国代表大会上的报告》，《中国妇运》2023 年第 11 期，第 18 页。
② 河北省任丘市妇联：《融合资源　开拓创新　全方位推进妇联组织发挥最大效应》，《中国妇运》2024 年第 5 期，第 40 页。
③ 福建省南平市妇联：《"执委+网格"为基层治理增添"她动力"》，《中国妇运》2024 年第 5 期，第 46 页。

月,湖北全省建立妇女议事会23357个,妇女议事会在全省村(社区)覆盖率达到88%。① 安徽省建设妇女议事会的村(社区)有10172个,其中省级妇女议事会示范点16个,市级妇女议事会示范点44个,县级妇女议事会示范点265个。淮北市锦华苑社区"伊言堂"妇女议事会探索结合妇女群众关心的热点问题、党政中心工作、社区日常工作、妇女需求确定议题,明确(社区)两委、妇联干部、社团领袖、妇女群众"四方力量"作为共同议事主体,形成了集中议事、走访议事、上门议事、现场议事、微信议事的"五常态"和议事成果转化的"五步骤",即规范形成议事结果、提交村(社区)两委讨论、党员(或党代表)大会表决、决议执行、听取意见反馈。② 山东枣庄市山亭区10个镇(街道)、280个村(社区)都已实现了妇女议事全覆盖。2022年以来,共开展议事3100余次,达成共识2300余项,推动解决群众"急难愁盼"问题560件。每次议事前,议事会成员通过微信群、入户走访、面对面交流等形式,广泛收集议题。议事会成员在议事中,根据议题充分发表意见,按照民主集中制原则形成议事结果,实现了村级事务管理由部分人"说了算"向众多人"商量定"的转变。③ 广东清远市妇联通过实施"妇女议事"项目,指导全市1224个村(社区)全部建立了妇女议事会。组织开展3364次妇女议事活动,收集1953个问题,成功解决1865个,为妇女群众实际办理了949件事情。④ 妇女议事会议出了妇女参与乡村治理的新气象。

二 妇女广泛深度参与乡村振兴面临的新挑战

新时代以来,广大妇女在产业发展、文化传承、生态保护、乡风塑造等方面表现出永不懈怠的精神状态、一往无前的奋斗姿态,做出可感可及的巨大奉

---

① 《湖北:两万多个妇女议事会"议"出基层社会治理新局面》,全国妇联女性之声,2022年1月17日,https://weibo.com/ACWF,最后检索时间:2024年8月13日。
② 《妇女议事会:建言议事 共创幸福生活》,宣城新闻网,2019年8月28日,http://news.newsxc.com/xuancheng/-401948.html,最后检索时间:2024年7月31日。
③ 《山东枣庄山亭切实发挥妇女在基层社会治理中的独特作用 妇女议事会推动解决"急难愁盼"问题560件》,《中国妇女报》2023年7月21日。
④ 广东省清远市妇联:《用好"五个+"激活乡村振兴"她力量"》,《中国妇运》2023年第7/8期合刊,第42页。

献。但妇女深度参与乡村振兴仍然面临诸多挑战，从制度机制完善分析看，男女平等基本国策的贯彻需要深入落地，社会性别意识纳入有关乡村振兴法律政策的广度和深度需要进一步推进，政策措施对妇女群体参与乡村振兴能力水平的关注和支持力度需要进一步加大；从妇女群体发展分析看，妇女参与乡村振兴的积极性能动性需要进一步充分调动，妇女群体享有乡村振兴成果的程度需要进一步提高，不同乡村地区之间妇女发展的差距需要进一步缩小；从男女平等发展分析看，农村男女之间发展的不平衡表象背后，是性别文化观念影响和制度体制不完善造成的制约和障碍，农村妇女人数比例与其在参与乡村组织振兴中的作用不相适应，等等。

（一）男女平等基本国策在乡村振兴战略实施中需要进一步贯彻落实，促进妇女参与乡村振兴的制度机制和政策措施需要进一步完善

2024年《中共中央 国务院关于学习运用"千村示范、万村整治"工程经验有力有效推进乡村全面振兴的意见》强调，坚持以人民为中心的发展思想，完整、准确、全面贯彻新发展理念，创新工作方法和推进机制，为在乡村振兴中坚持贯彻男女平等基本国策、树立性别平等观念、创新妇女参与乡村振兴的工作方法和制度机制明确了方向。

1.男女平等基本国策的进一步贯彻落实在乡村振兴中至关重要

妇女在乡村振兴中扮演着重要角色，她们不仅是家庭的照顾者，也是乡村经济、社会活动的参与者，还是推动乡村振兴和农业农村现代化的重要力量。然而，由于传统观念、教育水平、资源获取等方面限制，妇女在参与乡村振兴中面临诸多问题与挑战。从目前乡村振兴女性参与能力和知识储备情况来看，男女平等基本国策的贯彻落实需要进一步加大力度。社会性别意识固化是多数女性参与乡村活动的阻碍。女性在参与乡村振兴中会因自身对女性角色的传统认知表现出自信不足、畏首畏尾问题，同时外界的性别偏见也使得女性在乡村中发展困难。改变不平等的性别文化、保护弱势妇女权益、增强政策的性别敏感性是妇女参与乡村振兴相关政策升级的前提。课题组认为，应该将男女平等课程纳入干部培训，同时及时修订国家相关法律政策中性别不平等问题。[①]

---

① 张成刚、陈文娟：《政府·妇联·女性：共同激发乡村振兴中的她力量》，《中国妇女报》2024年4月2日，第5版。

2. 相关法律政策需要进一步重视和调动农村妇女参与乡村振兴的积极性和能力培养

已有政策措施促进农村妇女参与乡村振兴发展，还面临新情况和新挑战，促进妇女参与乡村振兴和惠及妇女群体的制度政策需要进一步体系化完善。乡村女性较男性会承担更多家庭照料的责任，留守女性若能解决就业和家庭照料之间的平衡问题，自然能够提升乡村振兴的参与度。课题组呼吁针对农村留守妇女要制定多种就业策略，让她们能实现在家门口就业创收，同时完善帮扶政策，鼓励外出妇女返乡创业。访谈结果表明，参与到乡村振兴中的女性仍会因为自身文化、技能的不足而发展受阻：31.89%的女性认为文化水平偏低阻碍了其参与乡村振兴，68.6%的女性认为培训项目是促进女性参与乡村振兴最为有效的途径，75%的乡村创业女性认为最需要的是政府提供的技能培训。受访的乡村女性理事长普遍展现出迫切的求知欲望和卓越的学习能力，多次提到"终身学习"的观念。①

3. 乡村振兴发展中不同地区发展的不平衡影响到妇女群体间发展的不平衡

从2022年全国农村居民人均可支配收入分析看出，不同地区农村居民人均可支配收入差距很大，2022年，上海农村居民人均可支配收入39729.4元，为全国最高，甘肃农村居民人均可支配收入12165.2元，为全国最低，两者相差2.3倍之多。全国22个省（区、市）农村居民人均可支配收入都在20000元以下，说明促进乡村产业振兴协调发展的任务依然艰巨。以乡村妇女发展产业为例，四川省21个市（州）、183个县（市、区）的区域之间自然条件和经济社会发展水平相差很大，成都平原及周边一些地区的妇女在讨论全方位链接"资金+资产+资源"，开展乡村规划，建设乡村、经营乡村，而边远地区的妇女则更多在关心种什么、农产品卖不卖得出去和去哪里打工挣钱的问题。到2024年，四川省仍有39个欠发达县域，巩固脱贫攻坚成果的任务依然艰巨，防止妇女返贫也是妇女参与乡村振兴面临的重大挑战。

---

① 张成刚、陈文娟：《政府·妇联·女性：共同激发乡村振兴中的她力量》，《中国妇女报》2024年4月2日，第5版。

4. 各级党委政府需要进一步重视发挥妇联组织引领妇女参与乡村振兴的重要作用

乡村振兴战略实施以来，全国妇联围绕促进农业农村现代化发展议题，积极落实引领联系服务职能，深入实施和拓展"乡村振兴巾帼行动"，在产业振兴、人才振兴、文化振兴、生态文明振兴和组织振兴中引领乡村妇女积极参与，充分发挥半边天作用。课题组在访谈中了解到，多位女性乡村创业者、女性合作社理事长在发展最艰难的时刻都有寻求并接受妇联帮助的经历，包括经验传授、贷款申请和心理情感鼓励等。由此可见，妇联组织深受女性信任依赖。妇联组织为推动女性积极参与乡村振兴举办的各项活动，如"巾帼脱贫""乡村振兴巾帼行动"等颇具成效。[①] 这说明妇联组织在乡村振兴中能够发挥引领妇女发展和为乡村振兴做出更大贡献的能力和潜力。

（二）妇女深度参与产业振兴面临的挑战

近年来，中央高度重视农村产业融合发展，每年中央一号文件都将其放在重要位置。虽然农村妇女在产业振兴中积极性很高，在各项产业振兴中积极发挥半边天作用，但面对新的融合主体规模不断扩大和优势特色产业集群的政策集成、要素集聚、企业集中的乡村产业融合发展高地的发展趋势，妇女特色产业发展后劲还不够足、融合程度较低、融合质量不高、融合发展要素支撑弱，妇女在产业资金、项目资源、数字经济和产业培训等方面存在较大挑战。

1. 促进妇女深度参与产业振兴需要进一步加大对妇女创业的资金支持和项目帮助

资金支持是妇女参与乡村振兴的重要保障。农村创业妇女贷款难度较大、资金周转困难，特别是创业初期妇女，由于生产规模较小难以获得上级政策的资金扶持，农村妇女在发展重点产业中抢占先机的资金不足。47.9%的女性希望能够得到对创业的补贴和奖励；近二成创业女性需要政府贷款的帮助；基础设施建设、市场信息支持等也是女性参与乡村振兴的实际需求（占比均为26%）；68.6%的女性认为培训项目对支持女性参与乡村振兴最有效；38.89%

---

① 张成刚、陈文娟：《政府·妇联·女性：共同激发乡村振兴中的她力量》，《中国妇女报》2024年4月2日，第5版。

的女性认为建设农业生产或乡村旅游等领域的示范项目有助于推动女性参与乡村振兴。①

2. 农村妇女参与乡村产业在数字经济领域面临四项挑战

一是相对于人口规模而言，农村妇女在数字经济中的整体参与度还不够高，涉及领域比较窄。二是受软硬件限制，农村妇女参与数字经济面临从业技能方面的障碍。三是农村妇女参与数字经济面临工作与家庭平衡压力不断加大的挑战。四是农村妇女参与数字经济面临诸如劳动关系认定、社保缴纳，以及产假、哺乳假、生育保险等方面劳动权益保障的困境。②

3. 面向农村妇女产业振兴培训的针对性和有效性需要进一步加强

全国各地有关部门针对农村妇女的就业指导和技能指导仍以集中性、普惠性培训为主，结合各地县域经济及重点产业布局开展的针对性培训不够，妇女接受技能培训的有效性、系统性、针对性相对缺乏，针对女性优势产业培训的力度不够。农村妇女的产业能力有待进一步提升，特色产业的创新活力需要进一步激发，特色产品质量需要进一步提升，品牌意识需要进一步增强。

（三）妇女深度参与乡村人才振兴面临的挑战

目前，乡村振兴面临的一个更大挑战是人才不足，促进人才双向流动尤其重要。

虽然大学生村官、驻村工作队以及驻村第一书记等措施能够在短时间内解决乡村人才不足问题，但如何把这些人才留在农村成为长期人才需要新的政策加以研究。城乡之间的加速流动给乡村女性人才发展提出了新课题。从性别视角分析看，城市生活和工作与农村相比更有吸引力，一些较为优秀的女性更愿意到城市就业发展，导致在乡村产业发展中女农民的整体综合素质偏低，且老龄化程度明显，主要从事低技术含量的初级农业生产。促进农村高质量发展、实现农业农村现代化，推动更多农村妇女掌握高科技现代农业

---

① 张成刚、陈文娟：《政府·妇联·女性：共同激发乡村振兴中的她力量》，《中国妇女报》2024年4月2日，第5版。
② 全国政协委员林怡：《为农村妇女参与数字经济创造条件　支持企业创建家庭友好型工作场所》，《中国妇运》2024年第3期，第17~18页。

技术是当务之急，乡村女性人才的高水平培养面临着困难和挑战。在乡村振兴的人数比例中，妇女占有绝大多数，充分调动妇女参与乡村振兴的积极性、主动性和能动性至关重要，是深入挖掘妇女人力资源、增强人才能力水平的基础工程。

1. 高素质人才特别是高素质女农民培育需要进一步加大力度

虽然农村妇女在农业生产和家庭生活中的主导地位日益凸显，但"男主外、女主内"的男女不平等分工模式仍然存在，很多妇女认为做好家务、看好孩子是自己的本分，日常活动除了"厨房灶台"就是"一亩三分地"，村里妇女走出去见世面少，她们不懂乡村振兴也不愿去探究，参与乡村振兴的意识薄弱、主动性不强。目前农村种植养殖发展、民俗餐饮经营、人居环境整治等都缺少人手，乡村振兴缺乏最基本的人力支撑。同时，随着城乡融合战略实施，城镇妇女尤其是大中城市妇女到乡村创业和服务的群体在不断增长，如何发挥她们在乡村中的带动引领作用、促进城乡妇女的融合互助，也是乡村振兴培养女性人才的新课题。

2. 农村女性人数比例偏高带来乡村振兴亟待提升妇女劳动技能的挑战

随着现代农业数字化管理服务平台、种植数字农业应用场景等智慧农业不断壮大，智慧农业在为乡村妇女提供更多发展机遇的同时，对技能素质高要求也带来新的挑战。农村目前呈现女多男少现象，以四川省为例，截至2023年8月底，四川省农村劳动力外出务工2685.12万人，其中男性比女性多317.6万人，常年留在农村的劳动力总量不足1000万人。与男性相比，乡村妇女文化水平整体偏低，缺乏必要的职业技能和农业知识，大多从事的是传统农业，部分妇女虽然参加了一些职业技能培训，但培训内容不系统、连续性不足导致其在产业发展上实用性不强，难以适应现代农业高质量发展需求。访谈结果表明，参与乡村振兴的妇女仍会因自身文化、技能不足而发展受阻。

3. 女性非遗传承人学历普遍偏低

对南宁市非遗代表性传承人现状的调查数据显示，在159名在世的市级及以上"非遗"传承人中，小学学历占比为14.5%，中学学历占比为49.1%，中专、大专学历占比为24.5%，大学本科及以上学历占比为11.9%，其中女性传承人普遍受教育水平比较低。① 对回族女性传承人的田野调查中发现,女性传承人受教育程度普遍不高,一些老年女性传承人基本没上过学。受教育程度影响了女性传承人对非遗项目价值的认知水平、知识表述、创作主动性和创新能力②。

(四)妇女深度参与乡村文化振兴面临的挑战

一些地方对乡村文化建设的紧迫性和重要性认识不足,对现实生活中男女不平等的文化观念视而不见,阻碍了男女平等基本国策在乡村文化振兴中的贯彻落实。乡村文化女性人才发展存在困境,整体表现为年龄偏大、受教育程度偏低,高素质女性文化人才不足。乡村文化传承的主体缺失,留守农村的老年妇女人数居多,对乡村文化建设的认识程度较低,参与乡村文化建设的积极性、能动性不够高。乡村文化资源的开发利用不充分,影响了妇女文化传承能力的提升。

1. 妇女参与乡村文化资源的开发利用不够充分

挖掘整合乡村文化资源对促进乡村文化建设具有重要意义,不仅能够保护传统文化,还能提高资源利用率。目前乡村文化资源的开发利用程度不够,因素是多方面的。从村庄设施场所使用率看,一些村庄存在文化基础设施数量不足和质量不佳现象,村文化中心、电子阅览室、妇女之家、儿童之家等场所虽然村庄覆盖率有所提升,但使用率较低,未能达到应有效应。从妇女群众参与角度看,一是对乡村文化活动的关注度不够高,二是习惯于自己更为熟悉的文化环境和氛围,参加文化广场活动的人数较多,进入文化场馆参加学习的人数比例不高。

2. 在乡村文化振兴中女性主体地位凸显不足

乡村振兴,人才是第一资源。乡村文化建设与人口质量关系密切。农村与城镇在物质和文化上的差距,使留守农村的家庭成员多为老年人、妇女和儿童,这种现象说明充分调动妇女群众参与乡村文化建设至关重要。但农村妇

---

① 唐娟、刘亚虎:《非物质文化遗产代表性传承人现状及传承机制建设研究——以南宁市为例》,《歌海》2022年第2期,第8~12页。
② 梁莉莉:《社会性别视野中的非遗传承人保护路径探索——基于回族女性传承人的讨论》,《云南民族大学学报(哲学社会科学版)》2016年第6期,第62~68页。

仍受传统思想和传统男女社会分工影响，导致乡村文化中还存在性别角色刻板印象或性别歧视现象，形成多方困境：一是妇女参加文化高质量发展的积极性、主动性和能动性不足；二是妇女在教育和职业培训资源获取方面相对于男性处于弱势地位；三是乡村女性文化人的整体现状表现为年龄偏大、受教育程度偏低，限制其参与文化乡村振兴的高质量发展；四是妇女所占农村人口比例与其振兴文化的能力水平不相适应。

3. 乡村文化振兴中女性非遗传承人发展面临困境

女性非遗传承人在乡村振兴中的贡献不仅体现在乡村文化传承上，还对乡村经济和社会发展等产生深远影响，在乡村振兴大背景下，女性传承人群体发展面临诸多挑战。截至2022年11月，国家级非物质文化遗产代表性传承人共3057人，其中女性740人，占比为24.2%，这说明女性传承人数量远远低于男性，性别比失衡，也说明在非遗传承人认定中，男女平等的性别平等理念落实不够。传统上传统技艺大多为"传男不传女""传媳不传女"传承制，大多数非遗技艺以父系和血缘传承而不外传，女性被视为外嫁者而无法得到学习技艺资格，有些非遗项目的传承人无一女性[①]。

（五）妇女深度参与生态振兴面临的挑战

从目前妇女参与生态文明建设情况看，乡村生态文明建设中的性别平等理念尚未得到充分体现，妇女参与环境领域决策管理的程度偏低，农村妇女的生态文明意识和环境保护知识不足。如，从生态环境认知看，农村女性的主体意识还没有充分调动起来，主体作用发挥不够，在垃圾清理、厕所革命等整治活动中存在"等、靠、要"思想，在环境整治决策参与上的主动性不强，在生态宣传上融入度还不够高。这些都说明农村女性参与乡村生态文明建设的主动性、主体性和积极性需要进一步提高。

1. 乡村生态文明建设中的性别平等理念尚未得到充分体现

在乡村生态文明建设中，妇女的参与和贡献虽被广泛提及，但往往侧重于其对环境保护的积极作用，忽视了妇女自身的发展与权益保障。性别平等意识

---

① 杨斯涵：《贵州省非物质文化遗产传承人现状研究》，《兰台内外》2021年第22期，第49~51页。

的缺失，使相关政策规划难以全面、深入反映妇女对生态文明建设的实际需求与利益保障，未能充分考虑妇女在环境变化中的独特体验与挑战。由于信息不对称、资源获取难度大等因素，妇女在应对气候冲击、突发性环境事件时，往往比男性更加脆弱，其安全与健康风险更为显著。

2. 妇女参与生态决策管理的程度偏低

2022年，村委会主任中女性比例为10.9%，社会组织负责人中的女性比例为26.7%。从两组数据来看，女性参与生态环境的决策程度偏低。有研究表明，虽然目前参与农村基层环境管理的女干部人数有所增加，但她们并没有实质性平等参与农村环境管理，存在机会少、权力小、比例低的"三低"循环怪圈[①]。提升妇女在环境领域决策中的参与度，是推动农村生态环境治理现代化、实现绿色可持续发展需要高度重视的社会议题。

3. 农村妇女的生态文明理念和环境保护知识依然缺乏

农村妇女人数占比高于男性，但农村妇女受教育程度低于男性，调查显示，在农村样本从业人口中，妇女在校学习时间为7.3年，男性为8.3年。受过非农职业教育的女性占女性总数的2.3%，比男性低2.3个百分点。受过农业教育的女性占女性总数的1.1%，比男性低1.1个百分点[②]。调查显示，农村女性文化程度初中及以上的比例为56.2%，本科及以上的比例为1.9%，分别比城市低32.7%和33.3%。[③] 这种性别差异直接影响了妇女对生态环境的关注度和环境行为的参与度，环境保护知识缺乏还导致妇女不善于利用现代科技解决乡村生态治理问题，参与乡村生态治理的方式方法及路径选择受限，一定程度上制约了农村人居环境整治、美丽乡村建设的进程。

4. 农村妇女参与乡村生态文明建设的积极性和主动性有待提高

虽然农村妇女是乡村振兴发展的重要力量，但大部分妇女的生态文明意识整体薄弱。对比2010年和2021年中国综合社会调查（CGSS）数据，对"为了解决您和您家庭遭遇的环境问题，您和家人采取行动了吗？"的回答，2010

---

① 周圆：《妇女与环境：新规范与新挑战——对近5年中国落实"妇女与环境"战略目标的评估》，《山东女子学院学报》2020年第6期，第29~40页。
② 杨丽：《关心关爱农村妇女就业和生活状况》，《中国妇女报》2024年2月20日。
③ 丁雨辰：《妇女在生态文明建设中的地位和作用》，文秘邦网，2022年4月11日，https://www.wenmi.com/article/pps5rb02uvdv.html，最后检索时间：2024年8月4日。

年有5.9%的农村女性回答"试图采取行动,但不知道怎么办",2021年这一比例没有变化。2021年回答"没有采取行动"的农村女性增加了6.8%。① 可以看出,超过半数的妇女没有采取过任何环境行动,凸显了妇女在环保实践中的被动性。

(六)妇女深度参与组织振兴面临的挑战

乡村振兴以来,各地大力推进抓基层组织党建促进乡村振兴,统筹推进农村基层党组织建设,广泛动员社会力量参与乡村振兴,取得了积极成效,但距离《中华人民共和国乡村振兴促进法》规定的"建立健全党委领导、政府负责、民主协商、社会协同、公众参与、法治保障、科技支撑的现代乡村社会治理体制和自治、法治、德治相结合的乡村社会治理体系,建设充满活力、和谐有序的善治乡村"还有一定差距。妇女作为乡村振兴的主体力量,其积极性和作用发挥不足;基层妇联组织作为引领联系服务妇女群众的人民团体,其组织建设和作用发挥亦不足。

1. 农村妇女参与乡村组织振兴的主体性亟待进一步提高

基层社会治理涉及社区政治、经济、文化、环境等多方面公共事务。目前乡村妇女参与基层社会治理的积极性不足、参与人数比例偏低。截至2021年底,全国农村"两委"换届工作全部完成,共有49.1万个村班子完成了新老更替。尽管农村女性进入村"两委"的人数比例大幅提高,但全面推行"一肩挑"政策和农村妇女参与基层治理能力的不足,造成村委会主任中的女性比例从2012年的11.7%下降为2022年的10.9%,不升反降。2017年,经选举产生的村民代表1218.4万人,男性占比78.1%,女性占比21.9%,相差56.2个百分点;2022年,经选举产生的村民代表554.5万人,男性占比83.9%,女性占比16.1%,相差67.8个百分点;两组数据相对比可以看出,2017~2022年,男性在村民代表中的人数比例增长了5.8个百分点,女性在村民代表中的人数比例却下降了5.8个百分点。②

---

① 根据中国综合社会调查(CGSS2010年、CGSS2021年)数据进行分析对比的结果。
② 国家统计局社会科技和文化产业统计司编《中国妇女儿童状况统计资料2023》,中国统计出版社,2023,第72页。

2. 妇女参与乡村振兴的组织化引领有待进一步增强

全国农业发展具有点状发展普遍存在、规模化进程缓慢、社会资本作用较弱等问题，不少地方农村妇女参与乡村振兴仍存在组织性不够、生产规模小、单打独斗、力量分散等情况。妇女手工协会、合作社、妇字号基地、巾帼共富坊、巾帼扶贫车间等特色产业规范化发展不足。以发展相对较好的四川广汉市为例，广汉市女性职业经理人仅2名，占全市职业经理人总人数的22.2%；法人代表为女性的专合社86家，占全市专合社总数的15.8%；全市女性家庭农场主277个，占全市总数的18.9%，专合社、家庭农场等经济组织负责人中女性占比较低，作用发挥不够。

3. 基层妇联组织建设及在乡村振兴中的职能作用需要进一步加强

从当前妇女参与乡村振兴的实际情况看，一些地方政府对妇女在乡村振兴中的潜力与价值认识有限，导致妇女工作常被边缘化。一些乡（镇）未将妇女工作纳入常规考核，仅停留在口头重视层面。这种态度不仅削弱了妇女工作地位，也阻碍了乡村振兴的全面和深度发展。有的地方尽管进行了妇联改革，但人员编制紧张、经费不足等问题依然突出。基层妇联工作人员多为兼职，难以全身心投入妇女工作。有的地方妇联尽管开展了多种形式的妇女活动，但往往缺乏对妇女实际需求的深入了解，导致活动效果不佳。在技能培训方面也存在内容重复、资源分散等问题，这不仅浪费了资源，也降低了培训效果。像"妇女之家"这样的平台，由于管理不善和活动缺乏新意，并未有效吸引妇女参与，未能发挥其应有作用。①

三 推动妇女全面深入参与乡村振兴的对策建议与展望

习近平总书记在全国脱贫攻坚总结表彰大会讲话中指出："坚持农业农村优先发展，走中国特色社会主义乡村振兴道路，持续缩小城乡区域发展差距，让低收入人口和欠发达地区共享发展成果，在现代化进程中不掉队、赶上来。

---

① 杨绕才：《迪庆州农村妇女在乡村振兴中作用发挥的调研报告》，《创造》2024年第4期，第67~68页。

全面实施乡村振兴战略的深度、广度、难度都不亚于脱贫攻坚,要完善政策体系、工作体系、制度体系,以更有力的举措、汇聚更强大的力量,加快农业农村现代化步伐,促进农业高质高效、乡村宜居宜业、农民富裕富足。"[①] 党的二十届三中全会就进一步深化农村改革提出一系列措施,对于推动"三农"事业和助力乡村振兴意义重大、影响深远。作为乡村振兴的"主力军",广大妇女肩负着责无旁贷的使命,积蓄着无穷的智慧和力量,需要更好地发挥积极性、主动性、创造性,在乡村的广阔天地建新功立新业,展现新作为。针对当前妇女在乡村振兴中面临的挑战,结合新征程深入推进乡村振兴战略要求,本报告提出以下对策建议。

(一)进一步完善政策支持体系,充分拓展妇女参与乡村振兴战略实施的广度和深度

政策是社会治理"调控器",也是乡村振兴的行动准则和管理手段。妇女既是乡村振兴的受益者和享有者,更是推动者和建设者,在乡村振兴中发挥重要作用恰逢其时、大有可为。推动占乡村人口半数妇女深度参与乡村振兴,既需要在制定政策时充分考虑男女两性的现实差异,也需要考虑妇女的特殊利益,坚持男女平等基本国策,研究当前妇女参与乡村振兴的现实情况,特别是男女平等参与状况,制定更有针对性的政策,更大限度调动妇女投身乡村振兴,进一步提高农村妇女的参与度和贡献率,进一步巩固农村妇女在市场主体的平等地位。

1. 进一步加强政策制度保障的顶层设计充分激发妇女的参与活力

通过政策制度完善,进一步加强党对妇女参与乡村振兴的政治领导和思想引领,在党建活动中加强妇女思想建设,在技能培训中加强对妇女的政策宣讲,让妇女学习、了解和领会最新政治思想要求和相关政策内容,激发妇女参与乡村振兴的积极性、主动性。进一步为妇女参与乡村振兴提供更多途径,出台政策制度鼓励妇女积极参与农村电子商务、乡村旅游、手工作坊、养老服务、家庭家风建设,以及困难人群关爱服务等,有助于妇女持续贡献巾帼智

---

① 《习近平:在全国脱贫攻坚总结表彰大会上的讲话》,新华网,2021年2月25日,http://www.xinhuanet.com/politics/2021-02/25/c_1127140240.htm,最后检索时间:2024年8月22日。

慧。进一步在科技和数字经济领域为农村妇女参与进行规划设计，通过提供培训项目、科技强农惠农政策为农村妇女创造跟随经济形势的机会。进一步引导农村妇女在家庭建设和养老服务方面创业就业，鼓励妇女在幼儿照料、养老托管机构方面创业，既有助于解决留守儿童、留守老人的照料问题，也有助于农村妇女发挥内生动力开办自己的事业、吸纳就业，为农业农村现代化创造更多价值。

2. 进一步完善政策为农村妇女提供更多进入数字经济领域就业创业的机会

生产信息化是农业现代化的标志，农业生产向数字化、网络化、智能化方向发展的趋势明显。信息技术是推动数字乡村建设的主要推动力，未来需要为农村妇女参与数字经济提供更丰富、多层次的培训机会与资源，结合数字技能认证体系与终身教育服务平台建设，开发更多资源加大对农村妇女数字技能的培训力度；支持引导企业开展面向农村妇女特别是偏远地区农村妇女的数字素养公益培训。信息技术与农业深度融合发展，才能逐渐实现农业生产经营的规范化、组织化、标准化，未来需要加大对农村妇女在产业融合方面就业创业的帮扶力度，引导鼓励企业开发更多适合农村妇女增收致富的新职业新业态，在项目实施与资金分配中给予更多政策倾斜。数字化是保障农业绿色发展的重要手段，精准施药、施肥是农业绿色发展的必然要求，未来需要为农村妇女参与数字经济创建更加友好的社会环境，面向农村妇女广泛传播绿色发展理念、绿色农业知识和绿色产业技能，积极选树宣传农村妇女在绿色农业领域就业创业的成功经验。未来还需要进一步推动完善数字经济领域劳动权益保障，加强对农村妇女特殊需求的重视关注与积极回应，加大农村妇女的生育保障力度。

3. 进一步完善政策促进妇女参与乡村振兴提升自我赋能水平

在乡村振兴新征程中，广大妇女需要紧紧抓住进一步全面深化改革的历史机遇，把握各项制度机制改革契机，投身发展农村特色产业、现代农业、规模农业、农民合作社、农村电商等，在追梦路上实现巾帼建新功，推动乡村经济高质量发展。广大妇女需要充分发挥"两个独特"作用，积极参与、推动家庭家教家风建设、志愿服务活动和乡村文化建设，以一家之幸福、一域之安康，进一步助力乡村社会治理提质增效。广大妇女需要进一步不断提升自身适应新改革新变化的能力素质，主动学习、善于学习，积极参加职业技能、家庭教育、法律知识等培训，加快知识更新，优化知识结构，拓宽眼界视野，为进一步投身乡村振兴做好自我赋能，为全面推进乡村振兴贡献更多巾帼力量。

（二）进一步促进妇女深度参与乡村产业振兴的对策建议

推动乡村产业发展的目的是带动农民就业增收。发展乡村产业，最直接的指向就是要让农民有活干、有钱赚。提升产业振兴水平，应当将推动乡村产业振兴与坚持女农民主体地位相结合，把保障女农民利益放在首位，既要促进女农民合作社规范化发展，壮大以女农民为主体的农业社会化服务组织，积极探索服务小农户、赋能小农户、富裕小农户的现实路径，鼓励更多女农民小农户和现代农业发展有机衔接。"各地推动产业振兴，要把'土特产'这3个字琢磨透。"① 特别要充分发挥妇女在促进乡村特色产业发展中的独特作用。

1.在进一步健全产业体系过程中为妇女发展提供更多发展空间

健全产业体系重点是突出城乡一体发展，在产业融合上下功夫。产业融合有利于激活城乡资本、人才、技术要素双向流动，有利于促进农村经济高质量发展、提升乡村承载能力，有利于增加农民收入、缩小城乡差距，也有利于妇女参与和共享。通过加快发展乡村主导产业、做大农产品加工业、做优农文旅融合等方式，促进产业融合。随着产业的融合升级，乡村发展活力也将不断提升，需要为妇女创造更好的发展条件，打造更丰富多元的参与场景，提升其生产附加值。通过进一步深入实施"巾帼助航计划"，支持妇女在电商、直播带货、云客服等新业态就业增收，帮助女农民工、农村低收入妇女及其他特殊困难妇女多渠道就业，进一步促进乡村旅游、手工、家政等妇女优势特色产业提质增效，带动更多妇女在新产业新业态中创业致富。

2.进一步加大产业政策支持力度增加更多农村妇女发展的机会

在产业政策决策中进一步树立性别平等意识，重视促进妇女经济赋权，支持妇女参与农业合作社、家庭农场等新型经营主体，鼓励她们成为乡村经济发展的带头人。相关部门在创业培训、市场信息、贷款融资、政策激励、工作指导等方面应给予妇女更多关心支持，激励优秀女性人才、女大学生返乡创业或引入新村民，培树女性在农业生产或乡村旅游领域的示范项目与带头人，鼓励优秀女性参与集体经济组织的经营管理。进一步为妇女提供小额信贷和财政支持，帮助妇女开展小规模创业项目，引导妇女创新创业。进一步加大农村妇女

---

① 习近平：《加快建设农业强国 推进农业农村现代化》，《求是》2023年第6期，第11页。

居家灵活就业基地扶持力度，搭建更多服务平台，为农村妇女创新创业提供支持，帮助她们实现增收致富。进一步深化"巾帼兴粮节粮"活动，引导妇女依靠科技多种粮、种好粮，参与全链条节粮减损。

3. 进一步提升妇联组织引领乡村妇女发展特色产业的职能作用

品牌是提升产业竞争力的重要因素。各级政府要进一步支持妇联聚焦创新驱动发展，加强家政服务、手工制作、电商、养殖等分级分类的技能培训，联合人力资源社会保障部、商务部等通过举办"家政服务技能大赛"，以大赛提升家政质量和品牌；支持茶叶、蚕桑、果蔬、农副产品加工等"妇"字号企业经营主体和基地融入产业链供应链，以格莱珉女性创业贷项目为载体优化女性创业环境，促进妇女创业就业；持续坚持巾帼脱贫中已经形成的"5+1"产业发展模式，带动妇女在产业链上增收致富；引导和指导现有妇女手工合作社扩大经营规模、扩大品种类型、提高产品质量、拓宽销售渠道。

（三）进一步促进妇女深度参与乡村人才和文化振兴的对策建议

习近平总书记指出："着力打造一支沉得下、留得住、能管用的乡村人才队伍。"① 妇女是乡村人才和文化振兴必须充分依靠的"半边天"力量。未来需要加快培养农村生产经营管理人才、农村二三产业发展人才、乡村公共服务人才、乡村治理人才、农业农村科技人才，激励各类女性人才在农村广阔天地大施所能、大展才华、大显身手，打造一支强大的有能力、留得住的乡村女性人才队伍，成为乡村发展引路人、产业振兴带头人、乡村治理政策明白人。加强对乡村妇女的思想文化建设，优化乡村妇女文化人才队伍建设，创新乡村文化建设体制与机制，充分调动妇女力量推动乡村文化振兴，实现乡村文化高质量发展。

1. 进一步提高乡村妇女群体的整体素质以激发其最大潜能

提高乡村妇女的整体素质是促进农业农村现代化的重要前提。进一步提升妇女素质从分层开展、项目推动、基础教育三方面协同推进。一是分层开展培训。农村妇女素质在各省区市分布不均衡，东部发达地区的村庄，由于历来有经商文化，很重视对知识的获取，农村妇女整体素质较高。中西部地区甚至是

---

① 习近平：《加快建设农业强国　推进农业农村现代化》，《求是》2023年第6期，第1页。

偏远地区的乡村,妇女知识素质相对不高,既缺乏系统的学校教育,又缺乏接触社会培训的机会。未来应当分区域给予不同地区农村妇女提供分层次的教育培训。相关部门要科学合理制定妇女就业创业技能培训方案,结合农村产业发展,用好用活"土专家""田秀才"和农民田间学校等一线培训资源,继续抓好高素质农民培育工程,常态化开展全产业链技术技能培训,扩大妇女主体人才培训覆盖面,提升妇女就业创业能力。二是项目推动培训。可以通过政府购买社会组织的培训服务方式,鼓励更多社会组织、企业、高等院校等提供更多面向妇女的培训项目;还可以由当地政府牵头,推动农业类高等院校及职业院校开设智慧农业课程、建立实习平台,并支持院校与企事业单位合作,定向培养女性惠农人才。三是加强基础教育和继续教育。针对乡村妇女整体受教育程度偏低问题,大力提高她们的受教育水平。各类培训教育向年轻文化程度低的农村妇女倾斜,全面提高农村妇女综合素质。

2. 进一步加强对农村妇女的思想文化建设和文化人才队伍建设

乡村文化是推进乡村全面振兴的内生动力。未来针对农村妇女的乡村文化建设需要不断满足妇女多层次、多方面的精神文化需求。在乡村文化建设中,采用多种宣传手段加强对妇女社会主义核心价值观的宣传培育和引领,促进妇女在参与乡村振兴实践中形成共同的文化认知,全面推进乡村文化的转型与发展。根据农村妇女的实际需要和接受程度,充分利用和依托乡村多种文化传播方式做好农村妇女的意识形态工作,在文化娱乐中营造良好的乡村文化氛围。进一步提高农村妇女在乡村文化振兴中的主人翁意识,以优秀传统乡土文化基因为核心,增强农村妇女对本土文化的归属感、认同感,充分调动妇女参与乡村振兴的积极性和主动性。进一步健全乡村文化人才的培育机制,制定有关促进农村女性人才成长政策,吸引外来优秀女性人才,增强乡村文化的凝聚力和向心力。

3. 进一步强化教育培训充分拓展乡村妇女人才的培育渠道

进一步凝聚巾帼力量深入参与乡村振兴,需要制定精准产业、人才、文化、生态、组织五大振兴的人才培育计划。一方面,加强对乡村本土人才的培育和支持,充分挖掘地方人才,优化地方人才队伍建设;另一方面,创新人才引进机制,吸引更多高层次高素质人才到乡村来,扎根农村服务农村。进一步实施乡村产业振兴带头人培育"头雁"项目,选树农村妇女先进典型引领,提高妇女社会参与意识，增强妇女参与乡村振兴的积极性、主动性。进一步优化提升"乡村振兴巾帼行动"，实施"乡村巾帼追梦人计划"，培育高素质女农民、巾帼新农人，支持女大学毕业生、女能人、女农民工、女企业家入乡返乡，加快农村妇女人才队伍建设。进一步加强对女性创业者、农业合作社女性带头人、女性致富带头人、女性村干部以及电商优秀女性进行发掘培养，积极大胆探索妇女参与乡村振兴的创新模式和多种路径。进一步从政治上关心乡村女能人，在基层镇村干部选培中增加选拔乡村女能人的人数比例，在乡镇人大代表、政协委员和党代表中增加乡村女能人的比例。进一步加强对乡村女性人才的科学管理，通过人才激励、人才考核与人才评价，增强各类女性人才政治和业务素养，为乡村振兴提供人才支撑。

4. 进一步构建多元乡村女性非遗人才培养成长机制

传统的非遗传承人培养模式是家族传承和师徒传承口传心授的习得方式，形成对外保守壁垒分明的内在培养机制①，乡村文化振兴需要采用多元化传承人培养方式，促进更多乡村女性有机会习得非遗技艺，扩大女性传承人数量、优化梯队结构。一是构建乡村青少年女性非遗人才培育体系，解决女性非遗传承人队伍面临的数量不足、老龄化、断层化、能力参差不齐等问题。乡村中小学需要加强性别平等教育，纠正乡村性别偏见的社会文化和个人认知偏差，提升女生对乡村女性传承人的认同，打破非遗领域的性别假设。二是通过高校和社会资源培养乡村女性非遗人才，帮助乡村女性非遗人才提升能力；出台政策鼓励青少年女性报考大学时选择非遗专业并学成返乡，成为新一代乡村女性传承人；将乡村青年女性非遗人才作为培养重点，选拔去高等院校研修培训，提升文化水平和艺术素养。三是通过媒体宣传、展览展示、文化交流等活动，加大对女性传承人和非遗作品的宣传，增强女性传承人身份认同，提高全社会对乡村女性传承人的认可度，有效扩大乡村年轻女性非遗人才规模。

5. 进一步强化"懂农业、爱农村、爱农民""三农"妇女队伍建设

培养更多女性"三农"人才，是妇联组织参与乡村人才振兴的重要任务。乡村振兴首先要振兴乡村人才，各地需要将女性人才队伍支撑放在首要位置，

---

① 宋俊华：《非遗保护的伦理原则与非遗传承人群培训》，《文化遗产》2017年第4期，第44~49页。

最大限度释放妇女参与乡村振兴的人才能量。可以组织村"两委"班子中的女干部到先进农村基层党组织和村委会参观学习、开阔眼界,进一步提升其领导力。妇联组织学习运用"千万工程"经验,进一步优化提升"乡村振兴巾帼行动",培育更多"三农"女性人才,带领更多妇女在农村新产业新业态中创业致富。

(四)进一步促进妇女深度参与乡村生态文明建设的对策建议

实践证明,妇女在生态环境领域具有天然优势,在推进绿色转型、实施节约战略、促进绿色产业发展、倡导绿色低碳的生产和生活方式等方面具有独特作用。在全面提升农村人居环境质量、充分利用优势合理统筹资金、稳步推进能源革命、完善管理政策体系等生态振兴工作中,进一步充分调动广大妇女参与生态文明建设的积极性,增强妇女的主体意识,提升妇女的参与能力,让妇女真正成为生态文明建设的主力军。

1. 进一步深化环境政策制定实施中的社会性别意识

制定和实施具有性别视角的环境政策,是确保乡村生态文明建设中男女平等理念得到充分体现、妇女需求得到有效满足的关键路径,是推动乡村生态文明建设向更高水平迈进的关键步骤,不仅有助于促进男女平等,而且能够激发妇女在环境保护和可持续发展中的巨大潜力,进而推动整个社会的绿色转型。联合国《2030可持续发展议程》提出人人享有适当和公平的环境卫生,特别注意满足妇女、女童的需求。在加快完善生态建设管理政策体系中,将性别意识纳入长效管护机制、经济激励政策、保障能力建设等各项政策,充分考虑妇女在水资源管理、土壤保护、林业发展等不同环境领域的特殊需求,充分调动农村女性的主体意识,充分发挥其主体作用,让"被动参与"变为"主动参与"。在积极完善卫生健康系统和灾后重建中,进一步增强农村妇女灾害期间和灾后物资、信息及社会支持的获取。在生态资金扶持中进一步增加对农村妇女生态可持续发展项目的直接资助。

2. 进一步提高妇女参与乡村生态建设的主体性和参与率

《北京宣言》《行动纲领》作为联合国促进性别平等的纲领性文件,在环境领域强调"除非承认并支持妇女对环境管理的贡献,否则可持续发展就将是一个可望而不可即的目标"。保障妇女参与乡村生态建设的知情权、表达权、选择权、决策权、监督权，是充分发挥妇女在生态文明建设中积极性和主体作用的重要前提。《中国 21 世纪议程》提出："增大妇女在环境与发展领域中的决策管理人员比例；促进妇女参与农村经济发展和生态环境建设；在消费等领域推动妇女全面介入国家可持续发展战略。"① 未来需要进一步为妇女提供更多参与环境决策的机会与平台，增大妇女在乡村环境领域中的决策管理人员比例，在村民代表大会研究决策环境建设事项中增加女性代表名额，确保妇女有机会平等参与乡村生态文明建设规划和管理等各项决策工作。

3. 进一步面向妇女开展生态文明理论和相关知识的培训教育

思想是行动的指引。生态文明知识的普及是塑造生态意识与行为的关键，妇女生态文化素质直接关乎其在环境保护中的意识觉醒与行为选择。农村妇女在教育资源获取上的局限性导致其环境知识的相对匮乏，因此亟须加强对妇女生态文明知识的普及教育，包括乡村生态治理相关政策培训、科技培训等，以弥补农村妇女在生态保护方面的知识盲区，培养妇女的生态思维，强化妇女的生态意识，提升妇女生态保护能力和生态文明素养，让妇女在建设"生态社区"和"生态家庭"中积极作为。

4. 进一步发挥农村妇女参与环境治理的主体性引领作用

改善农村人居环境，建设美丽宜居乡村，是实施乡村振兴战略的一项重要任务。将男女平等基本国策和妇女参与环境卫生整治等内容写入村规民约，进一步强化农村妇女的主体意识和主体作用，充分发挥农村妇女建设美好家园的积极性主动性，发挥妇女爱整洁、讲卫生、能吃苦优势，提升妇女参与农村人居环境整治成效。以"家风美、庭院美、居室美、厨厕美、绿化美"引导妇女美化家居环境、整治村容村貌，推动新农村建设再上台阶。组织农村妇女倡导环保的生活方式和消费方式，以家庭为单位传承低碳生活方式，提倡节俭理性的绿色生活，使节能、节水、资源回收利用成为乡村亿万家庭的自觉行动。

（五）进一步促进妇女深度参与乡村组织振兴的对策建议

农村党支部和村委会"两委"班子是乡村振兴的"先锋队"、带头人，社

---

① 《中国 21 世纪议程—中国 21 世纪人口、环境与发展白皮书》，人人文库，2022 年 11 月 30 日，https://www.renrendoc.com/papet/220363129.html，最后检索时间：2024 年 11 月 11 日。

会组织是社会服务的"生力军",做好人才培育和管理是乡村组织振兴的根本保证。严格选人标准,拓宽选人渠道,大胆起用各类优秀女性人才进入村"两委"班子,进一步优化男女干部结构比例,提高"两委"班子中女性比例。妇联组织是乡村引领服务联系妇女群众的重要组织力量,重视把政治合格、业务过硬的女干部放在妇联岗位任职,让她们成为帮助农村妇女群众的"娘家人"。社会组织负责人是社会组织发展的核心要素,地方政府应当畅通社会组织人才服务基层的"绿色通道"。

1. 进一步提高村党支部和村委会成员中的女性比例

针对当前农村妇女参与基层治理能力不足、人数比例偏低等现象,需要进一步强化培育乡村女性人才的政策机制,大力提升农村女性参与乡村治理的主体意识和参与组织建设的能力水平,强化她们的政治能力、思维能力和实践能力。坚持党管干部原则,落实新时代好干部标准,树立正确选人用人导向,突出政治标准,完善监督管理、激励保护等机制,引导农村女干部担当作为、奋发有为。注重从女致富能手、经商务工女性、乡村女教师女医生、女社会工作者、女大学生村官、女退休干部职工等群体中培养选拔村(社区)干部。在村(社区)"两委"换届工作中,通过提名确定女候选人、女委员专职专选等措施,提高村党支部成员、党支部书记和村委会成员、村委会主任中的女性比例。组织妇女积极参与村规民约、居民公约的制定修订,开展协商议事活动。进一步促进新社会阶层、社会工作者和志愿者中的女性积极参与乡村社会治理。

2. 进一步加大对妇女参与乡村振兴的组织引领

进一步强化基层妇联组织在乡村振兴中的基础性引领作用,为农村妇女提供观念引导、信息交流、技术支持和权益维护平台。通过妇女组织开展互助合作,形成妇女间支持网络,推动妇女有效参与乡村振兴。进一步完善激励机制,利用好村级服务平台,通过线上线下积分活动等形式,激励妇女在环境整治、矛盾纠纷调解、基础设施建设维护等方面积极参与基层治理。进一步完善共建共享机制,关注留守妇女、残疾妇女等特殊妇女需求,制定针对性支持措施,帮助她们应对生活困难,真正实现乡村振兴一个不掉队。进一步加强对各类妇女组织参与乡村振兴发展的引领,特别是对山区、牧区,农、林、渔场,非公有制经济组织,专业市场和新就业群体等女性相对集中的地方适时建立各

类妇女组织，坚持党建带妇建，紧跟产业党组织融合建设新模式，探索高质量妇联服务产业发展新机制，建立产业发展共同体妇联，构建起共同体妇联搭台、产业化联合体唱戏、妇女群众利益联结体受益的服务模式，助力妇女成为乡村振兴产业发展主力军、社会化服务提供者和共同体发展受益人。

3. 进一步锻造充满生机活力的乡村妇联组织

基层妇联在乡村振兴中需要进一步高质量发挥桥梁纽带作用，通过党建引领持续固根基、去盲点、补短板，巩固提升"破难行动"成果，将妇联组织的根在乡村扎得更深、覆盖的网织得更密、与乡村妇女群众联得更紧，将妇联组织嵌入、工作融入、力量加入基层"党建+网格"治理模式，推动将妇建工作纳入乡村基层党建格局，推动在乡村互联网平台、快递物流业、新媒体行业等新业态新就业群体领域灵活多样建立妇女组织。以"妇女之家"规范化管理和"妇女微家"灵活化创建为抓手，推进乡村妇联组织网络向农村妇女群众生产生活最小单元扎根，打造面向乡村妇女常态化开展活动、提供服务的活跃阵地。进一步加强对乡村振兴相关女性社会组织的引领培育和服务，不断拓展联系服务农村妇女群众新路径。

4. 进一步支持社会组织开展妇女参与乡村振兴项目实施

社会组织是乡村振兴的重要推动力量，促进社会组织参与乡村振兴能够形成妇女发展合力。目前社会组织分为两类，一类是项目制扶持农村妇女创业就业的社会组织，如友成基金会和蚂蚁公益基金等，这些项目大多是为农村妇女创业就业提供培训、指导、资源链接，农村妇女参与项目可以获得经济回报。另一类是女性社会组织，多数通过各类项目为妇女困难群体提供各种服务，项目的经济回报性不高，但是社会价值很高，有助于家庭家风家教建设和移风易俗。进一步引导社会组织更加广泛深入参与乡村振兴，分两类给予激励。对于前者，通过政府购买服务、政府补贴等形式，为项目运作予以激励。对于后者，因其具有非营利性特点需要进一步强化引领服务鼓励妇女参与，可以给予一定财力补助。农村党支部和村委会应更加积极支持社会组织开展面向妇女的乡村振兴项目和为社会组织参与乡村振兴项目库建设提供更大平台，积极为社会组织提供更加畅通的服务通道，有效提升乡村振兴服务项目的成功率和成果转化率。社会组织也应积极联合村党支部和村委会参加上级组织的各种项目对接会、公益博览会、现场考察调研等工作或活动，为乡村发展提供更好社会化服务。

参考文献

中共中央党史和文献研究院编《习近平关于妇女儿童和妇联工作论述摘编》,中央文献出版社,2023。

国家统计局社会科技和文化产业统计司编《中国妇女儿童状况统计资料2023》,中国统计出版社,2023。

制度篇

B.3 促进妇女参与乡村振兴的制度政策研究

高秀娟[*]

摘　要： 乡村振兴制度政策有助于激发妇女的内生动力和积极性，提高广大妇女在乡村振兴中的自尊自信和自立自强。本报告对乡村振兴中的妇女扶持政策措施进行了梳理和检视，分析了国家层面的多元扶持政策体系，以及社会层面的项目式运作方式与举措，并对2011~2022年的有关农村妇女相关政策法规进行了收集和整理，通过文本分析法来呈现国家对促进农村妇女发展的扶持政策。通过案例分析的方式，对乡村振兴从思想上、资源上和经济上赋能妇女参与的路径和效果进行了呈现。在此基础上，提出政府顶层设计，建立制度以保障和激励社会组织参与，形成促进妇女发展的合力，提高妇女素质，激发妇女的内在发展意愿，搭建平台，加速服务机制推广和传播等进一步促进妇女参与乡村振兴的制度政策建议和展望。

关键词： 乡村振兴　制度政策　妇女参与

---

[*] 高秀娟，中华女子学院管理学院教授，主要研究方向为乡村女性创业就业与社会发展。

党的二十大报告强调,"全面推进乡村振兴","加快建设农业强国,扎实推动乡村产业、人才、文化、生态、组织振兴"。随着乡村振兴战略的深入推进,广大乡村女性已经成为乡村振兴道路上不可或缺的"她力量"。为了贯彻实施《中共中央 国务院关于做好2022年全面推进乡村振兴重点工作的意见》提出的"乡村振兴巾帼行动",进一步激发乡村振兴中妇女的内生动力和积极性,各级政府和社会组织纷纷推出了一系列政策举措,织就一张促进广大妇女在乡村振兴中自尊自信、自立自强、奋进新征程的激励网。本报告将对乡村振兴中妇女扶持政策与举措进行梳理,研究分析乡村振兴制度政策对妇女参与乡村振兴作用发挥的思想、资源和经济三重赋能,并提出相应的建议。

一 乡村振兴中的妇女扶持政策措施

党的十八大以来,指导"三农"工作的中央一号文件均非常重视发挥妇女在乡村振兴中的积极作用,从2013年至今,12年连续提出关于扶持妇女和保障妇女权益的内容。2024年中央一号文件推出有效有力乡村全面振兴"路线图",更是强调了农村妇女的全面参与,提出"加强农村生育支持和婴幼儿照护服务""强化正向引导激励,加强家庭家教家风建设",更大程度地发挥"半边天"在乡村振兴中的作用。

(一)乡村扶持政策与措施概览

1. 国家乡村扶持政策与制度

以习近平同志为核心的党中央高度重视乡村振兴和"三农"问题,党的十九大报告提出"建立健全城乡融合发展体制机制和政策的体系,加快推进农业农村现代化"。2021年颁布《中华人民共和国乡村振兴促进法》,从坚持农业农村优先发展、坚持农民主体地位、坚持人与自然和谐共生、坚持改革创新和坚持因地制宜、规划先行、循序渐进五大方面全面实施乡村振兴战略。迄今,中国已形成较为成熟完善的乡村扶持政策与制度。目前,在乡村振兴中采取的扶持政策和措施主要包括:财政扶持政策、产业扶持政策、金融扶持政策、精准扶贫政策、乡村环境整治政策、乡村文化建设政策以及人力资源开发政策等①，形成一整套关于农村的扶持政策与制度体系。

在财政扶持政策方面，财政部支持"三农"促进乡村振兴的政策主要有针对农业增产、农村建设、农民增收等三大方面的财政政策以及16个大类、40多个科目的政策②。2021年《中华人民共和国乡村振兴促进法》指出，国家建立健全农业支持保护体系和实施乡村振兴战略财政投入保障制度，并确保投入力度不断增强、总量持续增加。

在产业扶持政策方面，提升乡村产业发展水平，制定了一系列有关优化实施农村产业融合发展项目、培育农业产业化联合体等政策。财政部、农业农村部发布的《2022年重点强农惠农政策》强调，"加快农业农村现代化，国家加大支农投入，强化项目统筹整合，推进重大政策、重大工程、重大项目顺利实施"。

在金融扶持政策方面，国家着力打造完善多层次、广覆盖、可持续的现代农村金融服务体系，增强金融服务能力以助力全面推进乡村振兴。2023年，《关于金融支持全面推进乡村振兴加快建设农业强国的指导意见》发布强调了做好粮食和重要农产品稳产保供金融服务，以及提供农业科技装备和绿色发展的金融支持政策。

在精准扶贫政策方面，为了守住不发生规模性返贫致贫的底线，国家建立健全防止返贫"动态监测"和"帮扶机制"，通过住房安全保障帮扶、农村教育帮扶、农村医疗保障帮扶、产业就业帮扶等政策，实现"应帮尽帮、应扶尽扶"。

在人力资源开发政策方面，就业创业帮扶政策最为重要，2024年中央一号文件提出"推进防止返贫就业攻坚行动，落实东西部劳务协作帮扶责任，统筹用好就业帮扶车间、公益性岗位等渠道，稳定脱贫劳动力就业规模"。在强化农民增收举措方面，"加强农民工就业动态监测，加强农民工职业技能培训""做好大龄农民工就业扶持"。2022年，人社部等印发

---

① 李盼杰：《我国乡村振兴扶持政策的梳理及其优化路径》，《知与行》2020年第6期，第60~68页。
② 赵云旗：《支持"三农"的财政政策及倾向》，《经济研究参考》2011年第32期，第18~26页。

《关于进一步支持农民工就业创业的实施意见》，支持稳定农民工就业岗位，通过发展县域特色产业等促进农民工就近就业创业，并强化相关的就业服务保障。

2.社会组织扶持乡村发展举措

2022年国家乡村振兴局、民政部发布了《社会组织助力乡村振兴专项行动方案》，面向乡村振兴重点帮扶县开展服务，促进当地持续提升自我发展能力。迄今，已有80余家立项社会组织面向包括乡村振兴重点帮扶地区、边疆地区开展社会服务活动，打造符合当地需求的创新型项目方案，为激发乡村活力"搭梯子""清跑道""扫路障"①。各类社会组织通过自身影响力和专业优势，助力推动成立农民专业合作社开展对口帮扶、培养农村实用人才助力共享全产业链增值收益、推广绿色生产生活和消费理念并提供资金支持、为乡风文明献计出力②。

在具体操作方面，各省、区、市多措并举，推动社会组织助力乡村振兴。如贵州结合实际情况制定印发了《关于动员社会引导组织参与乡村振兴工作的通知》《全省社会组织助力乡村振兴专项行动方案》等文件，开展结对帮扶等举措。山东省齐河县各社会组织多方联动帮扶乡村困难群众，齐河县商业商会齐河蓝丝带心连心协会等社会组织动员会员企业开展消费帮扶，并协助农户开通线上销售渠道，累计帮助销售各类蔬菜、瓜果等500余吨，总价值300余万元③。云南省发布了《关于印发云南省社会组织助力乡村振兴三年行动方案（2023-2025年）的通知》，提出"百会结百县""百会助干部""百会兴万户"等精准帮扶行动。在引导社会组织参与乡村振兴的行动中，社会组织和企业也提供了相应的赋能。如腾讯公益慈善基金会联合中国乡村发展基金会发起的"活水计划——乡村振兴重点帮扶县基层社会组织赋能行动"。该行动首批遴选80个国家乡村振兴重点帮扶县基层社会组织，引导社会力量参与乡村

---

① 《又一年温暖答卷——2023年中央财政支持社会组织参与社会服务项目综述》，《中国社会报》，来源于中国社会组织促进会网站，2024年5月8日，https://www.chinanpo.org.cn/ds/24052ea72b.html，最后检索日期：2024年5月8日。

② 周湘智：《鼓励社会组织参与乡村振兴》，《经济日报》，2022年3月16日，第5版。

③ 赵兵：《山东省齐河县引导社会组织助力乡村振兴》，《中国社会组织》2024年第8期，第48页。

振兴战略。中国证券业协会联合中国乡村发展基金会和山西省隰县政府发起2100万元规模的特困帮扶基金。中国乡村发展基金会还发起了"善品公社"产业帮扶项目，开展电商扶贫模式①。

（二）乡村振兴中的妇女扶持政策与举措

1. 国家层面：形成多元扶持政策体系

2023年，习近平总书记在同全国妇联新一届领导班子集体讲话时指出："要激励广大妇女在贯彻新发展理念、构建新发展格局、推动高质量发展、实现高水平科技自立自强、全面推进乡村振兴中发挥自身优势和积极作用。"妇女是农业农村现代化进程中的重要力量，要通过各种支持举措来激励妇女投身乡村振兴战场，奋进新征程、建功新时代。随着乡村振兴战略的全面实施，国家不断加大对农业农村的政策支持力度，同时也通过完善法律保障、丰富政策支持来扶持乡村振兴中的妇女群体，以多元扶持的政策体系来惠及广大农村妇女的发展。

本报告对2011~2022年有关农村妇女相关政策法规进行了收集和整理，通过文本分析法来呈现国家对促进农村妇女发展的扶持政策。

（1）政策选择与政策汇总

本报告选取了中央及各部委（包括中共中央办公厅、国务院、国务院办公厅，以及农业部、民政部、司法部、全国妇联、国务院扶贫办、国家卫健委、市场监管总局、全国人大常委会）公开发布的2011~2022年有关农村妇女相关扶持政策。选取原则主要有两点，一是诸如《中华人民共和国妇女权益保障法》《中国妇女发展纲要》等政策，由于适用于所有女性，因此选择政策全文进行分析；二是诸如《关于全面深化农村改革加快推进农业现代化的若干意见》《关于引导农村土地经营权有序流转发展农业适度规模经营的意见》等政策，其中有部分条款是有关对妇女的扶持政策，因此选择该部分条款进行分析。经过筛选，本报告选择了26件政策文本，政策汇总如表1所示。

---

① 腾讯公益慈善基金会、中国证券业协会、中国乡村发展基金会等三个案例源自《社会力量助力乡村振兴·社会组织篇丨搭平台、聚资源，着力提升乡村发展内生动力》，百度百家号网站，2022年11月25日，https：//baijiahao.baidu.com/s？id=1750396166014390905，最后检索日期2024年7月3日。

表1 26件有关扶持农村妇女的政策汇总

发文年份	发文单位	政策名称	选择范围
2011	国务院	《中国妇女发展纲要（2011—2020年）》	全部条款
2014	国务院办公厅	《关于金融服务"三农"发展的若干意见》	部分条款
2014	国务院办公厅	《关于进一步动员社会各方面力量参与扶贫开发的意见》	部分条款
2014	国务院	《关于落实〈政府工作报告〉重点工作部门分工的意见》	部分条款
2014	中共中央、国务院	《关于全面深化农村改革加快推进农业现代化的若干意见》	部分条款
2014	中共中央办公厅、国务院办公厅	《关于引导农村土地经营权有序流转发展农业适度规模经营的意见》	部分条款
2014	中共中央、国务院	《国家新型城镇化规划（2014—2020年）》	部分条款
2014	国务院	《国务院关于进一步做好为农民工服务工作的意见》	部分条款
2015	农业部等六部门	《关于认真做好农村土地承包经营权确权登记颁证工作的意见》	部分条款
2015	中共中央、国务院	《中共中央 国务院关于打赢脱贫攻坚战的决定》	部分条款
2015	中共中央、国务院	《关于落实发展新理念加快农业现代化实现全面小康目标的若干意见》	部分条款
2015	中共中央办公厅、国务院办公厅	《关于深入推进农村社区建设试点工作的指导意见》	部分条款
2015	中共中央办公厅、国务院办公厅	《关于完善法律援助制度的意见》	部分条款
2015	全国妇联、国务院扶贫办	《关于在扶贫开发中做好贫困妇女脱贫致富工作的意见》	全部条款
2016	农业部等	《关于大力发展休闲农业的指导意见》	部分条款
2016	国务院办公厅	《关于支持返乡下乡人员创业创新 促进农村一二三产业融合发展的意见》	部分条款
2016	国务院	《关于激发重点群体活力带动城乡居民增收的实施意见》	部分条款
2016	农业部	《关于修改〈农村土地承包法〉部分条款,维护农村妇女土地承包权益的提案》	全部条款
2016	全国妇联	《全国妇联改革方案》	部分条款
2017	农业部	《关于加快推进农村承包地确权登记颁证工作的通知》	部分条款
2018	全国妇联	《关于开展"乡村振兴巾帼行动"的实施意见》	全部条款

续表

发文年份	发文单位	政策名称	选择范围
2021	国务院	《中国妇女发展纲要（2021—2030年）》	全部条款
2022	民政部等	《关于健全完善村级综合服务功能的意见》	部分条款
2022	国家卫生健康委	《国家卫生健康委关于印发贯彻2021-2030年中国妇女儿童发展纲要的实施方案的通知》	部分条款
2022	民政部、市场监管总局	《关于全面推进新时代民政标准化工作的意见》	部分条款
2022	全国人大常委会	《中华人民共和国妇女权益保障法》	全部条款

（2）政策发文类型和发文时间分布

农村妇女扶持政策的发文类型主要有8类，包括意见（占比65.4%）、规划（占比3.8%）、决定（占比3.8%）、提案（占比3.8%）、方案（占比7.7%）、通知（占比3.8%）、纲要（占比7.7%）和法规（占比3.8%），如表2、图1所示。

表2　26件农村妇女扶持政策的发文类型

单位：件

发文类型	意见	规划	决定	提案	方案	通知	纲要	法规
发文数量	17	1	1	1	2	1	2	1

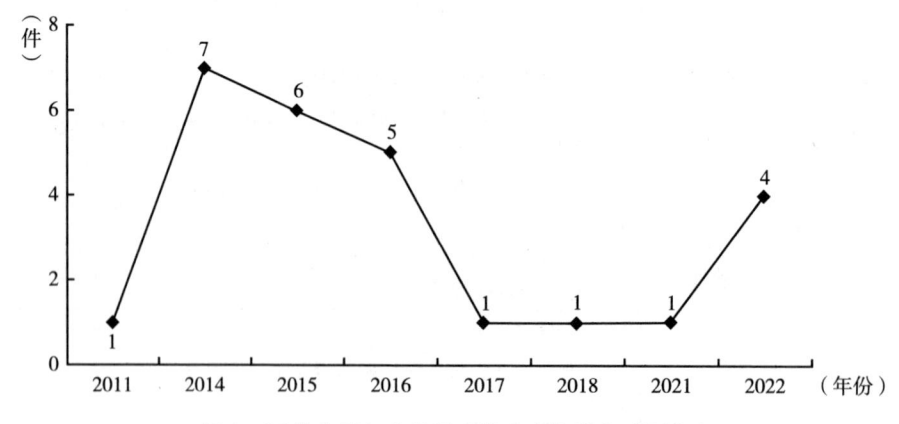

图1　26件农村妇女扶持政策文本的发文时间分布

从发文时间来看，26件政策文本主要来自2014年（7件，占比26.9%），其次为2015年（6件，占比23.1%）和2016年（5件，占比19.2%）。

（3）政策主题特征

从政策主题来看，国家提供了多元化的农村妇女帮扶政策，涉及农村妇女工作生活的各方面。主要的主题包括：性别平等与妇女合法权益保护、留守农村妇女扶持、保护农村妇女土地承包权益、提高农村妇女经济收入、妇女参与决策、农村贫困妇女扶持、农村妇女参与社会保障、农村女性健康（两癌筛查、住院分娩补助等）、农村女性受教育权利等各方面。

性别平等与妇女合法权益保护方面，2011年《中国妇女发展纲要（2011—2020年）》在指导思想和基本原则一章就提出"深入贯彻落实科学发展观，实行男女平等基本国策，保障妇女合法权益，优化妇女发展环境，提高妇女社会地位，推动妇女平等依法行使民主权利，平等参与经济社会发展，平等享有改革发展成果"，并在总目标中提出"将社会性别意识纳入法律体系和公共政策，促进妇女全面发展，促进两性和谐发展，促进妇女与经济社会同步发展"。2015年中共中央、国务院《关于落实发展新理念加快农业现代化实现全面小康目标的若干意见》提出"切实维护农村妇女在财产分配、婚姻生育、政治参与等方面的合法权益，让女性获得公平的教育机会、就业机会、财产性收入、金融资源。"2021年《中国妇女发展纲要（2021—2030年）》提出："充分考虑两性的现实差异和妇女的特殊利益，营造更加平等、包容、可持续的发展环境，缩小男女两性发展差距。"

留守农村妇女扶持方面，2014年国务院《关于落实〈政府工作报告〉重点工作部门分工的意见》提出"高度重视农村留守儿童、妇女、老人和'空心村'问题"、"保障妇女权益，关心青少年发展，加强未成年人保护和困境家庭保障"。2014年中共中央、国务院发布的《关于全面深化农村改革加快推进农业现代化的若干意见》提出："加强对农村留守儿童、留守妇女、留守老年人的关爱和服务。"2014年《国务院关于进一步做好为农民工服务工作的意见》提出："加强农村'妇女之家'建设，培育和扶持妇女互助合作组织，帮助留守妇女解决生产、生活困难。"2015年《关于深入推进农村社区建设试点工作的指导意见》提出"健全农村'三留守'人员关爱服务体系，重点发展学前教育和养老服务，培育青年志愿组织和妇女互助组织，建立农村社区

'三留守'人员动态信息库，扩大呼叫终端、远程监控等信息技术应用，切实提高对农村留守儿童、留守妇女、留守老人的服务能力和服务水平"。

保护农村妇女土地权益方面，2011年《中国妇女发展纲要（2011—2020年）》提出"落实和完善保障农村妇女土地权益的相关政策，纠正与法律法规相冲突的村规民约"，"确保妇女享有与男子平等的土地承包经营权、宅基地使用权和集体收益分配权。"2014年中共中央、国务院发布的《关于全面深化农村改革加快推进农业现代化的若干意见》提出"切实维护妇女的土地承包权益"。2014年《关于引导农村土地经营权有序流转发展农业适度规模经营的意见》提出"健全土地承包经营权登记制度，切实维护妇女的土地承包权益"。2015年农业部等六部门发布的《关于认真做好农村土地承包经营权确权登记颁证工作的意见》提出："承包经营权证书载明的户主或共有人，要体现男女平等的原则，切实保护妇女土地承包权益。"2021年《中国妇女发展纲要（2021—2030年）》提出"保障农村妇女平等享有土地承包经营权、宅基地使用权等权益，平等享有农村集体经济组织收益分配、土地征收或征用安置补偿权益。"

提高农村妇女经济收入方面，2011年《中国妇女发展纲要（2011—2020年）》提出："保障农村妇女享有国家规定的各项农业补贴。围绕农产品产地初加工、休闲农业和乡村旅游等农村第二、第三产业发展，积极创造适宜农村妇女就业的岗位。开展便于农村妇女参与的实用技术培训和职业技能培训，帮助农村留守妇女和返乡妇女多种形式创业就业。支持金融机构、企业等组织与妇女组织合作，面向农村妇女开展金融服务和相关培训。"2016年《关于大力发展休闲农业的指导意见》提出"鼓励妇女积极参与休闲农业发展""实施中国传统工艺振兴计划，支持发展妇女手工艺特色产业项目""妇联负责指导妇女发展休闲农业和乡村旅游，充分发挥'半边天'作用"。2021年《中国妇女发展纲要（2021—2030年）》提出"扶持发展适合城乡低收入妇女自主发展的手工编织、农村电商等特色产业项目。通过致富带头人培育、帮扶车间建设和以工代赈等方式，支持农村妇女就地就近就业、实现增收致富""积极发挥妇女在农村一二三产业融合发展和农业农村现代化建设中的作用。大力开展现代农业示范基地建设，深入实施乡村振兴巾帼行动。发挥农村创业创新园区（基地）等平台作用，鼓励支持妇女创办领办新型农业经营主体和农业社会化服务组织。加强高素质女农民培育,引导女农民争做乡村工匠、文化能人、手工艺人、农技协领办人和新型农业经营管理能手。"

妇女参与决策方面,2011 年《中国妇女发展纲要(2011—2020 年)》提出:"村委会成员中女性比例达到 30% 以上。村委会主任中女性比例达到 10% 以上。"2021 年《中国妇女发展纲要(2021—2030 年)》提出:"村党组织成员、村党组织书记中女性比例逐步提高。村委会成员中女性比例达到 30% 以上,村委会主任中女性比例逐步提高。""加大基层妇女骨干培训力度,提高妇女在自治、法治、德治中的参与意识和能力,鼓励妇女积极参与村(居)民议事会、理事会等自治组织,推进城乡社区妇女议事实现全覆盖并有效运行,发挥妇女在城乡基层治理中的积极作用。探索打造妇女网上议事平台,引导妇女积极、有序参与基层民主管理和基层民主协商。"

农村贫困妇女扶持方面,2011 年《中国妇女发展纲要(2011—2020 年)》提出:"制订有利于贫困妇女的扶贫措施,保障贫困妇女的资源供给。帮助、支持农村贫困妇女实施扶贫项目。小额担保贷款等项目资金向城乡贫困妇女倾斜。"2014 年国务院办公厅《关于进一步动员社会各方面力量参与扶贫开发的意见》提出:"不断打造针对贫困地区留守妇女、儿童、老人、残疾人等特殊群体的一对一结对、手拉手帮扶等扶贫公益新品牌。"

农村妇女参与社会保障方面,2011 年《中国妇女发展纲要(2011—2020 年)》提出"基本医疗保险制度覆盖城乡妇女""大幅提高新型农村社会养老保险妇女参保率"。

农村女性健康(两癌筛查、住院分娩补助等)方面,2011 年《中国妇女发展纲要(2011—2020 年)》提出"落实农村孕产妇住院分娩补助政策。为孕产妇提供必要的心理指导和健康教育"。2014 年《国务院关于进一步做好为农民工服务工作的意见》提出"强化农民工健康教育、妇幼健康和精神卫生工作"。2015 年《中共中央 国务院关于打赢脱贫攻坚战的决定》提出:"全面实施贫困地区儿童营养改善、新生儿疾病免费筛查、妇女'两癌'免费筛查、孕前优生健康免费检查等重大公共卫生项目。"

农村女性受教育权利方面,2011 年《中国妇女发展纲要(2011—2020 年)》提出"满足农村和贫困地区女生接受高中阶段教育的需求""扶持边远贫困地区妇女和残疾妇女接受职业教育"。2015 年中共中央、国务院《关于落实发展新理念加快农业现代化实现全面小康目标的若干意见》提出："加强妇女技能培训，支持农村妇女发展家庭手工业。"2016年国务院办公厅《关于支持返乡下乡人员创业创新 促进农村一二三产业融合发展的意见》提出："实施农民工等人员返乡创业培训五年行动计划和新型职业农民培育工程、农村青年创业致富'领头雁'计划、贫困村创业致富带头人培训工程，开展农村妇女创业创新培训。"2021年《中国妇女发展纲要（2021—2030年）》提出"保障女性特别是欠发达地区和农村低收入家庭女性平等接受普通高中教育的权利和机会""深入实施农村妇女素质提升计划，支持农村妇女参与农业农村现代化建设"。

通过农村女性扶持政策主题关键词的语义网络分析图（见图2）可以看出，国家对农村妇女的发展问题、保障问题、社会参与问题较为关注，这些相关主题都在政策中高频出现。国家政策高度重视组织平等，培育女性意识，并积极推动落实政策。

（4）女性创业政策的主题特征

本报告还以中国女性创业政策为主题，进行主题分布和相关特征的分析，主题分布如表3所示。

在表中的9个一级主题中，"财政金融"出现频次最高（37.8%），主要由小额贷款（18%）、财政贴息（6.6%）构成，这类政策主题设计契合对女性创业特点的研究，国内外研究都表明，女性不论创业之初，还是创业后企业成长过程，都面临着资金来源不足的普遍问题，是关键障碍问题之一。财政金融政策为女性创业者的融资可达性提供了条件。"教育培训"出现频次其次（15.3%），主要由创业培训与技能培训（10.9%）构成，还包括与数字经济相关联的培训内容，例如电商创业培训（3.3%），此外，在民族地区，还设计了特色培训内容（1.1%）。此类政策主题主要是"授之以渔"，从创业能力方面根本提升女性成功概率。"产业结构"（4.9%）、"科学技术"（3.8%）被纳入政策，这部分政策体现了女性创业的产业形式，以及与先进技术的结合。分析表明：一是中国女性创业政策的主题分布较为全面，例如"巾帼创业""巾帼科技""女能手"等发文，都聚焦于女性创业的专有领域；二是发文主题多元化，从技术、培训、基地各方面，都对创业女性进行了政策特设；三是发文主题中解决女性特有困难的政策主题还有所欠缺，例如工作—家庭平衡等方面给予的政策支持。

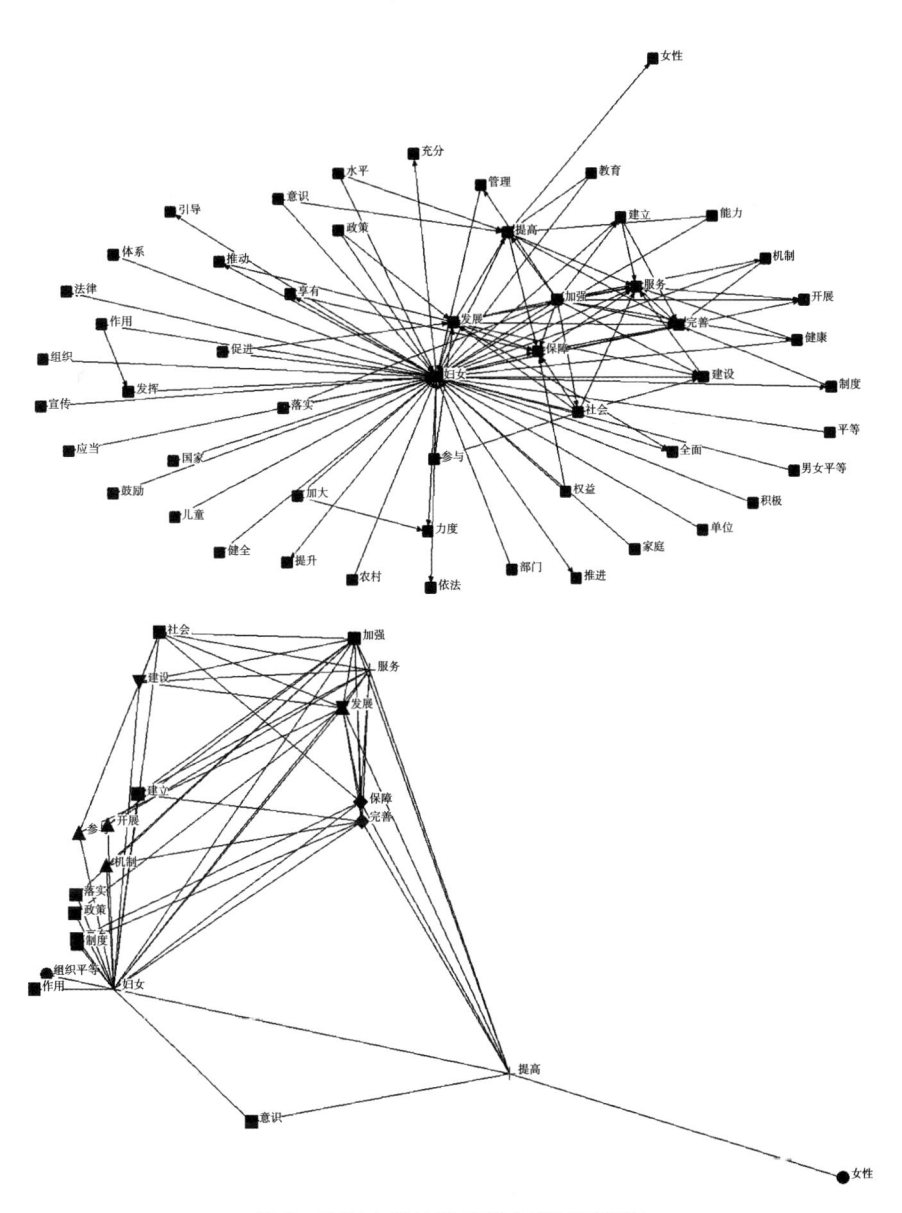

图 2 农村女性扶持政策主题词网络图

表3 中国女性创业政策的主题分布

主题层次	一级主题	频次/占比	二级主题	频次/占比
主题名称	财政金融(X_1)	69/37.8%	小额贷款、担保贷款(X_{1-1})	33/18%
			财政贴息、扶贫贷款贴息(X_{1-2})	12/6.6%
			税收优惠与减免(X_{1-3})	4/2.2%
			水电补贴(X_{1-4})	3/1.6%
			金融、财政、基金、租赁、入股形式(X_{1-5})	12/6.6%
			民生金融、民生贷款、绿色金融(X_{1-6})	5/2.8%
	公共服务(X_2)	18/9.8%	创业大赛、技能大赛(X_{2-1})	2/1.1%
			巾帼系列(X_{2-2})	3/1.6%
			日常监督与管理(X_{2-3})	2/1.1%
			劳动保障(X_{2-4})	1/0.5%
			政府购买、家庭购买纳入政府购买(X_{2-5})	3/1.6%
			放宽市场准入(X_{2-6})	1/0.5%
			其他(农家乐扶持项目、引导参与科技、"雁行兴贵"行动计划等)(X_{2-7})	6/3.4%
	产业结构(X_3)	9/4.9%	全产业链、全价值链(X_{3-1})	1/0.5%
			庭院经济、家庭农场、家庭手工、蜀绣(X_{3-2})	5/2.8%
			巾帼电子商务创业、互联网+创业、智能农业(X_{3-3})	3/1.6%
	国家政策(X_4)	24/13.1%	扶持政策、政策扶持、政策支持(X_{4-1})	20/11%
			优惠政策(X_{4-2})	1/0.5%
			保障政策(X_{4-3})	1/0.5%
			政策落实(X_{4-4})	2/1.1%
	基础设施(X_5)	23/12.6%	经营场地、创业园、信息服务站(X_{5-1})	6/3.4%
			孵化平台、孵化基地、众创空间、创业基地(X_{5-2})	8/4.4%
			巾帼示范基地、三八绿色工程示范基地(X_{5-3})	7/3.7%
			物流设施(X_{5-4})	2/1.1%
	教育培训(X_6)	28/15.3%	创业培训、技能培训(X_{6-1})	20/10.9%
			农村牧区培训、民族特色手工艺培训(X_{6-2})	2/1.1%
			电商创业培训、信息化培训(X_{6-3})	6/3.3%
	科学技术(X_7)	7/3.8%	创业技术、技术支持(X_{7-1})	4/2.2%
			互联网+(X_{7-2})	2/1.1%
			巾帼科技特派员(X_{7-3})	1/0.5%
	人才扶持(X_8)	2/1.1%	女能手、创富网络(X_{8-1})	2/1.1%
	市场推广(X_9)	3/1.6%	创业就业品牌、树立典型、社会环境(X_{9-1})	3/1.6%
	总计	183/100%		183/100%

2. 社会层面：项目式运作与举措

2022年民政部、国家乡村振兴局《关于动员引导社会组织参与乡村振兴工作的通知》指出，围绕产业发展、人才培育、特殊群体关爱、乡村治理等领域，挖掘社会组织潜力，通过开展专项行动，启动一批社会组织帮扶合作重点项目，在全国范围内形成示范带动作用。各省区市积极落实，通过不断创新模式、搭建平台、发掘典型，形成遍地开花的一系列项目赋能农村女性发展。如友成企业家扶贫基金会与摩根大通启动了"乡村女性经济赋能计划"项目，依托项目，川、贵、甘、陕、云、豫、宁等7省份80余县的6300名女性都有机会得到针对性的技能和金融素养培训，该计划在二期项目中还提供全方位的电商创业就业技能培训、创业孵化指导以及资源对接，帮助农村女性实现经济地位的提升，也助力农村地区的产业振兴①。2015年开展的友成基金会"香橙妈妈"项目通过"线上线下创业技能培训+女性创业孵化指导+创业运营资源对接"模式赋能乡村女性。湖南省成立了巾帼科技助农行动暨湘女新农人联盟，打造"湘妹子能量家园工程""湘女健康工程""湘女素质提升工程""巾帼双创工程"四大工程，组织近2万支巾帼志愿服务队，通过宣传乡村振兴的惠农助农政策、支持农村妇女电商创业就业致富等，发挥女性力量②。福建省女科技工作者协会在全国率先成立"碳汇+女科技特派员联盟"，根据各地产业发展和技术需求，优化项目、资金和人才组合带动农民增收致富③。此外，女性社会组织在服务家庭建设方面也发起了一系列特色项目，如北京悦英新女性成长促进中心发起的"幸福家庭领导力赋能项目"，通过开展蒲公英女性领导力计划、家庭建设赋能工作坊、"她力量"公益直播等系列服务激发女性潜力。广东省妇女儿童基金会发起的"爱心家庭+留守儿童"公益项目，广

---

① 张明敏：《经济赋能乡村女性"企业+社会组织+县域政府"助力"她改变"》，公益时报客户端，2022年5月8日，www.gongyishibao.com/html/shenghuigongzuo/2022/05/21016.html，最后检索时间：2024年7月3日。
② 张曼：《凝聚巾帼力量，助推乡村振兴》，百度百家号网站，2023年12月13日，https://baijiahao.baidu.com/s?id=1785136105676809968&wfr=spider&for=pc，最后检索时间：2024年7月2日。
③ 吴军华、林小宇、李菁雯：《福建：女科协等社会组织渐成乡村振兴生力军》，中国妇女网网站，2022年3月22日，https://www.cnwomen.com.cn/2022/03/22/wap_99247093.html，最后检索时间：2024年7月8日。

泛链接爱心家庭、巾帼志愿者、公益机构形成"妇工+社工+义工"模式，为妇女儿童家庭赋能①。

二 乡村扶持制度政策对妇女参与乡村振兴发挥了重要作用

2024年中央一号文件将"三个提升"作为推进乡村振兴的重点，"乡村是广大农民群众的家园，只有营造安居乐业的良好环境，才能让农民有充足的获得感、幸福感、安全感"。乡村扶持制度政策正是夯实农业基础、推进乡村全面振兴的保障和激励，对乡村振兴中的妇女积极参与起到重要的作用。

（一）思想赋能：妇女参与乡村建设的精神日益浓厚

在中国乡村振兴战略的推动下，妇女参与乡村建设的意识逐渐增强，精神日益浓厚。近年来，在基层治理的"主阵地"和乡村振兴的"主战场"中，广大妇女群众在各级各市妇女组织的带领下，涌现出来一批优秀典型的巾帼力量，尽显新时代女性风采。

新中国成立到改革开放前，中国农村妇女参与乡村治理热情和积极性非常高。随着女性地位的提升和社会观念的更新，越来越多的妇女开始认识到自己在乡村建设中的重要性。在基层治理中妇女也发挥着独特的作用。随着农村全面振兴政策的实施和持续地改革，农村女性面临的环境和机会发生显著变化。许多农村妇女开始从事本地的非农业工作，她们的独立性和自主性显著提升，她们在乡村复兴的过程中扮演着越来越重要的角色。当前，许多高学历的女性选择返乡创业，成为"新农人"中的重要组成部分，她们正逐渐成为乡村发展的关键力量。

---

① 幸福家庭领导力赋能项目、爱心家庭+留守儿童公益项目案例来自巾帼网（www.womenvoice.cn），其中，《北京：幸福家庭领导力赋能项目》，巾帼网网站，https://www.womenvoice.cn/voice/shouye/zhuanti/nuxingshehuizuzhi/2203/1160-1.htm，最后检索时间：2024年7月3日。《广东：爱心家庭+留守儿童公益项目》，巾帼网网站，https://www.womenvoice.cn/voice/shouye/zhuanti/nuxingshehuizuzhi/2203/1324-1.htm，最后检索时间：2024年7月2日。

2022年，为助力实施"百县千镇万村高质量发展工程"，广州市妇联出台了打造"广州巾帼头雁村"的实施方案，客家村成为首批巾帼头雁村。作为客家村的党支部书记，陈卓瑜表示将把重心放在乡村振兴和妇女赋能等层面，成立组织、打造阵地，保障妇女权益、提升妇女技能赋能乡村振兴，真切用心感受村民所想所需，带动客家村焕发新活力。村妇女议事会定期组织辖区内的妇女，了解她们的需求，鼓励妇女多参与活动，引导和鼓励参与村民自治和民主协商。另外，她通过组织辖区内妇女、其他家庭成员等人群，开展法治宣讲会，让妇女、儿童、其他家庭成员了解相关的政策，保障他们的权益，推动男女平等基本国策宣传教育深入农村，促进男女平等，进一步保障农村妇女合法权益。客家村还打造了妇女儿童之家、家长学校阵地。

中华全国妇女联合会在2018年《关于开展"乡村振兴巾帼行动"的实施意见》中提到，"妇女是推动农业农村现代化的重要力量，是乡村振兴的享有者、受益者，更是推动者和建设者，乡村振兴将为妇女发展带来更多发展契机，实现'她力量'的崛起。"农村女性力量崛起，在经济发展、政治参与、文化振兴中开始扮演重要角色，农村女性由"局内的局外人"的"他者"和"边缘"生存状态向"作为主体的局内人"的"主体性"存在转变。①

（二）资源赋能：妇女参与乡村振兴的资源日益丰富

妇女参与乡村振兴不仅体现在精神上的赋能，更在资源方面得到了丰富的支持。从政策扶持到多样化培训，各方面资源的注入为妇女乡村参与提供了坚实保障。随着国家对乡村振兴战略的深入实施，妇女参与乡村振兴的资源日益丰富。这种资源赋能不仅体现在政策层面，为妇女提供了更多的发展机会和保障，也体现在教育、培训、资金等多个方面，为妇女提供了更广阔的舞台和更强大的支持。

政策资源赋能是妇女参与乡村振兴的重要保障。国家相继出台了一系列促进妇女乡村参与的政策文件，为妇女农村参与和发展提供了法律依据和政策支持。2023年，中央一号文件再次提出实施乡村振兴巾帼行动，并单独提出实

---

① 戚晓明：《乡村振兴背景下农村社区环境治理中的女性参与》，《河海大学学报》（哲学社会科学版）2019年第3期，第93~98、108页。

施农村妇女素质提升计划。这充分表明党和国家在实施乡村振兴战略中高度重视对乡村女性人才的培养，注重发挥广大农村妇女在乡村振兴中的重要作用。①《中共中央 国务院关于实施乡村振兴战略的意见》明确提出实施乡村振兴"巾帼行动"，将妇作为实现乡村振兴的主要力量。这为农村女性的发展提供了契机和动力。75%的乡村创业女性最需要的是政府提供的技能培训。基础设施建设、市场信息支持等也是女性参与乡村振兴的实际需求（占比均约为26%）。68.6%的女性认为培训项目对支持女性参与乡村振兴最有效，38.89%的女性认为女性农业生产或乡村旅游等领域的示范项目有助于推动女性参与乡村振兴。②针对妇女参与乡村振兴能力欠缺和不足，各地政府和妇联组织开展"巾帼培训"等免费的技能学习培训，动员农村妇女积极参加培训活动，提高妇女受训比例，培养一批有文化、懂技术、会管理的新型农村妇女，储存、打开妇女参与乡村振兴的技能包。在培训形式上，针对妇女"镇守"家庭的实际推行培训入乡、入村甚至入户；在培训内容上，根据当地产业和妇女发展实际，开设具有针对性的实用性课程。培训活动通过为农村妇女提供物质资本、知识技能等支持，提高农村妇女的自我认知能力、知识技能和社会参与能力，从而帮助妇女实现创业就业。③

政府出台了一系列政策措施，鼓励和支持妇女参与乡村振兴的各项活动。这些政策不仅为妇女提供了更多的发展机会，还让她们在乡村振兴中获得了更多的尊重和认可。同时，政策还鼓励社会各界关注和支持妇女参与乡村振兴，形成了全社会共同推动的良好氛围。随着国家对农村教育的投入不断加大，农村妇女的受教育程度不断提高，她们的知识水平和技术能力也显著提升。同时，各种针对农村妇女的培训和交流活动也层出不穷，让她们能够更好地适应乡村振兴的需要，发挥更大的作用。政府和社会各界纷纷加大对农村妇女创业创新的扶持力度，为她们提供了更多的资金支持。这些资金不仅帮助妇女解决

---

① 周韵曦：《完善法律保障 丰富政策支持 为农村妇女发展赋能》，《中国妇女报》2023年2月22日。
② 张成刚、陈文娟：《政府·妇联·女性：共同激发乡村振兴中的她力量》，https://m.thepaper.cn/baijiahao_26909991，2024年4月3日，最后检索时间：2024年5月30日。
③ 《乡村振兴中妇女的突出贡献与发展机遇》，新闻网，2023年3月28日，https://news.cau.edu.cn/mtndnew/bea56550dc8f49df891fe71f56d46493.htm，最后检索时间：2024年6月2日。

了创业创新中的资金问题，还激发了她们的创业热情和创新能力，让她们在乡村振兴中发挥了更加积极的作用。在政策的支持下，越来越多的妇女开始参与到乡村振兴中来。

社会公益组织也积极参与到了农村妇女的赋能之中。2023年，绿芽在汇丰银行（中国）有限公司的支持下，为乡村女性创业技能发展进行赋能，在海南文创周举办——"振兴她力量，乡创新风尚"乡村女性创业论坛，并邀请了在乡村创业的姐妹、投资人、专家学者等交流分享；绿芽开展的木兰花开·乡村女性微创业共创汇，对创业者进行培训赋能，给予多方面的支持。为农村妇女赋能，更大意义上是通过体现"她们"的力量去带动和构建一个更好的社区、一个更好的社会和一个更好的两性世界。[①]

教育培训是提高妇女参与乡村振兴能力的重要途径。山东省在实施乡村振兴战略中，注重加强农村妇女职业技能培训。近年来，该省共开展农村妇女职业技能培训近10万人次，涉及种植、养殖、手工艺、家政服务等多个领域。通过培训，许多农村妇女掌握了现代农业技术和手工艺技能，提高了自身的就业创业能力。以河南省为例，该省实施了"巧媳妇"工程，通过开展手工艺、家政服务、电子商务等技能培训，帮助妇女提升自身能力，更好地参与乡村振兴。据统计，该工程已累计培训妇女超过28.3万人次。[②]

资金支持是妇女参与乡村振兴的重要保障。以贵州省为例，该省在实施乡村振兴战略中，积极争取国家及省级财政资金支持，加大对农村妇女创业创新的扶持力度。2013年贵州省提出"锦绣计划"，截至2024年，"锦绣计划"累计投入资金超过11亿元，培训绣娘26万人，实现50万名妇女居家灵活就业。此外，国家还出台多项针对小规模纳税人和小微企业的税收优惠政策。织金县蔡群苗族蜡染刺绣有限公司自成立以来，享受企业所得税、增值税等税费优惠政策免税21.93万元，申报享受减免税费额12.33万元。织金县多渠道扶持苗绣非遗传承人创办苗族传统服饰生产车间，发挥农民主体性，促进农民增收致富，主动保护好、利用好民族文化资源。为了支持妇女

---

① 《赋能乡村女性，如何从0到1》，"南都公益基金会"微信公众号，2024年3月7日，https://mp.weixin.qq.com/s/HrNSXUeKfrpipbexSH1FjA，最后检索时间：2024年6月2日。
② 《"数"说河南妇联这五年》，河南妇联网，https://www.hnflw.gov.cn/2024/01-22/300459.html，2024年1月21日，最后检索时间：2024年1月21日。

参与乡村振兴，各地纷纷设立专项资金。贵州省设立"锦绣计划"，在此计划的带动下，贵州不少农村妇女用日常的"一根绣花针""一把蜡刀"等逐渐实现脱贫致富。

（三）经济赋能：妇女参与乡村发展的回报日益丰厚

在乡村振兴大背景下，农村妇女融入乡村发展获得了丰厚的经济回报，这不仅使他们经济上更加独立，而且更加自信地迈上共同富裕之路。农村妇女融入乡村发展并获得经济回报的方式多种多样，例如通过直播带货、开展创业活动、获得政策补贴、农业活动增收等多种方式，在经济上获得赋能。

直播带货已成为农村妇女增收的新途径。截至2024年5月，全国已有超过300万名农村妇女参与到直播带货中来。这些妇女利用自己的知识、技能和热情，为家乡的农产品打开了新的销售渠道，同时也为自己带来了可观的经济收益。据统计，2023年，农村妇女直播带货的销售额已经占据了整个直播带货市场的20%以上。在一些知名电商平台上，农村妇女直播带货的店铺数量也在不断增加。以2023年为例，全年农村妇女直播带货的销售额已经突破了100亿元大关。农村妇女在直播带货中的经济赋能得到了充分展现。她们通过直播带货这一新兴的销售模式，不仅实现了自身的增收梦想，还为乡村振兴注入了新的活力。[1]

为了让农村妇女更好地融入乡村发展并取得经济回报，国家及地方政府出台了一系列扶持政策，包括农业补贴、农业保障和税收优惠等。农村妇女作为农业生产的重要参与者，也享受到了这一政策红利。除了直接的农业补贴外，国家还为农村创业妇女提供税收优惠政策，这些税收优惠政策不仅减轻了她们的税收负担，还激发了她们的创业热情。农业部门实施的"巾帼兴农"计划，为农村妇女提供了包括资金、技术和市场信息在内的全面支持。[2] 最新数据显示，该计划已使全国范围内超过200万名的农村妇女受益，显著提高了她们在

---

[1]《2023年中国直播电商行业研究报告》，艾瑞咨询微信公众号，https://mp.weixin.qq.com/s/vQf9v7l3Kgyz4IFuJbZ-1A，2024年5月6日，最后检索时间：2024年5月28日。

[2]《巾帼共创丨让巾帼新农人成为最美兴农人 嘉兴市巾帼新农人培育行动在我市启动》，澎湃新闻客户端网站，2024年5月24日，https://www.thepaper.cn/newsDetail_forward_27511546，最后检索时间：2024年5月28日。

农业生产中的能力和市场竞争力。

全国范围内农村妇女的经济赋能取得了显著成效。她们在乡村发展中的作用日益凸显,不仅为乡村经济的繁荣和发展作出了积极贡献,还促进了乡村社会的文明进步与和谐稳定。

三 促进妇女参与乡村振兴制度政策的挑战与建议

(一)促进妇女参与乡村振兴制度政策的问题与挑战

当前,政府和社会组织促进农村妇女参与乡村振兴的制度政策发挥着积极作用,但也面临着一些问题与挑战。

一是促进妇女参与乡村振兴的制度政策还面临着进一步完善的问题,需要通过更加体系化的设计和贯彻来惠及更多农村妇女。在制度层面,需要以立法保障农村妇女应有的地位,发挥其能动性,并完善妇女民生保障立法,保障农村妇女在社会保障、医疗、教育等方面的权益。

二是部分农村妇女仍然受到传统思想和传统社会分工的束缚,乡村文化中还存在性别角色刻板印象,阻碍妇女从经济生活和社会生活上参与乡村振兴。例如在村"两委"选举、重大财产权益决议、土地山林承包等方面,农村女性的权益还需要进一步落实和保障。

三是广大农村妇女在教育和职业培训资源获取方面还处于劣势地位,限制了个人技能和参与乡村振兴能力的提升。上述各方面都需要国家在促进农村妇女参与乡村振兴方面提出更为系统化的政策制度。一方面,促进就业与创业的政策还应当进一步推进,健全农村妇女参加职业技能培训的制度体系,整合政府、社会、个人力量,从供需两方面实现培训资源的合理配置。另一方面,通过提供农村妇女专项创业贷款、公益性岗位安置等措施,扶持和帮助农村女性实现更多就业安置。

(二)促进妇女参与乡村振兴制度政策的建议

1. 政府顶层设计,建立制度保障和制度激励

目前,国家已经从中央层面到各级地方政府都发布了一系列有关乡村振兴

的政策举措，其中有关妇女参与乡村振兴的政策制度也逐渐完善。从每年的中央一号文件、妇女权益促进法、妇女发展纲要和具体的落实性政策，形成了妇女参与乡村振兴的制度保障和制度激励。首先，政策制度应当进一步加强党在妇女参与乡村振兴方面的领导和思想引领，提供组织保障和思想保障。具体来说，通过增加村"两委"的女性数量，在日常党建活动中加强妇女思想建设，加强政策制度的宣传教育，让妇女学习、了解和领会最新的政治思想和政策制度，激发妇女参与乡村振兴的积极性和主动性。其次，进一步为妇女参与乡村振兴提供更多的途径，目前政策制度鼓励妇女积极参与农村电子商务、乡村旅游、手工作坊、养老服务、家庭家风建设，以及困难人群关爱服务等，有助于妇女持续贡献巾帼智慧。政策制度还可以进一步在科技领域和数字经济领域的农村妇女参与方面进行规划和设计，通过提供培训项目、通过科技强农惠农政策为农村妇女创造跟随经济形势的机会。此外，可以更多引导农村妇女在家庭建设和养老服务方面创业就业，鼓励妇女在幼儿照料、养老托管机构方面创业，既有助于解决留守儿童、留守老人的照料问题，还有助于农村妇女发挥内生动力开办自己的事业、吸纳就业，有更多的获得感和幸福感的同时，还能为社会提供更多的价值。

2. 社会组织参与，形成促进妇女发展的合力

社会组织是乡村振兴的重要推动力量，促进社会组织参与乡村振兴能够形成妇女发展的合力。目前，社会组织可以分为两类，一类是项目制扶持农村妇女创业就业的社会组织，如前文提到的友成基金会，这些项目大多是为农村妇女创业就业提供培训、指导、资源链接，农村妇女参与项目可以获得经济回报。另一类是女性社会组织，多通过各类项目为女性困难群体提供各种服务，项目的经济回报性不高，但是社会价值很高，有助于国家家风家教建设、推进移风易俗，将"三家"建设纳入国家治理体系和治理能力现代化进程。国家引导社会组织参与乡村振兴时，也可以分两类来分别给予激励：对于前者，可以通过政府购买服务、政府补贴等多种形式，为项目运作予以激励机制；对于后者，由于其在一定程度上具有非营利性的特点，需要进一步强化引领服务鼓励妇女参与，并在财政方面给予一定的财力补助。

3. 提高妇女素质，激发妇女的内在发展意愿

授之以渔，而非授之以鱼。农村女性参与乡村振兴，是对乡村振兴事业的

推进，是在乡村振兴战略中贡献自己的智力和能力，因此，农村妇女的素质和内在发展意愿是非常重要的。目前，中国农村妇女的素质和能力在各省区市的分布并不均衡，东部发达地区的村庄，由于历来有经商文化，也很重视对知识的获取，因此农村妇女的知识素质较高。但是中西部地区，甚至是偏远地区的乡村，妇女知识素质相对不高，既缺乏系统的学校教育，又缺乏接触社会培训的机会。对此，应当分区域为不同地区的农村妇女提供分层次的教育培训机会。国家可以通过政府购买社会组织的培训服务的方式，鼓励更多社会组织、企业、高校提供更多的培训项目。人社部、民政部、地方各级政府努力开发符合农村妇女创业就业的培训指导服务，为时间"碎片化"的女性、农村妇女或贫困女性提供适合的培训服务。

4. 搭建平台机制，加速服务机制推广和传播

目前，政府和社会组织提供的各类鼓励农村妇女参与乡村振兴的项目还相对碎片化，在归属方面由不同的政府部门、社会组织和企业来运维，在触达农村妇女方面受到范围所限，很多情况下，农村妇女没有获取政策信息和扶持项目的渠道，因此，政府政策和社会服务的可达性和易用性较受限制。据此，本报告提议可以搭建专属平台，设置政策信息栏、服务项目栏等，并广为宣传使农村妇女可以更多触及相关信息，从而加速服务机制的推广和传播。

总之，在国家乡村振兴的宏观大背景下，政府提供了各类多元制度政策以扶持农村妇女的长期发展，社会层面也提供了各种类型的扶持举措作为辅助。上述制度政策和扶持举措，都从思想上赋能农村妇女坚定了振兴乡村的信心，从资源上赋能农村妇女获取各种支持和帮扶，从经济上赋能农村妇女获得更高的经济地位和收入收益，为农村妇女进一步发挥巾帼力量、弘扬巾帼精神，提供了多维度的赋能路径。虽然农村妇女在参与过程中还面临着一些制度困境，如教育水平偏低、职业发展受限、土地权益保障不足等，但政府采取积极措施加强农村妇女权益保障，将政策落到实处，提供针对性的政策以应对各类农村妇女的特殊需求与挑战，并通过社会性别意识的提高，推动更多农村妇女积极参与乡村振兴事业。农村妇女也必定在国家乡村振兴大战略下，发挥新动能、形成新产业、创造新生活。

B.4 妇联组织引领妇女参与乡村振兴的分析报告

李慧波*

摘　要： 本报告阐述了妇联组织在引领妇女参与乡村振兴中的主要做法、特点、成效、挑战与展望。主要做法包括强化思想政治引领、推动产业振兴、提升妇女能力和素质、做好"家"字文章、为困难妇女提供帮助和支持以及推动妇女在基层治理中发挥作用。妇联组织的工作特点在于坚持党建引领、各方参与、协同推进的工作格局，结合本地特点灵活开展工作并发挥广大妇女在乡村振兴中的主体作用。在成效方面，妇联组织显著促进了农村经济发展，推动了妇女参与乡村治理并提升了其社会地位，同时在思想引领和文化建设方面也取得了积极成效，丰富了乡村文化内涵。展望未来，妇联组织在宏观政策环境、基层妇联组织运作及服务妇女活动安排等方面仍有可提升的空间。为确保妇女在乡村振兴中发挥更大作用，妇联组织需在宏观强化政策引领、中观结合本地实际、微观提供精准指导与活动，以全面多维度框架推动妇女在乡村振兴中发挥更大作用。

关键词： 妇联组织　乡村振兴　妇女引领

乡村振兴是实现全体人民共同富裕的重要途径。妇联组织作为党和政府联系妇女群众的桥梁和纽带，一直在引领妇女参与乡村振兴，在代表和维护妇女权益、推动乡村经济可持续发展、促进乡村治理、促进乡村文化建设等方面发挥了积极作用。本报告旨在分析妇联组织如何有效引领妇女参与乡村振兴，并探讨其未来发展策略。

---

* 李慧波，中华女子学院妇女发展学院讲师，主要研究方向为妇女发展、妇女口述历史。本文为中华女子学院校级重点课题（项目编号：KY2022-0204）的阶段性研究成果。

一 妇联组织引领妇女参与乡村振兴的主要做法

(一)强化对妇女的思想政治引领

全国妇联发布的《全国妇联关于开展"乡村振兴巾帼行动"的实施意见》指出,"乡村振兴巾帼行动"的首要任务是"加强思想引领,动员农村妇女积极投身乡村振兴战略","引领广大农村妇女进一步增强对习近平新时代中国特色社会主义思想的政治认同、思想认同、情感认同,深刻理解实施乡村振兴战略的重大意义"。要求各级妇联要"大力宣传党的乡村振兴方针政策,帮助妇女及时了解、掌握和运用强农惠农富农政策,充分发挥积极性主动性创造性,在农村广阔天地展现作为、彰显风采"。

各地妇联积极响应,组织通过挖掘本地特色资源,创新工作方法,积极引导农村妇女坚定信念,紧跟党的领导,提高她们对乡村振兴的认识和参与热情。以安徽省宿州市砀山县良梨镇妇联为例,该组织通过实施"巾帼宣讲+"工作机制,以多样化形式和内容有效地向农村妇女传达了党的政策理论。在"听荷书屋",该组织运用"巾帼宣讲+阅读"模式,结合书屋的丰富资源与党的政策理论,开展主题宣讲,让妇女在享受阅读的同时,深入理解了党的创新理论。此外,良梨镇妇联还在百年梨园内开展"巾帼宣讲+议事"活动,围绕乡村振兴等议题向果农宣讲党的政策,不仅解读了政策还加强了与妇女群众的联系。同时,通过"巾帼宣讲+创建"模式,良梨镇妇联将宣讲与美丽庭院创建结合,动员妇女和家庭参与乡村环境整治,推动生态文明建设,并在美丽庭院内宣讲党的政策、家风家教等内容,引导更多家庭参与创建工作,共同为乡村振兴贡献力量。① 再如山西省昔阳县妇联成功开展了"巾帼心向党·奋进新征程"主题宣讲活动。该组织从妇女干部、道德模范、巾帼志愿者以及三八红旗手(集体)、巾帼文明岗中精心选拔了 10 名优秀成员,组建了专业的宣

---

① 良梨镇妇联:《构建"巾帼宣讲+"工作机制,强化妇女思想政治引领》,梨都女性公众号,2024 年 5 月 16 日,https://mp.weixin.qq.com/s/hlpxToPvQ9eIsmyebpZLFw,最后检索时间:2024 年 6 月 1 日。

讲团队。2023年1月至9月初，该团队已成功举办了11场宣讲，吸引了600余人次参与。这些宣讲活动紧密围绕学习宣传贯彻党的二十大精神，通过集中宣讲、宣讲结合有奖竞答、宣讲结合读书会等多样化且接地气的形式，有效激发了妇女群众的学习主动性。① 这一系列举措的实施，不仅有效提升了农村妇女的思想政治觉悟，也为乡村振兴注入了活力。

（二）引领妇女推动产业振兴

在乡村振兴战略推进过程中，全国妇联和地方各级妇联积极行动，致力于拓宽各"妇"字号基地的销售渠道，通过创新营销手段和促进市场推广，有效带动了女性增收，显著提高了女性的影响力和竞争力。中国妇女十三大报告指出，不断深化"巾帼兴粮节粮"活动，引导妇女依靠科技多种粮、种好粮，参与全链条节粮减损。促进乡村旅游、手工、家政、电商等妇女优势特色产业提质增效，带动更多妇女在新产业新业态中创业致富。同时，各级妇联积极组织农村妇女参与产业发展，让妇女们在参与中感受到乡村发展的实际成果，从而进一步激发她们的积极性与创造力，为乡村振兴贡献巾帼力量。

金华市妇联推动建立了超过3000个妇女手工协会与合作社、1万多家"巾帼扶贫车间"以及2万多个"妇"字号基地。这些举措不仅发展了巾帼家政、巾帼电商、巾帼乡村旅游等多元化产业，而且带动了500多万名贫困妇女增收脱贫，使她们成为乡村振兴的积极参与者和直接受益者。此外，金华市妇联还积极搭建服务平台，开展科技创新巾帼行动，在农旅融合发展中充分展现了女性的智慧和力量。整合各方资源力量，建设201个巾帼共富工坊，促进农村女性在家门口更充分创业就业。② 吉林省长春市妇联则通过与3家银行机构签订"伊人贷"和"巾帼贷"协议，为女性人才创业提供了高达30.97亿元

---

① 昔阳县妇联：《凝聚巾帼力量 赋能乡村振兴》山西半边天微信公众号，2023年9月4日，ttps：//mp.weixin.qq.com/s/tW_ ElEBWhmGUeW9ktjoCsA，最后检索时间：2024年6月1日。
② 《市妇联在全国妇联乡村振兴重点帮扶县妇联干部培训班上作主题分享》，金华女性微信公众号，2023年4月21日，https：//mp.weixin.qq.com/s/QpVRZ78LvYJVEvriwQMnLw，最后检索时间：2024年6月11日。

的融资支持，有效解决了创业资金问题。① 灵台县妇联则积极争取省妇联奖补资金，扶持艾草加工巾帼乡村就业工厂和福康果业农民专业合作社等省级乡村振兴巾帼示范基地（农业）的良性运行，为当地妇女提供了更多的就业机会和创业平台。② 这些举措不仅促进了农村经济的发展，也提高了农村女性的社会地位和影响力，让她们在乡村振兴中发挥了更加重要的作用。

（三）助推妇女能力和素质提升

在乡村振兴的大背景下，全国妇联和地方各级妇联组织积极行动，以教育培训为抓手，致力于提升农村妇女的专业技能和综合素质。中国妇女十三大报告指出："梦想从学习开始、事业靠本领成就。前所未有的变革时代、前无古人的伟大事业，为妇女施展才华提供了广阔舞台，也对妇女能力素质提出了更高要求。广大妇女要增强学习的紧迫感，养成主动学习、善于学习的习惯，加快知识更新，优化知识结构，不断拓宽眼界视野，更好跟上时代的节拍。"5年来，组织"农村妇女素质提升计划"培训800多万人次。③ 这不仅是对妇女自身发展权益的保障，更是对乡村振兴战略深入实施的有力支撑。

与此同时，地方各级妇联组织积极探索，致力于提升农村妇女的综合素质和创业就业能力。2023年11月6~12日，云南省妇联组织农村实用人才带头人参加"乡村振兴巾帼行动"农村妇女带头人专题班。该培训班的学员包括新型农业经营主体和农业社会化服务组织中的女性骨干、农村妇女创业带头人等。④ 灵台县妇联提供实施2023年劳务品牌培训项目，培训养老护理员、家

---

① 吉林省长春市妇联：《"五个坚持"精准发力 服务全面振兴新突破勇担当》，《中国妇运》2023年第5期，第47页。
② 灵台县妇联：《汇聚"她"力量，助力乡村振兴》，灵台妇女微信公众号，2023年12月15日，https://mp.weixin.qq.com/s/FhL1ihUFsq6buWWRIcN3BA，最后检索时间：2024年6月1日。
③ 黄晓薇：《以习近平新时代中国特色社会主义思想为指导 动员引领广大妇女为强国建设民族复兴而团结奋斗——在中国妇女第十三次全国代表大会上的报告》，全国妇联之声微信公众号，2023年10月27日，https://mp.weixin.qq.com/s/3OwI4KjMJYqiUErDYumEdA，最后检索时间：2024年7月1日。
④ 《云南省妇联组织农村实用人才带头人参加"乡村振兴巾帼行动"农村妇女带头人专题班》，云南女声微信公众号，2023年11月14日，https://mp.weixin.qq.com/s/iZNRFRkxhho9W4q26bWXig，最后检索时间：2024年6月1日。

政服务员248名；培树女能人、巾帼创业致富带头人25名，切实提升农村妇女创业就业能力。①

天津市妇联通过创新的"小课堂"模式，集中并倾斜丰富资源和专业人力至农村基层，成功提升了资源整合与效率。此外，妇联还结合其他项目，共同培育了大批农业"领头雁"。5年来，"新农学堂"已开展培训超过1000场，参训妇女达64万人次，显著提升了农村妇女的综合素质和创业就业能力，有力推动了乡村振兴和城乡共同富裕。② 这一系列举措围绕加强教育培训展开，切实助推了妇女能力和素质的提升。

（四）引领妇女做好"家"字文章

全国妇联和地方各级妇联组织引领广大农村妇女积极投身"美丽庭院"建设，将农村经济发展、乡村旅游推广、家教家风传承等与"美丽庭院"建设有机融合，让美好乡村展现乡容、留住乡愁、传递乡情。中国妇女十三大报告指出，妇联组织积极推动妇女创办领办家庭农场、农家乐、民宿等近40万家，建设精品"美丽庭院"1000余万户。③ 地方各级妇联积极探索，引领妇女做好"家"字文章。吉林省长春市妇联与农业农村局合作，通过"小积分"策略有效推动了"美丽庭院、干净人家"的创建，实现了乡村治理的显著变化。④ 安徽省妇联积极推进"乡村振兴巾帼行动"，通过召开推进会并制定具体计划，以加快"美丽庭院"的创建工作。该计划包括"美丽庭院·共美"、"美丽经济·共富"和"美好生活·共创"三项核心内容，旨在全面提升乡村环境与经济状况。在过去的四年里，安徽省已经成功创建了118万

---

① 灵台县妇联：《汇聚"她"力量，助力乡村振兴》，灵台妇女公众号，2023年12月15日，https://mp.weixin.qq.com/s/FhL1ihUFsq6buWWRIcN3BA，最后检索时间：2024年6月1日。
② 天津市妇联：《为民服务"小课堂"助力乡村"大发展"》，《中国妇运》2023年第10期，第39页。
③ 黄晓薇：《以习近平新时代中国特色社会主义思想为指导 动员引领广大妇女为强国建设民族复兴而团结奋斗——在中国妇女第十三次全国代表大会上的报告》，全国妇联之声公众号，2023年10月27日，https://mp.weixin.qq.com/s/3OwI4KjMJYqiUErDYumEdA，最后检索时间：2024年7月1日。
④ 吉林省长春市妇联：《"五个坚持"精准发力服务全面振兴新突破勇担当》，《中国妇运》2023年第5期，第47页。

户"美丽庭院",这一数据充分显示了该计划的显著成效。①

在美丽乡村建设中,妇联组织不仅关注乡村的外部环境改善,还积极推动家庭文明建设,以此促进乡村文化的全面振兴。中国妇女十三大报告指出,组织《习近平关于注重家庭家教家风建设论述摘编》学习宣讲,联合制定进一步加强家庭家教家风建设实施意见,创新实施"家家幸福安康工程",构建起党委领导下的多部门协调工作机制。打造了清廉家风建设、家庭积分超市、绿色家庭创建、移风易俗治理等新亮点。②地方各级妇联也积极探索,不断推动家庭文明建设向前发展。如清远市妇联通过组织303场乡风文明活动,以家庭为单位深化传统美德教育,并利用新媒体平台广泛宣传家庭建设的成果,从而成功动员农村妇女参与到人居环境的整治与家庭建设中。同时,她们还以家庭故事为核心,开展了42场家教家风故事宣讲,有效促进了家庭和谐与乡村文明的同步发展。③灵台妇联也通过揭晓"最美家庭"等活动,表彰了571个先进典型,不仅强化了家教家风的重要性,也极大地推动了乡风文明的建设。④这些具体举措充分展示了妇联在家庭文明和乡村文化振兴方面的积极作用。

(五)为困难妇女提供帮助和支持

中国妇女十三大报告指出,用心用情做好困难群体的关爱帮扶。依法打击侵害妇女儿童权益的违法犯罪行为,把维权工作做在平常、抓在经常、落到基层。为了给困难妇女及时提供支持和帮助,全国妇联深入实施"健康中国母亲行动",持续推进城乡低收入妇女"两癌"免费检查和救助,"母亲健康快车"等公益品牌项目,把党的关怀和温暖送到妇女儿童身边。

---

① 安徽省妇联:《"共美·共富·共创"汇聚乡村振兴"她力量"》,《中国妇运》2023年第6期,第34页。
② 黄晓薇:《以习近平新时代中国特色社会主义思想为指导 动员引领广大妇女为强国建设民族复兴而团结奋斗——在中国妇女第十三次全国代表大会上的报告》,全国妇联之声公众号,2023年10月27日,https://mp.weixin.qq.com/s/3OwI4KjMJYqiUErDYumEdA,最后检索时间:2024年7月1日。
③ 广东省清远市妇联:《用好"五个+"激活乡村振兴"她力量"》,《中国妇运》2023年第7/8期合刊,第40页。
④ 灵台县妇联:《汇聚"她"力量,助力乡村振兴》灵台妇女公众号,2023年12月15日,https://mp.weixin.qq.com/s/FhL1ihUFsq6buWWRIcN3BA,最后检索时间:2024年6月1日。

各级妇联也在积极探索并建立持续扶持相对贫困妇女的长效机制，通过一系列具体而有力的措施，为妇女提供了广泛的帮助和支持。广东省清远市妇联通过"关注+关爱"模式，在政策支持和人文关怀的结合下，取得了显著成效。通过建立工作台账，关注重点人群。在此基础上，通过多样化的沟通方式确保与她们保持紧密联系。而且，在为农村妇女提供免费的"两癌"筛查服务的同时，还为2.5万名农村妇女赠送了"两癌"公益保险，这些措施不仅解决了妇女的实际困难，还提升了她们的健康意识。①

湖南省怀化市妇联通过"维权+关爱"的模式，充分展现了其在支持农村"三留守一特困"群体，特别是困境妇女儿童方面的积极作为。该妇联聚焦这一特殊群体，创新实践"三联三情"工作法，即主动联系访民情、关爱联心增感情、部门联动解忧情，通过县、乡、村妇联干部、执委的进村入户排摸，精准掌握了困境妇女儿童的底数。② 该县帮扶措施不仅包括了精准识别并关注重点人群，还涵盖了技能培训、拓展增收渠道、强化政策支持以及加大宣传力度等多个方面，为妇女实现全面发展和推动乡村振兴提供了有力保障。

（六）推动妇女在基层治理中发挥作用

中国妇女十三大报告指出，要坚持党建引领，树牢大抓基层的鲜明导向。全国妇联和地方各级妇联在推动乡村治理体系现代化进程中积极探索，旨在发挥妇女在基层治理中的积极作用。这些模式结合具体的实事项目，让妇女参与到乡村治理的各个环节中来，从而提升乡村治理的效率和效果。在"议事"方面，各级妇联组织妇女代表参与乡村事务的决策过程，通过召开妇女议事会、座谈会等形式，广泛听取妇女的意见和建议，确保乡村治理的决策更加符合妇女的需求和利益。在"实事"方面，各级妇联则注重将妇女的需求和关切转化为具体的实事项目，通过组织妇女参与项目实施、监督项目进展等方式，确保实事项目能真正落地见效，为乡村发展带来实际成果。广东省清远

---

① 广东省清远市妇联：《用好"五个+"激活乡村振兴"她力量"》，《中国妇运》2023年第7/8期合刊，第40页。
② 灵台县妇联：《汇聚"她"力量，助力乡村振兴》灵台妇女公众号，2023年12月15日，https://mp.weixin.qq.com/s/FhL1ihUFsq6buWWRIcN3BA，最后检索时间：2024年6月1日。

市妇联和湖南省怀化市妇联就是其中的两个典型例子。

清远市妇联通过实施"妇女议事"项目，成功指导全市所有村（社区）成立了妇女议事会，规范了活动流程，极大地提高了妇女在公共事务管理中的参与度。数据显示，清远市全市1224个村（社区）都已经建立了妇女议事会，并成功开展了3364次妇女议事活动。在这些活动中，共收集了1953个问题，成功解决了1865个，并为妇女群众实际办理了949件事情。[①] 这些成果充分体现了妇联组织在提升基层社会治理水平、增强妇女参与社会事务管理能力方面的显著成效。湖南省怀化市妇联以"美家美妇"行动为引领，策划并开展了一系列巾帼志愿服务活动，累计开展了2万余次集中活动。[②] 该活动不仅激发了妇女的参与热情，也为乡村振兴注入了新的活力。

二 妇联组织引领妇女参与乡村振兴的主要特点

（一）坚持党建引领、各方参与、协同推进的工作格局

在乡村振兴进程中，妇联组织坚持以党建为引领，积极促成各方共同参与、协同推进的工作机制，打造妇女参与乡村振兴的新格局，力求充分挖掘并发挥妇女在乡村发展中的巨大潜力和重要贡献。2023年，五号渠乡妇联在"党建带妇建，妇建服务党建"的工作理念指导下，创新性地推出了"党建+"新模式，进一步加强了党建工作与妇联工作的紧密联系。通过实施"党建+组织"模式，不仅强化了基层组织构建，实现了"妇女之家"与党建活动阵地的并行规划，还显著推动了女性在"两委"中的参与度。具体数据显示，辖区8个村中，妇女干部占比高达55%，且所有村妇联主席均已进入"两委"，占比达到100%。借助"妇女之家"这一平台，五号渠乡妇联为广大妇女提供了包括权益保护、技能提升、家庭教育等在内的全方位服务，进而极大地激发

---

① 广东省清远市妇联：《用好"五个+"激活乡村振兴"她力量"》，《中国妇运》2023年第7/8期合刊，第42页。
② 湖南省怀化市妇联：《推进"美家美妇"行动助力乡村振兴》，《中国妇运》2023年第7/8期合刊，第64页。

了基层妇联的活力。此外，五号渠乡妇联还采纳了"党建+网格管理"的新思路，将妇联的各项工作深度融入网格化管理中，从而确保服务能够深入基层，关怀能够落到实处，矛盾能够就地解决。得益于妇女党员和网格员的共同努力，其成效不仅大幅提升了民众对政策的了解程度，还有力地推动了人居环境整治工作的持续进行。在"党建+宣传"策略下，五号渠乡妇联积极投身于家庭教育、禁毒防艾、妇女健康等多方面的宣传工作中，并针对妇女权益保护的热点问题，广泛宣传了《中华人民共和国婚姻法》和《中华人民共和国家庭教育促进法》等法律法规，累计举办相关活动90余场。同时，通过举办如"美丽庭院"评选这样的活动，成功地引导了民众更加积极地参与到乡村建设中来，进一步提升了人们的参与意识和环保意识。这一成果充分体现了"党建引领、各方参与、协同推进"的妇女参与乡村振兴工作格局的实效性和深远影响。[1]这些实践，正是"党建引领、各方参与、协同推进"的妇女参与乡村振兴工作格局的生动体现。

（二）结合地方特色，灵活开展工作

在推动乡村振兴过程中，各级妇联结合中央和全国妇联的指导文件，创造性地将其实施于本地，开展了一系列富有成效的工作。以河南省焦作市妇联为例，其"巧媳妇"工程通过成立联盟、出台政策、提供金融扶持等方式，为妇女创业就业搭建了共享互助平台。该平台全面而多元，深入挖掘当地资源，结合产业优势，提供多领域的培训，并搭建联盟实现资源共享。同时，通过系统性和协同性的推进，整合多部门资源，形成合力。其培训活动注重实用性和实效性，紧密对接市场需求和妇女意愿，直接带动农村妇女就地就近就业创业。焦作市妇联还致力于将"巧媳妇"工程品牌化，通过举办展览等活动提升其知名度和影响力，展现出前瞻性与创新性[2]这种全面而多元的做法，不仅带动了农村妇女就地就近就业创业，还为乡村振兴贡献了宝贵经验。

---

[1] 杜义贤：《五号渠乡：党建带妇建 凝聚乡村振兴 "她力量"》，富饶之地 s 秀美之乡微信公众号，2023年10月9日，https://mp.weixin.qq.com/s/6CYNiYoKYhcJXs8TS2stCA，最后检索时间：2024年5月1日。

[2] 河南省焦作市妇联：《赋能"巧媳妇"点燃"她经济"》，《中国妇运》2024年第1/2期合刊，第37页。

不仅如此,各地妇联在乡村振兴中展现了诸多创新实践。以天津市妇联为例,他们针对天津大城市小农村的特点及农村妇女的实际困难,如时间分散、家务繁重且难以离村等问题,精准打造了"新农学堂"培训品牌。该品牌聚焦农村妇女创业致富与自我成长的需求,实现了培训模式的多元化、项目系统化、技术信息化,同时确保了内容的多样化和管理的组织化。通过需求调查、公众发布、社交媒体扩散等方式,天津市妇联确保培训课程紧密贴合农村妇女的实际需求,内容既涵盖农村生产实用技术,也包括党的惠农政策宣讲。此外,在美丽乡村建设的背景下,培训还增添了卫生清洁技巧、绿色生活知识等,同时为满足灵活就业需求,提供了手工编织、家政技能等课程。这些举措不仅提升了农村妇女的技能水平,还成功激发了她们投身乡村振兴的热情与活力,为乡村振兴贡献了不可或缺的力量。①

(三)坚持发挥广大妇女在乡村振兴中的主体作用

在乡村振兴的大背景下,妇联组织正积极担当起引领和组织妇女参与乡村振兴的重任。通过鼓励妇女在产业振兴、人才振兴、文化振兴、生态振兴和组织振兴等多个领域发挥独特作用,妇联不仅提升了妇女的社会地位和经济能力,也为乡村振兴战略注入了强大的"她力量"。

在产业振兴中,妇联组织重视并发挥妇女在各类新型生产组织化模式中的重要作用,鼓励成立或参与妇女合作社,支持电商发展特别是灵活就业或居家办公的类型,以满足农村妇女的实际需求,并推动妇女特色手工产业的发展,同时加大县域内企业吸纳妇女就业的力度。在人才振兴上,妇联组织不仅重视农村高、中、低端各类女性人才,也强调本地与外地女性人才的作用,以及农业和其他产业女性人才的共同发展。在文化振兴中,妇联组织认识到农村妇女在文化振兴中的独特作用,积极促进妇女在主流意识形态传播、地方传统文化发展以及特色文化挖掘方面的参与,让妇女在文化活动中展现风采。在生态振兴中,妇联组织引导农村妇女在保护农村自然环境、促进绿色生态生产、整治和维护居住环境等方面发挥积极作用,特别是在生活领域,农村妇女能够发挥

---

① 天津市妇联:《为民服务"小课堂"助力乡村"大发展"》《中国妇运》2023年第10期,第39页。

独特作用，推动"美丽家园"建设。

在组织振兴方面，妇联组织积极行动，致力于提升农村基层组织的领导力和凝聚力。通过广泛吸纳妇女骨干，乡镇和村级组织中的女性干部力量显著加强。以广东省清远市妇联为例，他们不仅深化了妇联组织的改革建设，还创新性地试点建立了基层妇女干部人才库。这一举措有效地挖掘和培养了一批具有潜力和能力的女性领导人才。在清远市，经过换届选举，成功产生了1224名村（社区）妇联主席。这些主席的平均年龄为40.5岁，展现了年轻化、精力充沛的特点。其中大专及以上学历的占比高达64.7%，这标志着基层妇联队伍正向着高素质、专业化的方向发展。为了进一步优化和提升妇联干部队伍的能力，清远市妇联实施了"基层妇联领头雁培训计划"。该计划通过每年举办基层"领头雁"示范培训班和执委培训班，采用"请进来、走出去"的模式，多维度提升妇联干部及执委的履职水平。自2021年换届以来，全市各级妇联组织已开办基层"领头雁"培训班193期，实现了全市各级妇联干部、妇联执委的轮训率达100%。这一系列的措施不仅有效加强了农村基层组织的领导力和凝聚力，还为乡村振兴提供了有力的人才支撑。[1] 与此同时，重视以妇女为主体的社会组织在文化建设和社会治理中的作用，并鼓励在外妇女为乡村振兴贡献力量。通过这些措施，妇联组织有效地促进了农村妇女在乡村振兴中的全面发展，为构建美丽乡村、实现乡村振兴战略目标贡献了巾帼力量。

三 妇联组织引领妇女参与乡村振兴的成效、挑战及展望

（一）妇联组织引领妇女参与乡村振兴的成效

在乡村振兴战略深入实施的大背景下，妇联组织以其独特的组织优势和群众基础，正成为推动农村妇女参与乡村振兴的重要力量。通过一系列富有创新、前瞻性和综合性的项目，妇联不仅为农村经济注入了新的活力，推动了农

---

[1] 广东省清远市妇联：《用好"五个+"激活乡村振兴"她力量"》，《中国妇运》2023年第7/8期合刊，第39页。

村产业结构的优化升级，更在提升妇女社会地位、丰富乡村文化内涵等方面取得了显著成效。

一是进一步促进了农村经济发展。通过实施"乡村振兴巾帼行动"等创新举措，妇联组织成功引导广大妇女积极投身于特色种养、农产品加工、休闲农业、乡村旅游以及电子商务等多元化产业领域，从而为农村经济注入新的活力，推动农村产业结构的优化升级。如广东省清远市妇联着力培育女农民专业合作社民宿、瑶绣、壮绣等农业、手工业经营主体，指导培育一批融农业产业、精品民宿、乡村研学、手工创意、田园风貌观光等为一体的巾帼"田园综合体"，打造全国、省、市巾帼创业创新孵化基地、示范基地共101个。[①] 再如广西壮族自治区妇联通过创业创新大赛和产品成果展等活动，积极培育乡村振兴巾帼创业"领头雁"，特别是加强电商人才培养，助力农村妇女拓宽电商销售渠道，提升农产品市场竞争力。[②] 可见，妇联组织的一系列富有创新、前瞻性和综合性的项目，为农村经济注入了新的活力，推动了农村妇女在经济和社会领域的发展和进步。

二是推动农村妇女参与乡村治理，提升了妇女社会地位。在促进农村经济发展的同时，妇联组织非常重视农村女性的角色塑造和作用发挥，通过各种途径支持妇女在农村基层治理、乡风文明建设、新型农业经营等领域发挥重要作用。许多妇女通过自己的努力和妇女组织的支持，成功创办了自己的企业或者成为某个行业中的佼佼者，为乡村振兴贡献了重要力量。越来越多的妇女开始参与到乡村公共事务的决策和管理中，她们的声音和意见得到了更多的重视和关注。同时，妇联组织为农村妇女提供创业、就业、培训等方面的支持，帮助她们掌握现代农业技术，也为妇女提供了更多元化、更高质量的就业机会，进一步提升了她们的经济地位和社会地位。灵台县妇联组织开展"巾帼送岗创新业"网络招聘活动8场，提供就业岗位252个；[③]指导全县10个巾帼乡村

---

① 广东省清远市妇联：《用好"五个+"激活乡村振兴"她力量"》，《中国妇运》2023年第7/8期合刊，第40页。
② 广西壮族自治区妇联：《创新消费帮扶模式 赋能乡村振兴》，《中国妇运》2023年第10期，第26页。
③ 灵台县妇联：《汇聚"她"力量，助力乡村振兴》，灵台妇女公众号，2023年12月15日，https://mp.weixin.qq.com/s/FhL1ihUFsq6buWWRIcN3BA，最后检索时间：2024年6月1日。

就业工厂开展"五个一"活动63场次,依托巾帼乡村就业工厂就近就便解决困境妇女就业670名;① 可见,妇联组织通过促进农村妇女参与乡村治理、支持她们创业就业以及提升她们的社会地位,为农村妇女创造了一个更加有利的发展环境。这不仅有助于乡村振兴,还推动了性别平等和女性赋权,为构建一个更加和谐、更加公正的乡村社会作出了重要贡献。

三是在思想引领和文化建设方面取得积极成效。妇女组织还通过加强思想引领,成功地引导妇女们及时了解、掌握、运用强农惠农富农政策,成为乡村产业振兴的推动者。云南省妇联组织"乡村振兴巾帼行动"农村妇女带头人专题培训班后,丽江市古城区大东乡大东村热水小组创业女能手罗爱芳说:"作为一名返乡创业的女性,非常荣幸能参加乡村振兴巾帼行动妇女带头人的专题培训班。在今后工作实践中,我将把学到的东西运用于实践并不断升华,带动当地创业女性走上致富道路,奉献巾帼力量,实现自我价值,为乡村振兴增添一份力量。"② 这些正面反馈充分证明了妇联组织在思想引领和文化建设方面的有效性。通过培训和引领,妇联不仅帮助农村妇女提升了个人能力,还激发了她们的集体意识和责任感,使她们成为乡村振兴的重要力量。这种成效是深远的,不仅有助于当前的乡村振兴工作,还为农村的长期发展奠定了坚实的基础。

四是丰富了乡村文化内涵。在推动乡村振兴的过程中,妇联积极策划并组织了各种文化活动,旨在打造具有巾帼特色的文化品牌,进一步丰富乡村文化内涵。这些文化活动形式多样,既有传统的剪纸、刺绣、编织等手工艺展示,也有现代的歌舞、朗诵、戏剧等文艺表演。通过这些活动,妇联不仅为乡村妇女提供了一个展示自己才华和创造力的平台,也让她们在参与中提升了自身的文化素养和审美能力。例如,在手工艺展示活动中,妇女们可以交流传统手工艺技巧,展示自己制作的精美作品,这不仅传承了乡村的传统文化,也增强了她们的自我价值感和归属感。而在文艺表演活动中,妇女们则可以通过歌唱、舞蹈、朗诵等形式,表达自己对美好生活的向往和追求,同时也为乡村社区带来了欢乐和活力。

① 灵台县妇联:《汇聚"她"力量,助力乡村振兴》,灵台妇女公众号,2023年12月15日,https://mp.weixin.qq.com/s/FhL1ihUFsq6buWWRIcN3BA,最后检索时间:2024年6月1日。
② 《云南省妇联组织农村实用人才带头人参加"乡村振兴巾帼行动"农村妇女带头人专题班》,云南女声微信公众号,2023年11月14日,https://mp.weixin.qq.com/s/iZNRFRkxhho9W4q26bWXig,最后检索时间:2024年5月1日。

通过这些举措，妇联组织成功地丰富了乡村文化内涵，为乡村振兴注入了更多的文化元素和活力。妇女们在文化建设中的积极参与和贡献，不仅提升了她们自身的文化素养和审美能力，也为乡村社区的和谐与发展奠定了坚实的文化基础。这种以女性为主体的文化建设模式，不仅有助于传承和弘扬乡村的优秀传统文化，也为乡村振兴战略的实施提供了有力的文化支撑。

（二）妇联组织引领妇女参与乡村振兴的挑战

在乡村振兴战略中，妇联组织起着至关重要的作用，但在实际操作中，仍面临多重挑战。从宏观政策环境到基层妇联组织的实际运作，再到具体服务妇女的活动安排，还有进一步提升的空间。因此，需要从多个层面进行深入分析和改进，以确保妇女能在乡村振兴中发挥出更大的潜力与价值。

在宏观层面，地方政府对妇女在乡村振兴中的潜力与价值认识有限，导致妇女工作常被边缘化。一些乡（镇）未将妇女工作纳入常规考核，仅停留在口头重视的层面。这种态度不仅削弱了妇女工作的地位，也阻碍了乡村振兴的全面性和深度。此外，缺少专门的政策支持来引导和激励妇女参与乡村振兴，限制了妇女力量的充分发挥。在中观层面，基层妇联组织的建设和管理显得力不从心。有的地方尽管进行了妇联改革，但人员编制紧张、经费不足等问题依然突出。基层妇联工作人员多为兼职，难以全身心投入妇女工作中，导致工作常处于被动状态。同时，与其他部门的协调也显得不够顺畅，如在推动妇女创业创新时，责任划分模糊，工作推诿现象时有发生，这直接影响了乡村振兴项目的推进效率。在微观层面，农村基层妇联在服务深度和广度上有待进一步扩展。有的地方尽管开展了多种形式的妇女活动，但往往缺乏对妇女实际需求的深入了解，导致活动效果不佳。此外，技能培训方面也存在资源整合不力的问题。存在培训内容重复、资源分散等问题，这不仅浪费了资源，也降低了培训效果。更令人遗憾的是，像"妇女之家"这样的平台，由于管理不善和活动缺乏新意，并未能有效吸引妇女参与，从而未能发挥其应有的作用。①

---

① 杨绕才：《迪庆州农村妇女在乡村振兴中作用发挥的调研报告》，《创造》2024 年第 4 期，第 67~68 页。

（三）妇联组织引领妇女参与乡村振兴的展望

为了确保农村妇女在乡村振兴中的核心作用得到充分发挥，妇联组织需构建一个全面、系统且多维度的引领框架。在宏观层面，需进一步强化政策引领与顶层设计，确保妇女的作用和权益在政策制定中得到充分体现，为妇女参与乡村振兴提供坚实的政策基础和组织保障。① 因此，需要加强顶层设计，通过建立健全体制机制，如制定农村妇女参与乡村振兴的总体规划和实施细则，建立议事协调机构、联席会议工作机制以及激励考核机制，来确保政策的有效执行和落地。同时，强化多部门联动，特别是农业农村、乡村振兴等关键部门，以激发农村妇女在乡村振兴中的就业创业动能。② 在中观层面，地方妇联需进一步结合本地实际情况，开展差异化推动策略。并与各部门紧密合作，共同推进乡村振兴政策的实施，并通过开展专项行动，支持妇女在乡村产业、人才、文化、生态和组织五大振兴领域中发挥独特作用。在微观层面，需致力于提供精准的指导与案例学习机会，帮助妇女提升自身能力，并将组织丰富多样的引导性活动，同时通过表彰评比等方式，激发妇女的积极性和创造力。③

总之，妇联组织在引领妇女参与乡村振兴中发挥了不可替代的作用，通过一系列创新举措和扎实工作，有效促进了农村经济发展、提升了妇女社会地位、强化了思想引领与文化建设，并丰富了乡村文化内涵。然而，面对未来挑战，妇联组织还需持续优化策略，强化政策引领、提升组织效能、加大服务深度，确保农村妇女在乡村振兴中能够充分发挥其潜力和价值，共同推动乡村振兴战略的深入实施与全面胜利。

---

① 郑长忠：《充分发挥妇女群众和妇联组织在乡村振兴中的作用》，《中国妇女报》2024年5月7日，第5版。
② 杨绕才：《迪庆州农村妇女在乡村振兴中作用发挥的调研报告》，《创造》2024年第4期，第67~68页。
③ 郑长忠：《充分发挥妇女群众和妇联组织在乡村振兴中的作用》，《中国妇女报》2024年5月7日，第5版。

B.5 乡村振兴背景下女性援派干部在少数民族地区的扶贫实践

——以凉山 X 县 Z 村为例

刘 超*

摘 要: 本文以凉山 X 县 Z 村为研究对象,深入剖析女性援派干部在少数民族地区扶贫实践中的难点、应对策略及取得的成就。通过实地调研与案例分析,揭示了该地区存在基层组织涣散、干部作风不正、村民信任缺失及对外部帮扶过度依赖等问题。女性援派干部采取柔性入场、即时行动和筑巢引凤等策略,成功建立起群众信任,解决了诸多难题,并促进了当地的持续发展。研究结果表明,女性援派干部的工作对推动少数民族地区的社会发展、促进经济可持续发展具有重要意义,为乡村振兴提供了有益的参考和启示。

关键词: 乡村振兴 女性援派干部 少数民族脱贫

在乡村振兴战略的实施进程中,少数民族地区面临着独特的挑战,急需有力的支持和推动。女性援派干部作为一支重要力量,以其独特的视角和优势,在促进少数民族地区经济社会发展方面发挥着不可替代的作用。然而,她们在工作中也面临诸多困难和挑战。本文以四川省凉山彝族自治州 X 县 Z 村为个案,深入探讨女性援派干部在少数民族地区的扶贫实践,旨在揭示其面临的问题、采取的策略以及取得的成就,为乡村振兴提供有益的借鉴和启示。

---

* 刘超,中央广播电视总台记者,副高职称,主要研究方向为乡村治理体系建设及管理方式创新。

一 凉山彝族自治州 X 县 Z 村情况简介

凉山彝族自治州位于中国东部稳定区和西部活动区的结合部，是全国最大的彝族聚居区，6.04万平方公里，辖16县1市。曾是中国"三区三州"深度贫困地区之一，17个县（市）中曾有11个深度贫困县，集中连片贫困地区达4.16万平方公里、占总面积的68.9%，贫困面宽、量大、程度深，属于综合的、原始的、整体的、深度的贫困，是"短板中的短板"，是脱贫攻坚最难啃的"硬骨头"之一。另外，凉山彝族自治州是我国最后消除奴隶制的地区之一，当地少数民族被称为"直过民族"。

X县位于四川省凉山彝族自治州中部，平均海拔1600米，是一个地处山区、以农为主的彝族聚居区。X县是四川省最后一批脱贫的7个贫困县之一，2020年仍有28个未摘帽贫困村。"八七扶贫攻坚计划"结束时，X县扶贫建卡贫困户人均纯收入达525元，贫困发生率降至15%，基本实现"五八"标准并通过扶贫验收；"整村推进"新世纪扶贫工作开始前，重新调查全县贫困人口情况的结果显示，人均纯收入625元以下和625~1000元区间的绝对贫困和贫困人口合计86430人，是"八七扶贫攻坚计划"时的16倍。这一返贫致贫数据中自然有贫困线标准提升的原因，但也说明了凉山州贫困问题的复杂性。四川省定贫困县（1990）、国定贫困县（1993）、国家扶贫开发工作重点县（2001）……国家乡村振兴重点帮扶县（2021），X县的这些"名头"既是对其贫困深度之深的印证，也是对这一地区扶贫开发工作难度之大的客观表述。

Z村，位于X县东南部，距县城72公里，海拔2200米，村域面积23.91平方公里，为全彝族聚居区，Z村是其中X县一个未脱贫人口超千人的村庄，曾是国务院督战88个超千人贫困村之一。2025年2月，Z村下辖11个居民小组、全村户籍人口1091户4245人（包括搬迁户900户），常住人口1287户5225人，脱贫户552户2368人。该村发展基础薄弱，在2018年"脱贫攻坚三年行动"开始前，村内并无营利产业或正常运行的合作社，农户生计以粗放农业经营为主。自2016年起，上级政府向Z村陆续派驻了5任驻村书记领导该村的基层组织建设和精准扶贫工作。

二 女性援派干部在少数民族地区工作中的挑战

(一)"局外人"的隔阂、信任感缺失

有彝族谚语说道:"少不得的是牛羊,缺不得的是粮食,离不开的是家支。①"该村是一个典型的彝族聚居村,村内居民十分"团结",基层秩序主要靠社会力量维系,体现为以"家支"体系为基础形成的"自发秩序"。国家作用发挥有限,基层治理"悬浮化"的情况十分严重,相当程度上导致村庄成为"治理飞地"。村里的干部曾经说过,他们的村庄是难管村,之前来到这里的第一书记只待了一个月就离开了,因为管不了。

合村并居和成为易地搬迁安置点后,多个其他村的"家支"涌入了Z村,使Z村成为5000余人的大村,村内秩序生态愈加复杂。加之前几任驻村书记并未实现对村庄治理的有效嵌入,仅靠乡镇党组织和村内党委的力量未能使村民实现政治认同,复杂原因使得基层党组织和接任驻村书记面临"塔西佗陷阱"的类似困境。

对于驻村书记而言,以"外人"身份进入一个"自发秩序"根深蒂固的村庄并对其进行"集中指导",想打开工作局面,就得首先取得村民们的信任。村庄是基于人们自然形成的聚集区,它更多的是血缘、地缘及宗教等网络的共同体。作为"局外人",驻村书记如果处理不好这个关系,其实是寸步难行。不接受就不执行,这是村民和乡村干部的基本逻辑。在村里想要一呼百应,不单单基于利益,更依托于信任。

此外,语言上的阻碍也影响到驻村干部的融入。听不懂彝语,不仅使得正常的沟通交流变得困难重重,也极大地阻碍了工作的开展。

(二)基层组织涣散,部分干部作风不正

贫困村基层党组织涣散,党员干部普遍文化程度低、年龄偏大,组织生活

---

① 家支即彝族的家族支系,它是以父系为中心、以血缘关系为纽带结合而成的社会集团。以采取父子连名的办法来保持血缘关系的巩固和延伸,类似于学术研究中常见的"宗族"概念。据驻村书记XXGG实地观察,其内部联结程度和关系强度极大地强于非民族地区。

不规范。① 在采取不同的动员策略后，绝大部分村干部和相当一部分村民逐渐开始接受驻村书记的领导。然而，进村后的一系列嵌入活动，夹杂了许多复杂的情况，包括"商业公司试图寻租分利""民族干部排斥外来干部"，村干部曾以"工作多，工资少"为由，提出"奖励办公经费"的要求等。这是驻村书记作为"外源型干部"进入村庄避无可避的现实情况，也是国家治理介入基层的关键环节。从另一个角度来讲，对于一个在相当一段时期都处在"自发秩序"中的村庄而言，国家权力和价值的高强度嵌入的"扬清"，也自然地会给原有不合规但现实存在的秩序带来"激浊"。以Z村原副主任Y被组织停职一事为例。

2021年之前，Y为Z村村委一名主要干部，多年在村中任职。据村干部、村民口述，Y虽担任村中重要职务，但经常旷工；有从商经历，兼任工程公司负责人，承包村内基础设施建设工程。驻村书记在Z村开展工作初期，村干部名册中的这名干部长期以身体不适为由缺席村组会议。在驻村书记组织村民通过电商平台销售特色产品后，该名干部隐晦提出要一些利润，遭到拒绝后又以"送礼"为由索要产品。索要无果后，又多次以文字、语音等方式提出使用办公经费作为节庆礼物。据其他村干部和村民描述，因"家支大，惹不起"，此前对Y的行为也一直采取默认处理。这期间驻村书记请村内彝族干部对其进行了多次动员，Y以"这是在凉山，有凉山做事的规矩"为由拒不改正。驻村书记将其具体情况向纪委和组织部反映后，2022年乡镇组织部门正式对该干部进行了停职处理。

这种情况的出现，反映了基层组织中存在的一些问题，部分干部的不良作风严重影响了基层工作的正常开展和村庄的发展。

（三）重心倾向物质资源，对驻村书记过分依赖

如前文所述，对于贫困程度较深、致贫原因复杂、基层秩序涣散的地区和村庄，中央会协调资源能力更强的单位和干部对其进行精准帮扶，这一举措经实践证明是行之有效的破局方法。然而，在带来显著成效的同时，也不可避免

---

① 杨智：《乡村振兴背景下干部驻村帮扶的现状、问题与对策——基于滇西云龙县的调研》，《大理大学学报》2022年第1期，第20~26页。

地衍生出了一些弊端。其中，尤为突出的是驻村书记包办村级事务这一现象，致使包括村干部和村民在内的原住村民对驻村书记产生了过度依赖①。在驻村书记包办村级事务的过程中，本地村干部群体参与村庄治理的积极性和主动性受到削弱，这也正是现有村级治理研究中频繁提及的"包办替代"问题。这种包办替代型的关系模式，通常会在村庄治理主体难以充分满足自上而下的治理需求的村庄中出现。作为驻村书记，携带着显性发展资源和隐性管理资源进入村庄，参与到村庄综合治理工作中。凭借其相对较高的人力资本，以及能够弥补村庄发展短板的社会资本，驻村书记逐渐在村庄公共事务中掌握了话语权，并拥有了村庄治理的共同决策权。然而，这种大包大揽的行为一旦过了头，就会导致驻村书记取代村干部和村民，成为村庄治理的核心主体②。

另外，在当下驻村书记制度的实际推行过程中，无论是地方政府、村级组织，还是广大村民，甚至包括驻村书记自身，都将关注的焦点集中在了驻村书记所带来的物质资源上，暗示和催促驻村书记去"跑资源""拉项目"，反而忽略了对村庄治理能力的培养和治理水平的提升。一旦驻村书记离开或者更换，村庄的治理能力和发展能力就面临着能否顺利衔接和持续推进的严峻考验。需要明确的是，"包办替代"现象的出现，并非驻村书记个人的主观选择，而是村庄基于现实状况的短期最佳选择。

在脱贫攻坚的初始阶段，主管部门、地方部门和对口帮扶部门的扶贫开发任务极为繁重，无法提供充足的后援支持。同时，驻村书记自身的资源调动能力相对有限，对村庄治理需求的回应能力也显得不足。在这种情况下，村干部和村民的期望往往在现实中落空，驻村书记的行为由于资源的限制而出现了角色偏差。仅凭"按章办事"无法在驻村工作中积累治理权威，未能有效嵌入本土化自治单元，在村庄治理格局中处于边缘位置。这一偏差给村庄治理带来不利影响的同时，也让驻村书记本人难以在工作中获得应有的价值感和成就感，其发挥的治理作用也因此受到限制。

此外，受历史、经济社会等多方面因素的综合影响，整个凉山地区除了面

---

① 张欢：《驻村帮扶中的权力替代及其对村庄治理的影响》，《湖南农业大学学报》（社会科学版）2018年第5期，第47~53页。
② 崔盼盼：《乡村振兴背景下的中西部地区能人治村》，《华南农业大学学报》（社会科学版）2021年第1期，第131~140页。

临常规贫困治理任务中的物质贫困问题,还面临遭遇了辍学、吸毒、艾滋感染等思想贫困和信念贫困的挑战。贫困的发生机制极为复杂,自然地理条件的恶劣,使得基础设施建设困难重重,交通不便、资源匮乏等问题严重制约了经济的发展。长期以来的发展滞后,导致教育、医疗等公共服务水平低下,民族文化传统中的一些观念和习俗,在一定程度上也影响了人们的发展意识。多重因素相互交织,形成了"多重贫困陷阱"和基层治理"悬浮化"的问题。这些问题不仅是致贫返贫情况反复出现的原因,也是整个凉山州曾经的真实写照。面对如此复杂的贫困状况,单纯依靠外部力量的帮扶显然是不够的,必须激发村庄自身的内生动力,提升治理能力,实现可持续发展。

三 援派干部在少数民族地区的工作方法和具体举措

(一)柔性入场,建起群众信任

1. 倾听为主,了解基本情况

信任是集体行动得以达成的重要基础①,也是驻村书记"被允许"进入村庄的必要前提。② 根据 Hosmer③、Hardin④ 对信任的阐释,可以将信任定义为一种预期的意念(即个人之间或组织之间值得信赖的一种预期)和由此表现出来的行为倾向或实际行动,并且个人或组织通过这种行为倾向或实际行动来表明自己的利益依赖于对方的未来行为。作为一个"局外人",女性援派干部要在工作中深度融入当地群众,获得群众信任和支持,柔性入场并以倾听作为首要策略,无疑是明智之选。

> 在村庄生态秩序已稳定下是不能搞"三把火"的,推行不下去的话,

---

① Elinor Ostrom et al., "Revisiting the Commons: Local Lessons", *Global Challenges. Science* 284, 278-282 (1999).
② 舒全峰:《基层民主、公共领导力与政治信任——基于 CIRS 百村调查数据的实证分析》,《公共管理与政策评论》2017 年第 4 期,第 71~81 页。
③ Hosmer, Larue Tone. "Trust: The Connecting Link between Organizational Theory and Philosophical Ethics." *The Academy of Management Review*, vol. 20, no. 2, 1995, pp. 379-403.
④ Hardin, Russell. "Rational Choice Explanation: Philosophical Aspects." (2001).

以后的工作就更没法做了。前三个月我是不提意见也不说主张的,我就是听,他们开会我跟着,然后我也不讲。通过这三个月的时间,我对这个地方的人和习性习俗习惯进行了一个了解。我虽然说开会的时候不说,但是其实在下面的时候跟很多的老百姓都在不停地交流,不管能不能听懂,每天都要走访一些户。

这段经历彰显了女性援派干部的耐心与智慧。在初始阶段克制自我表达的欲望,以倾听为桥梁,逐步搭建起对当地情况的认知架构,这种倾听并非被动的接受,而是积极地捕捉信息、理解情感、洞察需求。通过倾听,驻村书记能够感知到村民们的期望与担忧,为后续工作的开展奠定坚实基础,并根据实际体察的村"两委"弱点,提出行之有效、简洁易记的工作方法:"多问一句,多走一步。"

2. 融入当地,拉近心理距离

经过三个月的入户走访,在村广场上召开了Z村村民大会。作为与村民的首次正式见面,驻村书记将开场白设置为:

"大家好,我叫XXGG,我从北京来。"在走访中,驻村书记得知"XX"(彝族姓氏)是Z村最大的"家支","GG"在彝语中的意思也很有亲和力,为打开局面,首先给自己取了个彝族名字。"语言是社会符号,是人们在他们日常的语言交换过程中,实现社会结构,肯定自己的地位和角色,建立和传递共享的价值系统和知识系统。"[1] 这一理论在实践中得到了印证。通过入户走访和使用本地化"社会符号"对自己重新命名的方式,在情感上拉近了与村民的心理距离[2],树立起初级权威,在乡村治理工作中建立起了集体行动的基础。一位当时在外务工未能参会的村民回忆道,北京来的驻村书记,还是个年轻小姑娘,已经来了好几个月,经常在村里能看见。这个书记好像不太一样,来了三个月还没"跑"。

这充分体现了驻村书记的策略性融入所带来的积极成效。驻村书记不仅在

---

[1] Halliday, Michael A. K.. "Language as Social Semiotic: The Social Interpretation of Language and Meaning." (1976).
[2] 杜宴林:《司法公正与同理心正义》,《中国社会科学》2017年第6期,第102~120、207~208页。

形式上走近村民,更是在心灵深处与他们建立了紧密的联系。这种联系超越了语言和文化的差异,让村民们感受到了驻村书记的真诚与用心,从而为后续其他工作的顺利开展营造了良好的氛围。

3. 行动证明,筑牢信任根基

2020年5月7日、6月4日,Z村罕见地连续遭受了山火和泥石流两次自然灾害。5月7日,Z村发生森林火灾,持续时间6天5夜,过火面积87.6公顷。山火肆虐过后,山体失去了植被的防护,紧接着在短时强降雨的冲击下,Z村的4条冲沟同时暴发泥石流,对村民群众的生命财产安全构成了极其严重的威胁。泥石流导致的道路垮塌使得救援队受阻,驻村书记临时组织村委干部和村内青壮年群众组织村民转移。在两次灾害中,合计森林烧毁百顷、民房冲毁六户、农田损失百亩、人员伤亡0。当时参与转移群众的村干部如此描述当时的情况:

> 我们彝族有一些民居是没有窗户的,所以很多时候关上门之后,村民是不太关心外面发生什么的。我们挨家挨户地敲门,敲到第50多户的时候已经来不及了,有些老人还觉得没这么严重,不愿意走,XXGG书记让我们直接给他们扛起就走。(村干部访谈记录,20210222)

特别要说明的是,此类不可控的自然灾害严重危害了当地村民的生命财产安全,影响了正常的生产生活,对于此类灾害易发地区,要从气象预警、防灾演练等手段积极预防。本研究中仅把这一真实事件作为描述外源性干部介入村庄和建立信任的"关键事件"。

此次事件是驻村书记与村干部、村民的"共同遭遇",成为本地合作者对外源性干部态度转变的节点,在处理这一紧急事件时,驻村书记沉着冷静的应对方式,以及坚定与人民并肩作战的态度,成功赢得了村干部和村民的信任,成为关键的"信任基石"。村庄有它特有的信息沟通系统,此事之后村民对驻村书记XXGG的赞扬成为口口相传的故事(村民将这件事类比为行军打仗中"打得过我先上,打不过你先跑"的身先士卒军官);村委干部也在此事后发生了态度上的转变。

灾害是不幸的,但也是村民对XXGG书记刮目相看的一次。山火和泥石流连续发生这在Z村历史上都是少有的,村里的老人也不知道怎么处理,村民们看见我一个城里来的小姑娘扛着人就往外跑就很惊讶,这事成为口口相传、恨不得所有村民瞬间传开的一件事,成为一个非常好的根基,这个根基打牢了之后,后面很多事便很好开展。村组干部状态、信任程度、尊重程度都发生了极大变化。原本经常说的口头禅"莫得法"(西南方言:谁也别来找我,没办法,干不了),变成了"试一试"。这一系列的变化,充分展示了女性援派干部在关键时刻挺身而出所产生的强大影响力。只有用实际行动证明了自己的能力和决心,才能成功打破隔阂,赢得村民和村干部的信任与尊重,类似的"关键实践"为后续的乡村治理工作铺平了道路,注入了强大的动力。

(二)即时行动,解决当下难题

1. 主动出击,打好"强关系"

在驻村期间,驻村书记XXGG首先对第一阶段识别出的"合作者"展开了动员工作,这些"合作者"涵盖了村支书、村文书、精英村民(如大学生、产业大户、宗族领袖)等多个层面。以村支书B为例,现任村支书B是村里的"老干部",2018年之前是Z村的村文书,后因为人忠厚老实经乡镇党委提名,被村民选举为村支书,2021年成为Z村"一肩挑"的村主任和村支书。通过前期对他的观察,XXGG书记发现这是一位"忠厚有余,魄力不足"的干部,"不得罪人"的工作方式加之因长期在村工作而缺乏社会资源的特点,使得在村民的印象中B的最大特征就是"人缘好"。

在基层治理与乡村发展的进程中,这种"强关系"社会资本的内源型干部的存在具有不可忽视的价值。当有了他们的积极配合,再结合具有"弱关系"社会资本的外来力量,诸如驻村书记等,在推进诸如养殖技术培训、电商产品销售、生态养殖产业园等一系列旨在强村富民的活动时,便能够实现"强—弱关系的有机适配",从而为基层治理活动的顺利实施提供有力保障。

驻村书记通过"弱关系"进行资源输入(招商引资、技能培训等)过程中,村支书首先通过"强关系"发挥了动员村民参与的协调作用,"强—弱关系的有机适配"将下乡的资源精准有效地对接了村庄切实需求,提升了村民的人力资本,拓宽了村民的生计渠道。其次,"生计拓展"之后通过"利益驱动"机制实现了产业的可持续发展。为避免对口帮扶单位轮换导致的产业投入"人走茶凉"问题，Z村采取公开招标的市场模式对产业项目进行招标，最终中标的公司同Z村合作社签订商业合同，这一政府背书、社会资本参与的产业模式切实保证了村庄发展"换马不换人"的持续推进。这一模式的成功实施，不仅为村庄的产业发展注入了稳定的动力，也为乡村振兴战略的落地生根提供了可借鉴的范例。

2. 接受反映，解决"老毛病"

驻村书记XXGG发现，在村庄中建立起来的信任很快发挥了作用，F等一众村民开始向其反映村庄内难以解决的一些欠账问题，例如"烟草贷款"导致的黑名单问题，以及集中组织劳务输出欠薪等问题，这些都是之前难以向外人道的"内部问题"。在此后一段时间里的入户走访和与村干部的交流中，驻村书记XXGG结合Z村遗留问题、耕地散、山地多的地理条件以及在村务农人口为"386199"的现状，制定了几项规划：一是全力以赴处理历史遗留问题，包括不良贷款记录的消除以及欠薪问题的解决。这不仅关乎村民的信用状况和经济权益，更是恢复村庄正常金融秩序和社会稳定的关键所在。二是着力提高当前农户主要生计的生产效率，特别是在养殖业方面。通过引入先进的养殖技术和管理经验，优化养殖模式，提升养殖产品的质量和产量，从而增加农户的经济收入。三是积极联系农业科研院所，将一部分基本农田划出作为水稻试验田。借助科研力量，培育优质水稻品种，提高产量和品质。将产出的农产品作为扶贫产品，通过电商扶贫平台进行销售，拓宽销售渠道，提升农产品的市场价值。同时，对除基本农田外的一般耕地规模进行精准统计，以便合理引入相关产业，充分利用土地资源，推动产业多元化发展。此外，以学前教育、初等教育为重要抓手，努力实现教育资源的引进。通过改善教育条件，提高教育质量，让村内的孩子能够接受更好的教育，为未来的发展打下坚实基础。以教育为媒介，实现对村民的反向动员，进一步巩固自身的权威，促进村庄的全面发展。

3. 农·牧·电商，发展新产业

产业是实现从"输血"到"造血"的重要载体，还是提升脱贫群众显性能力和人力资本的有效途径，更是保障不发生规模性返贫底线任务的必要保障。

凉山州X县Z村地处二半山区，平均海拔2000米左右。过去这里水稻产量较低，亩产800斤左右。为促进粮食增产增收，同时发挥当地冷水资源丰富、土壤富含硒元素的优势，近几年，驻村书记XXGG与科研单位积极沟通，引进适应当地自然环境的水稻新品种，并指导村民种植。这一举措不仅提高了水稻的产量和品质，也为当地农民带来了可观的经济收入，还为其他类似地区的农业发展提供了有益的借鉴。

针对Z村主要养殖的"简阳大耳羊"普遍偏瘦的问题，驻村书记XXGG立即协调农业科研院所专家入村看诊，与内源性村支书共同配合，分类劝导不同类别的群众积极参与其中。这种协同合作的方式，有效地解决了养殖户的因为无知而产生的怠惰又无助的问题，推动了科学养殖技术的普及和应用。此外，Z村在20个月间就实现了电商项目的成果转化，实现盈利30余万元，为全体村民建立了弹性分红制度。电商项目的成功，拓宽了农产品的销售渠道，降低了销售成本，提高了农产品的附加值，使Z村的特色农产品能够走向更广阔的市场，进一步增加了村民的收入，促进了乡村经济的繁荣发展。同时，弹性分红制度的建立，让村民能够更公平、更直接地分享产业发展带来的收益，并以此作为重塑生活习惯、移风易俗的办法，增强了村民的获得感和幸福感，激发了他们参与产业发展的积极性和主动性。

4. 挖掘文化，链接特色资源

传说公元前2000年左右的商代，彝族人在冬至夜举行祭祀活动，以祈求丰收和平安。这个古老的祭祀活动逐渐演变，成为如今彝族人民庆祝新年和祈求丰收的重要节日——火把节。在此基础上，通过积极协调后援单位资源，并联合凉山州文旅部门，充分依托彝族"火把节""彝年"等特色节日进行文化传播与造势宣传。这些节日不仅承载着彝族深厚的历史文化底蕴，更是展示彝族独特风情和民俗魅力的重要窗口。

基于彝区少数民族能歌善舞的特点，驻村书记XXGG在Z村内成功组建了一支以村内儿童为成员的童声合唱团。自2021年起，合唱团代表凉山脱贫群众多次参加各类演出，展现了彝族儿童的纯真风采和独特艺术魅力。2023年，合唱团登上了"2023年春节联欢晚会"。看见自己的村庄从深度贫困到登上春晚，村民们的内生动力得到了极大增强。

孩子们要在春晚演出的消息早在村里传遍了。以前大家都不看春晚的，一是听不懂，二是我们过彝年。今年大家都来我们家看，看见我们村的孩子能去北京，还能上电视，都说 XXGG 书记"瓦吉瓦"（彝语，"好得很，厉害，有能耐"）。现在大伙出去说自己是 Z 村的都很骄傲。（村支书访谈 20230222，公开报道资料，20230121）

精神文化的丰富极大地增强了村民们的内生动力。它让村民们深刻感受到家乡的独特价值和无限潜力，激发了他们对家乡的热爱和对未来发展的信心。同时，也进一步促进了彝族文化的传承与发展，提升了村庄的知名度和美誉度，为 Z 村的发展带来了更多的机遇和可能。

（三）筑巢引凤，促进持续发展

处于改变期的 Z 村，其核心特征表现为持续处于高外部政策的频繁变化与内部秩序的混沌状态交织之中。扶贫资源投入缺乏精准性，"造血"模式尚未成型，下派驻村干部不受欢迎，探索期的扶贫开发模式更多地服务于政策执行的"规定动作"，而非真正契合基层治理和村庄发展的切实需求，从而陷入了循环往复的"致贫—脱贫—返贫"的困境。村民甚至逐渐接受这种"输血"模式，进而渐渐丧失了"造血"的动力，这正如同《富饶的贫困》中所形容的"民族心理方面微妙的社会问题"（1986）。解决下乡资源的合理有效利用问题是 XXGG 作为驻村书记重点考虑的问题，形成了利益嵌入路径下的"生计拓展"与"利益驱动"并存的治理机制。在 Z 村的实践中，可以形象地表述为"会赚钱（人力资本提升）、能赚钱（生计渠道拓展）、有钱赚（产业可持续发展）"。

就驻村书记政策文本而言，国家希望这一制度能够产生溢出效应，实现基层治理水平和治理能力的整体性提升，进而提高基层治理的有效性和可持续性。驻村书记扮演的角色应是"引导者"和"协调人"[①]。驻村书记制度绝非仅仅是为村庄发展带来项目和资源这般简单，驻村书记个人也并非解决村庄治理和发展问题的唯一关键，真正能够实现村庄可持续发展的应当是一套完备的

---

① 孔德斌：《整体性政府：宁镇扬一体化发展背景下扬州市政府治理模式创新的目标选择》，《现代营销（下旬刊）》2018 年第 5 期，第 108~109 页。

制度系统，驻村书记在其中所扮演的角色犹如"穿针引线"的外人，这也正是"嬗变期"识别、动员、提升本地合作者的底层逻辑所在。为巩固拓展村庄治理成果，Z村从"筑巢"和"引凤"两个方面对原有制度进行了全面重塑。

1. "筑巢"方面

"筑巢"意味着为村庄的发展营造良好的基础环境和制度框架，包括完善基础设施建设、优化公共服务体系、加强基层组织建设等。通过改善道路交通、水电通信等基础设施，提升教育、医疗、文化等公共服务水平，为村庄的发展提供坚实的物质保障和服务支持。同时，加强基层党组织和村民自治组织的建设，提高组织的凝聚力和战斗力，为村庄的发展提供有力的组织保障。

驻村书记XXGG以村集体经济项目分红为契机，建立了弹性分红、积分银行制度，并拨出部分盈利在村内建立了"助餐食堂""励学基金""大病基金"等多项自主性、公益性、普惠性的公共服务项目；"Z村之星""全能索玛""自强之星""农耕之星"等多项鼓励奖项，保证了村庄发展红利的"资源共建—社会共治—成果共享"。以"励学基金"和"全能索玛"奖励为例。

> 村里设置了种类丰富的奖学金，向进步最快和参加中、高考的学生提供奖励，为家中有学生家庭减轻学费负担。（公开报道资料，20221108）
> 全能索玛在Z村各村民小组中遴选，每小组3个名额，遴选范围为各组中持家有道、努力善良、教子有方，尤其是大力支持孩子读书的妇女。（村干部访谈记录，20230212）

对于Z村的"积分银行"制度，

> 这个钱就是要分给大家、给大家用的，但是不能直接给，那岂不是又回到吃"大锅饭"的时代了，你们经济学里应该叫"搭便车"或者"公地悲剧"。我是按照积分来管理的，只要他没有违反纪律和规定的事，还比较勤快，家里关系也处理得比较好，都是有分红的，去年每家最少也能拿到350块钱左右。另外我在村里面做了一个公益食堂，因为我们有很多的独居老人、留守儿童和残疾人，身体残疾和精神残疾的都有，他们平时

吃饭其实挺糊弄的，我就觉得首先食堂的功能就是保障我们的这些弱势群体能够有一个地方吃饭。他可以通过他的积分，两个积分就可以吃一顿饭，这两个积分怎么得，你把家里面收拾干净，1个月是10个积分，然后你可以捡一些垃圾，你可能还能得到10个积分，你通过积分银行，然后来食堂就可以吃饭。因为我不想让他们觉得我是谁干了项目才给谁，即使是老人，可能也会有一些不太好的心理状态。所以通过这个东西来让大家都动起来，有能力的建大家，没能力的扫小家嘛。（驻村书记访谈记录，20230222）

2. "引凤"方面

"引凤"则侧重于吸引外部的人才、资金、技术等资源，为村庄的发展注入新的活力和动力。通过制定优惠政策、提供良好的创业环境和发展空间，吸引有志之士和有实力的企业来村投资创业。同时，加强与外部的合作与交流，学习借鉴先进的发展经验和管理模式，提升村庄的发展能力和竞争力。

此前的对口帮扶机制中，很大的不可持续隐患在于所援助的产业和项目的发包公司均为对口帮扶单位，这就导致了在对口帮扶单位更换后项目也随之不了了之，接续的对口帮扶单位又以自身名头引入新项目，重复性的投入使得村庄并没有实质上的核心产业。针对这一问题，探索一条以政府为主体、社会资本参与的产业模式，一定程度上能够保证村庄发展"换马不换人"地持续推进。

通过"筑巢"和"引凤"的双管齐下，Z村逐步走上了可持续发展的道路，为实现乡村振兴奠定了坚实的基础。

四 小结

援派干部在少数民族地区的扶贫实践中发挥了重要作用，取得了显著成效。而女性援派干部则更因其特有的柔性特质，有效化解了一些复杂情况。Z村曾是深度贫困地区，面临着诸多挑战：基层组织涣散，党员干部文化程度低、年龄偏大，组织生活不规范，部分干部作风不正，如原村内主要干部Y经常性旷工、从商并试图寻租分利等。此外，村民对驻村书记缺乏信任，前几任驻村书记未能有效嵌入村庄治理，且村民对外部帮扶过度依赖，导致村庄自身内生动力不足。

通过深入了解Z村的情况，驻村书记XXGG针对工作中面临的挑战，采取了一系列行之有效的工作方法和举措。在建立群众信任方面，以柔性入场的方式，通过倾听了解村民需求，融入当地文化取彝族名字，以及在自然灾害中挺身而出等行动，成功赢得了村民和村干部的信任与尊重。在解决当下难题时，主动出击，打好"强关系"，动员各方力量推进产业发展；积极接受村民反映，解决遗留问题，并制定规划提升生产效率、引入科研和教育资源。通过引进项目、协调专家、利用电商、增加盈利、建立弹性分红制度、重新梳理组织架构等措施，提升了村内经济活力、组织活力，改变"人"的状态、干部的作风。并根据体察的村"两委"弱点，提出行之有效、简洁易记的工作方法："多问一句，多走一步。"

此外，通过挖掘文化，依托特色节日宣传和组建童声合唱团等方式，增强了村民的内生动力。通过"筑巢引凤"的策略，完善基础设施、加强基层组织建设、建立制度和公共服务项目，吸引外部资源，保证了村庄发展的可持续性。

这些努力使Z村取得了诸多成就，贫困发生率降至0%，村集体经济收入增加，贫困户户均分红提高，住房及配套设施得到改善，农业收入成倍提升，文化生活日益丰富。

援派干部的扶贫工作不仅为少数民族地区带来了物质和发展机遇，更重要的是激发了当地群众的内生动力，增强了他们的自我发展能力。其中女性援派干部的柔性实践，更是为乡村振兴战略的实施提供了有益借鉴，展现了领导力和社会责任感，为女性参与公共事务树立了榜样，为构建美丽乡村和谐社会贡献了智慧和力量。未来，应进一步总结和推广这些经验，加强对少数民族地区的支持和关注，发挥女性援派干部的重要作用，推动乡村振兴战略的全面实施。

产业篇

B.6 乡村旅游产业发展中女性村民参与状况报告

魏开琼　李奕霆*

摘　要： 乡村旅游产业的发展，离不开在地女性村民的参与，已有的实践表明，她们在乡村旅游产业发展中做出了重要贡献。2024年的中央一号文件中明确提出要推进乡村旅游集聚区（村）建设，作为村庄主人的女性村民，她们在乡村旅游产业发展过程中既是旅游产业的参与者，是农耕文化的传承者，也是乡村振兴的主力军。本报告发现，女性村民参与乡村旅游产业主要有内外两种动力，政策的扶持、妇联的助力以及家庭的推力是女性村民参与的外部动力，而女性个体的家乡情怀、对美好生活的向往及其作为主体的参与意识与参与能力构成了女性村民参与的内部动力。女性村民参与乡村旅游产业具有明显的优势，文化认定的女性特质与旅游产业具有高度的契合性，在地参与让她们兼顾了家庭照料与家门口就业，其在家庭中的生活技能有力地支撑了其职业发展。本报告也发现，通过参与乡村旅游产业，妇女在家庭中的话语权得到提

---

* 魏开琼，中华女子学院妇女发展学院院长、教授，主要研究方向为妇女理论、妇女发展、性别研究；李奕霆，中华女子学院妇女发展学院硕士研究生，主要研究方向为妇女发展。

高,但她们的身心健康也受到了影响,而参与中的边缘身份一定程度上限制了她们的发展。结合研究发现,本报告提出以下建议:一是要打造妇女参与乡村旅游产业的友好氛围;二是重视产业发展过程中妇女的需求与声音;三是发挥榜样人物的带动作用,更好地助力女性村民参与乡村振兴,促进妇女的全面发展。

关键词: 乡村旅游产业　女性村民　妇女参与　妇女发展

随着传统农业向现代农业发展,农村工业化速度加快,农村产业结构发生改变,乡村旅游成为推动农村地区经济发展的有效手段,其乡村性重构了农村妇女与乡土资源的关系①。很多地方的实践注意到,要有效促进乡村旅游可持续发展,乡村妇女这支重要的人力资源不可忽视,她们以积极的姿态介入乡村振兴的进程中,从家庭空间延伸到村庄空间,成为三产融合进程中的一支重要力量,尤其是在乡村旅游产业发展过程中,发挥着不可替代的作用。研究也注意到,乡村旅游的产业属性与乡村女性的现实需求具有高度的契合性②,在较早开始乡村旅游的少数民族地区,女性甚至成为从事乡村旅游的生力军③④。

妇女参与乡村旅游产业,不仅丰富了乡村旅游的文化内涵,提升了旅游体验的品质,还促进了农产品的品牌化与市场化,为农村经济的多元化发展开辟了新路径;这一过程也为妇女自身提供了更多的就业机会和创业平台,增强了她们的经济独立性、提升了其社会地位,实现了个人价值与社会发展的双赢。妇女参与乡村旅游产业是推动乡村振兴战略与促进性别平等的重要一环,她们作为乡村旅游产业的行动主体,参与旅游产业的现状如何?她们在参与过程中

---

① 冯淑华、沙润:《乡村旅游中农村妇女就业与发展研究——以江西婺源为例》,《妇女研究论丛》2007年第1期,第28页。
② 张涛、林巍:《农村妇女工作家庭冲突、弹性就业与扶贫策略——以乡村旅游产业为例》,《农村经济与科技》2017年第21期,第198页。
③ 廖婧琳:《平等或从属:旅游参与与女性家庭权力——以西江千户苗寨为例》,《西南民族大学学报》(人文社科版)2018年第1期,第42页。
④ 王艳、曲雯、李晓亚:《民族乡村妇女参与乡村振兴的现状、问题及对策研究——以大连市石河满族镇S村为例》,《大连民族大学学报》2023年第6期,第488页。

做出了什么样的贡献，又面临着什么样的挑战？本报告结合实地调研与文献资料，选取河南省的Z村、安徽省的M村、浙江省的航川村三地的典型实践作为观察样本，以在浙江省航川村的实地调研作为关注焦点，从作为乡村旅游产业行动主体的妇女视角，分析她们参与旅游产业的现状，她们参与过程中具有的优势与面临的挑战，并提出可能的应对困境的策略与建议。

一 乡村旅游产业发展为女性在地就业提供契机

2021年中央一号文件提出要全面推进乡村振兴，其中产业振兴居于首位，发展乡村特色产业成为推动乡村振兴的战略任务。在这些方针政策文件的指导下，各地因地制宜探索出适合区域的产业发展模式，尤其是农旅融合发展成为推动县域经济发展的重要抓手。研究者在对农旅融合典型案例进行分析后，发现我国已形成以产业振兴、特色挖掘、政策组织带动农旅融合发展的三种模式①。尤其是许多地方结合乡村独特的生态空间及当地历史与文化资源，探索出极具地方特色的乡村旅游发展模式，乡村旅游在媒体中的能见度日益提升。2024年的中央一号文件更是明确提出，要"实施乡村文旅深度融合工程，推进乡村旅游集聚区（村）建设"等具体目标和措施。政策利好为乡村旅游产业发展带来强劲动力，《中国乡村旅游发展报告（2023）》一书对新时代我国乡村旅游发展成效及未来趋势进行了全面总结和系统梳理，围绕乡村旅游发展指数等重要议题展开研究，介绍了我国重点区域乡村旅游的发展模式和经典案例②。而乡村旅游产业的发展，不只带来人居环境的改善，也带来基层治理模式的创新，更重要的是，旅游产业的发展，实实在在提高了百姓的收入，如《2024中国乡村旅游发展白皮书》显示，2023年中国乡村旅游业产值超9000亿元，农民人均旅游产值达1903元③。可见，发展乡村旅游对乡村经济振兴意义重大，它不只是实现农民增收的有力抓手，也是通过

---

① 朱厚宁：《乡村振兴背景下农旅融合发展模式研究》，《农业经济》2024年第5期，第70~71页。
② 王金伟、吴志才主编《中国乡村旅游发展报告（2023）》，社会科学文献出版社，2024。
③ 《2024中国乡村旅游发展白皮书》，澎湃新闻·澎湃号·湃客，2024年6月30日，Https：//www.thepaper.cn/newsDetail_forward_27892747，最后检索时间：2024年7月30日。

农业农村现代化推进中国式现代化建设的重要途径。

乡村旅游产业振兴是多元行动主体共同作用的结果，从不同地域的实践看，政府在农旅融合发展过程中均发挥着重要的主导作用。本文关注的三个区域，分别是河南省 Z 村、安徽省 M 村以及浙江省航川村，三地在探索乡村旅游这一产业振兴时的切入点与推进乡村旅游的路径各具特色，但都先后"看到"乡村中妇女群体的力量，并将其纳入推进乡村旅游建设的进程中。

M 村与航川村均为政府主导乡村旅游发展规划，两村的发展均得益于政府对扶贫与共富工作的高度重视。M 村从一个最初无山、无水、无景的"三无村"到如今的全国乡村旅游重点村、中国美丽休闲乡村，并入选 2023 年全省和美乡村精品示范村建设名单，走出了一条乡村旅游发展的样板道路。航川村则抓住乡村旅游的契机，短短两年时间内快速打开乡村旅游市场，带动附近村庄建立共富联盟，获得了极大的经济收益。两村在推动农旅融合发展中，先后注意到发挥女性村民力量与作用的重要性，不同的是，M 村在整体规划乡村发展时，并没有特别打造女性为主体的发展路径，但在发展过程中，看到了女性力量在乡村发展中的重要性，目前，正建立"红莓姐姐乡村女性成长计划"，旨在通过全面而精准的培训，在助力乡村女性实现自我提升和发展的同时，将女性由共同参与的幕后状态特别推到前台，彰显女性在乡村农旅融合发展中的主体作用。航川村在启动乡村旅游发展规划时，看到了民宿发展中女性的主体作用，村"两委"在对家庭户进行详细调研后，直接打出要发挥妇女"撑起民宿经济一片天"的口号，第一期带动 12 户家庭发展民宿产业，不到两年时间，不只是提高了经营家庭户的经济收入，也壮大了集体经济，同时正带动周边的村庄实现共富。

而 Z 村与乡村旅游产生关联则始于一家社会组织与村"两委"合作在当地启动的推动性别平等的实践。在至今 22 年的探索中，随着对村庄发展与村民需求更深入的了解，形成了不同时期的关注点。最初团队从村庄妇女经济赋权开始，进行农村妇女手工艺品开发（2002~2008 年），进而推动妇女自组织的建立与发展（2003~2007 年）；为回应乡村老龄化的现实，进行农村多样化养老模式探索（2007 年至今），结合村民的日常生活与现实需求，对村庄进行出生性别比失衡综合治理（2008~2014 年）。团队与村民在近十年的合作后，意识到观念的改变还需要体现在制度上，展开了通过修订村规民约进行村庄制度改革（2009~2015 年）的实践，并围绕环境建设与团结经济建设推进乡村建设与实践（2016年至今）。Z村以推动村庄男女两性平等、实现社区和谐发展为目标，在社区建设与发展中，不只是提升了村民的主体意识与对村庄的归属感，也提高了农户的经济收益（见表1）。

表1 三地切入乡村旅游产业发展路径的对比

案例点	起始年份	主导者	切入点	当前的发展思路	妇女的角色
河南Z村	2002	政府+社会组织	妇女发展	发展团结经济理念下的研学经济	参与者管理者
安徽M村	2015	政府	脱贫减贫	以"红莓姐姐"项目提升妇女的参与水平	参与者
浙江航川村	2022	政府	共同富裕	发挥妇女在民宿经济中"一片天"作用	参与者管理者

当前，关于乡村旅游的研究成果非常丰富，一些批判的声音也出现了，主要是针对乡村旅游发展的同质性问题，如整体规划同质化、资源开发同质化、项目建设同质化等①。对造成乡村旅游开发同质化的原因也有不同的观点，或是认为以政府为核心的外在动力机制与以村集体和村民为发展主体的内在动力机制没有实现良性耦合②；或是认为资源禀赋、规划团队、行政力量、社会资本约束促成同质化③。应该说，同质化发展确实是乡村旅游发展中一个需要高度关注的面向，但从本报告的三个典型来看，避免同质化风险的关键在于旅游产业发展过程中是否将村庄发展与村民需求有效整合进乡村发展的整体规划中。从三个典型来看，无论是哪一个行动者主导的乡村建设，系统性与整体性的思维都是重要的。而受到性别规范的影响与作用，家庭期待乡村女性要承担照护与养育的主体责任，职业市场中女性又处于不利处境，在这两种力量的拉扯中，乡村女性在家庭决策下"选择"留在家中，或是在生命的不同阶段从外出打工的地方"回流"到家庭中。在此，"留守"的表述并不能完全描述她

---

① 庞筑丹：《如何破解乡村旅游同质化难题》，《人民论坛》2020年第4期，第84~85页。
② 崔腾飞：《美丽乡村建设同质化：现象分析、驱动机制与转向策略》，《贵州社会科学》2022年第12期，第148~151页。
③ 熊正贤：《旅游特色小镇同质化困境及其破解——以云贵川地区为例》，《吉首大学学报》（社会科学版）2020年第1期，第125页。

们的处境，因为村庄本来就是她们的家园，她们自己就是村庄的主人，她们本人也经历了"村—城—村"的流动。乡村旅游产业的发展，一方面，让她们有机会彰显出"女主人"的另一面向，她不只是家庭内劳动的承担者，她也是在地就业与创业的劳动者，是村庄发展的主体力量；另一方面，乡村旅游产业的健康发展，不同地方实践尽管切入点有差异，但最终都会看到妇女群体在乡村旅游产业发展中的巨大人力资源潜能和她们在乡村建设中作出的贡献。以下报告源自笔者对Z村进行的为期五年的观察，以及在航川村进行的为期三年的田野调查。报告撰写中的访谈资料主体来自2024年7月16~19日在航川村的访谈，本次访谈除了访谈九位民宿女主人外，也对航川村书记、驻村特派员、第三方运营团队负责人以及工作人员H进行了访谈，征得受访者同意后，保留民宿的真实名称，但对民宿女主人信息进行了处理（见表2）。

表2 受访民宿女主人基本情况

民宿名称	受访民宿女主人	受访者年龄段	受访者返乡前的工作经历	民宿经营中的家庭分工
董家大院（兄弟两家合并）	D1	70后	在镇上经营五金店，后因为开办民宿返乡，五金店暂时处于关门状态，去留待定	女主人负责后厨和住宿，婆婆协助，小叔子夫妇以及丈夫下班后帮忙
云山居	C1	80后	曾在杭州工作，因为婚育返乡，现为村里网格员，同时经营民宿	女主人负责后厨和住宿主要工作，男主人协助
随遇	L	85后	曾在县城经营牛奶店，其丈夫从事餐饮工作，后因办民宿返乡	女主人负责对外联络，男主人负责后厨
六六农家乐	X	85后	外地嫁入的媳妇，曾在天津、杭州、新安江等地从事餐饮工作，后随夫返乡开办农家乐创业	只做餐饮，女主人负责对外联络和后厨备菜，男主人主要负责后厨
小苏院	S	70后	曾在工厂做销售工作，退休后返乡开办民宿	女主人负责后厨和住宿，男主人从事装修，工作之余提供帮助
院里树下	J1	70后	曾在某学院工作，后返乡创业	女主人负责对外联络，男主人负责后厨，现为民宿协会会长

续表

民宿名称	受访民宿女主人	受访者年龄段	受访者返乡前的工作经历	民宿经营中的家庭分工
阿庆嫂（兄弟两家合并）	J2	70后	在外打零工,后返乡创业	小叔子夫妇在外地不参与经营,女主人负责民宿,男主人下班后帮忙
慢慢	C2	70后	曾在当地镇经营建材店,后因办民宿返乡创业	女主人负责后厨,男主人负责招待
艾溪山居	D2	70后	曾是流动摊贩,做小本生意谋生,因身体原因返乡,开办民宿创业	儿子负责后厨,母亲负责对外联络及后厨备菜

与一般认为女性返乡是基于家庭照料责任不同的是,本次调研发现女性返乡的最大动力在于航川村于2022年启动的发展民宿经济的规划,让这些家庭看到了回乡创业的可能性。与其他研究发现类似的是,本村民宿经营由女性主责,具体分工由家庭协商决定,民宿产业发展呈现比较明显的女性化倾向[①]。Z村的研学经济起始于性别平等的探索,最初的核心团队成员为手工艺协会成员,本文中的相关资料来自2024年4月25~29日在Z村对手工艺协会成员的访谈。

二 妇女在乡村旅游产业中的主要贡献

随着我国农村产业结构发生变化,农村劳动力资源也进行了重组,乡村旅游资源的开发、利用与管理转向家庭层面,原本呈现劣势的农村女性化现象在乡村旅游产业发展过程中转化为女性就业的优势。作为旅游产业的参与者、农耕文化的传承者以及乡村振兴的主力军,妇女在乡村旅游产业的发展中发挥了不可替代的重要作用。她们不仅推动了旅游产业的发展,重构了妇女与乡土资源的关系,也促进了乡村经济、文化和社会的全面振兴。

---

① 冯淑华、沙润:《乡村旅游中农村妇女就业与发展研究——以江西婺源为例》,《妇女研究论丛》2007年第1期,第28~29页。

（一）她们是旅游产业的参与者

在乡村旅游产业发展的过程中，妇女的力量是无法被忽视的，她们不仅参与旅游产业不同环节的工作和活动，还以极大的创造力和亲和性吸引四面八方的游客，丰富了旅游产业的内容并不断提升服务质量。在航川村，妇女们是农家菜与农产品的制作者与生产者，也是民宿、农家乐的经营者与管理者，她们既是作为"内"的家庭发展的主力，也是作为"外"的村庄发展的主要贡献者。该村民宿基地首批共有 12 户家庭开放营业，床位达 205 个，妇女的参与率达到 80%，从客人的接待，到民宿的卫生与客房服务，再到早中晚餐的制作，每个环节都离不开妇女的辛苦付出。民宿运营中的各项工作基本都由家庭成员分担，特别忙碌的时候，也会雇一至两位附近的村民前来帮忙。如果家庭中的男性成员在外有相对稳定的工作，民宿运营的全部事务都由家庭中的女性负责。在 Z 村，妇女的参与率同样惊人，从事研学旅游接待与服务工作的人员几乎全部是女性，她们为来访的游学团队提供住宿、餐食、讲解等服务，她们在与游客全方位互动中，重新塑造了乡村社会的产业结构，重构了妇女与乡土资源的关系。

（二）她们是农耕文化的传承者

随着乡村旅游的发展，农村第三产业焕发出巨大的生机，乡村旅游的服务性、社区性和弹性化，使得妇女在日常生活中就能成为地方传统文化习俗的传承者。在乡村旅游产业中，她们通过展示自家的农产品、教授手工艺技能以及保护与修复文化资源等方式，增强了地方文化的内涵与吸引力。例如在 Z 村，手工艺协会的妇女带领来访研学团队参观手工艺博物馆，在她们的讲述中，每一件作品都好像"活"了起来。同时，她们也会教授游客手工艺技能，例如编织、串珠等，不仅增强了游客对乡村文化的体验感，还能与游客建立深厚的情感联结。此外，Z 村妇女不仅是乡村旅游产业中的文化传承者，更是文化资源的保护者和利用者。2016 年，Z 村开始修复村民已搬离且废弃的曾经的家园窑洞，因为村民觉得"看到这片窑洞，就想起了曾经的老家"。修复后的窑洞被命名为梦里老家。在这场修复昔日家园的声势浩大活动中，妇女不仅带头捐出了自家闲置的建材和带有过去记忆的老物件，还主动承担了动员宣传和参与修建的工作。如今，修复后的窑洞是前来研学团队的客房，也是Z村对外宣传与展示的一张极具价值的名片，它们不只保留了村民对过去生活的记忆，也成为研学团队了解村庄历史与发展的载体。

（三）她们是乡村振兴的主力军

妇女们在乡村旅游产业中的积极参与，极大地推动了当地经济的发展，增强了村庄的凝聚力。通过经营农家乐、民宿等旅游项目，她们为家庭及整个村庄都带来了可观的经济收益。四年前，航川村人口不足2000人，人口老龄化问题严重且产业空心化问题突出；人均纯收入不到2万元，但发展民宿业不到一年时间后，该村就实现了农户经营性收入47万元，还为村集体经济增收3.5万元。另外，乡村旅游产业为妇女创造了大量的就业平台和机会，妇女不仅可以自己创业成为老板，也为本村和附近村庄成员提供了就业岗位。就业机会的增加，反过来又减缓了农村人口外流，维持了村庄的稳定和发展。正如村民所言，其他村都是村民离村外出打工，航川村却是大量青年返乡创业。而且，妇女们在旅游产业中的相互帮助也增强了村庄整体的凝聚力以及邻里之间的合作。Z村最初建立的手工艺协会，扩大了妇女的社会支持网络，她们共同设计与制作手工产品，建立了良好的合作关系。在航川村，兄弟家庭共同经营以及邻里互助合作的经营策略与分工，也有效提升了彼此之间的情感。

三 妇女参与乡村旅游产业的动力机制

如果说农村产业结构的变化，为妇女进入乡村旅游产业提供了可能性，妇女与家庭的处境则决定了其进入旅游产业的现实性。妇女自身的意愿、乡村情怀的呼唤以及她们对美好生活的追求让她们内生出进入旅游产业的胆识与行动力；而政府政策、妇联组织的支持以及家庭的拉力，又给了她们丰富的渠道、资源和动力，让她们有力量去面对新的挑战。

（一）女性参与旅游产业的外部推动力量

1. 政策扶持是支撑

以航川村为例，其发展离不开政府政策的大力支持，当地镇人民政府作为该项目的"总设计师"与作为"首席推广官"的市文化和广电旅游体育局相互配合，快速有效地打出航川村"民宿第一村"的招牌①。航川村以"五统一分"的模式进行民宿的管理及运营，即统一规划、统一管理、统一招商、统一标准与统一品牌，以及在五统的前提下各农户分户经营，借助新媒体平台，航川村在短期内实现弯道超车，取得了明显的经济回报。这样的经营策略规避了市场经济自由竞争的乱象，在保障民宿服务质量的前提下做到了驻村特派员总结的"民宿惠民、民宿姓民、民宿为民与民宿利民"的目标。驻扎在航川村的第三方运营团队负责人认为，该村能在短短一年内取得良好的成绩离不开其准确的市场定位以及政府的大力支持。政府在环境打造、民宿建设、宣传引流的每个环节都给予了大力支持，尤其是发展初期提供的补贴大大降低了村民户的经营成本。M村的发展也同样受到政府的高度重视，2017年该村成为全县首个田园综合体项目，经过几年的发展，已经初具规模，目前形成了"乡村生活体验目的地"、"全国成长教育高地"和"宜居宜游发展目的地"的定位，通过整合农业、旅游、文化等资源，推动一二三产业的深度融合。

2. 妇联组织是助力

如果说妇女顶起了社会发展的半边天，那么在乡村旅游产业中，妇女几乎撑起了整片天。基层妇联组织作为纵向到底的机构，发挥团结、引领与服务作用，推动"妇字号"品牌建设，成为广大乡村妇女积极投身乡村旅游产业发展的重要助力。不能否认，乡村中性别观念与规范更为传统，女性在创业、就业过程中所受的差别待遇也更为明显。各地妇联针对乡村女性在创业及就业当中遇到的困难，通过经验传授、贷款申请指导和心理情感鼓励等方式为妇女参与乡村发展提供支持②。在航川，民宿女主人此前并没有经营与管理民宿的经验，当地妇联组织为妇女提供了多种多样的技能培训和教育机会，提升她们的就业能力和职业技能，包括接待礼仪、餐饮服务与菜点培训、客房服务管理等。

---

① 农学谷研修院：《如何从贫困小村变身"民宿第一村"？他的做法令人羡慕》，"农学谷研修院"微信公众号，2024年6月19日，https：//mp.weixin.qq.com/s/gyQN_IOwj60ep4wcIN_wkA，2024-06-19，最后检索时间：2024年8月1日。

② 张成刚、陈文娟：《政府·妇联·女性：共同激发乡村振兴中的她力量》，澎湃新闻客户端，2024年4月3日，https：//m.thepaper.cn/baijiahao_26909991，最后检索时间：2024年8月3日。

3. 家庭需求是拉力

对于今天大部分乡村妇女来说，照顾与养育其他家庭成员仍是她们主要的责任。"贤内助"的角色期待也让乡村妇女在面对职业与家庭的冲突时，往往会自愿或非自愿地放弃工作，回归到家庭中。不过，对于大部分的航川民宿女主人来说，返乡并不意味着完全回归家庭，毋宁说，乡村旅游产业的发展，为她们提供了一种新的兼顾家庭责任与就业创业的可能性。对六六农家乐的 X 来说，虽然养育子女并不是推动她返乡创业的首要因素，但也是重要考量。她说："以前都在外地工作，没有机会管孩子，孩子现在大了，到了叛逆期，还是要管一下，不能直接扔给爷爷奶奶，还是跟着爸爸妈妈会好一点。"

此外，家庭的经济需求也是妇女返乡的重要推动力。民宿的经营主要由家庭成员承担，这部分劳动并不会被作为成本予以计算，小苏院的女主人算了一笔账，她家五个房间一个月少说也能赚到两万元，这对农户来说，是一笔相当可观的收入。此外，开办民宿让老乡变成了老板，收入不仅可见而且更有保障。民宿慢慢由夫妻俩共同经营，他们在村里开办饭店，餐饮生意帮助他们实现了十几年前的梦想。受访的女主人 C2 表示："之前我们俩在外地打工，生活也很辛苦，那里生活成本很高，小孩还要读书，也赚不到钱，当时家里还欠了三角债所以经济也有点困难。以前是钱拿不回来，现在是你给了钱才能走，每天能立马见到钱，生活就有盼头。最主要的是，现在做这个有尊严还很体面。"对于民宿阿庆嫂的 J2 来说，由于她和丈夫曾经都在外打零工，收入非常不稳定，度过了一段辛苦的时光，现在对她来说，虽然民宿工作辛苦一点，但是自己开心满足，而且收入比在外面打工要高得多。

（二）女性参与旅游产业的内生动力

1. 具备浓厚的家乡情怀

对年轻的村民来说，城市中大量的发展机会、先进的思想观念与便捷的生活方式有着无与伦比的吸引力。随着持续的城乡人口流动，乡村逐渐人走村空，产业凋敝，不少乡村早已成为没有活力的"空心村"，但很多人对曾经哺育过自己、正在走向衰落的乡村仍怀有难以割舍的眷恋。航川村的 H 是本村女儿，婚后与丈夫在上海工作，因为生育回娘家住了一段，在驻村干部的动员下，留在村中成为村庄旅游产业的民宿管家，负责对外的联络与对内的统筹安排。在谈及为何愿意留在村中工作时,她表示:"这是我从小长大的地方,对这个地方有很深的感情,当时看到书记做宣传,我特别感动,就加入了他们。"

那些在乡村旅游产业从业的妇女,也在时时刻刻践行她们对家乡的热爱,在与游客互动过程中,强化了对家乡的认同感和归属感。在这里,乡土情感与市场逻辑实现了良性互动,对家乡的热爱帮助她们实现了经济利益的最大化。正如董家大院的 D1 所言:"我们服务态度好一点,不仅是说会有回头客,还让游客觉得你这个地方很好,下次还要来。"女性参与乡村旅游产业某种意义上重塑了她们自己的文化身份,也重构了乡村的文化生态与社区景观。

2. 追求更美好的生活

乡村需要振兴,离不开人才的振兴,让大量离乡者返乡成为推动乡村发展的重要人力资源,需要让他们看到乡村所蕴含的发展潜力,航川村就展现了一幅村民在家门口就能享受美好生活的图景。民宿艾溪山居的 D2 是本村土生土长的人,早年间她和丈夫靠流动做生意为生。她说:"我们是摆摊的,在展销会卖卖小东西,哪里有会我们就去哪里摆。因为要来回跑所以很辛苦,一下出去就不回家,一直在外面转来转去。后来疫情来了,受疫情的影响,就不让摆摊了。"因为从小身体不太好,患有风湿性心脏病,摆摊的生意对她来说也比较吃力,疫情加剧了这种不确定性。得知村里要开办民宿基地后,她和丈夫响应村里的号召,儿子也从外面辞职回村,一家三口共同做起了民宿生意。对 D2 来说,现在的工作没有那么辛苦,儿子也回来一起生活,还承担了民宿做饭的工作,无论是对于自己家的民宿还是对于儿子她都感觉非常自豪。

村里发展民宿经济时,小苏院的 S 正好到了退休年龄,她把自家房子重新装修后办起了民宿。在她看来,在家乡办民宿要比外出打工好得多,看到经营民宿可以获得不错的收入,一家人协商后,儿子一家也选择在家门口的工厂上班。S 说:"像我儿子,他说要到杭州去,我说你不要去,还是在这里做好。在本地的工厂里,你回来吃回来住,那也七千块钱,也不辛苦。"小苏院依山傍水,从事室内装修工作的男主人把庭院设计得美观漂亮,因为客房不多,S 的工作量也不大,闲暇时她常去和其他姐妹打打麻将聊聊天。对她来说,开办民宿让自己和家庭都有了更可观的收入和更好的生活。

对美好生活的向往,提升自己与家庭的幸福度,是村庄妇女们最关注的。

通过参与乡村旅游产业,妇女们在获得稳定收入的同时也能改善住房条件,提升生活质量。更重要的是,她们能感受到精神生活质量的提升,在地就能实现自我价值,获得家庭和社区的认同和尊重。

3. 有创业的意愿与能力

航川村第一批民宿女主人,从生命历程来看,70后这批人基本上50岁左右,她们有丰富的外出工作经历,更年轻的80后到85后这一代,也多是在城市里接受教育并有过工作经历。她们返乡的动力除了来自家庭的需求及良好的政策支持外,还有自己强烈的创业意愿。在返乡之前,她们有的在工厂工作,有的经营店铺,有的做零售生意。这些乡城流动经历不仅丰富了她们的阅历,也让她们获得了深刻的生命体验,以及知识、技能和资源,这些构成了她们创业决策中的文化资本。其他的研究也发现,女性为了家庭长远考虑,放弃原职业返乡发展是她们作出的暂时性的理性选择,但她们内心始终存有重新就业的愿望[1]。

云山居的女主人C1认为,在外工作的经历让她有了更多与社会产生链接的可能。返乡之后,她对村庄生活的不适应让她主动在村庄中寻找机会,成为村中的网格员并自行创业开办了民宿。六六农家乐的X是来自四川的80后姑娘,先前她和丈夫都在城市中从事餐饮行业,因此,"开办一家属于自己的餐厅"成为他们的梦想。她对返乡开办农家乐表现出尤其积极的态度,因为"反正我们还年轻嘛,以后也是要开店的,就在这里学习积累经验和资源,就算失败了,也能东山再起。"在外地工作期间,她和丈夫去了许多城市学习餐饮服务行业的知识,为以后的工作和生活做铺垫。"之前我们两个都在杭州那边做冷菜,后来回到新安江这边,发现冷菜不是那么受欢迎了,他就开始学炒菜,我就去备菜,这样做了两年,但是那会儿没有和客人面对面沟通过,基本都在厨房里面。后来他又去学习做早餐,就是为了开店想要多学一点。"由于在返乡前有过大量的考察以及学习的经历,X对于乡村旅游发展的需求以及来访游客的偏好有更为专业及深入的理解,她很开心地表示自己在经营过程中能力得到极大的提升,认为日后再做选择时的空间也会越来越大。

---

[1] 罗意林、孙九霞:《挣脱还是回归?返乡妇女的旅游参与和角色重塑》,《旅游学刊》2022年第12期,第116页。

四　妇女参与乡村旅游产业的优势

（一）女性特质与旅游行业的需求匹配

乡村旅游的本质在于唤起人们的乡土情感，拉近人与土地和乡村的关系。在乡村民宿运营过程中，主人与客人同吃同住，对客人来说，乡村游重要的并不是空间，而是一种新的生活方式。为了能让游客有更好的旅游体验，经营者往往会投入更多的情感。对于民宿女主人来说，游客接待工作的重要程度不亚于为客人准备一顿丰富的饭菜，或者为他们提供一间干净舒适的房间。航川村民宿阿庆嫂基本上由女主人J2一人管理，她表示丈夫不善言辞，做不来和客人打交道的工作，因为"他没什么耐心的，他是脾气比较急的人，他不擅长这些东西。"来到民宿的游客遇到问题后也更愿意与女主人进行沟通，院里树下的女主人J1也表示："我出不去的，我得守家，不然别人找不到你就麻烦了。"显然，女性温和、细致、具有同理心的特质让她们在经营民宿的过程中具有明显的性别优势。此外，民宿主人还需要时时为客人提供情绪价值，乡村民宿成功在其乡土性，但也正是乡土性可能导致游客的不满，比如对饮食的不习惯。云山居的C1就遇到来自上海的游客由于口味差异多次报怨，C1就微笑倾听，坦承自己厨艺不精，主动向客人学习如何做出可口的面条，她的真诚获得了游客的好感，主客开心热闹地结束了一场不愉快的抱怨。乡村旅游业中的翘楚隐居乡里自2015年底开始进行民宿管家的培训工作，经过三年的实践后于2018年底制定了一份标准的乡村民宿管家培训材料，其中对管家的岗位职责与行为规范、接待服务技能、日常保洁、餐饮服务技能等提供了规范化的操作标准，真诚、勤劳、亲切、淳朴、善良、任劳任怨等词语出现在字里行间，强调管家们要"为城里的客人提供最具乡土气息的亲人般的服务"①，这表明乡村旅游产业为女性提供了发展契机，体现出一种基于社会性别想象的乡土资源再分配格局。

---

① 《乡村民宿管家·前言》，《家庭服务》2018年增刊，第3页。

（二）兼顾家庭照料与实现家门口就业

云山居的 C1 是本地人，她从学校毕业后去了杭州工作。结婚后，由于生育原因，也因为父母身体状况不佳、需要陪伴，她和丈夫返乡回到航川村生活。年轻的她回来后却感受到了巨大的落差感，"有了小孩就有了牵绊你就走不开了，一直待在家里的话，就感觉和社会有点脱节。"她在生育第二个孩子后，离开家乡流动到城市的选择变得更为不易，因为"那个时候二胎以后出去工作，就更加不方便了。哪有那么好找的朝九晚五的工作？小孩要八点多钟到学校，下午三点多钟放学，那会儿又不能下班。"正是在村庄就地工作，缓解了她离开工作环境之后的焦虑感。她在工作之余还能够经常陪伴孩子，兼顾了家庭照料与职业发展的需求。正如其他观察表明的，妇女通过进入乡村旅游产业，借助灵活、自由的就业模式，有效协调了工作家庭冲突，取得多种角色的相融，对于她们来说，这也是两全其美的理想工作类型[1]。家门口就业带来的更加灵活的时间安排以及地理空间的便利条件，也使得乡村旅游产业成为平衡女性家庭角色与个人职业发展的相对最优解。

（三）生活技能延伸到职业发展上

妇女在日常生活中积累的许多技能与经验，如烹饪、手工艺品制作、整理收纳、待人接物等，都能在乡村旅游中被赋予新的价值和意义。将原本不被重视的家务劳动转化为能够为妇女带来收入的工作，既有效提升了她们的自我效能感，也是实现个人职业转型最为便捷和高效的方式。航川村首批经营民宿的 12 户家庭，除两户不负责饮食只提供住宿外，其余的民宿主要由妇女负责餐食。此前她们并没有从事餐饮行业的经历，对饭菜的要求也仅是满足家人的日常需要，但她们的学习能力能让她们快速提升自己的烹饪技巧。此外，清洁庭院、打扫房间、整理床铺本就是她们日常劳作内容，略加培训后她们很快适应了新的角色。阿庆嫂家的 J2，因为家里只提供住宿，她甚至比以往多了更多闲暇时间。最后，民宿经营中重要的工作是与客人打交道，女性往往承担着家

---

[1] 张涛、林巍：《农村妇女工作家庭冲突、弹性就业与扶贫策略——以乡村旅游产业为例》，《农村经济与科技》2017 年第 21 期，第 199 页。

庭与社区对外交流的主要角色,她们的生活智慧、工作态度、处世哲学也会影响她们的经营。董家大院的D1是一位爽朗、热情、真诚的女主人,她的家门口贴着大红的双喜字,但她家并没有适婚的孩子,原来是一位在当地工作的河南姑娘要嫁入当地,因为娘家太远所以租住在她家,女孩从这里启程前往婆家,在当地成为一段佳话。通过在家门口就地利用生活技能工作后,妇女的社会身份有了新的内涵,她们不只是生活在乡村的妇女,更是一名民宿行业的经营者。她们把生活的经验和对生命的感悟融入日常民宿的经营与管理中,为自己为家人为村庄撑起一片新天地。

五 对妇女参与乡村旅游产业发展的反思

(一)经济收入提升妇女在家庭中的话语权

参与乡村旅游产业给妇女提供了多样化的收入来源,提升了妇女的经济安全感。妇女通过旅游产业产生经济贡献也让整个家庭在面对经济困难以及突发情况时,能够更加从容应对。除此之外,经济能力的提升还有助于妇女建构她们的主体性、赋权自身,使其在家庭中获得尊重。Z村手工艺协会成员W以前伸手从丈夫手中要钱用于家庭开销,每次都感觉特别没有底气。2005年,她在省巧女大赛上凭借自己的作品获了奖,得到1000块钱的奖金,从此之后,丈夫对她的态度也产生了巨大的转变,"一开始不让我参加活动,不让出门。每次我说出去,就说不去不去。后面就说那你就去嘛,有时候还骑车送我过来上课、参与活动。"通过提升经济能力,W的观念以及意识也在逐渐改变,她的家庭话语权随着对钱的"要"到"不要",也发生了从"无声"到"有声"的变化。另一位村民L在Z村的研学旅游项目中获得做饭赚钱的机会,她说:"虽然老头也不缺我的钱,但不是自己挣的就总觉得心里不踏实。后来自己挣钱之后我就攒着,给大孙女回来了看,说'你看这是奶奶挣的钱。'孙女就说'奶奶你也会挣钱呢?'过生日,我还给孙女买礼物。这是我自己努力挣的钱,花得理直气壮的。"她言语中的自豪感,让人真切感受到,女性通过自己的双手获得了经济收入,也得到了家人的尊重,更重要的是自我价值感得到前所未有的提升。

（二）家职兼顾对妇女身心健康的影响

乡村旅游服务产业具有特殊性，从业人员工作与生活完全处在同一空间，不少被访者都表示没有休息时间，工作中的负面情绪也无法排解。对民宿经营者来说，他们必须以顾客的需求为主，民宿董家大院兄弟俩的母亲在面对繁忙的工作时提到"忙也没有办法，钱都投进去了，也只能做了"。而且，工作环境与家庭生活空间重叠，也会让家庭中的其他成员产生不适感。民宿院里树下为了尽可能增加民宿床位，改造房屋时没有留出家人居住的空间，对他们的孩子来说"回家就像回酒店"，导致孩子们更愿意居住在镇上的房子里。在航川村，村民之间最常见的娱乐方式就是打麻将，但是对一些接待工作繁忙或者不喜欢打麻将的人来说，他们唯一能够喘息的途径只有刷手机。云山居的C1就说自己："平时就刷手机，或者就和我老公吵架发泄一下压力，好像也没别的方式了。"因为忙于民宿的生意，妇女和自己娘家的交流也减少了很多，一些民宿主人甚至没有时间与邻居有更多的交流，尤其是对外地嫁入的媳妇来说，更是无法在短时间内融入。六六农家乐的X认为自家经营民宿确实是收获了很多，但同时也放弃了很多东西。在她看来，城市中有更加便利的生活设施和丰富的娱乐方式，这是乡村生活无法满足的地方。返回乡村后她只能与婆家一同居住，城乡的差异以及代际差异都让她需要不断去适应和调整。

（三）妇女在参与中的边缘身份限制妇女发展

为了更好地管理民宿基地，综合民宿经营者的不同意见，航川村成立了民宿协会，民宿协会会讨论民宿经营者的问题并与村委及第三方公司协商后解决。但是，妇女参与民宿协会讨论的情况并不多见。院里树下的女主人J1就表示："客人还是基本找我嘛，所以走不开的。"民宿产业为女性经济参与创造了条件，但反过来制约了她们参与村庄公共事务的可能性。民宿阿庆嫂的J2也表达了同样的看法："没什么事的时候我会去，但是有事的话就打电话叫儿子去。"在参与公共事务时，女性只是以替补身份出现，这种不得不的选择似乎也解释了为何在村委会中，看不到前来闲聊的女性村民。而在Z村，妇女参与社会公共事务非常活跃，前提是她们精细地做出了安排与调整。她们为了能够顺利走出家门参加活动，通常会提前将家务活做完，以此作为协商的筹码换得丈夫及其他家庭成员的同意。她们也会尽可能地用出色的表现,让丈夫看到自己参加活动后的变化以及好处,从而消除他们对于妇女参与公共事务的偏见。

必须承认,乡村旅游产业重构了妇女与乡村的关系,为妇女提供了大量适宜的岗位,女性的劳作经验从家庭延伸至工作,一定程度上改变了农村妇女在性别劳动分工中的劣势地位,妇女在家庭与社区中的话语权都有明显的提升。但也不能否认,作为主要经营者和管理者的女性正承担乡村旅游产业发展的隐形代价,而女性单方承担的压力又会转移到其他家庭成员身上。

1. 女性的时间受到严重挤压

家庭生活空间与职场工作空间的重叠,是以女性的时间挤压为代价的。早前的研究也注意到,女性参与乡村旅游产业带来的时间贫困问题[①]在今天依然存在。以航川民宿女主人一天的典型时间安排来看,为了配合旅行团队的时间安排,她们早晨四五点钟就要起床准备早饭,客人吃完早饭后,她们要打扫收拾好房间准备迎接新来的客人,九点多开始准备午餐,午餐结束后清理餐厅和厨房,下午三点开始准备晚餐。晚餐结束后,客人通常会进行娱乐活动,民宿主人需要一直陪伴以备客人有吃夜宵的需要,等客人娱乐活动结束后,她们忙碌的一天才算画上句号。到了旅游旺季,女主人们基本上处于高压、连轴转的状态,她们自嘲道:"没有客人来烦恼,客人来多了也烦恼"。

2. "兼顾"家庭变成"不顾"家庭

当工作与家庭的内外空间重叠后,时间的挤压可能导致原有的家职兼顾变成顾不上家庭。一方面,时间的挤压让女性没有照顾家庭的时间,负责统筹民宿安排的 H,假期两个孩子跟在她身边,由于经常加班,儿子既心疼也忍不住抱怨:"妈妈,你别干民宿管家了。"她自己也承认:"我们这个工作就没有休息的时间,客人什么时候有需求,你什么时候就要工作,这几天一直在加班,昨天工作到十点,孩子不敢回去,就在一边打盹。"另一方面,有不少家庭为了扩大营业面积与保障民宿标准化规格,对房屋基本都进行了改造,原本的房屋变成了客房,导致"在这住跟住酒店一样,孩子也不爱回

---

① 王伊欢、王珏、武晋:《乡村旅游对农村妇女的影响——以北京市延庆县农村社区为例》,《中国农业大学学报》(社会科学版)2009 年第 3 期,第 55~56 页。

来"。有些家庭中孩子还在上学，最后只能由成年的大孩子照顾未成年的孩子，民宿院里树下的女主人J1无奈叹息："老二现在初二，我现在没办法管，就只能由老大管。"尽管收入可观，但是缺席孩子的成长也让夫妻俩有了将民宿租出去的打算。

3. 强化了对女性的刻板认知

乡村女性参与旅游产业，某种程度上是家庭角色的延伸，折射出乡村的性别关系与性别想象。一些研究承认，参与旅游活动一定程度上改变了女性在家庭中的经济支配权、家庭事务决策权和家务分配权，但这些变化并没有真正撼动乡村中男性利益优先的原则①。尽管在航川村，随遇、六六农家乐是男性负责后厨工作，一些家庭被人们戏称是"男主内、女主外"；甚至当女主人不在家时，民宿无法接待客人被解读为女性在旅游产业中的贡献更大、地位更高，而女性因为时间受限无法参与村庄公共事务时也可能会被解读为参与公共事务的积极性不高，这样的解读有可能进一步复制并固化性别成见，加重女性在家庭与社区中的多重负担。

六　对策建议

对女性参与乡村旅游产业的再现与反思，呈现政治领域与学术领域两种话语表达的差异。在学术领域，学者倾向采取批判而慎重的态度，指出其中的问题与不足；就政治话语来说，需要呈现女性在乡村旅游产业中的贡献与作用。两者讲述的是同一问题的不同面向，我们需要全面的视角，而非进行二选一的站队进而忽视问题的存在。不容否认，女性参与乡村旅游产业为乡村振兴做出了重要贡献，她们在参与过程中遇到的困境与问题也具有广泛性与一般性，一劳永逸的解决方案并不存在，毕竟性别观念与制度是日常生活运行的深层逻辑，改变是可能的，但过程一定是长久的。结合当前妇女发展领域倡导的策略，仍然可以发现拆解"双重强制"②的策略与行动视角。

---

① 廖婧琳：《平等或从属：旅游参与与女性家庭权力：以西江千户苗寨为例》，《西南民族大学学报》（人文社科版）2018年第1期，第44~45页。
② 叶敬忠、潘璐、贺聪志：《双重强制：乡村留守中的性别排斥与不平等》，社会科学文献出版社，2014，第2~3页。

（一）打造妇女参与乡村旅游产业的友好氛围

乡村妇女因为经营民宿已从"幕后"走向"前台",打造妇女参与乡村旅游产业的友好氛围,使其感受到更加和谐与平等的社会氛围仍是重中之重。首先,提升个体能力,满足她们从业的实用性需求。通过定期向妇女提供具有针对性和实用性的技能培训课程,包括旅游接待、手工艺制作以及农产品加工等,支持她们提升职业技能以及自信心。其次,建立支持网络,应对性别观念的负面影响。建立妇女相互交流与支持的平台,营造男女平等与尊重妇女的文化氛围,减少针对女性的性别歧视和偏见,使她们能够在一个凝聚力强与氛围友好的环境中工作与生活。最后,倡导两性共担家庭责任,减少女性时间挤压。家庭友好政策通常在城市人群中的认知度会更高,民宿产业具有职住空间的一致性及服务性与乡村性,两性共担家庭责任的理念往往受到忽视,导致妇女承担更大的家庭责任。应积极倡导和推广家庭成员共同参与育儿与养老,有效减轻妇女的家庭负担。

（二）重视乡村旅游产业发展中妇女的声音

如前所述,尽管妇女在参与乡村旅游产业过程中经济实力有了一定的提升,但是在公共事务的参与与决策层面,两性之间仍然有着较明显的鸿沟。妇女是乡村旅游产业发展的主要参与者与推动者,很有必要在产业发展过程中听见和重视她们的声音。首先,展开需求调查。为了更好地理解妇女们的所思所想,有必要通过多渠道多途径对妇女的需求开展调查,深入了解她们在产业发展过程中遇到的困难与实际问题,及时进行反馈并提供支持。其次,提升组织化程度。乡村旅游尤其是民宿产业基本上是家户分开经营,繁忙的工作让女性经营者基本处于原子化状态。建立不同性质的女性自组织,利用基层妇联组织延长的工作"手臂",提升妇女参与乡村旅游产业的组织化程度显得尤为重要。最后,建立对话机制。为了保障在乡村旅游产业决策层中出现妇女的声音,建立妇女组织与村"两委"以及第三方运营团队的对话机制,让女性从业者的诉求与表达得到重视与回应。

（三）发挥乡村旅游产业中女性榜样的作用

传统的乡村人际网络通常以家庭为核心,依靠村庄内部基于亲缘、姻缘、地缘形成的信任纽带来发挥人际交往的功能，因此，发挥乡土社会熟人网络的积极效应，有助于带动更多女性村民参与乡村旅游产业的发展。首先，培养具有领导力和行动力的女性人才。随着乡村发展机遇增加，越来越多的女性看到在乡村创新创业的可能性，培养中青年女性中坚人才，让她们成为乡村旅游产业发展的领头人。其次，发挥女性榜样人物的带头作用。通过总结女性榜样人物的从业经验，让身边的女性榜样人物讲述自己的所思所想，激发更多女性参与乡村产业发展。最后，吸引乡村优秀女性进入基层治理的决策层。民政部数据显示，2022年村民委员会中女性成员占比为26.1%，主任占比为10.9%，经推举产生的村民代表中女性占比为16.1%，乡村女性参与村庄事务决策的情况并不理想，与乡村旅游产业发展以女性为主的现象存在较大差距，因此，要让更多优秀女性进入基层治理决策层，带动更多女性投入乡村振兴的时代洪流中，真正发挥妇女在乡村社会发展中的"半边天"作用。

B.7
新时代返乡女性在产业振兴中的实践与思考

王宇霞 吴惠芳*

摘 要： 返乡女性以其创新创业精神为乡村产业注入新的生命力，成为重塑乡村经济面貌的重要力量。在乡村全面振兴背景下，乡村经济的蓬勃发展、乡村振兴的相关支持政策以及良好的创新创业环境加强了女性返乡的动力。返乡女性具有较强的家庭责任感和家乡情怀，结合自身的教育背景和城市经验，为乡村社会贡献了既有地方特色又符合时代需求的多元化职业角色。返乡女性在乡村产业发展过程中探索新的商业模式，将先进理念和技能应用于产业转型升级，增强女性之间的互助合作，致力于保护地方特色文化和乡村可持续发展。然而，返乡女性在发展中也面临一些问题，包括社会认同与性别偏见、技术与组织能力建设、资源制约与整合困境等。为帮助返乡女性克服这些难题，需提升社会对返乡女性的认可度并积极消除性别歧视；展开针对性的技术和能力培训，增强女性领导力；优化返乡女性的政策参与和资源支持，以激发返乡女性在产业振兴中的潜力。

关键词： 产业振兴 返乡女性 就业创业

早在2018年，全国妇联《关于开展"乡村振兴巾帼行动"的实施意见》就已经明确强调了女性力量在乡村振兴战略实施进程中的不可或缺性，肯定农村妇女综合素质的提升对于她们更广泛、深层次地参与农业农村现代化建

---

* 王宇霞，江苏科技大学商学院讲师，主要研究方向为农业与农村社会学、性别问题、乡村振兴与人口发展；吴惠芳，中国农业大学人文与发展学院教授，主要研究方向为性别研究、妇女与乡村振兴、农业与农村社会学。

设具有重要意义。2023年10月，习近平总书记在同全国妇联新一届领导班子成员集体谈话中对"要激励广大妇女在贯彻新发展理念、构建新发展格局、推动高质量发展、实现高水平科技自立自强、全面推进乡村振兴中发挥自身优势和积极作用"的着重强调，进一步指出了女性在增进家庭幸福与福祉、推进农业产业升级以及传统文化传承等方面的独特贡献和关键作用。

在人口流动的大背景下，农村女性参与劳动力市场已经成为家庭经济中的重要一环，不论未婚还是已婚，越来越多的农村女性在对女性相对封闭的职业领域表现出色。2020年，18～64岁的农村女性在业比例已经达到73.2%，37.8%的农村女性有外出务工经历，返乡女性从事非农劳动的比例达到52.6%[①]。返乡女性将在外学习和工作的经验带回农村，利用自身的知识、技能和视野，在参与农业现代化、乡村旅游、电子商务和民族传统手工艺等新兴产业中发挥着重要作用，为乡村振兴注入了新的活力。因此，本报告关注返乡女性回到农村后如何重新适应并在乡村产业振兴领域发挥重要作用，通过了解返乡女性在农业和乡村产业现代化进程中的具体作用和贡献，探索她们在实践过程中面临的挑战和需求，这对于推动返乡女性在乡村振兴中充分发挥主体性作用和促进性别平等具有重要意义。

一 乡村全面振兴背景下女性返乡的特点

2024年2月，中央一号文件明确提出有力有效推进乡村全面振兴的"路线图"，肯定提升乡村产业发展水平是推进农业现代化、实现农产品加工业优化升级、改善农村基础设施的重要抓手，是实现农民增收、乡村经济增长和繁荣的重要保障；加强人才队伍建设是乡村发展的基石，也是提升乡村创新能力和竞争力、推动建设农业强国和全面建成社会主义现代化强国的核心举措。返乡女性主体融入农村劳动力队伍是乡村振兴战略实施的关键，她们在城市积累的工作经验、技能和知识是推动乡村产业升级和创新的重要资本，女性人才的涌入能够推动乡村经济格局的重塑，为建设更具活力、包容和可持续性的乡村

---

① 全国妇联第四期中国妇女社会地位调查领导小组办公室：《第四期中国妇女社会地位调查主要数据情况发布》，《中国妇女报》2021年12月27日，第4版。

社会创造新的机遇。

女性返乡已成为乡村振兴战略全面实施进程中重要的社会现象，这一趋势不仅意味着她们在地理区位上的转变，更代表着女性社会角色和身份的深刻转型。返乡女性的构成复杂多样，既包括主观或客观上无法融入城市的女性，也包括因家庭经济发展、生育或子女教育等因素返乡的女性[1][2]，以及接受一定教育后回到乡村追求更好职业机会的女性。返乡女性在年龄、受教育程度和就业经验上呈现出来的多样性、复杂性和异质性对于理解返乡妇女群体在产业振兴中的多方面贡献至关重要。伴随妇女群体在农村社会生产和经济活动中参与度的显著提升，她们已逐渐转变为推动乡村振兴的关键力量。这一现象的背后，是女性返乡动机的多元化，即女性返回农村的决定并不仅仅是个人选择，还受到乡村经济发展、政策和制度环境、家庭结构、可持续生活方式等因素的影响，这些因素构成了女性返乡的复杂背景，同样为女性融入乡村并参与有意义的产业发展创造有利环境。女性返乡的特点表现如下。

（一）政策和制度环境激励下的女性返乡新趋势

乡村振兴的相关支持政策以及良好的创新创业环境是吸引女性返乡的重要因素[3]。2019年，《人力资源社会保障部　财政部　农业农村部关于进一步推动返乡入乡创业工作的意见》提出要对返乡入乡创业人员加大税费减免、场地安排、创业补贴、担保贷款等方面的政策支持和服务保障力度[4]。2020年，《关于推动返乡入乡创业高质量发展的意见》进一步强调，要深入实施就业优先政策和区域协调发展战略，完善体制机制、创新政策举措、强化服务保障，旨在进一步优化创业环境、降低创业成本、提升创业带动就业能力，推动返乡

---

[1] 陈琳、陈讯、蒲琨：《打工潮背景下农村80后返乡妇女家庭地位崛起研究——基于黔东北D村的田野调查》，《中国青年研究》2016年第12期，第21页。

[2] 牟敏娜：《母职回归：农村返乡女性的教育觉醒与教育实践》，《少年儿童研究》2023年第4期，第5页。

[3] 赵真、李桂燕：《建构全方位支持体系　推动返乡女性创业就业——基于山东省的调研数据》，《中国妇女报》2022年2月22日，第6版。

[4] 《人力资源社会保障部　财政部　农业农村部关于进一步推动返乡入乡创业工作的意见》，中国政府网，2020年1月14日，https://www.gov.cn/zhengce/zhengceku/2020-01/14/content_5468814.htm，最后检索时间：2024年7月10日。

入乡创业高质量发展①。《"十四五"农业农村人才队伍建设发展规划》明确了到2025年实现返乡入乡创业人员超过1500万人，其中农村创业带头人100万人的发展目标②，旨在进一步激发乡村产业振兴的内生动力，推动农业农村经济的持续发展。政府通过定期宣传本地服务、金融等优惠、支持政策，开展巾帼创新创业大赛③、"乡村女性经济赋能计划"④、"她力量·乡村振兴帮扶计划"以及"春风行动"⑤等相关活动，鼓励女性返乡创新创业。2022年，《全国妇联办公厅　农业农村部办公厅关于推介全国"巾帼新农人"创业典型案例的通知》大力宣扬了各类女性人才在全面推进乡村振兴中的"半边天"作用，进一步激励妇女返乡创新创业⑥。在国家土地政策、金融支持以及相关技能培训等策略的激励下，女性返乡创业意愿强烈，她们凭借自身的专业技能积极投身于产业振兴实践，创新多种经营模式，为乡村发展贡献力量。

（二）地方发展策略吸引女性回归

伴随农村产业结构的调整和数字化技术的发展，乡村产业经济蓬勃发展，新的就业机会不断涌现。2023年农业经济呈现稳中有增的发展态势，新型农业经营模式持续快速发展，2023年前三季度，全国农村网络零售额达1.7万

---

① 《关于推动返乡入乡创业高质量发展的意见》（发改就业〔2020〕104号），中华人民共和国国家发展和改革委员会网站，2020年2月10日，https：//www.ndrc.gov.cn/xxgk/zcfb/tz/202002/t20200210_1220198_ext.html，最后检索时间：2024年7月10日。
② 《农业农村部关于印发〈"十四五"农业农村人才队伍建设发展规划〉的通知》（农人发〔2021〕9号），中国政府网，2022年1月27日，https：//www.gov.cn/zhengce/zhengceku/2022-01/27/content_5670819.htm，最后检索时间：2024年7月10日。
③ 《绽放科创"她力量"！全省巾帼创新创业大赛在临圆满落幕》，澎湃新闻网站，2023年11月27日，https：//www.thepaper.cn/newsDetail_forward_25463726，最后检索时间：2024年7月10日。
④ 《经济赋能乡村女性"企业+社会组织+县域政府"助力实现"她改变"》，澎湃新闻网站，2022年5月6日，https：//www.thepaper.cn/newsDetail_forward_17956665，最后检索时间：2024年7月10日。
⑤ 任然、姚鹏：《多地举办女性专场招聘会"春风"送暖　量身打造"她"就业平台》，中国妇女报，2024年3月14日，第4版。
⑥ 《全国妇联办公厅　农业农村部办公厅关于推介全国"巾帼新农人"创业典型案例的通知》，农业农村部网站，2022年1月20日，http：//www.xccys.moa.gov.cn/gzdt/202201/t20220120_6387237.htm，最后检索时间：2024年7月10日。

亿元，比2022年同期水平增长12.2%①。《中国妇女发展纲要（2021—2030年）》支持妇女积极参与乡村振兴，扶持发展适合城乡低收入妇女自主发展的手工编织、农村电商等特色产业项目，为女性创造更多的就业岗位。全国妇联面向农村妇女骨干、基层妇联干部和返乡下乡创业女大学生、女农民工等群体，开展现代农业实用技术、电子商务、乡村旅游、手工制作等示范培训，帮助农村妇女提高适应生产力发展和市场竞争的能力。地方政府通过提供政策咨询、开展创业培训以及特色产业发展等相关举措吸引女性返乡，返乡女性的就业创业既解决了自身的就业难题，还带动了周边村民就业。截至2022年3月，全国返乡入乡创业人数累计达到1120多万，其中70%是返乡创业的农民工②，返乡女性在其中发挥了重要作用。

（三）家庭责任的履行和亲情呼唤

农村女性长期以婚姻和家庭为中心，农业和小规模、零散的制造业是她们的第二职业。伴随着乡村转型和市场经济发展，个人嵌入地方环境的社会文化联系越发松散，越来越多的妇女离开家庭和熟悉的乡村环境，外出工作，获得除了家庭角色以外的、独立的职业身份。但是这样的身份并不持久，传统性别规范仍然强调女性在家务劳动和家庭照料中的作用③。进入城市的女性很难拥有与男性相同或相近的工作时间和经验积累，她们的工作状态常随着家庭责任的转移而波动。女性往往因为照顾年迈的父母或者陪伴子女成长返乡，中青年女性有更大概率离开城市返回农村，寻求家庭与职业的平衡④。

---

① 《2024中国农业农村发展趋势报告发布——推进乡村全面振兴》，中国农业农村信息网，2024年1月19日，http://www.agri.cn/sj/scdt/202401/t20240119_8602668.htm，最后检索时间：2024年7月10日。
② 《截至今年3月底 全国返乡入乡创业人数累计1120多万》，央视网，2022年4月27日，https://sannong.cctv.com/2022/04/27/ARTIqPT30YujkZQmcu0YjVTg220427.shtml，最后检索时间：2024年7月10日。
③ 邱红、许鸣：《从社会性别视角探析农村妇女向非农产业转移》，《人口学刊》2009年第5期，第54页。
④ 李芳华、姬晨阳：《乡村振兴视角下的农村劳动力回流弹性估计——基于空间断点回归的研究》，《中国农村经济》2022年第2期，第36页。

（四）乡土情怀与乡村振兴的情感纽带

农村场域在女性主体意识的形成中扮演了不可替代的角色，和谐、安全、集体认同的共同价值观强化了女性对乡村的情感归属。返乡后的女性既能够通过自身努力为家乡发展做出贡献，也可以传承、发扬家乡的文化传统。土地权益为她们提供了可供选择的悠闲生活方式，田园诗般的乡土风光和绿色、健康的食物追求强化了女性对农村空间的认同。比如湖南端桥铺镇月潭村"茶花"书记肖红，创办弘飞生态产业园，引领发展生态油茶等绿色产业，开辟绿色循环经济新路径，油茶林助力75户289人脱贫，人均收入增超万元[1]。江苏高邮的杨宝萍在南京林业大学完成学业后，在繁华都市中获得了一份稳定的工作。然而，对故土的深切眷恋，最终促使她重返这片充满记忆的土地。她从学习驾驶拖拉机、掌握插秧机操作开始，逐渐蜕变，成为一位杰出的女性新型农民，展现了返乡女性的风采与力量[2]。

（五）个人职业发展考量与返乡决策

通过教育与技能培训，女性得以掌握更多的知识和技能，提升了在劳动力市场中的竞争力。党和政府对妇女发展状况的重视持续提升，女性受教育水平显著提升，义务教育阶段的性别差距基本消除，各类职业教育中的女性人数也明显增加[3]，接受良好教育的女性返乡后，具备了为农村产业升级提供智力支持的能力。"高素质女性农业生产经营能力提升培训班"、"返乡入乡创新创业者、创业女性农产品电商与网络营销能力提升培训班"以及"线上线下创业赋能培训+女性创业孵化指导+创业运营资源对接"系列培训课程帮助返乡女性掌握适合家乡产业发展的技能，如新型农业种植、传统手工艺

---

[1] 《湖南东安妇女返乡创业发展绿色产业振兴乡村》，中国新闻网，2023年3月9日，https://www.chinanews.com.cn/cj/2023/03-09/9968519.shtml，最后检索时间：2024年7月10日。

[2] 《江苏高邮探索"三农"领域发展新模式 巾帼新农人闪耀在希望的田野上》，《中国妇女报》2024年4月19日，第3版。

[3] 《2022年〈中国妇女发展纲要（2021—2030年）〉统计监测报告》，国家统计局网站，2023年12月31日，https：//www.stats.gov.cn/sj/zxfb/202312/t20231229_1946062.html，最后检索时间：2024年7月10日。

品、乡村旅游、电子商务等培训班。经过教育与培训增能，返乡女性在职业规划方面有了更加明确的目标和方向，也更容易在家乡找到合适的工作或创业机会，丰富了既有地方特色又符合时代需求的多元化职业角色，实现经济独立和自我价值。

二 返乡女性在产业振兴中的创新性实践

在乡村振兴进程中，返乡女性数量持续增长，她们积极响应政策，在女性占优势的产业领域发挥作用，为乡村经济发展注入活力。返乡女性既是农业产业创新者、乡村旅游从业者、传统手工艺传承者、电子商务创业者，也是社会组织的领导者，她们的多元化就业选择补充了乡村劳动力、拓宽了乡村增收途径、提升了乡村经济效益，她们也在产业振兴中积极发挥自身特长，丰富了乡村文化生活，增强了乡村凝聚力。

（一）女性优势赋能地方产业发展

农村妇女在农业中始终发挥着重要作用。受男性劳动力外流的影响，农业女性化程度持续加深，越来越多的农村妇女成为农业生产主体以填补男性外出务工带来的空缺。返乡女性在农业生产中的全程参与提升了她们对农业种植的敏感度，她们在种子挑选/购买、播种、施肥、除草、收割、粮食储存等程序中掌握了主动权和话语权，农产品销售所得收入为她们现实生活中的财务独立创造了可能。但是仅靠农业生产并无法满足女性的需求，拥有城市经验并返回农村的女性往往具有更强的创新意识和开放思维，她们希望通过创新创业提升自尊、地位和自我认同。

返乡女性的创新性实践不仅与社会经济形势、人口结构以及城市化进程相关，更离不开农村土地资源的开发利用，女性多样化的经济活动尤其离不开土地流转。在土地流转过程中，返乡女性善于发现土地的潜在价值，将零散的土地整合起来提升土地利用率。与此同时，她们积极创业，投身于创办家庭农场、农民合作社等新型经营主体，引导农民发展特色农业、绿色农业，培育新兴产业，促进了乡村社会资源的整合与优化，提升了产业组织化的水平，实现了产业创新发展。正如黑龙江省宁安市"新农人"陈雨佳所说："女性心细、手巧、脑子活，适合精细化农作和农产品营销。"① 除农业外，返乡女性还充分发挥自身优势，结合当地特色，积极参与手工业、乡村旅游等产业，进一步推动农业与旅游、文化等产业的融合发展，实现产业多元化和产业链延伸，为乡村振兴注入新活力。

（二）女性领导力与创新创业精神

教育培训和城市经验的积累为女性领导力的锻炼和形成奠定基础，女性领导力逐渐展现出更加丰富的表现形式。女性的决策能力、较强的人际交往能力、敏锐的市场洞察力和沟通协调能力等帮助她们在返乡后能够立足自身优势，结合家乡资源，积极就业创业。比如黑龙江省宁安市海浪镇长胜村的张波依托当地独特的地理位置和资源优势，主动调整种植结构，带领全村集中连片种植了435亩黏玉米，打造出具有本村特色的产业项目。不仅如此，她还借助直播带货的方式拓展销售渠道，2024年除夕当天的直播便创下了800余单的成交佳绩，成功地将本村的农产品推向市场，有效提升了村民收入②。

创新能力是女性领导力的关键要素，数字时代的新知识和技能成为女性创新创业的重要支撑。在创新创业过程中，返乡女性能够通过捕捉市场变化和行业趋势，进而找到合适的创业方向。勇于尝试的她们能够在传统的农业或者手工业中引入新的商业模式、技术或者产品，展现较为突出的创新思维。返乡女性借助智能农业、物联网、大数据等技术推进农业现代化进程。她们借助数字技能，比如直播电商、社交媒体营销等手段，有效促进当地特色产品的线上销售，不仅拓宽了市场范围、提升了运营效率，还显著提高了产品质量，为农业发展注入了新的活力。山东省潍坊市的闫庆梅曾在互联网公司工作时见证了快手、抖音等新兴电商平台的迅速崛起。面对这样的时代机遇，她毅然选择辞职返乡创业，投身农业电商直播领域，带动寿光当地百余名妇女就业③。90后姚艳梅则是

---

① 《筑牢巾帼信仰之基　彰显巾帼担当作为　习近平总书记同全国妇联新一届领导班子成员集体谈话时的重要讲话激励广大妇女逐梦新时代》，中国政府网，2023年10月31日，https：//www.gov.cn/yaowen/liebiao/202310/content_6912996.htm，最后检索时间：2024年7月10日。
② 《逐梦沃野　屹立潮头　她们带领乡亲共奔幸福路》，《中国妇女报》2024年6月27日，第6版。
③ 《新农人引领"新农潮"　带动百名家乡妇女就业》，中国就业网，2023年1月19日，https：//chinajob.mohrss.gov.cn/h5/c/2023-01-19/366675.shtml，最后检索时间：2024年7月10日。

大学生返乡创业的典型代表，她依托农业经济管理专业，2019 年返乡带头创办稻田剪纸与杂粮迷宫基地，结合当地剪纸艺术和有机农业，创新"农业+文化+旅游"的发展模式，2021 年成立静乐县青年创业互助协会，引入当地创业青年，助力电商销售、乡村民宿，带动更多妇女就业，有效激活当地经济①。

（三）社会关系网络重构与妇女组织

返乡女性在参与产业振兴的进程中推进了家庭关系的重塑和社会关系的有效延伸。她们通过参与产业发展，不仅提升了自己在家庭中的地位，更是逐渐打破了传统家庭主妇的形象，转变成为家庭经济的重要参与者乃至领导者。这一变化显著增强了返乡女性在家庭中的话语权，使她们能够更加熟练地调配家庭资源，进而促进乡村产业的发展。滁州市赵永玲有浓厚的"三农"情怀，她响应中央号召，回乡成立天长市永胜农业种植专业合作社，主营农业种植、机械运输、仓储和技术推广等服务，年收入 300 多万元。在她的示范带动作用下，合作社成员从 27 人增至 165 人，2021 年荣获滁州市示范合作社称号②。

返乡女性很难脱离地方关系网络的帮助独自就业创业，家庭支持和乡村社会网络关系是维持返乡女性经济收入增长及其村庄地位的关键。一方面，她们积极参与妇联组织的技能培训、项目对接、政策宣传等活动，互助合作、交流经验，推动妇联组织在产业振兴中发挥更大作用。另一方面，她们推动建立女性合作社、创业互助协会等自组织，搭建互助合作平台，促进资源共享、信息交流和技术支持，返乡妇女与村民、政府部门、企业和社会组织建立的新型合作关系不仅促进了乡村产业协同发展，还加强了乡村内部的社会联系。四川省安家坝村 2017 年由 11 名妇女发起成立了青神县女当家养殖专业合作社，该合作社主要承担互助资金管理、免费技术服务、其他社区公共服务等职能。目前，合作社已有 122 个社员（90%是妇女），合作社资产总额近 50 万元，社员

---

① 《她力量·乡村振兴帮扶计划：已带动 400 名女性受益，扶持 6 家女性创业点发展》，光明网，2023 年 4 月 18 日，https://topics.gmw.cn/2023-04/18/content_36504810.htm，最后检索时间：2024 年 7 月 10 日。
② 《【凝聚巾帼力量 赋能乡村振兴】滁州市农村产业女性带头人事迹展播（天长市篇）》，澎湃新闻网站，2023 年 8 月 20 日，https://www.thepaper.cn/newsDetail_forward_24304769，最后检索时间：2024 年 7 月 10 日。

们累计分红三次（总额达到4万元）。2019年，青神县女当家养殖专业合作社与青神县春橘种植专业合作社携手，共同参与了青神县乡村妇女儿童合作发展促进会实施的"革命老区县农民专合社服务能力提升项目"。在项目实施过程中，合作社成功完成了股份制改造，为社员提供了更加全面的服务[①]。

（四）本土文化传承与创新中的女性实践

女性返乡者既是家乡文化的传承者，也是创新的实践者，她们对于本土文化的熟悉与热爱推动了地方文化的保护和发展。与此同时，返乡女性先进的知识理念又能在传承文化的基础上进一步创新，推动非遗文化与现代科技相结合、传统文化与现代生活相融合，展示了女性在文化传承和创新中不可或缺的重要作用。2019年，中国妇女发展基金会升级打造"天才妈妈"公益项目，旨在助力女性发展、传承非遗文化，并推动乡村振兴。该项目已在9个省份建立了20家梦想工坊和2家非遗体验中心，支持蜡染、刺绣、农民画等多种非遗技艺的创新，惠及6500多名手工艺妇女。通过融合时尚设计与传统工艺，"天才妈妈"构建了涵盖传播、营销、设计、渠道、服务等环节的产业链支持体系，覆盖多种非遗工艺，影响带动6万人次受益[②]。

返乡女性十分熟悉本土的习俗、技艺和传统，通过培训、传授技艺，帮助更多的乡村妇女掌握传统手工艺技能，如编织、刺绣、剪花等，使得传统文化得以延续。除此之外，她们还致力于创新产业，通过挖掘和整理家乡的文化资源，开发具有地方特色的旅游产品和服务，将传统文化与现代商业模式、现代技术相结合，实现了文化产业的转型升级。张兰作为非遗挑花绣传承人在2003年成立了创和服装设计制作中心，探索研发了最具特色的刺绣针法，包含颇具特色的平针绣、破线绣等。在她的带领下，中心成立了数十个刺绣之家，并组建了由800多名农村绣娘、染娘组成的队伍，通过采用"公司+农户"和建立产业基地的方式，张兰成功打造了良性循环的乡村文化产业链。

---

① 《文化端午安家坝，乡村振兴女当家》，中共青神县委青神县人民政府网站，2021年6月18日，https://www.scqs.gov.cn/info/11112/162480.htm，最后检索时间：2024年7月10日。
② 《"天才妈妈"公益项目赋能女性发展、传承非遗文化新生 绽放乡村振兴"她"力量》，新华网，2022年4月2日，http://www.xinhuanet.com/culture/20220402/477c1baaf1804bfbbc6311da7667e9df/c.html，最后检索时间：2024年7月10日。

她不仅对传统手工艺人进行培训和订单对接服务，还推动传统民间手工艺品与国际市场接轨，她的短视频账号粉丝量超过140万，已获赞900多万次，为这一古老艺术的发展和壮大注入了新的活力①。

（五）绿色发展理念下的女性力量

返乡女性在参与乡村产业发展时，注重绿色、生态、环保和可持续，推动乡村产业转型升级。返乡妇女往往具有较强的环保意识，她们能够参与到特色种植、养殖、乡村旅游、生态民宿等乡村产业的发展中，这些产业往往与生态保护、环境友好相结合，如发展有机农业、生态养殖等，既在参与过程中传播了绿色生活、生态环保的理念，还有助于提高乡村经济效益、实现可持续发展。四川省洪雅县青杠坪村立足万亩生态茶园资源打造的"青杠坪·茶客空间"农旅融合景区被批准为国家AAA级旅游景区，涉及采茶研学、茶体验+打造、雅茶工坊、两山养研中心等服务，累计接待游客达39万人次②。

宜居宜业和美乡村的建设需要产业发展与生态环境和谐共生，返乡女性通过参与绿色生态产业和乡村生态建设等活动，推动乡村环境的绿化、美化，为乡村发展注入新的思想和活力，进而提升乡村的整体风貌。四川省独树村以林果业和养殖业为主，是典型的种养结合农业村，村庄通过开展和谐家园建设，家家户户评星，比谁家星更多、谁家更勤奋、谁家挣钱更多，形成良好的乡风文明新风尚，被评为四川"十大幸福美丽新村"之一③。

三 返乡女性发展面临的问题和挑战

伴随乡村振兴战略的全面推进，返乡女性在发展乡村产业、带动妇女就业、促进村民增收和村庄可持续发展等方面取得显著成效。然而，返乡女性仍

---

① 《妇女代表上头条｜张兰：传统文化嫁接时尚要素　激发苗绣产业新活力》，澎湃新闻网站，2023年10月29日，https://www.thepaper.cn/newsDetail_forward_25109006，最后检索时间：2024年7月10日。
② 《生态茶园茶飘香》，《中国妇女报》2023年4月7日，第3版。
③ 《如何打造宜居宜业的"和美乡村"——女代表为乡村全面振兴建言献策》，《中国妇女报》2024年3月9日，第4版。

面临诸多困境，这些困境不仅制约了她们个人职业生涯的发展，也影响到乡村产业振兴的步伐。

（一）社会认同与性别偏见阻力

返乡女性在创新创业道路上首先面临的就是家庭与事业之间的平衡难题。她们在家庭照料与自我价值追求之间承受着传统性别角色期待所带来的结构性限制，这种限制既表现在创业所需的人力、技术和金融资本的匮乏上，也深刻削弱了其自我效能感的培育与提升①。因家庭再生产责任返乡的女性只是暂时性的回流，她们对未来的职业和生活规划都设定在村庄之外，这种心理状态严重削弱了女性参与乡村经济活动和公共事务的热情与积极性②。虽然返乡女性领导力已经有所发展，但这些进度主要集中在少数巾帼典范身上，社会对女性领导力和创新创业精神的认知仍然存在局限。在手工业与非遗文旅、民宿与旅游业、电商与直播销售等女性较有优势的领域，她们仍然面临专业成长、薪酬待遇、职业晋升等方面的不公平对待，返乡女性的努力和贡献难以获得充分的支持和认可。

（二）产业转型升级带来技术提升与组织能力建设难题

伴随信息技术的发展，一些历史上女性较有优势的传统产业逐渐面临转型升级的压力，女性在这一过程中遭遇了技术与知识更新迟缓、组织协调能力不足等挑战。技术是推动产业发展的关键，但由于长期生活在城市，返乡女性对现代农业管理理念和先进技术的了解相对有限，导致她们在快速变化的产业环境中难以适应。绿色产业发展的技术瓶颈也限制了返乡女性的产业参与。同时，在文化传承和创新方面，女性也面临着创新能力不足的挑战。此外，返回农村的女性由于教育背景和获取信息资源的限制，在农业技术培训、技术指导等方面的认知和掌握能力有限，这不仅阻碍了她们提升自身知识和技能，也影

---

① 刘志阳、刘姿含：《家庭创业资本能促进农村女性创业吗？——宗族网络和数字普惠金融的调节作用》，《研究与发展管理》2023年第2期。

② 《社会关注 | 乡村振兴的性别视角：关注实践中的女性看法和期待》，澎湃新闻网站，2023年9月22日，https://www.thepaper.cn/newsDetail_forward_24713847，最后检索时间：2024年7月10日。

响到她们在农业产业升级过程中的竞争力。农业产业的转型升级带来了市场竞争的加剧，返乡女性在市场分析、营销策略等方面可能经验不足，难以有效地推广产品和服务，她们创办的企业多为中小规模，更容易受到冲击①。妇女组织在提供管理和运营指导、帮助返乡妇女整合社会资源和搭建合作平台等方面，也面临着资源短缺、资源分散、合作机制不完善和沟通渠道不畅等难题，这些问题使得妇女在产业发展中难以发挥自身优势。

（三）返乡女性面临的资源制约与整合困境

虽然党和政府高度重视乡村振兴，并已推出一系列支持产业振兴的政策，但是在实际执行中对返乡妇女群体的支持和宣传力度仍然存在明显不足，这些女性对于相关政策的理解和应用也相对较弱。返乡女性在创新创业过程中，经常会面临用地保障、资金筹措、技术应用、市场分析、政策认知等方面的难题，而且这些资源的整合尤为困难。75%的乡村创业女性认为她们最需要政府提供技能培训服务，47.9%的女性希望能够得到创业补贴和奖励，近三成创业女性需要政府贷款的帮助②。具体来说，返乡女性在土地资源方面可能存在土地流转不畅、难以扩大生产规模、土地利用方式单一限制产业振兴发展空间以及土地政策支持力度有限的难题；农村金融体系的不完善和传统融资渠道的较高门槛使得返乡女性自身因信用等级较低或抵押物不足等原因难以获得必要的资金支持；农村地区仍然缺乏专业的、系统的技术培训和人才培养机制，现代农业技术应用和农业产业成果转化的缓慢进程限制了返乡女性产业的发展；此外，返乡女性普遍缺乏的品牌意识，以及她们较弱的资源整合能力和商业谈判技巧，都使得她们在建立有效合作关系和产业发展方面面临挑战。

---

① 《金砖国家女性创新白皮书显示：女性正在创业创新领域发挥日益重要作用》，人民网，2021年8月9日，http://finance.people.com.cn/n1/2021/0809/c438612-32186136.html，最后检索时间：2025年2月19日。
② 张成刚、陈文娟：《政府·妇联·女性：共同激发乡村振兴中的她力量》，《中国妇女报》2024年4月2日，第5版。

四 返乡女性参与产业振兴的发展建议

性别平等和女性赋权是推动社会进步的核心动力。返乡女性的创新创业实践对于推动乡村产业转型升级、提高乡村妇女社会地位以及促进乡村社会的全面发展具有积极作用,进一步激发和发挥返乡女性的潜力,是实现乡村全面发展的关键。

(一)提高社会认可度与消除性别歧视

家庭支持是提高返乡女性社会认可度的基础,家庭成员的理解和支持对返乡女性的职业选择至关重要。为实现家庭与事业的均衡,返乡女性需要更多的家庭理解和支持,这将有助于她们更好地投入创新创业进程中去。社会各界应当提高对妇女参与产业振兴重要性的认识,加大对女性领导力的认可和支持,通过多渠道宣传返乡女性在乡村振兴中的贡献,树立农业、手工业等领域的巾帼典范,营造尊重女性、鼓励女性发展的良好社会氛围。政府应当加强法律保护,保障返乡女性在劳动力市场中的合法权益。

(二)展开技术和能力培训,培养女性领导力

为促进返乡女性更好地融入乡村产业发展,政府、企业、教育机构和社会组织应当形成合力,根据村庄特色和返乡女性的不同类别与具体需求,设计一系列多元化且专业的知识能力培训和职业发展课程,帮助她们掌握现代农业技术、市场营销知识、企业管理策略、法律咨询、领导力沟通技巧等知识和技能,促使返乡女性认识到自己的价值和潜力,提升她们的决策、领导和管理能力。比如全国妇联与商务部、农业农村部等多个部门携手,并与互联网平台紧密合作,共同为妇女提供短视频制作与网络直播技能培训。这一举措有效地激发了妇女的创新创业活力,成功培养了一批敢于创新、能力出众的巾帼直播新农人。

此外,妇联组织需要充分发挥返乡女性的"娘家人"角色作用,在鼓励并支持女性参与妇联组织的各项活动和项目的同时,成立妇女合作社、行业协会和互助基金等组织,通过组织能力建设更好地整合资源,促进知识和资源的

共享，这将增强返乡女性群体的协同合作能力，提升她们在乡村社会的领导力和影响力，进而实现女性的全面发展。

（三）优化返乡女性政策参与和资源支持

提高返乡女性在政策制定和执行过程中的参与度是增强女性影响力的关键，为此，政府应当在政策制定阶段积极关注返乡女性的需求和利益，确保她们能够参与到政策讨论、制定和决策过程中，进一步完善返乡女性的政策理解和应用能力。为减轻返乡女性的就业创业压力，政府应当加大对返乡女性的政策支持和引导力度，充分考虑她们的发展需求，提供必要的政策优惠和权益保障。比如在一站式服务、女性发展专项基金、财政贴息贷款、品牌创建以及税收优惠等方面给予返乡女性支持，提升她们在产业振兴中的竞争力。2023年，茂名市各级妇联共争取各级贴息资金706万元，至9月底已发放贷款1.4583亿元，扶持一批女创业大户、女致富带头人、女农民，助力她们的特色产业发展[①]。

同时，不仅如此，要充分发挥信息技术在产业振兴中的作用。数字化技术和平台能够突破时空限制，为返乡女性提供精准的市场信息和技术指导、个性化的政策推送和资源匹配服务。我国主要电商平台上女性创业者的占比均在40%以上，跨境电商中女性创业者的比重超过50%[②]，要鼓励返乡女性借助电商平台拓宽销售渠道、提升产品竞争力。为激励返乡女性的创新创业热情，可以推广创新创业大赛、巾帼"新农人"等典范评选活动，表彰在产业振兴中做出突出贡献的返乡女性，激发女性的就业创业热情。

[①] 林志文、韩泉晖：《广东茂名妇女小额贷款总额连续十年全省第一　为妇女创业破解资金"卡脖子"难题》，《中国妇女报》2023年11月3日，第1版。
[②] 王微：《中国女性高质量发展面临的机遇与挑战》，《中国妇女报》2022年3月22日，第5版。

B.8
新时代妇女参与乡村生态文明建设的成就和挑战*

左 玲**

摘　要： 中国要美，农村必须美。农村生态文明建设，既是全面推进乡村振兴的重要内容，也是加强生态文明建设的题中应有之义。在乡村生态文明建设进程中，妇女以其独特的社会地位和家庭角色，发挥着"半边天"的重要作用。本文总结新时代妇女参与乡村生态文明建设的成就与进展，分析妇女参与乡村生态文明建设面临的问题和挑战，并提出进一步提高妇女参与乡村生态文明建设的决策权、加强对妇女生态文明知识的培训与教育、进一步发挥妇女在生产领域和消费领域的作用、深化环境政策中的性别视角融合等促进妇女更深层次参与乡村生态文明建设的政策建议。

关键词： 妇女参与　乡村生态文明建设　美丽乡村　妇女与环境

中国式现代化是人与自然和谐共生的现代化。习近平总书记指出："实施乡村振兴战略，一个重要任务就是推行绿色发展方式和生活方式，让生态美起来、环境靓起来，再现山清水秀、天蓝地绿、村美人和的美丽画卷。"① 乡村生态振兴的深入推进，不仅是构筑美丽中国的基石，更是我国社会主义生态文明建设全局中的亮丽篇章。新时代妇女发展工作着力于引领妇女共建绿色家

---

* 本文系中华女子学院重点项目"家庭养育成本及其对生育决策的影响研究"（项目编号：010109/ZKY203010233）阶段性成果。
** 左玲，中华女子学院全球女性发展研究院讲师。
① 《农业农村现代化阔步前行——习近平总书记领航农业农村高质量发展（之三）》，新华网，2021年9月27日，http://www.xinhuanet.com/politics/leaders/2021-09/27/c_1127909358.htm，最后检索时间：2024年11月11日。

园，动员妇女积极参与生态环境治理、践行绿色发展理念，充分发挥"半边天"力量的独特优势，共筑生态文明之基，同走绿色发展之路，共享宁静、和谐、美丽的自然环境。以性别视角审视，中国妇女在乡村生态文明建设当中大有可为，中国妇女通过绿色农业、乡村旅游等方式摆脱贫困、勤劳致富，为乡村生态文明建设贡献力量，为绿色可持续发展绽放芳华。

一 新时代妇女参与乡村生态文明建设的作用和成就

妇女作为社会的"半边天"，是经济社会发展的重要力量。在乡村生态文明建设进程中，妇女发挥着不可替代的作用。进入新时代，妇女参与乡村生态文明建设的成就与进展令人瞩目。性别友好的生态环境保护法律政策与体制机制不断完善，为妇女参与环保提供了更加坚实的制度保障；农村人居环境明显改善提升，美丽乡村的愿景正逐步变为现实；汇聚多元女性力量，共创乡村生态文明建设新辉煌，已成为新时代的鲜明特征；妇女的生态文明意识和能力不断提升，走在乡村生态文明建设的最前列。

（一）妇女在乡村生态文明建设中的角色和作用

1. 妇女是乡村生态文明建设的理论先行者

传统上，男性的社会角色是"养家糊口"的经济支持提供者，这一角色定位鼓励男性更为关注就业与经济增长，更加相信可以利用科学技术主宰和控制自然环境，对环境采取工具主义、消费主义的心态。与此同时，女性在社会化过程中所培养的生儿育女的施爱角色意识会使她们更多地看重分享、合作与情绪支持的价值，强调关爱伦理，因此更为关注环境和对自然持保护性的态度。在人类社会的觉醒过程中，妇女对保护环境、可持续发展与生态文明建设进行了有益探索，做出了积极贡献。20世纪60年代以来，美国生物学家雷切尔·卡森的《寂静的春天》（1962年）指出破坏大自然不仅直接危害了人们所居住的大地，也危害了与人类共享大自然的其他生命；英国经济学家巴巴拉·沃德的《我们只有一个地球》（1972年）向人类发出警告：我们只有一个地球；挪威前首相布伦特兰夫人在《我们共同的未来》（1992年）报告中正式提出了可持续发展的概念。以上对生态文明的探索，为环境保护运动提供了整体性的目标导向，丰富了生态文明的内涵。

2. 妇女是乡村生态文明建设的直接践行者

伴随男性为主的农民工大规模涌向城市，农村出现农业女性化现象，农业劳动越来越多地由妇女承担和完成。根据2010年第六次全国人口普查统计数据测算，农村女性人口4.75亿人①，结合中国乡村、镇的女性人口年龄结构比例测算，拥有劳动能力的16~70岁的农村女性3.52亿人。1982年、1990年、2000年、2010年四次全国人口普查数据显示，中国农业就业人口中女性比重近30年间上升了2.98个百分点②，其中2010年全国农业领域（农、林、牧、渔）中女性就业人口占女性就业总人口的53.22%③。在农业生产中，整个农业生产环节的全部过程（如化肥的使用、农业用水的处理等）处置很大程度上由农村妇女决定。另外，女性是美丽庭院建设、居住环境改善、垃圾分类的主导力量，更注重个人卫生和庭院美观，以家庭小美促进乡村大美。整治农业生态环境问题，预防农业生产污染，打造美丽家园，农村女性是乡村生态文明建设的直接践行者。

3. 妇女是乡村绿色消费的主要领航者

农村女性是家庭绿色消费的主要领航者和重要决策者。研究调查显示，我国女性主导了70%以上的家庭消费④。这一比例不仅彰显了女性在家庭经济中的主导地位，更预示了女性在塑造乡村绿色生态面貌方面的巨大潜力。农村女性的消费行为较为保守，为家庭的长期发展而精打细算，整体更具资源节约意识，更倾向于选择绿色环保和节能产品，比如偏好携带布袋子代替塑料袋，自觉抵制一次性用品的泛滥。研究发现女性的碳足迹更少。欧洲数据显示，男性个人消费产生的碳足迹比女性高约16%，主要原因是消费方式的差异，女性

---

① 友成企业家扶贫基金会、明德公益研究中心等：《农村女性经济赋能扫描研究报告》，2021年3月，https://www.youcheng.org/upfile/20210507104335.pdf，最后检索时间：2024年7月17日。
② 蔡弘、黄鹂：《何谓"农业女性化"：讨论与反思》，《农林经济管理学报》2017年第5期，第652~659页。
③ 韦加庆：《人口安全视野下农业女性化问题研究》，《西北人口》2016年第3期，第84~88页。
④ 工人日报：《一般家庭女性主导了70%以上的消费，商家紧盯"她经济"》，人民网，2018年4月11日，http://finance.people.com.cn/n1/2018/0411/c1004-29918751.html，最后检索时间：2024年7月17日。

在肉类消费和汽车燃油方面消费相比男性低①。因此，妇女主导绿色消费方式，对乡村生态文明建设所提倡的绿色发展与绿色生活具有直接影响。

4.妇女是环境价值观的重要传承者

农村妇女通过家庭教育、家风塑造及日常交流等途径，成为生态文明理念传承与弘扬的重要力量。作为母亲，承担起环境教育桥梁的角色，教育孩子尊重自然、爱护环境，引导下一代树立正确的环境价值观念，培养良好的环保行为习惯；作为妻子，践行勤俭节约的生活哲学，让家庭成为实践生态文明的小单元。另外，农村妇女以家风建设为纽带，将生态文明的理念融入日常生活，带动乡风文明建设，营造人人参与、共同保护乡村生态的良好氛围。在社交方面，农村妇女以其独特的沟通能力和亲和力，成为生态文明理念的优秀传播者。因此，农村妇女不仅是家庭生态文明的守护者，更是乡村生态整治的推动者。她们以家庭之"点"，带动乡村社会之"面"，实现了从个体到集体、从微观到宏观的生态文明理念的全面覆盖与深入实践。

（二）新时代妇女参与乡村生态文明建设的成就与进展

1.性别友好的生态环境保护法律政策与体制机制不断完善

（1）中国环境保护相关法律及公共政策体制不断完善。自2015年起，新版《环境保护法》的正式实施标志着我国环保法律体系迈入了一个崭新的阶段，与此同时，《大气污染防治法》与《水污染防治法》等多部关键性法律的修订完成，进一步丰富和完善了我国环境保护的法律体系，为妇女环保组织参与环境保护、提高妇女的环境教育水平提供了法律保障。

（2）《中国妇女发展纲要》的"妇女与环境"内容呈现深度和广度依次递增的趋势。在《中国妇女发展纲要（1995—2000年）》中，对妇女与环境议题仅涉及发挥妇女在农业生产和保护环境中的作用；在《中国妇女发展纲要（2001—2010年）》中，"妇女与环境"独立成章；《中国妇女发展纲要

---

① 环球时报：《欧洲媒体：研究发现，单身男性碳足迹比单身女性高16%》，光明网，2023年3月29日，https://m.gmw.cn/2023-03/29/content_1303323565.htm，最后检索时间：2024年7月17日。

(2011—2020年)》中"妇女与环境"章节包含的内容更加丰富,提出减少环境污染对妇女的危害、组织动员妇女积极参与生态建设和环境保护、在减灾工作中体现性别意识等目标要求。《中国妇女发展纲要(2021—2030年)》中"妇女与环境"章节将妇女视为生态文明建设中一支不可或缺的力量。应对突发事件目标不再局限于气候变化和防灾减灾领域,而是扩展为包括自然灾害、事故灾难、公共卫生、社会安全等在内的突发事件,更加符合风险社会中妇女发展的现实需要。提出要开展相关教育指导和培训,以提升妇女应对突发事件的能力和使妇女成为参与防灾减灾的积极力量,并在应对突发事件中要关注孕期、哺乳期和困难妇女群体的特殊需求。

(3)各部门积极出台行动计划和指导意见,共同引领妇女参与乡村生态文明建设。2015年,中华人民共和国住房和城乡建设部等十部门印发《关于全面推进农村垃圾治理的指导意见》,提出要发挥农村妇女的家庭骨干作用,带动全家参与农村垃圾治理。2017年,全国妇联在《全国五好家庭评选表彰办法》中将绿色节俭作为标准之一。2021年生态环境部与全国妇联等六部门联合发布的《"美丽中国,我是行动者"提升公民生态文明意识行动计划(2021—2025年)》提出,各级妇联组织要发挥妇女在家庭领域的作用,依托妇女之家、儿童之家等阵地,广泛开展绿色家庭创建。各部门通过总结典型经验,为社会各界参与生态文明建设提供榜样示范和价值引领。

2. 多元女性力量汇聚,共创乡村生态文明建设新辉煌

中国妇女是乡村生态文明建设的积极参与者与贡献者,为乡村生态文明建设做出了切实的努力。全国妇联组织是推动乡村生态文明建设的重要引擎,农村基层妇女组织是乡村生态文明建设中的重要力量,妇女与环境领域非政府组织继续发展,各领域女性携手并进、共谱乡村生态文明新篇章。

(1)全国妇联组织是推动乡村生态文明建设的重要引擎。全国妇联长期以来组织动员中国亿万妇女参与环境保护,并取得卓越成绩。"三八绿色工程"是有史以来妇女参与造林绿化人数最多、领域最宽、效果最好的一项活动。发起"妇女·家园·环境"主题宣传教育活动,撰写通俗读物《妇女与环境知识100问》,开展妇女与环境知识竞赛。各省妇联富有创造性地设计组织了"妈妈环保志愿日""双休日家庭环保活动""美在农家""绿地认领"

"为地球妈妈洗脸"等丰富多彩的活动①。2018年全国妇联出台了《关于开展"乡村振兴巾帼行动"的实施意见》，将开展"美丽家园"建设活动、引领农村妇女共建共享生态宜居新农家，作为重要内容纳入其中。2019年下发了《学习浙江"千万工程"经验 进一步深化"美丽家园"建设工作实施方案》，推动"美丽家园"建设成为妇联发挥妇女独特作用、推动乡村生态振兴的重要抓手和工作载体。为充分发挥先进典型示范引领作用，全国妇联联合农业农村部在各地遴选出一批事例突出、特色鲜明的典型，出版《为了家园更美丽——妇联组织"美丽家园"建设工作案例选编》，向社会广泛生动展示广大妇女参与"美丽家园"建设的优秀成果，让妇女学有榜样、干有遵循②。

（2）农村基层妇女组织是乡村生态文明建设中的重要力量。农村基层妇女组织作为农村环保事业的杰出代表，在引导和组织女性参与环保活动方面展现出非凡的潜力与成效。在乡村生态文明建设过程中，涌现出一大批先进案例。比如金华市金东区妇联工作案例"建设美丽家园 振兴绿色乡村"，在金东区妇联积极推动下，全区已打造"美丽庭院"24988户，打造"美丽庭院"示范村34个，在全国率先实现农村生活垃圾分类县域全覆盖。每个村社妇联召开女户主会议，经由自主申报和民主推荐，在村"两委"的支持下采用百分制进行上门严格打分，得分90分以上为"美丽家庭"示范户③。金东区妇联主动介入，采用妇联干部联系户制度，每户家庭都由一名妇联干部负责检查指导垃圾分类工作，确保一户不漏。通过村妇联干部月度工作例会红黄榜制度，对不配合垃圾分类的农户进行再分工，对先进户和促进户在公开栏进行红黄榜公示。主动对接"云服务"，建立智能化垃圾分类考核管理系统，通过村妇联主席扫码检查、短信自动提醒、后台限时督办等手段，实现区、镇、村三级对农户源头分类的实时监管。

---

① 全国妇联宣传部：《走向绿色NGO——全国妇联妇女与环境工作回眸》，新浪新闻中心，2003年8月15日，https：//news.sina.com.cn/c/2003-08-15/16311551218.shtml，最后检索时间：2024年7月17日。
② 郑长忠：《"美丽家园"建设：妇联推动乡村振兴的重要抓手》，《中国妇女报》2024年4月16日。
③ 金华市妇女联合会：《喜讯！我市金东区"巾帼参与美丽家园建设案例"入选全国妇联案例选编》，澎湃新闻，2021年11月3日，https：//www.thepaper.cn/newsDetail_forward_15215905，最后检索时间：2025年2月18日。

（3）妇女与环境领域非政府组织继续发展。妇女与环境领域的非政府组织活跃在乡村环境治理和生态文明建设领域。民间气候行动网络项目（CCAN）于2007年发起成立，截至2020年底，共有39家成员机构，分布在全国17个城市，已支持22家社会组织的104名代表参加联合国气候变化大会，通过新闻发布会、双边民间组织交流会及向联合国秘书处递交立场书等形式，向国际社会分享中国民间组织参与应对气候变化的实践经验，并编写《气候变化领域NGO工作策略研究》等报告或出版物。中国妇女发展基金会组织开展"母亲水窖—绿色乡村"项目，成为促进乡村水与环境可持续发展的重要实践。联合国妇女署和青海省乡村振兴局共同启动了"女性主导的农村社区可再生能源转型与治理项目"（2023~2024），提高青海省农村妇女在农业生产中对可再生能源的获取和利用水平，促进妇女参与和领导绿色转型①。目前建成三个项目试点，新型太阳能设备支持惠及近400户家庭；青海省三江源生态环境保护协会正式成立首个三江源女性环保人网络，提升了年轻女性在环境治理中的领导力和参与度。

（4）各领域女性携手并进，共谱乡村生态文明新篇章。在乡村生态文明建设中，各领域女性以独特的视角和多样的方式，积极贡献着"她力量"。女企业家重视低碳绿色发展，积极探索新型集约式绿色生产模式，为环保事业做出贡献。与此同时，一群女性在环保领域精耕细作，参与政策法规的制定、潜心研究环保问题、提高农村环保技术水平、积极普及环保观念，为构建绿色、低碳、循环的乡村生态环境提供了坚实的政策保障与智力支持。此外，还有投身于植树造林、绿化美化乡村，或是参与农村垃圾分类、污水处理等环保工作的众多女性，用实际行动诠释着对乡村宜居环境的热爱。

3. 妇女的生态文明意识和能力不断提升

党的十八大以来，各级政府与妇联组织积极向广大妇女宣传倡导生态文明建设，致力于提高农村女性的绿色生产、绿色生活意识与能力，把建设美丽中国转化为全体妇女的自觉行动。从调查数据来看，农村女性对环境的关注程度进一步提升、对环境问题的认知更加清晰，其环境知识有所增长。

（1）农村女性和男性对环境的关注程度进一步提升。通过对比2010年和

---

① 联合国妇女署项目：《女性主导的农村社区可再生能源转型与治理》，2024年4月22日，https://asiapacific.unwomen.org/sites/default/files/2024-04/cn-c820-0422cn_women-led-rural-community-renewable-cn.pdf，最后检索时间：2024年7月17日。

2021年中国综合社会调查（CGSS）数据，对于"总体上，您对环境问题有多关注？"的看法，2010年14.3%的农村女性对环境比较关心，2021年这一比例上升至19.4%，提高了5.1个百分点；2010年5.0%的农村女性对环境非常关心，2021年这一比例提升至6.7%，提高了1.7个百分点（见图1）。整体来看，2010~2021年，农村女性的环境关注程度提高了6.8个百分点。另外，2010~2021年农村男性的环境关注程度提高了6.9个百分点。相比而言，城镇男性和女性的环境关注程度下降。可见，已开展的乡村生态文明建设在提升农村居民生态文明意识方面发挥了重要作用，农村女性和男性对环境的关注程度进一步提升。

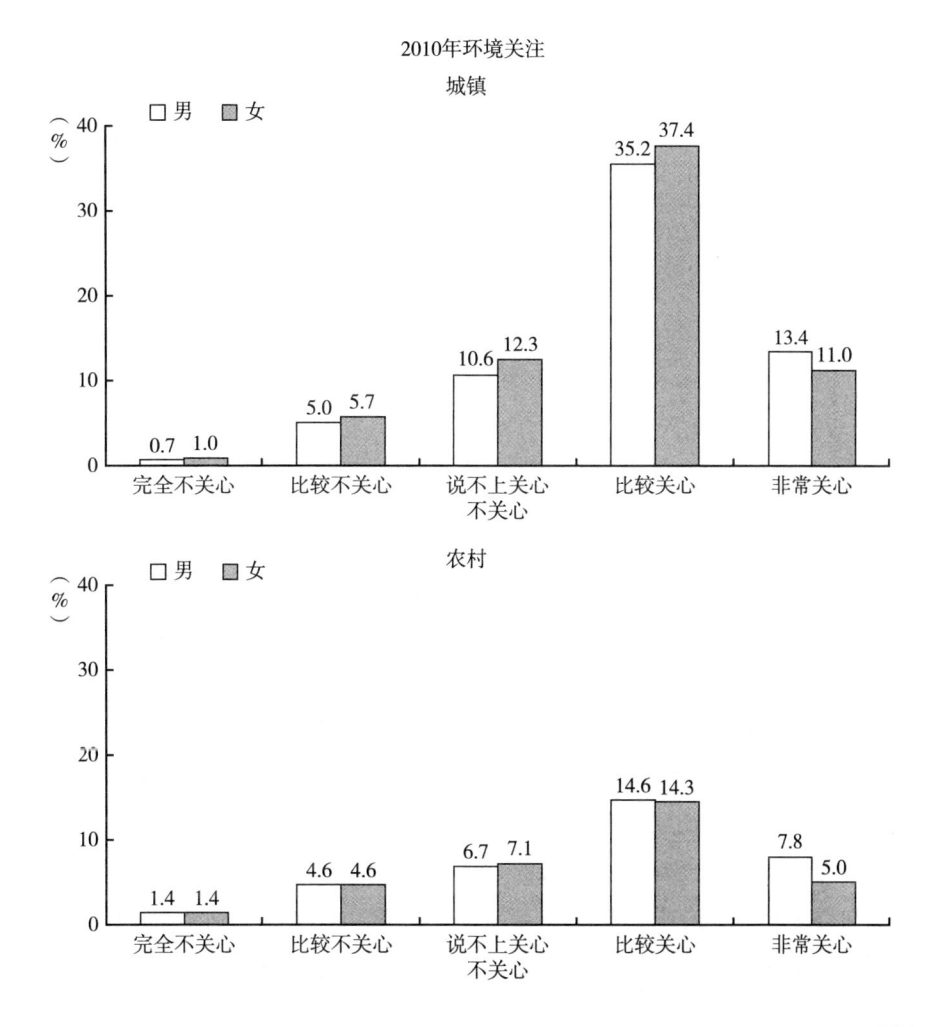

2021年环境关注

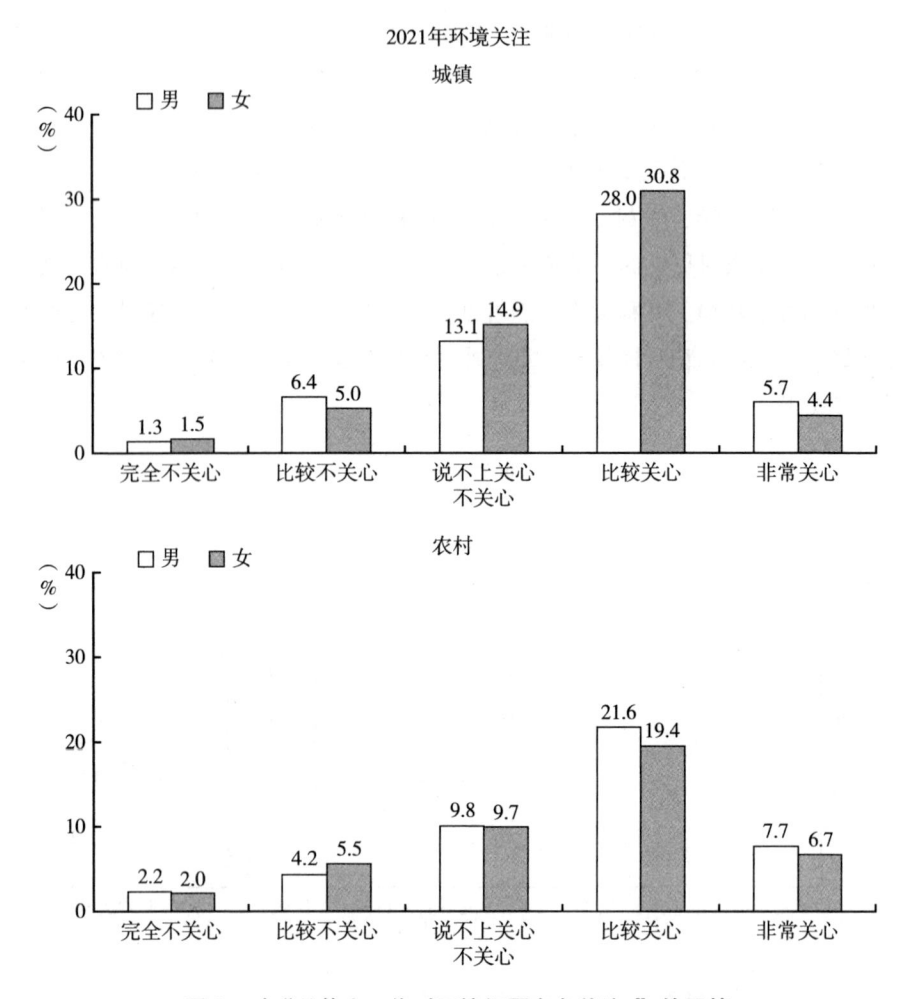

城镇

[图表：城镇环境关注度]
- 完全不关心：男 1.3，女 1.5
- 比较不关心：男 6.4，女 5.0
- 说不上关心不关心：男 13.1，女 14.9
- 比较关心：男 28.0，女 30.8
- 非常关心：男 5.7，女 4.4

农村

[图表：农村环境关注度]
- 完全不关心：男 2.2，女 2.0
- 比较不关心：男 4.2，女 5.5
- 说不上关心不关心：男 9.8，女 9.7
- 比较关心：男 21.6，女 19.4
- 非常关心：男 7.7，女 6.7

图1 对"总体上，您对环境问题有多关注？"的回答

资料来源：中国综合社会调查（CGSS2010年、CGSS2021年）数据，笔者自制。

（2）城镇和农村居民对环境问题的感知程度都进一步提升。通过对比2010年和2021年中国综合社会调查（CGSS）数据，对于"整体上，您觉得中国目前面临的环境问题是否严重？"的看法，认为非常严重的比例有所下降，认为不太严重的比例大幅增加，居民认可环境问题明显缓解，对环境问题的认知程度进一步提升。2010年16.4%的城镇男性和17.5%的城镇女性认为中国目前面临的环境问题非常严重，2021年这一比例都下降至1.6%，城镇居民认为中国面临环境问题非常严重的程度大幅下降（男性下降14.8个百分点，女性下降15.9个百分点）；相比而言，农村男性和女性也认为环境问题非常严重的程度略有下降（2.8个百分点和2.3个百分点）。对于这一问题，变动最大的回答是不太严重，2010年5.7%的城镇男性和6.2%的城镇女性认为环境问题不太严重，2021年这一比例分别上升为20.3%和23.1%，相比2010年分别提高了14.6个百分点和16.9个百分点，中国城镇面临的环境问题得到极大缓解；从农村来看，2010年6.6%的男性和6.0%的女性认为环境问题不太严重，2021年这一比例上升至14.2%和13.0%，相比2010年分别提高了7.6个和7.0个百分点（见图2）。在2010~2021年间，城镇居民和农村居民都认为环境问题的严重程度有所下降，我国的环境生态问题改善取得重大成效。

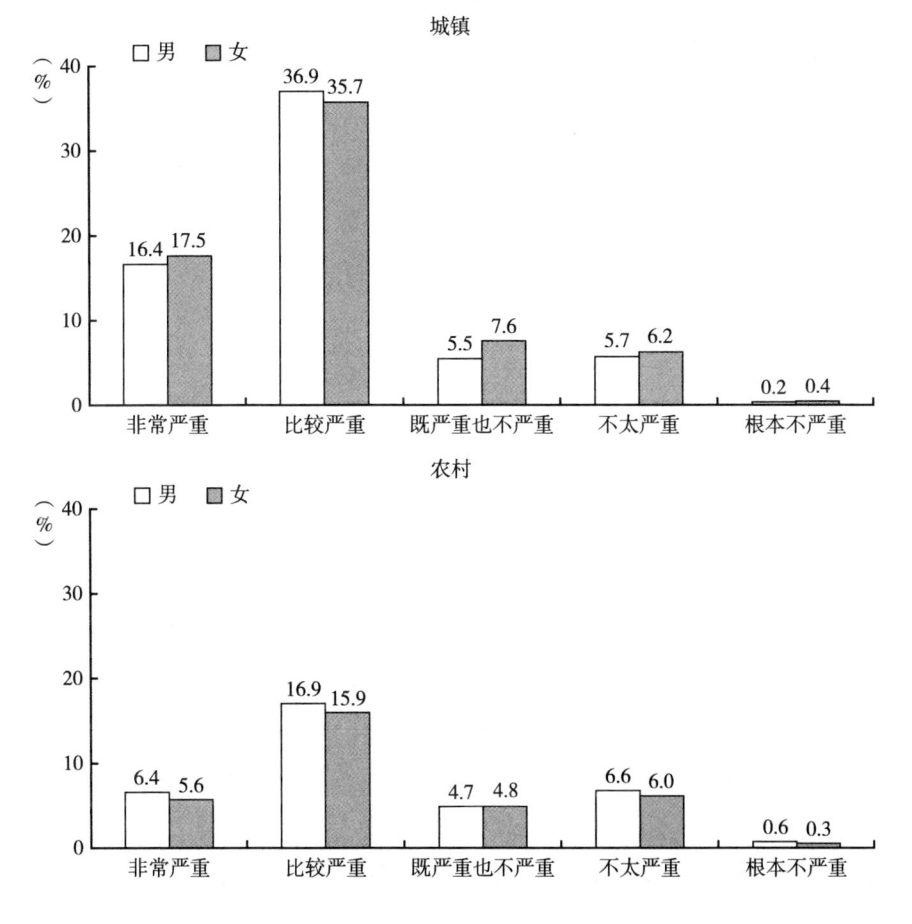

2010年环境感知

城镇

类别	男	女
非常严重	16.4	17.5
比较严重	36.9	35.7
既严重也不严重	5.5	7.6
不太严重	5.7	6.2
根本不严重	0.2	0.4

农村

类别	男	女
非常严重	6.4	5.6
比较严重	16.9	15.9
既严重也不严重	4.7	4.8
不太严重	6.6	6.0
根本不严重	0.6	0.3

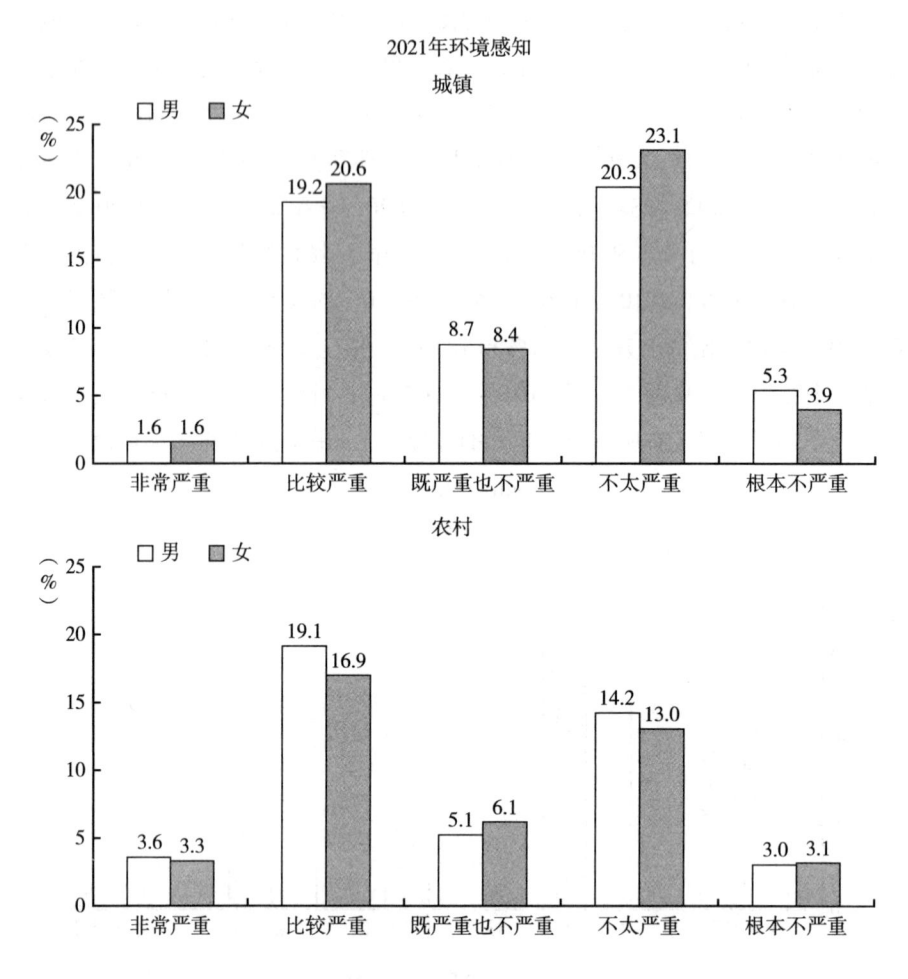

图 2 对"整体上，您觉得中国目前面临的环境问题是否严重？"的回答

资料来源：中国综合社会调查（CGSS2010年、CGSS2021年）数据，笔者自制。

（3）环境行动方面，"试图采取行动，但不知道怎么办"的比例下降，环境知识增长。通过对比 2010 年和 2021 年中国综合社会调查（CGSS）数据，对于"为了解决您和您家庭遭遇的环境问题，您和家人采取行动了么？"的回答，2010 年 19.7% 的城镇女性和 5.9% 的农村女性回答"试图采取行动，但不知道怎么办"，2021 年这一比例城镇女性下降至 12.1%（下降 7.6 个百分点），农村女性没有变动，城镇女性的环境知识得到显著增长。同时，2010~2021 年城镇和农村女性回答"没有遭遇什么环境问题"的比例分别增加2.4个百分点和4.9个百分点,这得益于政府生态文明和低碳社会建设的扎实推进。最后,"没有采取行动"的农村女性比例增加了6.8个百分点,城镇女性减少1.5个百分点,农村女性的环保行动还需要进一步引导,从而加速实现乡村生态文明建设(见图3)。

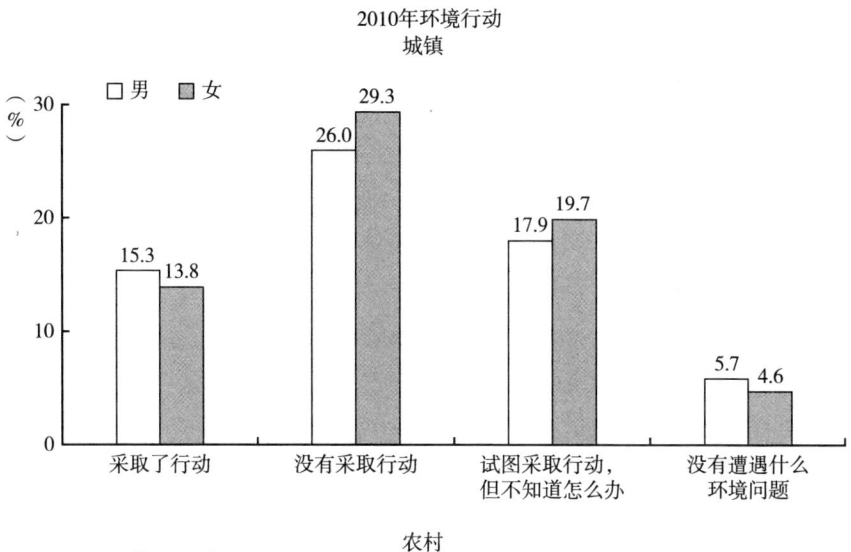

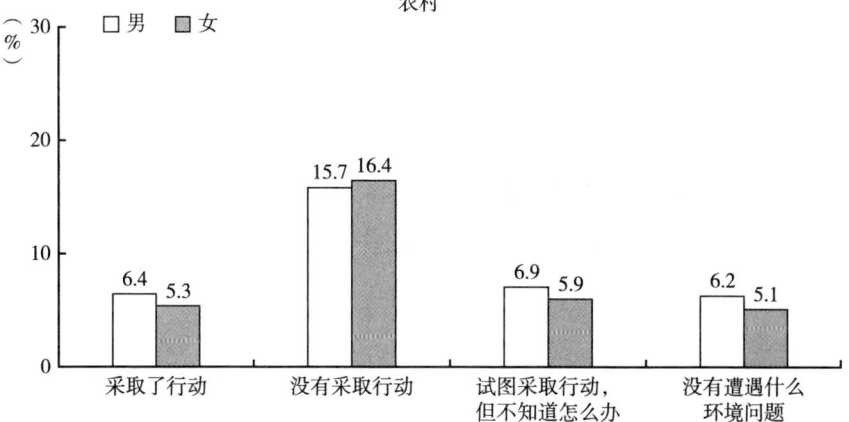

2010年环境行动

城镇

	采取了行动	没有采取行动	试图采取行动,但不知道怎么办	没有遭遇什么环境问题
男	15.3	26.0	17.9	5.7
女	13.8	29.3	19.7	4.6

农村

	采取了行动	没有采取行动	试图采取行动,但不知道怎么办	没有遭遇什么环境问题
男	6.4	15.7	6.9	6.2
女	5.3	16.4	5.9	5.1

2021年环境行动
城镇

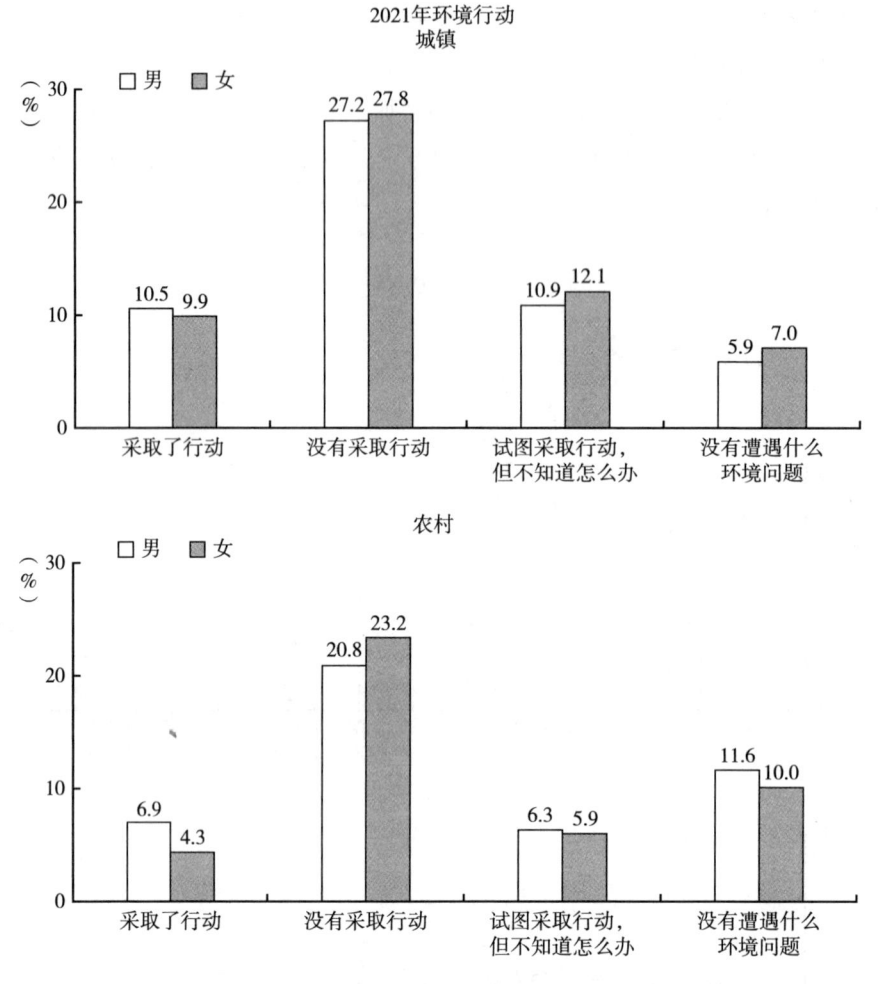

[柱状图：
采取了行动：男 10.5，女 9.9
没有采取行动：男 27.2，女 27.8
试图采取行动，但不知道怎么办：男 10.9，女 12.1
没有遭遇什么环境问题：男 5.9，女 7.0]

农村

[柱状图：
采取了行动：男 6.9，女 4.3
没有采取行动：男 20.8，女 23.2
试图采取行动，但不知道怎么办：男 6.3，女 5.9
没有遭遇什么环境问题：男 11.6，女 10.0]

图3 对"为了解决您和您家庭遭遇的环境问题，您和家人采取行动了么？"的回答

资料来源：中国综合社会调查（CGSS2010年、CGSS2021年）数据，笔者自制。

二 新时代妇女参与乡村生态文明建设的挑战

新时代妇女群体在推动乡村生态文明建设的进程中取得了显著成就，乡村生存发展环境进一步优化，乡村面貌焕然一新。中国妇女以更加积极、自信的姿态，在乡村绿色发展的道路上发挥着不可替代的作用。然而，我国乡村生态环境依然面临复杂而严峻的挑战，妇女参与乡村生态文明建设的道路上仍不乏难题，制约了妇女在乡村生态文明建设中的潜力释放。

（一）妇女参与环境领域决策的程度仍然不够

在农村生态环境管理中，女性决策边缘化特征明显，参与生态环境决策仍然不够。有研究表明，虽然近年来参与农村基层环境管理的女干部基数增加明显，但她们并没有实质性平等参与农村环境管理，存在机会少、权力小、比例低的"三低"循环怪圈①，这严重制约了她们在环境决策中的有效发声。2022年，村委会主任中女性比例为10.9%，社会组织负责人中女性比例为26.7%，女性的比例偏低。研究表明，女性在社会中获得权力职位，能够增强她们保护环境的倾向，妇女参政导致更严格的气候行动，将催生减少气候足迹的政策和实践②。在企业决策中也不例外，女性董事更倾向于将社会议题（人权、气候变化和薪资不平等）视为企业关键策略，企业有女性董事能够增强董事会ESG绩效③。因此，提升妇女在环境领域决策中的参与度，是推动农村生态环境治理现代化、实现绿色可持续发展的关键举措。

（二）农村女性的环境知识依旧缺乏

农村女性存在受教育程度较低等问题，导致其环境知识缺乏，影响了女性的环境关心度和环境行为，环境知识缺乏还导致不善于利用现代科技解决乡村生态治理问题，参与乡村生态治理的方式方法及路径选择受限，参与生态治理的有效性不佳，制约了我国人居环境整治、美丽乡村的建设进程。调查显示，在农村样本从业人口中，女性在校学习时间为7.3年，男性为8.3年，女性受教育程度低于男性。受过非农职业教育的女性占女性总数的2.3%，比男性低2.3个百分点。受过农业教育的女性占女性总数的1.1%，比男性低1.1个百

---

① 周圆：《妇女与环境：新规范与新挑战——对近5年中国落实"妇女与环境"战略目标的评估》，《山东女子学院学报》2020年第6期，第29~40页。
② Ergas, C., York, R., "Women's Status and Carbon Dioxide Emissions: A Quantitative Cross-national Analysis," *Social Science Research*, 41 (2012): pp. 965-976.
③ 曹甜甜、张耀伟：《女性董事权威、董事会气氛与环境绩效》，《财经论丛》2023年第1期，第93~102页。

分点①。农村妇女文化程度普遍相对较低，生态教育水平落后，环境科学知识严重贫乏，影响了其参与农村生态文明建设的程度。

（三）农村女性参与乡村生态文明建设的主动性有待提升

尽管妇女群体是乡村发展的重要力量，但大部分普通妇女的生态文明意识整体上仍显薄弱，参与乡村生态文明建设的主动性尚显不足。2021年中国综合社会调查数据显示（见图3），超过半数的妇女没有采取过任何环境行动，凸显了妇女在环保实践中的被动性。农村妇女更多的是在外部力量的推动下参与乡村生态文明建设活动，从众心理普遍，影响了她们在环保行动中的积极性和创造性。真正具备强烈生态文明意识，并能主动参与到环境规划与决策制定中、发挥实质性影响的女性数量依然有限。

（四）乡村生态文明建设中性别视角未得到充分体现

在乡村生态文明建设的进程中，性别视角未得到充分体现。在具体政策、规划和项目制定及实施过程中，存在性别盲区，往往性别差异未被融入决策过程，忽略了女性群体的独特需求与挑战，导致政策设计缺乏性别敏感性，难以精准对接并解决女性面临的实际困境，从而在乡村文明建设中构筑了隐形的参与壁垒，如资源分配不均、决策权边缘化等问题。在资源有限的情况下，乡村生态文明建设中的资金、技术、信息等资源的分配可能更倾向于男性主导的领域或项目，而忽视了女性在农业生态化、家庭节能减排、乡村环境治理等方面的潜力和贡献，限制了女性参与乡村生态文明建设的广度和深度。

三 启示

（一）进一步提高妇女参与乡村生态文明建设的决策权

提高妇女在乡村生态文明建设中的知情权、表达权、选择权、决策权、监督权是发挥妇女在生态文明建设中积极作用的重要前提。《北京行动纲领》强

---

① 杨丽：《关心关爱农村妇女就业和生活状况》，《中国妇女报》2024年2月20日。

调"除非承认并支持妇女对环境管理的贡献，否则可持续发展就将是一个可望而不可即的目标"。《中国 21 世纪议程》① 中提出："增强妇女在环境与发展领域中的决策管理人员比例；促进妇女参与农村经济发展和生态环境建设；在消费等领域推动妇女全面介入国家可持续发展战略。"因此，要切实加强对妇女参与乡村生态文明建设的全面介入和必要领导，进一步增加妇女在乡村环境领域的决策管理人员比例，确保妇女有机会平等地参与到乡村生态文明建设的规划、设计、决策和管理等各个环节，为女性提供更多参与环境决策的机会与平台，进一步发挥妇女在乡村生态文明建设中的重要作用。

（二）加强对妇女生态文明知识的培训与教育

生态文明知识的普及是塑造生态意识与行为的关键，妇女的生态文化素质直接关乎其在环境保护中的意识觉醒与行为选择。农村女性在教育资源获取上的局限导致其环境知识相对匮乏，亟须加强对这一群体的生态文明知识培训与继续教育体系建设，包括乡村生态治理相关的政策培训、科技培训等，消除农村妇女在生态保护方面的知识盲区，培养妇女的生态思维，强化妇女的生态意识。培养更多的妇女提升生态文明素养，在建设"生态社区"和"生态家庭"中积极作为，带动整个乡村社会向更加和谐、可持续的未来迈进。

（三）进一步发挥妇女在生产领域和消费领域的作用

妇女是生产领域一支不可忽视的力量，要充分发挥妇女在生产领域的作用，在农业生产中兼顾保护环境的要求，引领妇女发展生态经济，支持妇女在发展节水农业、观光农业、生态农业中建功立业。发挥农村妇女建设美好家园和幸福生活的积极性与主动性，引导农村妇女美化家居环境、整治村容村貌，推动新农村建设。号召广大农村妇女倡导环保的生活方式和消费方式，以家庭为单位传承低碳生活方式，提倡节俭理性的绿色生活，使节能、节水、资源回收利用逐渐成为家庭的自觉行动，为乡村生态文明建设积极贡献力量。

---

① 《中国 21 世纪议程—中国 21 世纪人口、环境与发展白皮书》，人人文库，2022 年 11 月 30 日，https://www.renrendoc.com/paper/230363129.html，最后检索时间：2024 年 11 月 11 日。

（四）深化环境政策中的性别视角融合

制定和实施具有性别视角的环境政策，是推动乡村生态文明建设向更高水平迈进的关键步骤。这不仅有助于促进性别平等，还能激发女性在环境保护和可持续发展中的巨大潜力，进而推动整个社会绿色转型。在政策制定与实施的每一个环节，都融入性别视角，确保政策内容既符合乡村生态文明建设的总体要求，又能充分考虑并尊重性别差异和女性群体的特殊需求。完善卫生健康系统和灾后重建，帮助农村妇女灾害期间和灾后获取物资、信息及社会支持。另外，制定具有性别敏感性的政策评估指标，定期评估环境政策对女性群体的影响及成效。在资金、技术、信息等资源的分配上，充分考虑性别差异，确保女性主导或受益的项目能够获得足够的支持，使女性在乡村生态文明建设中扮演更加重要、更加积极的角色。

B.9
农村女性通过短视频参与乡村振兴的作用、困境与优化路径

蔡双喜 李泓贝*

摘　要： 自乡村振兴战略实施以来，农村互联网设施的改善极大地促进了短视频媒介在农村地区的普及。农村女性不仅能使用短视频来满足自己的信息、娱乐和社交需求，还通过参与短视频内容的制作，提升了自我表达和社会参与的能力。本报告通过对党的十九大以来的知网论文进行检索分析，发现短视频使农村女性增长了社会见识，满足了情感需求，为乡村振兴提供了新动力。本文探究短视频在赋能农村女性方面的作用及其为女性带来的数字红利，针对农村女性提出优化路径，以进一步提升短视频在乡村振兴中的积极作用。

关键词： 乡村振兴　女性参与　短视频

乡村振兴已成为中国经济社会发展中的重要议题。2024年1月1日，《中共中央 国务院关于学习运用"千村示范、万村整治"工程经验有力有效推进乡村全面振兴的意见》出台。乡村振兴事业的发展离不开女性的参与和贡献。如何引导农村女性积极参与乡村振兴，激发她们参与乡村振兴的动力，成为亟须关注的议题。

随着媒介技术的进步，短视频对农村女性群体产生了重要的影响。短视频为农村女性提供了自我认知和展示的全新舞台，推动了她们的个人进步和社会参与。本报告通过对2017年10月18日至2024年6月30日的知网论文进行检

---

* 蔡双喜，《中国妇女报》编委、理论部主任，《新女学》周刊主编；李泓贝，《中国妇女报》实习生，中国人民大学哲学院科学技术哲学专业博士研究生，主要研究方向为科学技术与社会。

索分析，发现短视频使农村女性增长了社会见识，满足了情感需求，为乡村振兴提供了新动力。本报告还以抖音和快手的使用情况为例，深入探究短视频如何在乡村振兴中释放数字红利，推动农村女性实现自我发展，以及农村女性使用短视频助力乡村振兴面临的困境并提出相应的优化路径。

一 农村女性通过短视频参与乡村振兴的整体背景

乡村是具有自然、社会、经济特征的地域综合体，兼具生产、生活、生态、文化等多重功能，与城镇互促互进、共生共存，共同构成人类活动的主要空间。乡村兴则国家兴，乡村衰则国家衰。实施乡村振兴战略，要坚持农业农村优先发展，按照产业兴旺、生态宜居、乡风文明、治理有效、生活富裕的总要求，建立健全城乡融合发展体制机制和政策体系，加快推进农业农村现代化……培养造就一支懂农业、爱农村、爱农民的"三农"工作队伍。[①]

短视频是指在各种新媒体平台上播放的、适合在移动状态和短时休闲状态下观看的、高频推送的视频内容。内容融合了技能分享、幽默搞怪、时尚潮流、社会热点、街头采访、公益教育、广告创意、商业定制等主题。它随着移动终端普及和网络提速，逐渐获得各大平台、粉丝和资本的青睐。短视频传播速度快、受众广、互动性强，为农村女性提供了展示生活与创业经历的新平台，成为促进乡村振兴的新动力。

本报告研究的农村女性包括视频中的女主人公，也包括女性视频创作者。

（一）乡村振兴的提出和短视频的普及

"三农"问题是关系国计民生的根本性问题，2017年10月18日，习近平总书记在党的十九大报告中首次提出乡村振兴战略。从2018年起，中央一号文件持续提到乡村振兴战略，明确农业和农村发展的优先策略，并为乡村振兴提供总体规划，指导未来一段时期内的"三农"工作。在这一系列政策推动下，2021年2月25日，国家乡村振兴局的成立是全面实施乡村振兴战略的起

---

① 《习近平：决胜全面建成小康社会 夺取新时代中国特色社会主义伟大胜利——在中国共产党第十九次全国代表大会上的报告》，中华人民共和国中央人民政府网站，2017年10月27日，https://www.gov.cn/zhuanti/2017-10/27/content_5234876.htm。

点。《国家乡村振兴战略规划（2018—2022年）》为乡村振兴战略提供了政策保障，明确了实施乡村振兴战略是实现全体人民共同富裕的必然选择。农业强不强、农村美不美、农民富不富，关乎亿万农民的获得感、幸福感、安全感，关乎全面建成小康社会的全局。乡村振兴，生活富裕是根本。实施乡村振兴战略，不断拓宽农民增收渠道，全面改善农村生产生活条件，促进社会公平正义，有利于增进农民福祉，让亿万农民走上共同富裕的道路，汇聚起建设社会主义现代化强国的磅礴力量。[①] 而2021年《中华人民共和国乡村振兴促进法》的出台，则为乡村振兴战略提供了法律保障，明确全面实施乡村振兴战略，应当坚持中国共产党的领导，贯彻创新、协调、绿色、开放、共享的新发展理念，走中国特色社会主义乡村振兴道路，促进共同富裕。[②]

随着《数字乡村发展战略纲要》和《数字乡村发展行动计划（2022—2025年）》等政策的出台和实施，农村地区的网络基础设施短板逐渐补齐，互联网普及率稳步提升。为进一步推进这一进程，工业和信息化部积极实施电信普遍服务和"宽带边疆"建设项目，大力推进农村及边远地区的通信基础设施建设。截至2023年底，全国农村宽带用户总数达到1.92亿户，比上年增长8.8%，增速较城市宽带用户高1.3个百分点。同时，5G网络基本实现乡镇级以上区域及有条件的行政村全覆盖[③]。到2023年12月，中国网络视频观众总数增至10.67亿，短视频观众数量为10.53亿，占总网民数的96.4%。[④] 这些数据一定程度上反映了短视频平台的影响力和普及率。

（二）农村女性参与乡村振兴

农村女性在农村总人口中占有较大比例，是促进产业兴旺、生态宜居、乡风文明、治理有效、生活富裕的重要力量。农村女性越来越多地开始关注并参

---

① 《中共中央 国务院关于实施乡村振兴战略的意见》，中华人民共和国中央人民政府网站，2018年2月4日，https：//www.gov.cn/zhengce/2018-02/04/content_5263807.htm。
② 《中华人民共和国乡村振兴促进法》，中华人民共和国农业农村部网站，2021年5月7日，http：//www.fgs.moa.gov.cn/flfg/202105/t20210507_6367254.htm。
③ 《构建高质量农村电商生态圈》，中华人民共和国中央人民政府网站，2024年4月2日，https：//www.gov.cn/zhengce/202404/content_6942991.htm。
④ 《2023年通信业统计公报》，中华人民共和国中央人民政府网站，2024年1月24日，https：//www.gov.cn/lianbo/bumen/202401/content_6928019.htm。

与到公共事务中来，但在这一个过程中仍存在困难。比如，有些农村女性的工作机会少、收入受限、对于社会保障缺乏了解；有些农村女性仍局限于传统农业活动，难以接触更高收益的产业，缺乏获取新技能的机会，导致农业生产效率低下；有些留守女性面临人身安全问题，缺乏有效的保护措施和支持网络等。这些都会阻碍她们迈向富裕生活，这些在一定程度上也减缓了农村富裕乃至乡村振兴的进程。

在全媒体时代，农村女性在新媒体平台上表现活跃。本报告使用"短视频"和"女性"为关键词，搜索2017年10月18日至2024年6月30日中国知网收录的相关文献，共检索到2773篇研究文献。但当关键词增加"乡村振兴"时，检索结果减少至226篇。可见，当前关于"短视频""女性"与"乡村振兴"的交叉领域研究较少，虽然短视频在女性中的应用已引起关注，但其在促进乡村振兴方面的作用和潜力尚未得到充分探讨。通过短视频平台赋能农村女性，激发女性参与乡村振兴的潜力，推动乡村经济社会全面发展这一领域的探索具有研究价值和应用前景。

（三）农村女性以短视频参与乡村振兴

党的十九大正式提出乡村振兴战略以来，各级政府开始制定并实施涉及农业、农村环境改造、农村文化发展等多方面的具体政策和措施。这些措施逐渐落实。2019年，随着互联网的普及和短视频平台的兴起，农村女性获得了全新的展示平台。通过短视频，她们不仅直观地展示了农村的自然风光和人文气息，还激发了观众的购买欲望，进而带动了农产品的销售。从促进产业发展的角度看，短视频为农村女性开辟了将农产品推向更广阔市场的新渠道，并显著提高了这些产品的品牌认知度。农村女性通过直播带货等方式，进行农产品的在线推广，将农产品直接送到消费者手中，实现了产销对接，降低了中间环节的成本，提高了利润。这种销售方式也增加了消费者的信任度，他们能直观地看到产品的生长环境和生产过程，能放心购买。2023年，我国农村网络零售的总额达到了24900亿元，显示出农村电商领域的持续稳定增长。[①]

[①] 《国务院新闻办发布会介绍2023年农业农村经济运行情况》，中国政府网，2024年1月23日，https://www.gov.cn/lianbo/fabu/202401/content_6927911.htm。

人的性别具有生物属性和社会属性。社会性别是以人的生物属性为基础的对两性的文化和社会建构,是指两性与社会文化、制度和劳动分工相关联的性别身份。[①] 随着信息技术的发展,农村女性在短视频平台上的活跃度提高,她们改变了传统的角色定位,短视频还拓宽了女性获取信息的渠道,提升其社会参与度,数字经济带动女性多元化发展,创造了新的就业机会,激发了更多农村女性的潜能,展示了女性在家乡实现人生价值的可能性。那么,短视频如何赋能农村女性,使其突破限制,成为乡村振兴的积极参与者和推动者呢?

农村女性利用短视频开发特色农产品、参与农产品深加工等,积极探索农村电商、乡村旅游等新型经济模式,为乡村经济的多元化发展注入了新活力。这不仅帮助她们的家庭增收,改善其生活条件,还促进当地的文化传播和旅游业的发展。短视频平台成为分享创业故事、就业技能教程的平台,为农村女性提供更多就业机会和创业灵感。作为农村女性学习新知识、发展新技能的平台,短视频为农村女性提供丰富多彩的文化娱乐内容,丰富她们的精神生活。一些女性通过短视频学习电商运营、网络营销、农业技术等知识,成功转型为乡村电商创业者。通过这种社交互动和内容创作,她们增强了自我认同感和社会归属感。在赋能与自我提升的过程中,她们改变了原有生活轨迹,为乡村社会注入了新的活力和希望,成为乡村振兴的"新鲜血液"。农村女性通过短视频分享自身故事和经验,拓展了社交网络范围,构建起的互助社群也让农村女性感受到了社会的关注和支持。

总之,短视频以其独特的作用赋能农村女性,使她们全方位参与经济社会发展,不仅提升了农村女性的社会地位,也为乡村振兴激发了"她力量"。

二 农村女性通过短视频参与乡村振兴的方式和作用

媒介赋能理论突出了信息和通信技术(ICT)在为个体,特别是弱势群体提供更多权利和机会方面的重要作用。这一理论对于理解农村女性如何通过短视频参与乡村振兴十分重要。以下我们将运用媒介赋能理论,分析农村女性通过短视频参与乡村振兴的方式与作用。

---

① 佟新:《性别社会学》,北京大学出版社,2022。

（一）农村女性通过短视频参与乡村振兴的方式

女性群体在移动互联网中的渗透率更高，活跃用户数达到近6亿，全网占比升至49.4%。① 女性既是内容平台的主要受众，也是优秀的内容创作者。短视频记录了女性在乡村生活中的各种瞬间，不仅包括热火朝天的直播活动、乐趣无穷的采摘活动、令人垂涎的美食制作，还有充满真情实感的家庭和乡村文化活动等。在这些视频中，农村女性展现了她们的热情洋溢、多才多艺、简朴开朗、活力四射的状态。

通过抖音和快手平台上农村女性发布的短视频，我们可以看到她们如何巧妙地利用这一新兴媒介，以多元化的方式参与到乡村振兴的实践中，不仅促进了个人成长，也为乡村的全面发展注入了新的活力。

首先，农村女性通过内容创作和直播带货，直接将乡村的农产品、手工艺品推向市场，实现了从生产到销售的直接连接，有效缩短了供应链，降低了成本，同时增加了农产品的曝光度和销售量。这种"互联网+农业"的模式不仅带动了乡村经济的快速增长，还助力了乡村产业的升级转型。

第二，她们利用短视频平台展示乡村的自然风光、民俗风情，吸引了大量城市居民的关注和向往，推动了乡村旅游的兴起。这种方式不仅为乡村带来了人流，也促进了当地住宿、餐饮、纪念品销售等相关产业的发展，为乡村经济的多元化发展开辟了新路径。

第三，在教育与自我提升方面，农村女性通过创建个人频道，分享生活日常、学习心得、职业技能等，构建自我认同和技能学习的平台。这不仅激发了乡村女性自我成长的意识，也为其他村民提供了学习新知识、新技能的机会。

第四，她们积极传播乡村的优秀传统文化、手工艺和地方特色美食，用镜头记录那些可能会被遗忘的传统技艺和味道，激发年轻一代对传统文化的兴趣和传承意识。这种文化的传承与创新，不仅丰富了乡村文化的内涵，也为乡村文化的现代转型提供了可能。

第五，农村女性还利用抖音平台开展公益宣传，关注环境保护、教育平等

---

① 《QuestMobile 2023年"她经济"洞察报告：女性活跃用户近6亿，消费意愿、消费能力远高于男性，三大趋势凸显"价值"跃迁》，https://mp.weixin.qq.com/s/qrNWUC6CHLbh-c1WY246DA，2024年3月7日。

等社会问题，通过讲述真实故事、分享成功案例，以实际行动践行社会责任，促进了乡村社会的和谐发展。

第六，在农业科技传播方面，农村女性成为现代农业技术的传播者，通过短视频介绍现代农业种植技术、可持续农业实践、家庭菜园管理等内容，帮助更多农民掌握科学种植方法，提高农业生产效率和可持续性，为乡村农业的绿色发展贡献力量。

最后，通过展示乡村的独特产品和文化，农村女性成功吸引了外地的合作伙伴和消费者的目光，拓宽了销售渠道，促进了跨区域的经济合作与文化交流。这种跨地域的互动不仅为乡村带来了外部资源和市场机会，也为农村女性提供了更广阔的视野和发展空间，增强了她们参与乡村振兴的信心和能力。

综上所述，农村女性借助抖音等短视频平台，以创新的方式参与到乡村振兴的各个方面，不仅展现了新时代女性的力量与智慧，也为乡村振兴战略的深入实施贡献了不可或缺的力量。随着技术的不断进步和平台的持续优化，相信未来会有更多农村女性通过短视频这一媒介，书写属于自己的乡村振兴故事。通过深入分析，我们可以更好地理解短视频如何成为农村女性自我发展的工具，农村女性又如何助推乡村振兴，增强乡村社区的凝聚力和向心力。

（二）农村女性通过短视频参与乡村振兴的作用

1. 农村女性通过短视频实现自我发展

随着网红经济的出现，视频行业逐渐崛起一批内容制作者。短视频在乡村振兴中的应用对农村女性自身的影响有：

（1）女性权力的提升。性别不平等可能会强化对乡村女性的刻板印象。而媒介变革扩大了农村女性的表达和行动空间，使个体能够自由获取、选择和发布信息。短视频提供了平台，使农村女性能够公开表达自己的观点和情绪，与男性和城市女性进行平等交流。这打破了城市和男性主导的传播模式。

（2）家庭地位的改变。以前，受制于社会和家庭资源向男性倾斜，一些农村女性为维持生计早早辍学投入劳动力市场，难以获得必要的专业技能，导致她们难以摆脱男性主导的生活模式，被迫接受了传统的角色分配——被动的听从者。但新媒体的普及和技术进步促使她们拥有经济自主权，在经济、社会和文化领域获得显著发展，从被动的角色转变为主动的参与者、协商者和决策

者，家庭地位也得以改变。

（3）社会关系的扩展。"随着生产方式即谋生方式的改变，人们也会改变自己的一切社会关系"。① 传统的社区空间相对有限和闭塞，而短视频的跨时空性突破了物理限制，促使农村女性的交流从传统的社区网络向互联网络转变。这加强了她们相互之间以及与城市女性的联系，使她们的社会关系得以扩展。

短视频是农村女性获取自主性和社会地位的重要渠道，能够对农村女性产生积极影响。在提到参与电商对自己的改变时，有56.31%的农村女性认为参与电商创业后自己的经济收益提高了，48.46%的农村女性认为通过电商创业自我成长得到满足，25.9%的农村女性认为电商创业后自己的家庭地位提升了，23.22%的农村女性认为自己创业后得到了周围人的赞赏和支持。②

蜀中桃子姐，一个来自四川自贡小村庄的女性。早年因家境贫困而辍学，2018年桃子姐开始拍摄短视频，最初以简单的美食教程为主，但反响平平。之后，她并未放弃，而是开始在视频中融入生活场景，将乡村生活的真实与美好展现给广大网友，真实而富有生活气息的内容迅速吸引了大量粉丝。桃子姐的视频内容不只是关于"吃"，更多的是关于"做"。她对各种原料都有自己独特的处理方法，精湛的刀工和熟练的烹饪技巧让人赞叹不已。在很短的时间内，她的抖音粉丝数量就突破了千万，成为乡村短视频领域的佼佼者。桃子姐用自己的行动证明了女性同样可以在乡村建设中发挥重要作用。她依托四川地区在调味品行业的强供应链，展示本地农产品、手工艺品和特色美食，吸引更多人的关注和购买。她不仅提升了农产品的知名度，拓展销售市场，增加经济收入，还传播乡村文化和美食，带动家乡经济的发展，为乡村青年提供了更多的就业机会。

总之，通过短视频以积极主动的态度参与社会事务，农村女性获得了知识技能，获得了身份的转变。不仅自身得到成长，还带动了当地经济发展，提高了家庭地位，拓展了社会关系。短视频赋能农村女性是一个渐进的过程，从中

---

① 中共中央马克思恩格斯列宁斯大林著作编译局编译《马克思恩格斯文集》（第一卷），人民出版社，2009，第602页。
② 《全面推进乡村振兴中如何深耕新质生产力——以山东省农村巾帼电商为例》，《中国妇女报》2024年11月12日。

可见她们在信息时代的自我觉醒和能动性的增强。

2. 农村女性通过短视频推动社会发展

在推动乡村振兴的过程中，短视频成为提升女性地位和增强她们话语权的重要工具。短视频不仅帮助女性突破传统性别角色，实现自身价值，也推动社会正向发展。具体而言：

（1）农村女性以短视频为创收渠道，助力乡村经济发展

农村女性可利用短视频展示并销售本地的传统手工艺品、农产品和地方美食。通过结合传统技艺与现代创新，她们不仅创造了新的生产方式，还吸引了广泛的社会关注和市场参与。数据显示，电商经济、直播经济具有信息快速传递和突破时空限制的巨大优势，山东省的农村女性想要进行电商创业的意愿很高，其中30~49岁人群占比将近60%，家庭主妇从事电商的意愿最为强烈。①有大量案例表明，农村女性通过短视频和直播平台，实现了从生产者直达消费者的销售模式，为农村经济增收开辟了新途径。

（2）农村女性以短视频推广乡村之美，助力乡村文旅发展

乡村文化振兴是乡村振兴的重要组成部分。农村女性通过短视频展示自然风光、日常生活和节庆活动，展示乡村的自然美景和文化遗产，可以向外界推广乡村之美。这吸引了城市居民体验乡村旅游和农业活动，提升了人们对乡村生活的兴趣，推动了乡村文化旅游业的发展。

（3）农村女性以短视频为学习平台，助力乡村教育

农村女性通过制作教育性质的短视频，如分享高效的种植技巧、病虫害防治方法等农业技术，传授育儿经验、家庭关系处理等家庭教育知识，推广保健养生方式等，可以提升村民的知识和技能水平。参与短视频创作的过程本身也是农村女性自我学习、能力提升的过程。她们在学习视频制作、内容策划、网络运营等技能的同时，增强了自信心和社交能力。

（4）农村女性以短视频参与社会工作，助力性别平等

性别不平等的传统思想、男主外女主内的性别分工的存在使得一些农村女性隐形于社会视野中，承担着家务等无酬劳动。而女性通过短视频参与社会工

---

① 《全面推进乡村振兴中如何深耕新质生产力——以山东省农村巾帼电商为例》，《中国妇女报》2024年11月12日。

作使其从后台走向前台，地位上升。过去，农村女性一定程度上面临城乡差距和性别差异，现在短视频等赋能使得农村女性既实现了自我表达，也增进了社会认同。

（5）农村女性以短视频参与社会治理，促进乡村和谐

农村女性作为乡村社会的重要力量，在实现自身发展、维持家庭稳定、促进乡村和谐以及推动乡村全面发展方面扮演着不可替代的角色。随着短视频平台的兴起，农村女性找到了一个全新的舞台，她们不仅在这个平台上展现自我，更重要的是，成为传播正能量、提升乡村治理水平的重要力量。通过短视频，农村女性以生动、直观的方式分享法律法规知识，让原本可能晦涩难懂的法律条文变得贴近生活、易于理解。这不仅增强了村民们的法律意识，还促进了法治观念在乡村的深入人心。她们对反家庭暴力和儿童保护的案例分享，更是直击人心，有效增强了乡村社会对家庭暴力零容忍的共识，以及对儿童权益保护的重视，为营造安全、健康的社会环境做出了积极贡献。此外，农村女性积极参与村务管理，她们的声音和见解在决策过程中得到了更多体现，这不仅促进了性别平等，也促进了乡村治理。比如，她们从家庭生活的细微处出发，提出改善乡村基础设施、优化公共服务、促进产业发展等建议，有效推动了乡村治理的创新与精细化。通过参与公共事务，农村女性还促进了邻里间的相互理解和支持，增强了乡村社会的凝聚力，为乡村振兴营造了良好的社会氛围。

总之，农村女性利用短视频平台等现代技术手段，不仅展现了自身的智慧与力量，更在无形中织就了一张连接家庭与乡村、传统与现代、知识与行动的紧密网络，为乡村振兴的伟大事业添砖加瓦。农村女性在乡村振兴过程中的作用和贡献，不仅体现在经济领域，也体现在社会、文化、环境等多个领域。通过这些活动，农村女性不仅为自己赢得了更多尊重，也促进了乡村的全面振兴。

三 短视频助力农村女性参与乡村振兴的困境及成因

短视频的普及和低门槛使得农村女性的声音能够被听见，她们能获得展示个人技艺和才能、维护自身权益的机会。但同时我们也可以从短视频背后看到

农村女性数字技能和媒介素养不够、被掩盖的虚假性别平等、行为娱乐化导致现实失真以及经济收益的可持续性难等问题。

（一）农村女性数字技能和媒介素养不够

数字技能和媒介素养对于个人在信息时代的生存和发展至关重要。然而，农村女性这方面的素养不够往往成为她们参与乡村振兴进程中的一大障碍。

首先，数字技能的缺乏限制了农村女性有效利用短视频等新媒体工具的能力。在短视频平台上，从内容创作、编辑剪辑到发布推广，每一步都离不开基本的数字技能。而农村女性接受相关教育和培训的机会相对较少，导致她们在面对新技术时往往感到力不从心。这不仅影响了她们在短视频平台上的创作效率和质量，也削弱了她们通过这一渠道展示自我、推广产品、交流思想的能力。

其次，媒介素养的不足使得农村女性在信息筛选、批判性思考和有效传播方面存在困难。媒介素养包括对媒介信息的理解和使用能力，更重要的是要具备批判性思维，能够辨别信息的真伪、价值以及潜在的影响。在农村地区，由于信息来源相对有限且易受传统观念影响，农村女性可能更容易受到不实信息或偏见观点的误导。这不仅影响了她们对外部世界的认知，也限制了她们通过短视频等平台传递正能量、促进乡村文化发展的可能性。

近年来，各级妇联和相关机构已经意识到这一问题，并积极开展了多种形式的培训活动，旨在提升农村女性的数字技能和媒介素养。这些培训涵盖了从基础操作到高级应用的各个方面，旨在帮助农村女性更好地掌握短视频等新媒体工具，提高她们的信息处理和传播能力。然而，要真正解决这一问题，还需要政府、社会组织以及全社会的共同努力和持续关注。只有这样，才能确保农村女性能够在新媒体时代不掉队、不落伍，为乡村振兴贡献自己的力量。

（二）被掩盖的虚假性别平等

短视频平台虽提供了表达的空间，但农村女性依旧处于城乡关系、性别关系及知识层面的劣势地位。她们在内容创作、主题选择、表现形式方面没有摆脱社会传统性别观念和性别刻板印象的影响。尤其在浏览量即利益的环境下，一些农村女性有意或者无意中将自己物化，或被物化，以较为丰满或性感的形

象来吸引观众，从而获得经济利益。短视频类型中最受欢迎的是家庭记录类，内容多为做饭、照顾孩子、做农活，由留守乡村女性来完成，表达自己期待丈夫归家的情感。农村女性在制作此类视频以获得更多关注时，其实是在无意间将自己置于无偿服务者的角色，看似拓展了收入渠道，实际上则进一步加深了性别不平等。①

性别虚假信息是指表面上的平等，受制于社会结构、文化观念、市场偏见等因素，只是在某些方面实现了平等，比如农村女性有限的主动。主动在于她们可以拥有多种选择，可以展示自我、可以记录生活，也可以获取新闻。有限性首先意味着迫于赚取流量的压力，她们有时选择以吸睛作为短视频制作的目标，这并非完全发自内心，还要考虑现实的需要。其次是主体的被物化，当短视频制作者选择展现视频时，她们为了获取更多的关注目光不会随心所欲地展示自我，而是以观众的凝视为核心，逐渐被视频制作的隐形规则所规训，按照他人的期待来表演，容易被物化，这种物化还可能成为被遮蔽的幻象。

（三）行为娱乐化导致的现实失真

行为娱乐化是指将娱乐性融入视频中，以轻松、愉快的方式进行行为表演。由于拍摄技术简单且缺少专业知识背景，农村女性的短视频主要围绕日常生活和情景剧进行创作，内容往往表现出一致性和创新不足。部分视频仅限于表象，未触及文化深层，更不用说承担起文化传承的责任。甚至还有视频通过歪曲事实来获得高播量，传播迷信、误食野味等行为吸引眼球，扩散封建思想、性别偏见、卫生陋习和资源浪费等错误观念，煽动误导观众。这种误导不仅污名化了农村女性，还影响乡村正面形象构建。而更进一步的现实失真体现在创作者对女性形象的建构上。为满足观众期待和平台曝光，创作者常构建理想化的女性形象，展示美化的非日常生活，遮蔽了农村生活的真实面貌和女性的真实困境。

当短视频中的女性形象不是真实生活中的，而是为迎合社会喜好和需要被建构出来的时候，其背后的深层次原因在于为了短期的点击率和关注度，模仿

---

① 梁圣蓉、罗良文：《新时代加快形成新质生产力的焦点难点和关键路径》，《当代经济管理》2024年第7期，第10~17页。

热门内容，导致内容同质化严重，难以展现乡村的多样性和农村女性的个性化。这些创作者缺乏责任感，并未真正参与到乡村振兴的进程中，抑制了个性化和创新的可能性，阻碍乡村女性真实故事的传播，致使短视频内容在自我情感表达和主动迎合大众喜好中游移。

（四）经济收益的可持续性低

虽然短视频为农村女性提供了创造收入的机会，但这种收入并不稳定，高度依赖于平台政策、广告收益和观众主观喜好。农村女性在短视频创作与变现领域仍遭遇多重挑战。首先，有些创作者还在初期探索阶段。她们的主要盈利途径包括电子商务和任务性变现，这两种方法往往与日常内容创作相矛盾，难以与观众建立情感联结。其次，对于广告规则的理解不足，违规宣传、销售未经安全检验的产品，使得产品和服务的质量无法得到保障。央视《共同关注》栏目曾曝光一位拥有 2400 多万粉丝的农村女性直播间的红薯粉条并送检，引起了网友广泛关注，其直播中宣称的红薯粉条与事实不符，属于虚假或者引人误解的商业宣传，相关部门对其依法进行处罚。此外，位于偏远山区的创作者面临高昂的物流费用，特别是销售易腐烂的农产品时，后续服务问题不少。

此外，农村女性在扩大业务规模方面也容易遇到困难，如本地的社会习惯与商业实践之间不匹配，家庭支持不足增加了进一步创业的难度。时间和精力的投入与粉丝增长并不总是成正比，网络暴力有时对一些记录日常生活的女性创作者产生负面影响。视频版权保护不力也是一大问题，短视频比图文更难确立版权保护机制，导致原创内容易被抄袭。而竞争加剧，市场趋向饱和，非农业领域创作者的介入争夺已有的流量，使得农村短视频领域面临更多挑战。

通过结合社会性别理论和媒介赋能理论，我们可以更深入地分析农村女性在利用短视频参与乡村振兴过程中遇到的挑战。社会性别理论揭示了由于社会性别角色和刻板印象所带来的限制，农村女性在内容创作和经济活动中的表现受到约束。数字鸿沟下的技能与素养缺乏、不懂得如何使用短视频导致的问题——乡村地区的女性可能由于教育水平、经济条件以及技术接触的机会有限，面临着更大的数字鸿沟。这不限于基本的互联网使用技能，也包括制作和编辑高质量短视频的能力。网络并非一个完全理想的孵化器，它同时也揭示了农村女性的实际困境。媒介赋能理论指出，尽管短视频平台提供了机会，但技术接入和使用的性别差异依然是一个挑战。因此，优化策略需要同时考虑如何突破性别限制和提高技术接入及应用的平等性。

四 农村女性通过短视频参与乡村振兴的优化路径

在人人都有传播机会的网络时代，短视频带来了极大的便利。农村女性能够更加便捷地获取信息，更加自由地进行表达。乡村振兴战略改变了农村女性的面貌，但传统社会的性别规训依然阻碍农村女性的自我表现，这是不完全化的短视频赋能。如何才能更好地促进农村女性通过短视频参与乡村振兴？除了政府引领、平台规范、技术环境、社会宣传，也需要自我力量的迸发，这是一个持续性的过程。我们需要思考在短视频的收益逻辑和视频内容制作中如何保持良性的张力，持续性助力农村女性参与乡村振兴。

针对上文提到的短视频赋能农村女性过程中存在的问题，本报告拟从党和政府、妇联组织、商业部门、媒体和农村女性等层面探讨，提出相应的对策和建议，如弥合数字鸿沟、提供技术培训、加强网络基础设施建设，并探讨短视频平台如何成为助力农村女性实现自我发展的有效工具，以及这对于推动乡村振兴和社会发展的意义。

（一）党和政府加大对农村女性的投入，弥合数字鸿沟

互联网为女性开启了了解世界的窗口，使她们得以进入更广阔的世界。党和政府应提供支持，促进女性的经济独立与思想自由。实际上，党和政府也提供了一些政策支持，如2021年中央网络安全和信息化委员会印发《提升全民数字素养与技能行动纲要》，意在提升农民尤其是女性的数字技能，通过集成新技术、电子商务和新媒体应用等资源，构建一个以现代农业科技为基础的信息服务体系，推进手机应用技能培训，特别是增强农村女性对数字工具的掌握能力。此外，政府鼓励企业和公益组织参与农民数字技能提升工作，推动数字服务和培训向农村地区深入，特别是提升女性的数字素养。各类网络平台应推出专为女性设计的数字素养公开课，增强她们的安全上网、科学用网及网上创业的数字意识和能力，加大直播带货、电商运营等培训力度，引导农村女性通过网络参与经济生活。党的二十大报告强调，"高质量发展是全面建设社会主

义现代化国家的首要任务"①。实现高质量发展要依靠创新驱动，涵盖数字化、网络化等方面。党和政府应通过提高农村女性的媒介素养，弥合城乡及性别间的数字鸿沟，增强短视频的赋能效果。

政府应开设针对性教育课程，引导女性向不同群体提供生活类、技能类、常识类视频。在数字社会中，具备高级数字素养和技能对于每位公民而言都极为重要，这包括信息的获取、制作、应用、评估、交流、分享、创新、安全和伦理等方面的能力。② 2023 年，工业和信息化部、中央网络安全和信息化委员会办公室等多部门推动农民手机应用技能常态化培训等系列工作。今后，还应在这些方面持续发力，应提供销售等其他培训机会、创业资金扶助等；同时也应注意加大对短视频平台的监管力度，保障女性用户的合法权益和信息安全。

（二）妇联组织发挥推动女性参与乡村振兴的重要作用

根据《中共中央 国务院关于实施乡村振兴战略的意见》，妇联组织应积极推进"乡村振兴巾帼行动"，激发女性在农业和农村现代化中的潜力，促进她们在乡村振兴中发挥更大作用。妇联可加强与短视频平台合作，共同开展女性创业培训和指导活动，加大直播带货、电商运营等培训力度，引导农村女性通过网络参与经济生活，激发女性在乡村振兴中贡献"她力量"。同时，也可以利用自身的资源优势和社会影响力，为女性创业者提供更多的宣传和推广机会。

各级妇联组织需与党中央决策部署统一思想和行动，围绕当地党委、政府工作部署，保证任务落实，通过深入基层调查研究，了解农村女性的实际需求，帮助解决困难，推动妇女发展政策的出台和实施，将"乡村振兴巾帼行动"纳入工作重点，通过线上线下结合的方式，宣传乡村振兴的成功案例、惠农政策、医疗政策、就业创业政策、环保政策等。承接公共服务项目，构建党政主导下的多级协同工作体系，支持农村女性，促进社会和谐。

---

① 习近平：《高举中国特色社会主义伟大旗帜 为全面建设社会主义现代化国家而团结奋斗——在中国共产党第二十次全国代表大会上的报告》，求是网，2022 年 11 月 1 日，http://www.qstheory.cn/dukan/qs/2022-11/01/c_1129089160.htm。
② 《提升全民数字素养与技能行动纲要》，中国网信办官网，2021 年 11 月 5 日，https://www.cac.gov.cn/2021-11/05/c_1637708867754305.htm。

"任何新的生产力,只要不是迄今已知的生产力单纯量的扩大,都会引起分工的进一步发展"。① 妇联组织可开发适合农村女性的多样化课程,扩大教育覆盖范围,提高女性自我学习和发展的能力。加强教育培训,搭建理论与实践相结合的学习平台:详细列出培训内容以及培训对象,从现代农业技术、电子商务、乡村旅游、手工制作入手,重点关注返乡创业女性、女农民工等,提升她们的市场竞争力。可邀请行业专家和短视频能手开展培训、面对面指导,为农村女性提供技术指导搭建理论教学和实践教学通道,使她们能够自主制作短视频,介绍本地文化、手工艺品或农产品。鼓励创作展示乡村生活美好、传统文化、农业知识等主题的短视频,吸引更多人关注和支持乡村振兴。

加强基层妇联组织体系和带头人队伍建设,构建信息共享平台,采取抱团取暖的机制,促进优秀经验的传播与交流。建立专属于农村女性的短视频分享平台或专栏,为她们提供展示才华和交流经验的空间。通过短视频连接农产品和手工艺品的生产者与消费者,开拓销售渠道,提升农村经济。

(三)商业部门打造特色品牌,打通乡村产业链

随着数字经济的兴起,乡村商业部门面临着前所未有的机遇与挑战。如何有效地利用数字化手段,特别是"短视频+"模式,打造特色品牌,打通产业链,成为一个值得探讨的问题。本研究将阐述通过短视频平台推广乡村特色产品,优化交易线路,以实现精细化运营的策略。

短视频平台凭借其独特的优势,在当前市场环境下已成为深受欢迎的传媒形态。这种形式的内容不仅能够吸引观众注意,还能激发他们对产品的兴趣,提高其购买意愿。短视频的优势在于它能够有效地传播故事,乡村商业部门可以利用这一点,讲述产品背后的故事,如它们的起源、制作工艺,以及与当地文化的关联等,打造品牌故事从而提升品牌的吸引力和消费者的信任度。商业部门可建立农村女性创业孵化中心,提供市场调研、品牌建设、在线营销等全方位服务,为农村女性创业者提供专属的销售渠道和优惠政策。打造一批有影响力的农村女性的品牌产品,提升产品附加值,实现农村女性经济收益的可持

---

① 中共中央马克思恩格斯列宁斯大林著作编译局编译《马克思恩格斯选集》(第一卷),人民出版社,2012,第147页。

续增长。

产业链的上下游整合和有效的供应链管理是乡村商业成功的关键。例如，建立冷链物流系统以保证产品新鲜，直连生产者与消费者以减少中间环节、提高效率，以及应用区块链技术追踪产品的生产流通过程，增强消费者对产品来源和质量的信任，保障物流配送和售后服务在偏远地区的可行性，可为乡村经济的可持续发展注入新动力。

乡村商业部门应通过深入的市场调研和大数据分析消费者行为和市场趋势，了解目标消费群体的具体需求和消费习惯，更准确地定位市场，为产品开发和营销决策提供科学依据，制定更有效的营销策略。利用文化节日、地方活动等场景进行营销，提升品牌的知名度和产品的销量。

通过上述策略的实施，乡村商业部门不仅能有效地推广其特色产品，还能通过整合产业链和优化交易线路，实现产业升级和经济增长。短视频等数字化手段在这一过程中发挥关键作用，为乡村特色产品打开一条向外界展示的通道，还为乡村经济的可持续发展提供新的动力。乡村商业部门要发挥保障作用，根据当地特色农业商品改进商业模式，以"短视频+"模式贯通多个产业，以精细化运营，人、货、场、支付的商业闭环为变现方向。

（四）媒体应宣传男女平等基本国策，重构农村女性形象

为提升农村女性内容创作者的能力，平台需承担起加强网络教育和互动学习的责任。建议开发专为农村创作者设计的在线学习平台，该平台可定期提供专业的创作指导和展示优秀创作实例，激励农村女性制作高质量的视频内容。此举将有效提升她们在短视频制作和编辑领域的专业技能，同时激发创意潜力和创作动力。在内容评估方面，应超越传统的以流量为唯一标准的评价框架，采用结合自动化算法与人工审视的复合评价模式。全面审视视频内容的质量、价值观念及文化内涵，确保推广内容积极向上，呈现正面且美好的乡村形象。这样的评价体系将提升平台内容品质，鼓励创作者追求更高创作水平，为乡村文化的数字化传播做出贡献。

媒体应大力宣传马克思主义妇女观、男女平等基本国策，弘扬先进性别文化。通过宣传，提高公众对性别平等的认识，为女性在经济、社会和文化领域的平等参与营造环境。这不仅对提升女性自身的生活质量和社会地位具有重要

意义，也有助于乡村社会的全面发展。

短视频已成为展现农村女性丰富多样生活的窗口，宜细致记录新农村建设下女性的日常生活，应塑造自尊自信、自立自强、内外兼修、充满活力的"新女农人"形象。比如，"巧妇九妹"甘有琴，原本只是广西壮族自治区苏屋塘村的一名普通农村妇女，以务农为生，生活平淡而艰辛。2017年，她的侄子张扬成找到她，希望她能配合他出镜拍摄短视频。她的视频内容丰富多彩，既有农村原生态生活的展现，也有乡村美食的制作过程，让人们感受到了农村生活的真实与美好。随着视频的发布，甘有琴开始受到越来越多人的关注和喜爱。她开始尝试给家乡的农产品"直播带货"，利用自己的影响力，为家乡的农副产品打开了销路，带动了当地经济的发展。2019年，她帮助村里卖出了1200多万斤的农副产品，为村子带来了3400多万元的收入。到了2020年，她的年收入更是接近1000万元。

这些乡村女性通过展现自己的生活方式和价值观，鼓舞了更多女性积极改变自我，追求个人发展和自我实现。她们的成功故事有力地打破了传统性别角色的限制，营造了性别平等的社会氛围，提升了农村女性的社会地位和话语权，还为其他女性树立了榜样，激励更多的乡村女性追求自己的梦想。

（五）农村女性优化传播内容，利用短视频提升自我

在短视频平台上，有些女性创作者常常围绕情感、家庭和日常生活展开主题，即便讨论个人成就，也多聚焦于生活的幸福与享受。然而，应认识到观众与表演者的角色是流动且互换的，女性的自我价值应超越家庭层面，扩展到更广泛的社会角色。作为社会网络的节点，女性应承担起利用短视频赋能的责任，通过短视频可以分享自己的故事、成就以及面对挑战时的经验和解决方案，提升乡村女性的社会地位和自信心。这些内容不仅要能激发乡村女性的自我提升欲望，还能传播性别平等观念，改善乡村女性的生活和工作环境。

短视频平台提供与观众互动的机会，观众反馈是宝贵资源。正面反馈鼓励创作者持续进步，建设性批评则提供改进和学习机会。应建立一个包括粉丝、同行和潜在合作伙伴在内的支持系统，帮助女性创作者生产具有深度和广度的内容。女性创作者应不断学习新知识，无论是技能培训还是深入研究特定主题，这种终身学习的态度对个人成长至关重要。成功的短视频创作不仅可作为

业余兴趣，也可能成为全职职业，为追求职业转型和经济独立的女性提供机会。

女性可以利用短视频平台作为创业和推广自己产品的工具，通过展示乡村特产的生产过程、介绍产品的独特之处，开拓市场、增加产品的附加值，促进乡村经济的多元化发展。女性可以制作关于农业技术、家庭经营、个人发展的教学视频，帮助乡村居民提升知识和技能，增强经济自立能力，推动乡村发展。女性也可通过短视频关注现实生活中的问题，如农村的老龄化、留守儿童关怀等，展现农村社会的现状。有些创作者已经开始通过视频展示这些，一些农村女性积极参与公益，关照社区中的特定群体，通过短视频传播乡村的正能量，有助于培育温馨、友好的乡村氛围。

女性还可通过短视频从多元角度展现农村生活，记录的农村生活不应局限于采摘的快乐、美味佳肴的制作过程，还可包括乡村家庭的日常以及丰富的乡村文化。乡村与城市相比，最显著的区别在于其独特的自然景观、乡俗文化以及建筑风格等。不同地域的乡村因地理环境各异，形成了各自的自然风光和文化传统，这些都极具特色和辨识度。对于短视频内容来说，乡村题材能有效抵抗内容的同质化，展示独特的内核。农村女性创作者应致力于展现本地文化和乡风文明的深度挖掘，创作出具有个性和创意的作品，内容应深植于乡村的地理和历史文化之中，可通过展示各民族服饰背后的故事及其历史演变，丰富短视频的文化层次。

乡村文化既包括了物质方面如建筑风貌、日常饮食等，也涵盖了非物质层面如民间故事等。当前，农村女性制作的短视频多关注物质文化，而对非物质文化遗产的关注度相对较低。考虑到农村是非遗文化的重要载体，很多农村女性也是这些技艺的传承人，她们可以利用短视频来展示和传承这些技艺，如剪纸、泥塑、皮影等，这些内容在短视频平台上较为稀缺，代表着未被充分挖掘的领域。农村女性应更深入地探索和展示这些领域，参与非遗文化的体验和传承，不仅让这些文化"存活"，还要让它们"繁荣"。结合乡村旅游和民宿等话题，不仅可以活化当地文化资源，也可为观众提供深入体验乡村文化的途径，可促进文旅产业发展。

比如，短视频博主"苗家阿美"，以苗族女性的形象拍摄视频短剧，通过短视频平台展示了苗族的传统手工艺和农耕文化，观众可以看到苗族女性如何巧手制作银饰、蜡染等手工艺品，以及她们在田间地头辛勤劳作的场景。这些视频不仅为苗族女性提供了展示自我、实现价值的平台，也让外界了解了苗族文化的独特魅力，吸引一众网友前往当地旅游。她以优质内容提升乡村文化传承效度，呈现壮美的乡土景观。农村女性的形象已经不局限于传统媒体中那种固定的农村女性形象，她们通过个人魅力影响了他人。

总的来说，通过短视频平台，农村女性要有效参与并推动乡村振兴需要多元策略。首先，党和政府应加大对农村女性的资源投入，缩小数字鸿沟，提升她们的数字技能和社会参与能力。妇联组织应通过加强能力建设和服务优化，为农村女性提供必要的支持和资源。乡村商业部门的发展不仅要打通产业链，还可打造具有地方特色的品牌。而媒体则需发挥其传播力，通过重构农村女性的媒介形象和广泛传播性别平等观念，来改变传统的性别观念和推动社会的进步。通过短视频平台，农村女性不仅可以展示和优化传播内容，还可以通过教育和技能培训提升自我，实现经济上的独立和社会地位的提升。这些策略的实施，不仅可以增强农村女性的自信和社会地位，还可以为乡村振兴提供新的动力。

五 结语

农村女性参与乡村振兴是一个充满希望和挑战的过程。在互联网特别是短视频平台的助力下，她们正逐渐展现出强大的生命力和创造力。她们在"三农"领域的短视频创作，不仅为自己赢得了关注和成就，也为乡村振兴贡献着自己的力量。我们有理由相信，在未来的日子里，农村女性将继续在乡村振兴的道路上发挥重要作用，为乡村的繁荣和发展贡献更多的智慧和力量。

女性通过短视频参与乡村振兴，不仅可以促进经济发展，还能强化文化传承、提升教育水平、实现性别平等，并可增强乡村社区的凝聚力。这些努力最终将促进乡村振兴战略的成功实施。农村女性在短视频平台的助力下，开始主动获取社会资源，在不断感知和体验短视频带来的媒介话语权中向外输出看法与观点，增强对自我的身份认同感，并增加经济收入和提升社会地位。但事物的发展往往具有两面性，现实中也还存在一些消极的因素阻碍农村女性参与乡村振兴。未来，我们将继续讨论农村女性在使用短视频平台过程中面临的问题，希望能继续探索女性助力乡村振兴的更多路径。

人才篇

B.10
乡村振兴与女性人才发展

石　鑫*

摘　要： 女性是乡村振兴的主力军，承担了农业生产、家庭照料和社区建设等多重角色，没有女性人才发展，就没有乡村振兴。全国妇联妇女研究所课题组对云南、贵州、甘肃、新疆4省区8县16村进行实地调研，了解乡村振兴过程中女性人才发展的现状与存在的问题。研究认为，政府和妇联组织已出台多项政策措施，包括被纳入国家战略、采取专项行动、开展技能培训等，帮助农村女性拓宽就业渠道和提升技能水平，当前女性人才发展面临的问题主要包括地方政府重视不足、吸引女性返乡难度大、文化传承中女性作用发挥不足等。本文提出在技能培训中提高性别敏感度、创造支持性政策体系、重视女性文化和手工艺传承等对策建议，以期充分发挥女性在乡村振兴中的作用。

关键词： 乡村振兴　农村女性　女性人才　妇女发展

人才振兴是乡村振兴的基础。习近平总书记高度重视乡村人才振兴，他

---

* 石鑫，全国妇联妇女研究所副研究员，主要研究方向为妇女工作、性别与公共政策。

强调:"要推动乡村人才振兴,把人力资本开发放在首要位置,强化乡村振兴人才支撑,加快培育新型农业经营主体,让愿意留在乡村、建设家乡的人留得安心,让愿意上山下乡、回报乡村的人更有信心,激励各类人才在农村广阔天地大施所能、大展才华、大显身手,打造一支强大的乡村振兴人才队伍"。① 妇女是不可替代的乡村振兴主力军。女性是农业生产经营和产业发展的主体,承担了大部分的农业生产劳动和经营,包括种植、养殖、收获、加工、销售等环节;女性是农村家庭的守护者,她们承担了更多家务劳动、照顾家人、教育子女等职责,维系着家庭的和谐与稳定;女性还是乡村社区的参与者和建设者,她们积极参与乡村社区的公共服务,为村社的人居环境整治和社会发展贡献力量。可以说,没有女性人才发展,就没有乡村振兴。

为了解乡村振兴实施过程中女性人才发展现状,2023年,全国妇联妇女研究所"在巩固拓展脱贫攻坚成果同乡村振兴有效衔接中促进妇女发展研究"课题组分赴云南宁蒗和兰坪县、贵州安顺和紫云县、甘肃东乡和通渭县、新疆莎车和叶城县,完成4省区8县16村的调研。课题组在文献研究的基础上,通过开展座谈访谈、实地考察等方式采集相关信息,共完成个案访谈48个,对重点贫困地区妇女参与乡村振兴的政策、机制、状况进行调研,总结培育女性人才参与乡村振兴的经验,探索在乡村振兴战略实施中进一步促进妇女发展的路径。

一 在乡村振兴中促进女性人才发展的政策和措施

通过对乡村振兴相关法律政策的梳理,可以看到,为了推动女性人才参与乡村振兴,政府部门和妇联组织相继出台了一系列拓展农村女性就业渠道、提升其技能水平的政策和措施,从提供保障、助力创业、培训技能、打造品牌等多个方面,为妇女脱贫和可持续发展提供了有力保障。

(一)将培育农村女性人才纳入国家乡村振兴战略

2018年1月2日《中共中央 国务院关于实施乡村振兴战略的意见》中

---

① 《习近平总书记在参加十三届全国人大一次会议山东代表团审议时重要讲话》,《人民日报》2018年3月9日,第1版。

提出，实施乡村振兴战略，必须破解人才瓶颈制约。要把人力资本开发放在首要位置，畅通智力、技术、管理下乡通道，造就更多乡土人才，聚天下人才而用之。该意见明确提出实施乡村振兴巾帼行动，将提升农村妇女素质，培育农村女性人才纳入国家乡村振兴整体战略。2021年2月，中共中央办公厅、国务院办公厅印发《关于加快推进乡村人才振兴的意见》，要求坚持把乡村人力资本开发放在首要位置，大力培养本土人才，引导城市人才下乡，推动专业人才服务乡村，吸引各类人才在乡村振兴中建功立业。从加快培养农业生产经营人才、加快培养农村二三产业发展人才、加快培养乡村公共服务人才、加快培养乡村治理人才、加快培养农业农村科技人才、充分发挥各类主体在乡村人才培养中的作用、建立健全乡村人才振兴体制机制等方面提出乡村人才振兴要求。对培育农村妇女人才提出具体指导意见，包括鼓励留守妇女报考高职院校、可适当降低文化素质测试录取分数线；以村干部、村妇联执委、人民调解员、网格员、村民小组长等为重点，加快培育"法律明白人"；加强青年之家、妇女之家等人才服务平台建设，为乡村人才提供政策咨询、职称申报、项目申报、融资对接等服务。明确了从职业教育、乡村治理、平台建设等方面培育农村女性人才的具体路径。

2021年8月发布的《中国妇女发展纲要（2021—2030年）》在"妇女与经济"发展领域的策略措施中提出要"支持妇女积极参与乡村振兴。……加强高素质女农民培育，引导女农民争做乡村工匠、文化能人、手工艺人、农技协办人和新型农业经营管理能手"。将培育农村女性人才纳入妇女发展总体规划中，进一步明确了农村女性人才培育的重点方向。

中央一号文件多次强调将培育农村女性人才作为乡村振兴重点工作。2022年，《中共中央 国务院关于做好2022年全面推进乡村振兴重点工作的意见》要求加强乡村振兴人才队伍建设，实施高素质农民培育计划、乡村产业振兴带头人培育"头雁"项目、乡村振兴巾帼行动等专项行动。2023年2月，《中共中央 国务院关于做好2023年全面推进乡村振兴重点工作的意见》再次强调加强乡村人才队伍建设。实施乡村振兴人才支持计划，组织引导教育、卫生、科技、文化、社会工作、精神文明建设等领域人才到基层一线服务，支持培养本土急需紧缺人才。开展农村创业带头人培育行动，提高培训实效。大力发展面向乡村振兴的职业教育，深化产教融合和校企合作。完善城市专业技术人才定期服务乡村激励机制，对长期服务乡村的在职务晋升、职称评定方面予以适当倾斜。引导城市专业技术人员入乡兼职兼薪和离岗创业。允许符合一定条件的返乡回乡下乡就业创业人员在原籍地或就业创业地落户。这些为培育包括女性在内的乡村振兴人才指明了方向。对于农村妇女人才队伍建设，上述意见特别提到要实施农村妇女素质提升计划和乡村振兴巾帼行动。

农业农村部重视将农村妇女纳入高素质农民培育计划。2021~2023年，农业农村部在关于做好高素质农民培育工作的通知中，都对培养高素质女农民提出明确要求。从2022年起，农业农村部、财政部正式启动实施乡村产业振兴带头人培育"头雁"项目，每年培育2万名"头雁"，力争用5年时间培育一支10万人规模的乡村产业振兴"头雁"队伍，带动全国500万新型农业经营主体形成"雁阵"，其中就吸纳了大量的农村女性产业带头人。

（二）开展培育农村女性人才专项行动和品牌活动

为落实乡村振兴战略，提高农村妇女参与乡村振兴的素质和能力，全国妇联从2018年启动"农村妇女素质提升计划"，包括动员农村妇女积极参加政府部门及相关组织举办的培训，促进妇女平等享有普惠性政策资源，推动提高妇女受训比例；加大网络教育培训工作力度，增强农村妇女网络学习意识，开发多种形式网络教育培训课程，不断扩大妇女受训范围；面向农村妇女骨干、基层妇联干部和返乡下乡创业女大学生、女农民工等群体，开展现代农业实用技术、电子商务、乡村旅游、手工制作等示范培训，帮助农村妇女提高适应生产力发展和市场竞争的能力，在更广领域、更深层次参与农业农村现代化建设。

2018年，全国妇联与农业农村部联合在江西、甘肃、内蒙古等10个省（区、市）开展了新型职业女农民培育试点工作，在新疆、贵州、广东等5个省（区）启动了农村妇女实用人才培训。2019年，新型职业女农民培育试点扩大到21个省（区、市），带动31个省（区、市）妇联全面开展各类示范培训。高素质农民培训中的女性学员比例，由2017年的30.35%提升至2020年的39.28%。[①] 到2022年，对近2000万人次妇女进行各类实用技术培训，带动

[①] 中华全国妇女联合会编《中国共产党领导中国妇女运动百年》，中国妇女出版社，2023，第517页。

700多万名妇女发展产业,通过手工编织、家政转移、农村电商等实现就业增收。①

2021年,全国妇联联合中央组织部、农业农村部开展农村致富女带头人培训,带动各地举办培训4万余期,培训妇女200多万人,推介99个全国"巾帼新农人"典型案例,激励更多妇女返乡入乡创业。②

各地妇联结合自身实际情况,探索出了一些具有地方特色的经验和做法。浙江省推出"乡村振兴巾帼行动"10条措施,重点包括加强妇女人才培养、促进妇女创业就业、推动妇女参与农村环境整治、加强妇女健康保障、关爱特殊困难群体等。同时,成立"乡村振兴巾帼联盟",搭建服务平台,为妇女参与乡村振兴提供保障。四川省实施"川妹子品牌提升计划",通过开展乡村旅游、文化创意、手工制作等活动,提升农村妇女的综合素质和创业能力。这些措施注重发挥妇女的主体作用,通过技能培训、创业扶持、环境改善等措施,提高妇女的参与度和获得感,为乡村振兴注入新的活力。农村妇女培训网络不断健全,形成了以基层农村妇女之家为基础,以全国妇联培训基地为龙头,以巾帼农业科技示范基地为重点,以各级科技服务站、职业技能学校、农村党员远程教育中心等为补充的农村妇女教育培训网络,推动一大批有文化、懂技术、会经营的新型职业女农民发展成长。③

二 在乡村振兴中促进女性人才发展现状

随着乡村振兴战略的深入推进,农村一、二、三产业深度融合,对农业科技人才和农村高技能人才的培育引进提出了更高的要求。各地根据本地产业特色和优势,通过组织动员农村低收入妇女参加各项实用技能培训,开展种植养殖、刺绣、编织、文旅、电商等适合妇女就业特点的培训项目,培育一批懂技术、善管理、会经营的女性人才。同时,重视发挥妇女在乡村公共治理和服务

---

① 《奋楫十年结硕果 不负芳华踏征程》,《中国妇女报》2022年8月30日,第2版。
② 中华全国妇女联合会编《中国共产党领导中国妇女运动百年》,中国妇女出版社,2023,第517页。
③ 耿兴敏:《全国妇联积极开展农村妇女培训 当好新型职业女农民成长"推进器"》,《中国妇女报》2018年11月14日,第3版。

中的重要作用，加强对乡村公共服务队伍中女性专业人才的培养，不断提升女性在基层新引进人才中的比例。

（一）培养农业生产经营和产业发展女性人才

面向从事适度规模经营的女农民，开展种养、加工、销售全产业链培训，培育高素质女农民队伍。县级重点抓好生产管理服务和技能培训，提高女农民的生产技能和管理能力。云南省宁蒗县依托"美丽乡村·女子学堂"对全县乡村振兴女性带头人进行素质提升培训，推动乡村妇女创业就业。兰坪县结合产业发展特点和妇女创业就业需求，加强对农村妇女技能型人才的培育，组织开展农村实用技术的培训，培训妇女1.03万人，推荐5名妇女到昆明参加高素质农民培育。甘肃省通渭县实施农村妇女素质提升计划，完成创业培训、劳务品牌、草畜、中药材等特色优势农产品实用技术项目培训等936人次。贵州省威宁县2023年开展农村牲畜圈舍的建设与管理、果树嫁接与后期管理、农业科技人才、乡村女性就业赋能直播技能、茶叶和食用菌种植等高素质农民培训班，培训各类人才2390人，其中女性1289人，解决妇女技能不足的问题，提高了妇女技能素质和就业能力。

重视培育家庭农场、农民专业合作社等经营主体女性带头人。鼓励返乡农民工、高校毕业生、科技人员、农村实用人才等创办领办家庭农场、农民合作社，支持女性创办领办新型农业经营主体。不断改善农村创业创新生态，引导金融机构开发农村创业创新金融产品和服务方式，培育乡村女企业家队伍。贵州省通过实施锦绣计划、巧手致富基地、省乡村振兴巾帼基地、易地扶贫搬迁安置点、"巾帼就业车间"等项目，打造妇女手工基地，培养乡镇创建了村级合作社，培育一批懂技术、善管理、会经营的女性"领头雁"。贵州省妇联、建行贵州省分行重点围绕巾帼创业金融扶持行动、"金智惠民"妇女双创培训、支持女企业家发展、支持妇女公益事业发展，及联合打造妇女公益品牌、公益项目、公益产品等方面开展合作。紫云县对女性生产经营带头人、返乡入乡人才等符合条件的妇女发放贷款。近5年，投放妇女创业贷款11047.09万元，其中，小额担保贷款扶持女性323户，占小额担保贷款总额的39%，带动了妇女创业就业600余人。参加贵州乡村产业振兴带头人培育"头雁"项目的女学员杨秀英以贵州农特产品的发展优选品作为名牌，发掘贵州省兴仁市自然资源丰富的优势，做好薏仁米、牛肉、茶叶、天麻、茯苓等产品品牌的包装与地方文化融入。① 新疆维吾尔自治区依托东西协作，实施"靓发屋"公益项目，专门针对农村妇女培养其美容美发相关技能，除了免费配备 1 万余元的美容美发设备和用品外，还对项目实施人进行免费培训，并提供就业创业方面的资金扶持，培养了一批依靠美容美发手艺致富创业的女性领头人。甘肃省东乡族自治县通过配套奖补政策，鼓励创办企业、合作社等各类经营主体，按带动就业人数和投资规模分别奖补 10 万~50 万元，激发妇女创业热情，支持和培育一批创业能力强、示范作用明显的妇女致富带头人。

（二）加强农村女性数字经济人才培育

通过电商专家下乡、电商直播培训、电商项目奖补等政策，培育农村女性数字经济人才。2019 年，蚂蚁集团、蚂蚁公益基金会联合中国妇女发展基金会等共同发起"数字木兰·AI 豆计划"，通过提供免费的职业培训、社会企业孵化、订单支持等方式，帮助大量农村女性成为"人工智能标注师"，在家门口实现数字化就业，助力中西部欠发达县域女性就业和产业发展。该计划目前在甘肃、贵州、陕西、山西等省的 8 个县域落地。其中，到 2023 年 7 月，甘肃省积石山县"AI 豆计划"数字经济产业园直接带动积石山县 345 名高校毕业生稳岗就业，其中脱贫户占比 21%，女性占比 70%，人均月收入达 4000 元以上，年创造社会价值超千万元。② 2022 年，中国农业发展银行和友成基金会在贵州省锦屏县启动"香橙妈妈"项目，共同培养一批女性就业创业优秀代表。项目旨在通过"线上线下创业技能培训+女性创业孵化指导+创业运营资源对接"的创新模式，采用"学习、练习、实践"合一的赋能教学体系，带领乡村妈妈完成一学年的创业学习，从互联网思维、电商技能、产品打造、营销推广、女性心理、女性领导力、财务金融、团队管理等多个领域为乡村女性

---

① 《头雁故事　杨秀英：返乡创业　助农增收》，中华人民共和国农业农村部网站，2023 年 11 月 17 日，http://www.moa.gov.cn/ztzl/xccyzxdtrtyxm/tyfc/202311/t20231117_6440768.htm，最后检索时间：2024 年 7 月 10 日。
② 俞树红：《大山里的弄潮儿——积石山县"AI 豆计划"数字经济产业园见闻》，《甘肃经济日报》2023 年 7 月 12 日第 1 版。

赋能，帮助她们成为乡村振兴的重要力量。项目自发起至今，已在全国16个省（区、市）的106个县市开展。甘肃省东乡县出台《东乡县2022年妇女创业致富带头人项目奖补方案》，采取发放奖补的方式鼓励农村女性参与电商经营，对连续三个月有销售业绩且累计在3000元以上的新开网店一次性奖励1000元，对其中年销售额达到20万元的一次性奖励1万元，对年销售额达到50万元的一次性奖励3万元。

（三）培育女性非遗传承人、乡村工匠等女手工艺人

通过设立名师工作室、大师传习所等传承发展传统技艺，挖掘培养乡村女手工业者、传统女艺人，带动妇女增收就业。在女性传统技艺人才聚集地设立工作站，开展研习培训、示范引导、品牌培育，支持鼓励女性传统技艺人才创办特色企业，带动发展乡村特色手工业。贵州省妇联牵头编制了《贵州省妇女特色手工产业锦绣计划"十四五"发展规划》，在全省开展锦绣计划培训项目。通过锦绣计划培训提升绣娘技能，大力培养"八会"（会技艺、会传承、会创新、会设计、会整合、会宣传、会销售、会增收）的绣娘人才队伍。通过实施锦绣计划、巧手致富基地、省乡村振兴巾帼基地、易地扶贫搬迁安置点、"巾帼就业车间"等项目，打造妇女手工基地。紫云县自实施"锦绣计划"以来，妇女手工企业从之前的12家手工作坊增加至现在的45家，其中规模以上企业5家。新疆维吾尔自治区叶城县结合《关于推进地区乡村工匠培育工作的实施意见》，在刺绣印染、纺织服饰、编织扎制、雕刻彩绘、传统建筑、剪纸刻绘、乐器制作、美食制作等14个领域广泛开展妇女乡村工匠培育挖掘行动，通过公开评选等方式确定妇女乡村工匠95人。云南省传统技艺传承人培育中，女性的参与度大大提升。2019年宁蒗县有2人入选百年工匠人才。甘肃省通渭县制定《关于推进乡村工匠培育工作的实施方案》，形成了乡村工匠政策体系，全县共评定出县级乡村工匠12名，其中女性1名。甘肃省通渭县结合书画艺术之乡的地方文化特色发展职业教育，开展书画装裱、麦秆画制作、木工雕刻等技能培训，深化产教融合、校企合作，培养一批面向乡村振兴的女性职业人才。中国妇女发展基金会联合碧桂园、国强公益基金会与时尚设计企业共同打造的"天才妈妈×东乡绣娘"公益品牌，发掘甘肃省东乡县传统的女性刺绣技艺，创新设计纹样，培养女性手工艺人，通过搭建运营义卖平台助力妇女脱贫。

（四）培养农村公共服务和乡村治理女性人才

加强对乡村公共服务队伍中女性专业人才的培养。不断改善乡村教学和医疗条件，落实提高乡村教师和乡村医生待遇政策，让她们有更多归属感、获得感。甘肃省通渭县每年选派40名左右优秀骨干女教师赴外进修学习；选派不少于20名乡村两级女性医务人员赴省市高校、医疗机构进修学习。新疆莎车县发挥援疆资源优势，选派566名基层妇联主席赴上海接受短期培训，发挥援疆干部人才生力军作用，鼓励引导第十一批援疆干部人才与受援单位29名女性领导班子成员、业务骨干"结对子"，促进莎车女性人才解放思想、更新观念、提高综合素质。

提升女性在基层新引进人才中的占比。贵州省紫云县近年来招募"三支一扶"服务人员63人，其中女性44人，占比69.84%。甘肃省东乡族自治县2023年分三批引进各领域急需紧缺人才178名，其中女性99名，占比56%。35名大学生村官中，妇女村官共有12名。通渭县2022年支持120名未就业高校毕业生到基层企事业单位就业，其中女性106名。2023年引进急需紧缺人才50名，其中女性28名。

注重发挥女性驻村干部的作用。女性驻村干部在动员农村妇女就业创业、整治人居环境、发展庭院经济、调解家庭纠纷、提升乡风文明等方面可以发挥独特优势，成为乡村治理的重要力量。2023年新疆维吾尔自治区莎车县共选派驻村工作队成员2918人，其中女干部占比30%。莎车县女性驻村干部充分发挥联系妇女群众的桥梁和纽带作用，将对妇女群众的思想政治引领工作贯穿于基层工作全过程；依托微信、QQ、微信公众号等互联网阵地和"妇女之家"等，学习贯彻习近平新时代中国特色社会主义思想、党的二十大精神25470次。

培养乡村女性"法律明白人"。按照2021年中宣部、司法部、农业农村部、全国普法办公室等部门共同印发的《乡村"法律明白人"培养工作规范（试行）》，到2025年，每个行政村至少培养3名"法律明白人"，形成一支素质高、结构优、用得上的乡村"法律明白人"队伍。2022年，云南省启动了"法律明白人"培养工程，要求在全省每个村（社区）至少培养5名"法律明白人"。到2023年9月，全省共培养"法律明白人"77372名。云南省漾濞彝族自治县苍山西镇淮安村村主任王娇是一名90后白族女青年，也是村里19名持证上岗的"法律明白人"之一。她发现，"村里面有些人思想比较顽固，就通过普法来'润一润'，帮助他们树立法律意识，邻里之间结了疙瘩，也要去帮他们解一解。"① 2021年以来，新疆喀什地区举办"法律明白人"培训班，围绕与群众密切相关的法律法规、基层多发频发家庭矛盾纠纷化解等内容进行培训，全面提升"法律明白人"能力水平。到2022年9月，全地区共开展法治专题培训432场次，累计培训776课时，确定"乡村法律明白人"培养对象5732人，② 其中有很多是村妇联执委、社区女网格员等基层女干部。经过村民自荐、村"两委"推荐、乡镇党委初核、县司法部门任前培训和考核等层层筛选，叶城县有1166名"法律明白人"持证上岗。③ 叶城县阿克塔什镇兴民村妇联执委阿依努尔担任本村的"法律明白人"，主动将自家院子打造成法治文化大院，带领村民一起学习宣传法律、开展群众议事、进行释法说理、调解邻里纠纷。目前，一批农村女性"法律明白人"，逐渐成为普法宣传、法律服务、纠纷化解、乡村治理的重要力量。

三 促进乡村女性人才发展面临的问题

一是地方政府对乡村女性人才培养不够重视。调研发现，很多县级政府在乡村人才培养工作中，对女性人才不够重视，对促进乡村女性人才成长缺乏统一规划、部署。人社局、乡村振兴局、教育局等相关部门在开展高素质农民培训、职业技能培训、带头人培训、农民学历提升计划、基层干部培训等工作时，缺少分性别统计。这可能导致地方政府对于乡村女性人才整体状况和细分情况难以掌握，在设置相关的培训项目时，也无法充分考虑妇女就业创业的特殊需求，影响到乡村女性人才在乡村振兴中发挥"半边天"作用。

---

① 王喆：《云南以法治乡村建设助力乡村振兴　织密法治"保障网"兜起村民"万千事"》，《中国青年报》2023年9月13日，第1版。
② 《喀什地区：乡村"法律明白人"为"法治喀什"注入新活力》，法治新疆网，2022年9月28日，http：//sft.xinjiang.gov.cn/xjsft/dffz/202209/6817289ca9854fd8abd7c466fd33108f.shtml，最后检索时间：2024年7月10日。
③ 叶城县委组织部：《叶城县：实施"法律明白人"培养工程》，喀什党建网，2023年9月1日，http：//www.ksdjw.cn/qzgz/abgz/385384.htm，最后检索时间：2024年7月10日。

二是农村吸引女性返乡下乡人才难。农村由于基础设施和生活条件、文化环境，特别是性别文化氛围等与城市差距较大，对女性返乡下乡吸引力较弱。受传统性别文化的影响，女性返乡往往面临比男性更多的困难。调研中遇到的女性返乡者主要有这几种，有的是乡镇干部委派或经过专项招考担任村干部，有的是乡镇帮助解决安置大学生就业的，有的是和丈夫或家人一起返乡创业就业的。很多女性创业成功是因为得到当地政策的优惠或者资金的支持。可以看到，政策的指引和家人的影响对女性返乡创业就业有明显的正面影响。同时，只有得到家人的支持，才能解除女性返乡的后顾之忧，如恋爱、成家、照顾父母、子女教育等。

三是女性人才在文化传承中作用发挥不足。在非物质文化遗产代表性项目代表性传承人中，女性传承人比例较低，在2018年公布的第五批国家级非物质文化遗产代表性项目代表性传承人中，女性传承人的比例占24.2%。一些掌握传统技艺的农村女性的文化水平低，影响资格认证以及对传统技艺的教授和传承。此外，非遗传承人老龄化严重，由于年轻女性多在学校就学或外出打工，部分传统手艺无人传承，面临失传的风险。传统手工艺产品多是以小作坊形式生产，导致销路和销量很难提升。市州一级对于非遗传承人的补贴和支持性政策不多。女性非遗传承人作用发挥不足，急需各项政策的扶持以及各类人才的加入。

四 促进乡村女性人才发展的对策建议

乡村女性人才成长的障碍不仅限制了农村女性发展，也影响了乡村振兴战略的实施和推进。因此，政府和全社会需要采取相应的措施，发挥女性人才在巩固拓展脱贫攻坚成果、推进乡村振兴中的作用。

一是提高农村女性人才培育工作的性别敏感度。地方政府要提升对乡村女性人才培训和教育的重视程度，对乡村女性人才培养统一规划、部署。提供更多针对妇女的教育和培训机会，参加培训的女性比例应达到30%以上，提高乡村女性人才的素质和竞争力，帮助她们更好地适应市场需求和经济发展。要充分考虑到农村男女两性在知识和技能上的差异，在开展技能培训前，需要了解农村妇女的需求和兴趣，以确保培训内容和方式符合她们的实际需求，避免出现培训和就业脱节的情况。根据市场需求和当地农村妇女的实际情况，制定培训计划，提供符合市场需求的技能培训，以增加她们的就业机会和收入。在技能培训结束后，提供就业指导服务，帮助农村妇女了解市场需求和就业信息，并为她们提供就业推荐和安置服务。在农村妇女参与技能培训后，定期跟进她们的学习进展和就业情况，并根据需要提供持续的支持和帮助。探索发展符合农村妇女发展需求的职业教育和职业技能评价体系。针对农村女性文化水平和学历低于男性的现状，在职业学校入学、职业技能鉴定等方面向女性适当倾斜。鼓励女农民工、高素质女农民、留守妇女等报考高职院校，适当降低文化素质测试录取分数线。鼓励女性农民参加职业技能鉴定、职业技能等级认定、职业技能竞赛等多种技能评价。探索"以赛代评""以项目代评"，对符合条件者可直接认定相应技能等级。对有突出贡献的女性人才破格评定相应技能等级。

二是为返乡入乡创业就业妇女创造支持性政策体系。包括提供政策支持，为返乡妇女提供一定的资金、技术和管理支持，如小额贷款、创业补贴、技能培训等，帮助她们在农村地区开展创业活动。建立创业孵化基地，为返乡妇女提供办公场所、设施设备、政策咨询、融资服务等支持，帮助她们顺利实现创业梦想。开展宣传和示范活动，树立返乡妇女的先进典型，展示她们的创业成果和经验，激发更多返乡妇女的创业热情和信心。建立社会支持网络，鼓励社会各界关注和支持返乡妇女创业，建立乡村女性人才库和交流平台，建立返乡妇女创业协会、联谊会等组织，整合各类女性人才资源，促进女性人才之间的交流与合作，提高她们的凝聚力和影响力。优化创业环境，加强农村地区的基础设施建设，提高农村公共服务水平，通过建设人才公寓、发放住房补助，允许返乡入乡人员子女在就业创业地接受学前教育、义务教育，解决好返乡入乡人员的居住和子女入学问题。为返乡妇女提供良好的生活和创业环境。加强与城市女性人才的交流和互动，促进人才资源的合理流动和优化配置。鼓励家庭成员支持返乡女性参与乡村振兴，为此提供必要的支持和帮助。

三是重视培育女性的农村文化和手工艺传承人。支持女性参与非遗和乡村工匠传承，举办女性非遗传承人培训班，通过培训提高女性非遗传承人的非遗保护意识和传承能力，包括传统手工艺、文化创新等方面。建立女性非遗传承人数据库，通过建立数据库，记录女性非遗传承人的信息和成果，为她们提供更广泛的交流与合作平台。设立女性非遗传承人资助项目,为有潜力和创造力的女性非遗传承人提供资金支持,帮助她们开展非遗保护和传承工作。组织女性非遗传承人展览和交流活动,通过展览和交流活动,展示女性非遗传承人的作品和成果,为她们提供更广阔的展示和交流平台。支持女性非遗传承人开展文化创意产业:鼓励女性非遗传承人结合传统非遗文化和现代设计理念,开展文化创意产业,设计出更具现代感和实用性的非遗产品,满足市场需求。

B.11
乡村振兴视野下女性非遗传承人的保护和培养[*]

高 凌^{**}

摘 要： 女性传承人不仅是非遗文化和非遗技艺的传承者，更在乡村振兴中发挥着不可替代的重要作用，她们通过传承乡村历史文脉、推动乡村经济发展、助力乡村人才赋能等方式推动乡村文化、经济、社会的全面繁荣发展。然而，女性传承人群体在发展中仍面临着一些现实挑战，如后继乏人、梯队建设力度不足、自我身份认同缺失等发展困境，这些在很大程度上制约了女性传承人在乡村振兴中发挥更大、更持续的作用，在乡村振兴的视野下，需要更加关注和支持女性传承人的保护和培养。因此，本报告提出乡村振兴中的"非遗效应"，关注女性传承人在乡村振兴中的实践与价值实现，并从社会性别视角探讨女性传承人面临的挑战与突破，进而提出相应的保护和培养路径。

关键词： 乡村振兴 非遗效应 女性传承人

引 言

乡村振兴是中国式现代化建设的重要组成部分，党的二十大指出："中国式现代化是物质文明和精神文明相协调的现代化。"中国式现代化要求在实现物质文明和精神文明共同发展中促进人的全面发展，并推动绿色发展，在人与自然的和谐共处中实现社会全面进步。党的二十大报告明确了乡村振兴的总要求，即"产业兴旺、生态宜居、乡风文明、治理有效、生活富裕"，对全面推进乡村振

---

* 本文为基金项目：中华女子学院校级科研课题资助（项目编号：ZKY201020141）的阶段性成果。
** 高凌，中华女子学院讲师，主要研究方向为消费行为学、女性发展、非遗传承。

兴作出了全面部署，推动农村实现经济、文化、人才、生态等多个方面的现代化。

随着乡村振兴战略的日益推进，非物质文化遗产（以下简称非遗）的作用凸显，非遗与乡村文化振兴之间存在耦合共生的互洽关系①，乡村振兴是一项实现农村全面发展和繁荣的系统工程，涉及农村的经济发展、文化传承、社会进步、生态文明等各个方面，而非遗传承发展正体现了乡村文化振兴的国家战略，在推动乡村文化、经济、社会的共同发展中具有重要作用。2021年，中共中央办公厅、国务院办公厅印发的《关于进一步加强非物质文化遗产保护工作的意见》明确指出，"将非物质文化遗产保护与美丽乡村建设、农耕文化保护、城市建设相结合，保护文化传统，守住文化根脉"。2022年，国家六部门联合发布《关于推动文化产业赋能乡村振兴的意见》，强调非物质文化遗产在乡土文化产业中的重要作用和独特地位。2024全国两会上政府工作报告中指出，要推进非物质文化遗产保护传承、扎实推进乡村全面振兴。

中国非遗种类资源丰富，国家级非遗名录将非物质文化遗产分为11个门类，分别为民间文学、传统音乐、传统舞蹈、传统戏剧、曲艺、传统体育、游艺与杂技、传统美术、传统技艺、传统医药、民俗，认定各级非遗代表性项目10万余项，其中被列入联合国教科文组织非遗名录（名册）项目43项，国家级非遗代表性项目1557个，包含3610个子项②。非遗蕴涵着深厚的民族智慧和文化根脉，具有极高的价值③，中国是传统的农耕民族，因而非遗代表性项目多根植乡村，非遗对于乡村振兴的价值是多维度的，是推动乡村振兴的重要助力，非遗所具有的文化、艺术、经济、生态等多重价值属性，对赓续乡村文化血脉、丰富乡村经济业态、激发乡村振兴内生动力、促进乡村生态可持续发展具有重要意义。与此同时，非遗对乡村振兴的重要性并非单方向的，二者相互赋能、相互推动、相得益彰。

非遗传承人是非遗保护、传承、实践、延续的主体和核心④，女性非遗传

---

① 黄永林、任正：《非物质文化遗产赋能乡村文化振兴的内在逻辑与实现路径》，《云南师范大学学报》（哲学社会科学版）2023年第2期，第115页。
② 胡郑丽：《反思与建构：论我国乡村非遗传承人群的"再教育"》，《四川文理学院学报》2024年第1期，第81页。
③ 刘锡诚：《试论非物质文化遗产的价值判断问题》，《民间文化论坛》2008年第6期，第21页。
④ 陈祖英：《我国非物质文化遗产传承人研究综述》，《徐州工程学院学报》（社会科学版）2022年第2期，第1页。

承人是其中的"半边天"力量，她们掌握高超文化技艺并具有传承代表性和社会影响力①，是推动乡村社会进步和经济发展的重要力量，在乡村振兴中发挥着不可或缺的独特作用，同时，性别议题又是乡村振兴和非遗保护传承中的重要焦点②，女性传承人不仅是非遗文化和非遗技艺的传承者和保护者，更是乡村振兴的重要推动力量。目前，虽然对于非遗传承人的研究颇多，但是从性别的角度对传承人进行研究在目前相对缺乏③④，关于女性传承人的学术研究尚处于起步阶段，并主要表现为对于女性传承人主体性的观照⑤，现有女性非遗传承人研究主要集中在以下几方面：一是非遗传承与保护中的性别隔离与性别角色演变⑥⑦；二是女性非遗传承人的自我身份建构⑧⑨；三是地方及少数民族女性非遗传承人的发展和保护⑩⑪⑫⑬；四是新的传播和技术环境下的女性

---

① 祁庆富：《论非物质文化遗产保护中的传承及传承人》，《西北民族研究》2006年第3期，第114页。
② 李亚妮、仵军智、谢崇桥：《非遗传承实践中女性传承人的性别角色分离——基于凤翔泥塑传承个案》，《中华女子学院学报》2022年第1期，第95页。
③ 张华、许丽霞：《社交网络时代非物质文化遗产传承人研究——基于性别的视角》，《中国文化产业评论》2019年第1期，第81页。
④ 李亚妮、仵军智、谢崇桥：《非遗传承实践中女性传承人的性别角色分离——基于凤翔泥塑传承个案》，《中华女子学院学报》2022年第1期，第95页。
⑤ 郭平：《女性传承人的身份再造与认同——以王树花口述史研究为出发点》，《天津大学学报》（社会科学版）2019年第4期，第354页。
⑥ 吴林隐、杨海晨、韦金亮：《隔离抑或融合：民俗体育参与的性别变化研究——广西马山县壮族会鼓与打扁担的田野考察》，《体育科学》2017年第8期，第29页。
⑦ 康丽：《非物质文化遗产与性别》，《民间文化论坛》2021年第3期，第121页。
⑧ 冯叙园：《女性非遗传承人的自我身份建构：以高平绣活传承人为例》，《南京艺术学院学报》（美术与设计）2024年第1期，第131页。
⑨ 朱莉莉：《江苏女性非遗传承人身份认同与重构》，《南京艺术学院学报》（音乐与表演）2022年第3期，第106页。
⑩ 葛新艳：《少数民族非物质文化遗产女性传承人现状研究》，《经营管理者》2009年第18期，第15页。
⑪ 梁莉莉：《社会性别视野中的非遗传承人保护路径探索——基于回族女性传承人的讨论》，《云南民族大学学报》（哲学社会科学版）2016年第6期，第62页。
⑫ 张华清、张竞羽：《山东国家级女性非遗传承人研究：概况、瓶颈与策略》，《齐鲁艺苑》2023年第6期，第109页。
⑬ 邢海燕、谭雪一：《文化资本视角下土族绣娘的非遗传承与实践赋能研究》，《青海民族大学学报》（社会科学版）2021年第1期，第101页。

传承人的保护①。然而，在现有的成果中，从性别视角切入非遗研究的相关成果较少②，在乡村振兴视野下女性非遗传承人的有关研究更是缺乏。女性非物质文化遗产传承人在乡村振兴中扮演着至关重要的角色，她们不仅是传统文化的守护者，更是推动乡村经济发展和社会进步的重要力量，关注、保护、培养女性非遗传承人对于非遗传承和乡村振兴具有重要意义。因此，本研究提出了乡村振兴中的"非遗效应"，关注女性传承人在乡村振兴中的实践与价值实现，从社会性别视角探讨女性传承人面临的挑战与突破，并提出相应的保护和培养路径。

一 非遗效应：非遗和女性传承人对乡村振兴的重要意义

非遗与女性传承人对于乡村振兴的作用和意义是多重的，包括乡村文化振兴、产业振兴、生态发展、社会进步等诸多方面，由于各项作用是相互赋能、相互助力的，因而主要从传承乡村历史文脉、促进乡村经济发展、推动乡村人才赋能三个方面进行探讨。

（一）传承乡村历史文脉，推动乡风文明建设

随着工业化和城市化的加速发展，传统农耕文化严重消退，文化传承对于构建乡村精神家园、提高乡村文明程度、凝聚村民精神力量具有极为重要的作用，王媛和胡惠林③认为非遗能够作为群体身份识别的外显性依据，并以此表征区别于"他者"的独特性文化。在实施乡村振兴战略中，非遗是乡村文化的内在灵魂和根源，有助于乡村文化的复兴与建设，能够为乡村文化振兴提供文化自信和精神底蕴，助推乡村文化振兴与乡风文明建设。非遗项目，如传统技艺、民间艺术等，承载着乡村的记忆和情感，是乡村文化振兴的重要源泉，

---

① 许意如、贺剑武：《大数据技术在少数民族女性"非遗"传承人培养中的应用——以壮锦为例》，《文化创新比较研究》2019 年第 25 期，第 61 页。
② 王均霞：《非物质文化遗产的实践过程与社会性别角色再生产——对一次春节面食制作过程的微观分析》，《民族艺术》2016 年第 6 期，第 55 页。
③ 王媛、胡惠林：《文化认同：非物质文化遗产存续发展的核心机制》，《福建论坛》（人文社会科学版）2014 年第 10 期，第 49 页。

能彰显乡村独特的地域特征和文化个性。

女性传承人在非遗各自类别领域和所在地域有较大影响,是乡村文化振兴的重要力量,她们掌握着丰富的技艺和知识,是乡村文化的活态载体,持守地域性的民间文化,通过代际相传的方式,将乡村的历史文化传递给后人,有助于形成独特的乡风乡貌,推动乡村文明建设。例如,侗族服饰非遗传承人石贤,毕业于南京财经大学外国语学院,由于发现本民族文化正在不断消逝,传统手工艺濒临失传,乡村文化血脉日渐式微,她决定选择返乡创业,用所学知识和力量带领乡亲们重建文化家园。她整理当地非遗工艺、对接设计力量,讲好非遗故事,积极宣传推广家乡的民族非遗文化,让民族文化"走出去"。面向当地农村妇女免费教授非遗技艺,带动她们学习非遗产品制作技能,让妇女们对自己的传统手艺有了新的认识和思考,通过生产和制作使得传统刺绣文化等历史文化获得持久的发展和传承①。

(二)促进乡村经济发展,发展特色文化产业

工业革命之后,经济的发展模式及产品的生产方式发生了变化,工业机器化生产逐渐替代了手工生产方式,人参与产品生产过程越来越少,机器化生产具有效率高、成本低、产品质量稳定等优势,尽管如此,传统手工技艺仍然存在,并作为非遗的核心要素传承下来②。消费者对工业生产的"千篇一律的产品也不喜欢,批评它们虚假冷漠,是没有人情味的商品,于是人们又真诚地渴望和珍惜文化遗产"③。适合借助生产、流通、消费等手段,将非遗及其资源以市场化经营的方式加以保护④,其中包含了传承人积年累月对传统技艺的学习,同时也蕴含了对民族精神和文化的传承。通过发展以非遗产品为核心的市场,带动乡村经济的发展,并形成具有地域独特优势的特色产业。非遗产品也是一种市场消费品,可以取得消费市场的成功,从资深的设计国家如英国、日

---

① 李超雅:《传承"非遗"手工艺"绣"出小康新生活》,南京财经大学网站,2021年6月1日,www.nufe.edu.cn/info/1060/11490.htm,最后检索时间:2024年7月1日。
② 邱春林:《手工艺承载的文化传统》,《艺术评论》2017年第10期,第30页。
③ 白馥兰、董晓萍:《手工业与工业化技术:中印手工纺织业的比较》,《北京师范大学学报》(社会科学版)2017年第5期,第59页。
④ 李梦晓:《人文关怀与市场思维:"非遗"生产性保护的逻辑起点与现实应对》,《云南社会科学》2015年第2期,第155页。

本，到新兴的设计国度如印度、韩国，以传统手工技艺制作的产品，已经成为解决文化认同危机、振兴本国文化与经济的一条重要途径，不但为传承人和手工艺者带来了经济效益，使传统手工艺得以生存和发展，还成为国家和区域品牌，进行了全球文化输出①。

女性传承人在传承、制作、传播非遗产品中为乡村经济振兴提供了新动力，她们通过开设工作坊、成立合作社、举办培训班等形式，将非遗技艺转化为经济产值，增加收入，促进乡村经济的繁荣。与此同时，非遗产品市场的发展又激发了女性传承人的内生动力，进一步带动了其他乡村女性和乡民的就业机会。贵州省"锦绣计划"是妇女脱贫的标志性项目，写入全国妇联提交联合国的《新时代妇女扶贫减贫的中国经验》，团结带领近50万妇女和20万家庭"巧手"持续共圆小康梦，涌现出大量优秀的非遗传承人和女企业家，推动了非遗手工产业与妇女事业融合发展，助力地区经济高质量发展②，如作为国家级非物质文化遗产苗绣项目省级代表性传承人的石丽平，积极参与"一企扶一村"计划，与当地村寨结成帮扶对子，打造"鸽子花"品牌，培训了松桃苗绣人员2万余名，将松桃苗绣推向全国乃至国外，绣品经中国民族博物馆推荐，被联合国选作礼品，系列作品畅销到67个国家和地区，"苗族披巾"被外交部定为外交礼品③。

（三）推动乡村人才赋能，激发内生动力

人才是乡村振兴的基础支撑和可持续发展的保障，无论是乡村的文化振兴、产业振兴、社会发展都要依靠人才来筑基、执行、推进。《国家乡村振兴局关于落实党中央国务院2023年全面推进乡村振兴重点工作部署的实施意见》中提出，实施乡村工匠"双百双千"培育工程，促进县域特色产业发展；推动乡村产业振兴带头人培育"头雁"项目、高素质农民培育计划等向脱贫地区倾斜，育好用好乡土人才。

---

① 袁熙旸：《创造力在边缘：传统工艺、地方资源与可持续设计之路》，《装饰》2013年第2期，第16页。
② 张波：《新时代贵州妇女特色手工产业的发展、探索与启示——以锦绣计划为例》，《贵州民族研究》2019年第3期，第70页。
③ 毛逸飞：《石丽平：让"松桃苗绣"转化为乡村振兴的指尖力量》，《铜仁日报》2022年2月21日，第2版。

女性传承人不仅通过自己的精湛技艺推动乡村文化艺术的发展，承担了文化载体、协商者、培训者、传播者等角色①，她们收徒传艺，通过开展各类培训和教育活动，传授非遗技艺，培育青年非遗人才，不仅有助于非遗文化的持续传承，也为乡村青少年提供了学习和成长的机会，加深了他们对传统文化的认识和尊重，在乡村振兴中发挥"领头雁"作用，为乡村文化人才孵化体系做出了贡献，协助改善了所在乡村"空心化、空壳化"的现状，为乡村振兴提供人才支撑和智力保障，强化了乡村振兴的内生性动力。例如，黎族传统纺染织绣技艺是黎族妇女创造的一种纺织技艺，是国家级非物质文化遗产之一，海南省第二批黎族传统纺染织绣技艺项目省级代表性传承人胡春芳认为应该承担起传承责任，将自己首创的现代版双面织技艺传授给更多年轻一代，除了传统血缘传承外，她还广收学徒，并通过合作社、培训班采用集中授课的方式将技艺传授给更多人，推进黎锦规模化、产业化发展，增加黎锦手艺人的收入，助力乡村振兴，从而带动乡村经济振兴和非遗文化传播②③。

二 乡村振兴视野下女性非遗传承人发展的现实挑战

女性非遗传承人在乡村振兴中发挥着不可替代的作用。她们通过传承非遗文化、推动经济发展、参与社会建设等方式，推动乡村文化、经济、社会的全面繁荣发展，为乡村的全面振兴注入了新的活力和动力。然而，目前一些女性传承人在发展中仍面临现实挑战，如数量不足、年龄断代、身份认同缺失等发展困境④，这些在很大程度上制约了女性传承人在乡村振兴中发挥更大更持续的作用。

---

① 马知遥、吴建垲、王明月：《"文化经纪人"概念的重新审视：基于中国非遗保护经验的思考》，《山东社会科学》2022年第2期，第93页。
② 高懿、梁君穷、武威：《海南黎锦技艺传承人胡春芳：双面织，飞梭引线越千年》，海南省民族事务委员会网站，2020年9月28日，http://smzw.hainan.gov.cn/smzw/mzwhfq/202009/f6fe064774a849d8a3be04d4bd2f92fc.shtml，最后检索时间：2024年7月1日。
③ 周新宇：《黎锦技艺传承人的身份转向与认同》，《文化创新比较研究》2024年第9期，第77页。
④ 东宇轩：《非物质文化遗产传承人研究述评》，《贵州民族研究》2022年第3期，第89页。

（一）性别比例差异大，女性传承人数量不足

2007年、2008年、2009年、2012年、2018年，国家文化主管部门先后命名了五批国家级非物质文化遗产代表性项目代表性传承人，共计3068人，在非物质文化遗产代表性传承人动态管理和退出机制下，先后有11人失去国家级代表性传承人资格，截至2022年11月，国家级非物质文化遗产代表性传承人共3057人，其中女性共有740人，占比24.2%，除了第一批中女性传承人占比低于两成（17.3%）外，其他四批女性占比稳定为25%左右，女性传承人主要分布在传统戏剧（39.4%）、曲艺（36.7%）、传统美术（30.2%）等非遗类别中，而传统体育、游艺与杂技非遗项目中女性传承人比例最少，不足6%（见表1）。从地区看，虽然女性传承人的人数和占比参差不齐，黑龙江省女性传承人占比超过一半（女性16人，占比53.3%），11个地区女性传承人占比超过了三成（见图1）。从数据可见，无论是总体还是分类别，抑或各个地区，女性传承人数量少，仍处于弱势地位，存在性别比例失衡、传承缺位的情况，在非遗传承人的认定中，对性别视角的重视程度尚不足够。

表1 国家级非物质文化遗产代表性传承人女性占比情况

单位：%

类别	第一批	第二批	第一批和第二批	第三批	第四批	第五批	总体
民间文学	18.8	—	18.8	12.0	15.0	10.9	13.8
传统体育、游艺与杂技	6.7	—	6.7	11.1	0.0	4.9	5.7
传统美术	25.0	—	25.0	19.3	39.5	34.2	30.2
传统技艺	15.4	—	15.4	12.8	15.5	15.1	14.6
传统医药	6.9	—	6.9	8.7	4.8	14.0	10.0
传统音乐	—	17.3	17.3	18.8	19.4	22.1	19.7
传统舞蹈	—	8.3	8.3	10.7	4.1	12.4	9.7
传统戏剧	—	32.7	32.7	43.4	39.1	46.8	39.4
曲艺	—	36.4	36.4	37.3	50.0	28.6	36.7
民俗	—	0.0	0.0	0.0	19.4	22.2	17.5
总体	17.3	26.7	24.0	23.8	25.3	24.2	24.2

资料来源：笔者根据中国非物质文化遗产网中国家级非物质文化遗产代表性项目代表性传承人清单整理计算（以下图表同）。

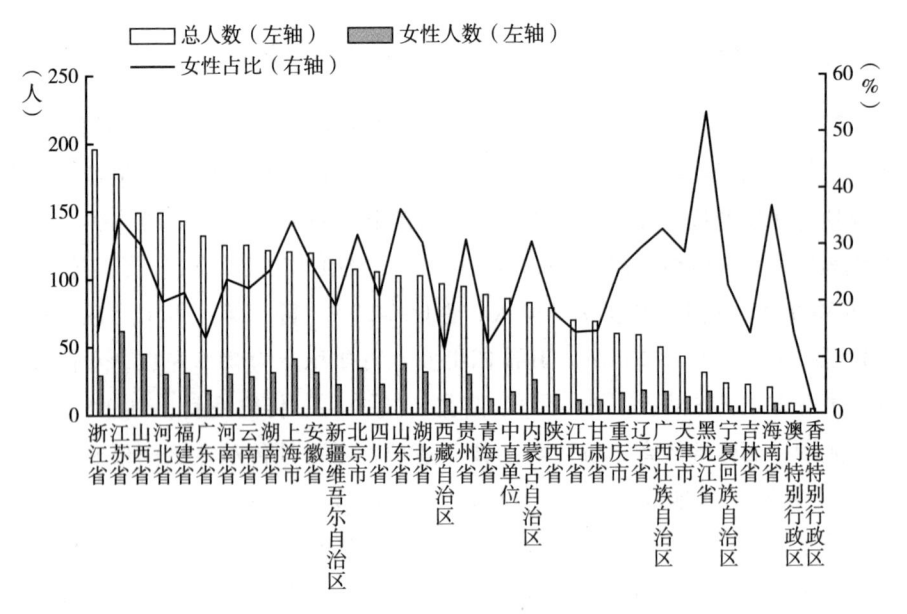

图 1 国家级非遗代表性传承人地区/单位女性占比情况

女性传承人数量少的原因是多方面的，主要受到传统和现实的制约。首先，传统技艺大多为"传男不传女""传媳不传女"的传承制，大多数非遗技艺以父系和血缘传承而不外传，女性被视为会外嫁的他者而无法得到学习技艺的资格，有些非遗项目的传承人无一女性[1]。李亚妮等[2]对国家非遗项目陕西凤翔泥塑进行个案分析，发现目前尚未形成以女性传承为主体或男女两性无差别传承的模式，即使有突破原有性别秩序转向女性传承的情况，也是出于家族男性能力有限或者男性有其他更好的收入来源而放弃传承等原因，此发现与李娟[3]关于甘肃武威攻鼓子舞蹈男性传承人的研究结论一致，一些男性传承人由于主体性较弱、经济压力较大而降低了传承热情。因此，亟须改善文化生态环境，培养女性传承人，储备传承力量。其次，女性非遗传承人面对生育、家庭

---

[1] 杨斯涵：《贵州省非物质文化遗产传承人现状研究》，《兰台内外》2021年第22期，第49页。
[2] 李亚妮、仵军智、谢崇桥：《非遗传承实践中女性传承人的性别角色分离——基于凤翔泥塑传承个案》，《中华女子学院学报》2022年第1期，第95页。
[3] 李娟：《作为非遗的男性之舞——武威攻鼓子舞的保护困境与传承研究》，西北民族大学硕士学位论文，2017。

社会规范等因素带来的影响，朱莉莉①在对江苏女性非遗传承人的田野调查中发现，超过68%的受访者强调家庭对传承工作的重要性，女性传承人的现实处境比男性传承人更为复杂，女性传承人在乡村和家庭中的角色地位影响她们的非遗活动。女性传承人如果可以为所在乡村和家庭带来更多社会声望和经济收入，通常会得到支持；反之，没能带来收益的传承活动会受到限制甚至禁止②。此外，一些对于体力有较高要求的非遗项目，基于体质原因也会产生性别壁垒，例如体育、杂技类别中女性传承人屈指可数。另有存在性别禁忌的传统非遗项目，如国家级非物质文化遗产德江傩堂戏等，当地的知识体系不允许女性参与造成了传承人性别隔离③。学者们通过对具体非遗项目的田野调查发现，尽管非遗传承随着社会发展呈现打破性别隔离的趋势，但在不同场域中性别融合与性别隔离仍并存，并未跨越传统非遗传承场域中的性别界限而达到真正意义上的性别平等④⑤，尚需破除传统性别角色定位下的社会禁锢思想、引导非遗实践中性别融合以有效促进两性平等参与社会发展⑥。

（二）女性传承人年龄结构失衡，后备力量不足

截至2020年，国家级非遗传承人总体平均年龄超过了70岁⑦，女性传承人亦是如此。本研究统计女性入选国家级非物质文化遗产代表性传承人的年龄数据可见，从2007年第一批至2018年第五批的女性传承人入选时平均年龄都超过了61岁，近两批的平均年龄有所下降；第五批中最大年龄在85岁以上，最高的是第三批（94岁）；五批中最小年龄均在33岁及以上，前四批的众数

---

① 朱莉莉：《江苏女性非遗传承人身份认同与重构》，《南京艺术学院学报》（音乐与表演）2022年第3期，第106页。
② 王烜：《"非遗"女性传承人研究的问题和反思》，《大众文艺》2021年第6期，第2页。
③ 杨斯涵：《贵州省非物质文化遗产传承人现状研究》，《兰台内外》2021年第22期，第49页。
④ 吴林隐、杨海晨、韦金亮：《隔离抑或融合：民俗体育参与的性别变化研究——广西马山县壮族会鼓与打扁担的田野考察》，《体育科学》2017年第8期，第29页。
⑤ 李亚妮、仵军智、谢崇桥：《非遗传承实践中女性传承人的性别角色分离——基于凤翔泥塑传承个案》，《中华女子学院学报》2022年第1期，第95页。
⑥ 杨丹妮：《非物质文化遗产伦理视角下的龙州壮族天琴女性禁忌破除》，《民族艺术》2019年第4期，第77页。
⑦ 石张宇、虞虎：《非遗传承人失配失衡特征及其影响因素研究》，《赤峰学院学报》（汉文哲学社会科学版）2020年第9期，第36页。

和中位数较为相近，第五批出现明显下降。各地区国家级女性传承人的平均年龄不尽相同，除了澳门只有一位女性传承人（年龄97岁），其他地区女性传承人平均年龄最低的是安徽省（50.55岁），河南省和上海市的平均年龄超过了70岁（见图2）。尽管女性传承人的入选年龄呈现稍微下降的趋势，但是总体女性传承人群体的年龄状况仍为老龄化状态。因为非遗是通过代际活态传承的实践活动①，随着传承人的离世，一些非物质文化遗产可能会面临失传的风险，因此，加强培养乡村青年女性非遗人才、加强女性非遗传承人的梯队建设是急需解决的问题，这对于乡村文化存续与繁荣具有重要意义。

表2 女性国家级非物质文化遗产代表性传承人入选年龄情况

单位：岁

统计数据	第一批	第二批	第三批	第四批	第五批
均值	64.4	63.1	65.7	61.8	61.8
最大值	85	89	94	85	89
最小值	40	34	37	33	38
极差	45	55	57	52	51
众数	66	68	65	67	55
中位数	66	65	67	64	59

女性传承人群体年龄跨度较大，失衡现象突出，呈现老龄化状态，传承后继乏人，后备力量不足，此状况主要是由城镇化发展、非遗传承特点、市场需求减少、缺乏年轻人关注等原因造成的。非遗技艺主要采取师徒口传心授的代际传承方式，通常没有文字的参与，对学徒的天赋和勤奋要求极高，并且习得周期长而艰苦，前期需要经年不懈练习才能达到传承人要求，学习者需要长时间反复磨炼，面对身体和心理上的挑战，而现代生活节奏快、压力大，年轻女性难以投入大量时间进行非遗学习和实践；与此同时，乡村现有其他传习和培训非遗项目的组织和机构也相对较少，现代教育有关传统手工艺的专业甚少，进一步限制传承人才的培养和储备；目前大部分农村的经济水平、教育资源、医疗条件等相较于城市还存在差距，随着工业化和城市化的全面推进，大量农

---

① 宋俊华：《非遗保护的伦理原则与非遗传承人群培训》，《文化遗产》2017年第4期，第44页。

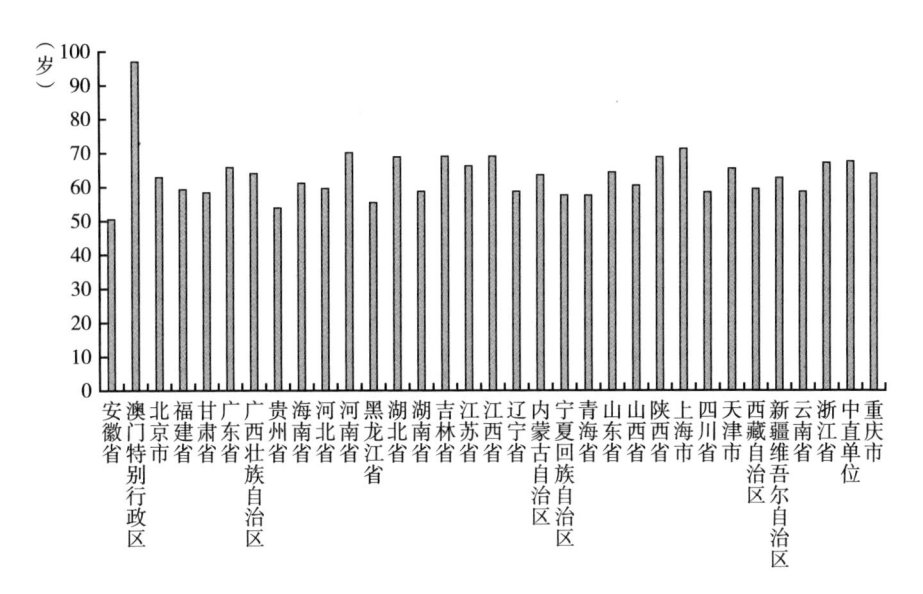

图 2　女性国家级非遗代表性项目代表性传承人各地区/单位入选平均年龄

村青壮年涌入城市,乡村人口老龄化严重;相当一部分非遗项目劳动强度大,但经济回报率不高,加之传统非遗产品生活功能弱化并受到机器化生产的冲击,非遗产品的市场需求锐减,传承人年平均营收不超 3 万元[1],非遗项目经济效益不足影响了收徒数量,仅靠老一辈的女性传承人无法维系局面,与传统乡村产业相关的非遗面临难以延续的风险[2]。

(三)女性非遗传承人受教育程度较低

目前非遗传承人学历普遍偏低,例如,陈秀梅[3]关于福建省福州市非遗传承人的调研发现 89% 的传承人为本科以下学历,其中初中以下学历高达四成。唐娟和刘亚虎[4]对南宁市非遗代表性传承人现状的调查数据显示,在 159 名在

---

[1] 黄璜:《侗锦织造技艺国家级"非遗"代表性传承人粟田梅访谈》,《文化遗产》2022 年第 3 期,第 152 页。

[2] 宋俊华:《非遗传承助力乡村振兴》,《群言》2022 年第 10 期,第 21 页。

[3] 陈秀梅:《福建省非物质文化遗产项目代表性传承人现状分析与保护对策》,《福建艺术》2008 年第 5 期,第 37 页。

[4] 唐娟、刘亚虎:《非物质文化遗产代表性传承人现状及传承机制建设研究——以南宁市为例》,《歌海》2022 年第 2 期,第 8 页。

世的市级以上"非遗"传承人中,小学学历占14.5%,中学学历占49.1%,中专、大专学历占24.5%,大学本科及以上学历占11.9%,其中女性传承人普遍受教育水平比较低。梁莉莉①在对回族女性传承人的田野调查中发现,女性传承人的受教育程度普遍偏低,一些老年女性传承人基本没上过学。

受教育程度会影响女性传承人对非遗项目价值的认知水平、知识表述、创作主动性和创新能力②,因而,受教育程度低者在非遗理论知识建构和传授中瓶颈明显,对非遗的历史文化价值挖掘受限,无法用适合的表达将非遗技艺传播给更广泛的受众,对非遗保护的政策法规的了解不充分,不能充分表达自身诉求,由此影响了非遗传承和对乡村振兴的推进。陈海东等③在对传承人的困境的研究中发现,国家级非物质文化遗产项目"莞香"出于种植者和技艺传承人的文化程度不高且年龄较大的原因而无法将技艺记载下来以供传承和传播。因而,帮助女性传承人获得充分的教育资源和培训机会、提升她们的受教育水平,对于女性传承人乡村振兴中发挥作用极为重要。

(四)女性传承人自我身份认同困境

《保护非物质文化遗产国际公约》把非遗保护的目的阐释得很清楚:"通过对各种文化传统的保护、传承和创新,形成各个文化群体的自我认同",女性非遗传承人传承非遗项目和知识的过程也是个体身份的建构和反映。朱莉莉④认为身份认同包括性别及族群身份的初级身份认同,以及包含社会角色、职业及社会地位的次级身份认同,女性传承人在身份认同方面面临比男性更加复杂的情况,女性传承人由于社会性别定位矛盾,常常在初级身份认同和次级身份认同之间摇摆,妻子、母亲、传承人职业等多重身份的叠加需要女性传承人平衡,她们常常以丈夫孩子为先而忽略了关注自身,女性非遗传承人在非遗

---

① 梁莉莉:《社会性别视野中的非遗传承人保护路径探索——基于回族女性传承人的讨论》,《云南民族大学学报》(哲学社会科学版)2016年第6期,第62页。
② 梁莉莉:《社会性别视野中的非遗传承人保护路径探索——基于回族女性传承人的讨论》,《云南民族大学学报》(哲学社会科学版)2016年第6期,第62页。
③ 陈海东、林桦、杨博涵:《论非遗产业化过程中传承人的困境与发展出路——以东莞莞香为例》,《文化创新比较研究》2023年第1期,第84页。
④ 朱莉莉:《江苏女性非遗传承人身份认同与重构》,《南京艺术学院学报》(音乐与表演)2022年第3期,第106页。

传承发展中易陷入自我认同危机，导致传承信心减弱，而进一步在乡村公共事务中处于弱势地位。此外，女性传承人在被官方认定为非遗项目代表性传承人之前，社会地位和经济收入大多差强人意，因而难免会对刻苦习得的技艺感到彷徨，随之弱化自我身份认同。学者们主要通过田野调查法、访谈法对女性非遗传承人的个案①②或者群体③展开研究，发现女性非遗传承人的身份认同与重构是一个长期的过程，她们受到诸多因素如性别刻板印象、社会和个体认知偏差等影响，通过积极地参与社会文化发展并突破社会性别文化对女性权利的压制，在自我、家族、社会博弈的复杂过程中实现女性非遗传承人自我权益表达、自我认同及身份重构。

三　乡村振兴视野下女性非遗传承人保护和培养路径

女性非遗传承人在乡村振兴中发挥着多方面的积极作用，她们的贡献不仅体现在乡村文化传承上，还在乡村经济和社会发展等多个层面产生深远影响，在乡村振兴的大背景下，需要更加关注和支持女性传承人的保护和培养。女性传承人群体发展面临着诸多挑战，并存在后继乏人且梯队建设力度不够等问题，影响和制约着女性非遗传承人在乡村振兴中可持续发挥作用。因此，应高度重视女性传承人的培养和保护工作，为她们在乡村振兴中贡献巾帼力量创造更加良好的条件和环境。为了应对女性传承人发展中的挑战，促进女性非遗传承人人才队伍的培养和梯队建设，政府、社会组织和市场等多方面力量需要共同努力，为女性传承人创造更好的发展机会和环境，帮助她们在乡村振兴中发挥更大的潜力。

（一）推动乡村振兴中性别平等观念在非遗传承领域的落实

保障非遗传承中的性别平等是发挥女性传承人在乡村振兴中主体地位的根

---

① 郭平：《女性传承人的身份再造与认同——以王树花口述史研究为出发点》，《天津大学学报》（社会科学版）2019年第4期，第354页。
② 冯叙园：《女性非遗传承人的自我身份建构：以高平绣活传承人为例》，《南京艺术学院学报》（美术与设计）2024年第1期，第131页。
③ 朱莉莉：《江苏女性非遗传承人身份认同与重构》，《南京艺术学院学报》（音乐与表演）2022年第3期，第106页。

本保障，而这离不开政府部门的政策支持和引导，重点可以从人、财、物等多重方面支持实施，促使女性传承人成为乡村振兴的主流力量。

1."人"方面

发挥女性传承人在乡村振兴中的作用需要提升女性传承人的数量，否则孤木难支。在官方非遗传承人认定中，需要充分考虑合理的性别比例以及地区比例，打破传统社会性别规范的束缚，推动性别平等观念在非遗传承领域的落实，从根源上解决乡村女性传承人数量不足的问题，强调乡村振兴中女性非遗人才的主体地位，多层次选拔培养女性非遗人才，完善年轻女性非遗人才回流和引进机制，优化乡村女性非遗人才队伍梯队结构。此外，在尊重本地民俗传统和禁忌的基础上，通过政策推动打破某些非遗项目不合时宜的性别隔离和性别屏蔽，赋予女性平等学习非遗技艺的权利，从而提高女性的非遗传承参与度和传承人数量，最终有利于乡村文化的延续和发展。

2."财"方面

政府应出台相关政策，明确对女性非遗传承人的扶持措施，包括资金补贴、税收优惠、乡村创业资金等，用于支持女性非遗传承人的培训、创作、创业、展示、产品推广以减轻她们的经济压力，使其能够更专注于发挥非遗传承在乡村振兴中的作用。目前，现有财政补贴多面向所有非遗传承人，鲜有针对女性传承群体，此外财政支持力度也还有待持续增强。尽管国家中央财政和地方财政对于非遗传承人的每年补助标准在逐渐提高，但是与其他发达国家间的差距仍较为明显，例如，日本、韩国为10万元左右，中国经济较好的省市如广东省和北京市对省级非遗代表性传承人和市级代表性传承人的资助均为每人每年2万元，其他省如云南省省级非遗代表性传承人的补助为每年8000元。生活在乡村的女性非遗传承人仅靠补贴或者作坊销售产品难以维系生活，不利于在乡村振兴中起到带头作用。针对乡村女性非遗传承人的专项资金支持，不仅可以提高她们的经济收入、加强技能培训、帮助构建身份认同，也可以缓解政府在乡村非遗可持续发展中的压力。

3."物"方面

对于乡村非遗传习所、工作室、博物馆、研培基地等基础非遗传承空间，相关部门需要持续的支持和投入，用以传播乡村非遗文化、培养人才、与社会公众交流，并鼓励女性传承人依托这些基地开展创业和传授非遗技艺给乡村的年轻一代，从而促进乡村的产业发展和女性非遗新生力量的壮大。

（二）构建多元乡村女性非遗人才培养机制

传统的非遗传承人培养模式是家族传承和师徒传承口传心授的习得方式，形成对外保守、壁垒分明的内在培养机制[①]，发展至开放、快节奏发展的现代社会，需要与时俱进采用多元化的传承人培养方式，从而促进乡村女性传承人才的快速培养，促进更多的乡村年轻女性有机会习得非遗技艺，加大女性传承人的数量和优化梯队结构。

1. 构建乡村青少年女性非遗人才培育体系

女性非遗传承人队伍面临数量不足、老龄化、断层化、能力参差不齐等挑战，构建乡村青少年女性非遗人才培养体系是从根本上解决问题的重要路径。青少年从小学习传统文化和了解非遗技艺，不仅可以对乡土文化产生自豪感，还从小产生兴趣，为将来进一步从事乡村非遗传承奠定基础。例如，日本为避免非遗技艺后继无人，设有面向中小学生设立的"工艺儿童塾""茶道儿童塾"，以期培养更多青少年成为非遗传承人[②]，还会测试、选拔、甄选有能力有天赋的中小学生免费培训并给予助学金，待毕业后可入编日本艺术文化振兴会、文乐协会等机构。针对女性非遗传承人才的培养，乡村中小学首要需继续加强性别教育，促进科技教育中的性别平等，纠正对"乡村妇女"有刻板印象和性别偏见的社会文化规范和个人认知偏差，提升女生对于乡村女性传承人的认知和认同。基础教育阶段除了课堂教育以外，还需要加强实践活动，与女性传承人以及非遗基地合作传授和实践非遗知识，不仅可以提供活态化的实践环境，还可以发挥女性传承人的榜样作用，从而打破非遗领域的性别假设，激发女生对非遗技艺的兴趣，为乡村女性非遗传承人才储备奠定基础。

2. 通过高校和社会资源培养乡村女性非遗人才

女性传承人队伍受教育水平不高，影响非遗传承效率。高校作为人才教育和培训的聚集地，教育资源得天独厚，是帮助乡村女性非遗人才提升能力的重

---

① 宋俊华：《非遗保护的伦理原则与非遗传承人群培训》，《文化遗产》2017年第4期，第44页。
② 刘爱君、姜佩：《文旅融合视域下的非遗传承人才培养案例研究——以日本金泽市为例》，《文化创新比较研究》2022年第36期，第168页。

要渠道和平台。其一，目前一些高校已经开设非遗相关专业，当地政府出台政策鼓励青少年女性报考大学的时候选择非遗专业并学成返乡，成为新一代乡村女性传承人，为乡村振兴带来可持续力量；其二，当地政府还可以将乡村青年女性非遗人才作为培养重点，选拔去高等院校研修培训，从其原有的文化情景中暂时抽离出来，提升文化水平和艺术素养、学习非遗理论知识、交流技艺、开阔视野；其三，当地政府、女性传承人、高校、社会合作开发和销售非遗产品，增加乡村经济收入；其四，当地政府与高校以及媒体平台合作，通过媒体宣传、展览展示、文化交流等活动，推介本地乡村女性传承人和非遗作品，提高社会对乡村女性传承人和她们作品的认可度和尊重度，增强女性传承人的身份认同感，这也能够增强乡村青少年女性学习和传承非遗技艺的信心，逐渐扩大乡村年轻女性非遗人才规模。

（三）提升乡村女性非遗人才的经济效益

目前，相对经济效益低的非遗项目，市场前景好、经济效益高的非遗项目中从业人员数量也会相应较多，收入高则技艺学习和传承意愿就高，传承人的梯队建设才有基本的人数保障，反之，如以非遗为生的经济收入远低于进城务工或者乡村其他工作，则会造成该项非遗技艺代际交接断层。此外，有些非遗项目不仅前期学习周期长，往往需要几代人不断摸索非遗技艺和实践创造，非遗传承人要通过复杂的师承和非同一般的训练才能达到一定的技术程度，积累成本非常高[1]。而且随着社会经济的发展，非遗产品的制作成本也在不断攀升，如一些非遗刺绣项目所需的丝线单一个色系的成本就达数千元。为了乡村女性传承人能够可持续发展并且为乡村振兴发挥作用，单一政府补贴或是文化伦理都是不足以维系的，需要充分利用市场力量，让女性传承人能够通过所掌握的非遗技艺获得经济收益和社会收益，并实现经济效益与非遗传承的相互联动。有田野调查[2]发现，当乡村女性传承人对家庭收入贡献大、实现经济独立性的时候，就会在家庭中成为核心成员并与丈夫具有相同的话语权，甚至家庭其他成员承担家务和后勤工作，只需要女性传承人专心从事非遗活动，女性传

---

[1] 徐艺乙：《中国历史文化中的传统手工艺》，《江苏社会科学》2011年第5期，第223页。
[2] 王哲林：《龙山县土家织锦女性传承人的生活史研究》，湖北民族大学硕士学位论文，2022。

承人的自我身份认同和传承动力也随之增强。

地方政府引导女性非遗人才以主体身份参与非遗生产性活动，由此增加乡村女性传承人的经济收入，将所掌握的非遗技艺和制作的非遗产品与当地乡土特色资源相结合，形成适合当地发展条件的非遗产业，例如徐州地区积极推动女性传承人创业，打造具有地区特色的非遗产品系列，并形成品牌效应，从而带动地区相关文化产业和旅游业的繁荣，不仅提升了女性传承人的经济收入，更是促进了乡村文化和经济的可持续发展与非遗代际传承，从而实现乡村特色资源、个体经济效益、社会协作三个要素的协同发展。

B.12
乡村振兴背景下女性媒介形象呈现研究

杨一帆 周志飞*

摘 要： 女性是乡村振兴队伍建设的重要组成部分，她们在乡村产业发展、社区基层治理、乡风文明建设等方面发挥着不可替代的作用，撑起了乡村振兴的"半边天"。全面准确真实地呈现农村女性媒介形象，重塑受众对传统乡村女性的认知，激发新时代女性参与乡村振兴建设的积极性，是需要关注和探索的重要议题。研究发现，媒介构建的农村女性形象呈现"自塑"与"他塑"交织的特征。在对报道样本梳理分析后发现，无论是主流媒体还是自媒体塑造的农村女性形象，在议题设置、报道角度、社会性别意识等方面都存在一些问题。本文提出通过多措并举支持农村妇女发展成长，构建多元立体女性形象、传播先进性别文化，加强内容监管与价值引导，增强主体意识，提高媒介素养等对策建议。

关键词： 乡村振兴 农村女性 媒介形象

民族要复兴，乡村必振兴。全面推进乡村振兴是新时代建设农业强国的重要任务。党的十八大以来，以习近平同志为核心的党中央坚持把解决好"三农"问题作为全党工作的重中之重，全面打赢脱贫攻坚战，启动实施乡村振兴战略，推动农业农村取得历史性成就、发生历史性变革。习近平总书记指出："要激励广大妇女在贯彻新发展理念、构建新发展格局、推动高质量发展、实现高水平科技自立自强、全面推进乡村振兴中发挥自身优势和积极作用。"在新时代乡村振兴的战略背景下，农村妇女肩负着新的时代使命，是

---

* 杨一帆，《中国妇女报》主任记者，主要研究方向为媒体融合；周志飞，《中国妇女报》高级编辑，主要研究方向为新闻评论。

乡村振兴中不可或缺的重要力量。作为新时代乡村振兴的主要参与者与承担者，妇女是推动农业农村现代化的重要力量，她们的参与在很大程度上影响着乡村振兴的成效。重视妇女在乡村振兴中的"主力军"作用，对进一步推动乡村女性力量发挥作用具有重要意义。

农村女性媒介形象指的是在媒介中呈现出来的农村女性形象。媒介对农村女性的相关报道及信息传播，是社会大众对农村女性认知与评价的主要途径，也是呈现农村女性媒介形象的基本方式。在媒介化社会，媒介形象是认识外部世界的重要桥梁和参照。在客观存在的事物和人的认知结果之间，媒介形象是一个重要的介质，而且这种重要性随着人们对媒介依赖度的提高而呈现上升的趋势。①全面准确真实地呈现农村女性媒介形象，重塑受众对传统乡村女性的认知，激发新时代女性参与乡村振兴建设的积极性，是需要关注和探索的重要议题。

一 乡村振兴背景下女性媒介形象呈现分析

农村女性媒介形象的塑造，不仅是一部分女性群体面貌的呈现，同样也是社会发展、文化背景、价值观念的重要反映。作为乡村振兴中的关键行动主体，女性是推动农业农村现代化的重要力量，是乡村振兴的受益者更是推动者。2017年10月，党的十九大报告首次提出实施乡村振兴战略。各级政府及相关部门为乡村发展与乡村现代化建设全面持续投入，城乡互动融合趋势加强，智能化技术广泛应用，为乡村女性参与乡村振兴提供了新机遇。广大女性在产业发展、文化传承、生态保护、乡风涵养等各个领域投身发展，在追梦路上实现巾帼建新功，推动乡村振兴高质量发展。媒介所塑造的农村女性形象能够有效地帮助我们全面了解关于农村女性生活的方方面面，具体理解农村女性现状、发现和解决农村女性问题，从而使女性更好地助力乡村振兴。

（一）基于主流媒体报道的形象建构

1. 研究对象

《中国妇女报》是全国妇联机关报，全国唯一女性主流大报，具有权威性

---

① 王朋进：《"媒介形象"研究的理论背景、历史脉络和发展趋势》，《国际新闻界》2010年第6期，第123~128页。

和影响力。本研究以2017年10月至2024年8月为时间范围，以"乡村振兴""女性""她""妇女"等关键词在"中国妇女报图文数据库"搜索，经过作者筛选，共得到1805篇样本，构成文本的研究对象之一。

此外，随着新技术的应用，媒体深度融合发展，主流媒体积极主动介入网络舆论场，建设全媒体传播矩阵。以《中国妇女报》为例，打造全媒体矩阵，将精彩的中国女性故事通过不同的形式展现，从而满足不同平台用户的需求，形成以《中国妇女报》为旗舰的报刊传播平台，以《中国妇女报》官方微博、微信公众号为核心的社交媒体传播平台，以中国妇女网和中国妇女报客户端为阵地的网络新媒体传播平台，以海外社交媒体账号为前沿的国际传播平台，以中国婚恋网和中国妇女人才网等为渠道的生活服务传播平台，集传播链、价值链、情感链于一体的"妇字号"传媒生态，实现多轮驱动、齐头并进，构建起面向广大女性的新型主流全媒体矩阵。其中，《中国妇女报》官方微博拥有近1200万粉丝，作为"头部账号"，有较强的舆论引领力、议题设置力、群众动员力，是网络空间中的特色新型主流媒体账号。因此，作者最终选取《中国妇女报》官方微博为研究对象，以其发布的内容为研究样本之一。

2. 主流媒体中女性媒介形象的呈现

在对样本进行整理之后，发现无论是传统媒介还是新媒体平台，农村女性报道体裁及其呈现方式丰富，包括消息、通讯、调查报告、评论报道、图片新闻等，其中新媒体平台还包括视频报道、直播连麦等方式。报道的农村女性身份特征多元化，涉及农民、企业家、手工业者、非遗传承人、干部、工人、教师、医生、家政服务人员、家庭妇女、电商经营者、直播主播、画家和作家等。报道的主题多样，涵盖创业致富、健康、情感等多个领域，大到国家政策解读，小到女性自身发展等都有所涉及，聚焦与女性相关的各个方面，关注农村女性权益、生存困境等。报纸与新媒体平台存在不同的媒介生产逻辑，两者所呈现的乡村女性媒介形象也有所不同，相比较而言，新媒体平台所呈现的内容更为活泼。主流媒体不同载体所呈现的农村女性媒介形象不同，除了媒介本身各有特点外，也与媒体从业者的把关、筛选有很大的关系，长期媒介实践中形成的职业道德规范及认知水平，一定程度上影响了对内容的"把关"和形式"风格"。

（1）引领向善的农村女性

在分析文本时，展现农村女性高尚品格，具有赞美和歌颂色彩的报道数量也排在前列,"吃苦耐劳""善良朴实""贤惠""无私"等描述正面阳光的词语使用较多次。报道中,勤劳、淳朴、善良的农村女性,以阳光、积极、励志的底色,传递出向善、向上、向美的精神力量,勾描出美好幸福的乡村图景。农村女性人物形象塑造中,有很多平凡而善良的农村女性。例如,《刘桂珍:只要活一天就会为老百姓服务一天》一文中描写:她看上去有点瘦弱,体重只有80多斤,但她是村民心中的"主心骨";她一肩挑五担,坚守山区,默默奉献40多年,从无怨言;她带领村民脱贫致富,如今在乡村振兴的路上继续大步前行。她就是山西省忻州市代县峪口镇段家湾村党支部书记、村委会主任刘桂珍。谈到未来的打算,刘桂珍说,"自己的根在段家湾,只要活一天就会为老百姓服务一天!"

值得注意的是,《中国妇女报》不断升级叙事平台、叙事手段、叙事框架、叙事模式,在新媒体平台应用数字化手段,创新表达方式,强化技术创新赋能,通过"内容+科技+融合创新",创新采用SVG互动技术、漫画、音乐等形式讲述农村女性故事,大大提高趣味性和互动性,让正能量新闻变得立体、生动、多彩。同时,根据不同平台特点,开展账号矩阵分众化、个性化运营,发挥集群优势,在可视化呈现、互动化传播上做文章,借力社交传播"吸粉"破圈。《中国妇女报》官方微博注重特色表达,找准女性角度,关注女性人物,挖掘女性话题,聚焦女性关切,推出"你好,女主角"系列策划,通过直播连麦的传播手段,分享在不同的领域追逐梦想、闪闪发光的中国女性故事,尤其关注在不同领域奋斗的乡村女性,目前话题阅读量近2000万。例如,在"她们一生赴一场绣"的直播连麦中,《中国妇女报》记者对话全国人大代表、中国妇女十三大代表、壮族刺绣广西非物质文化遗产代表性传承人、广西工艺美术大师蓝淋和她妹妹蓝茜,讲述这对乡村姐妹的故事,她们一针一线地传承着精美瑰丽的壮绣,把民族的美带给世界,让非遗焕发青春。在"走进田鼠大婶的日记"的直播连麦中,《中国妇女报》对话农民作家裴爱民。这位来自甘肃民勤县的普通农村妇女,只有初中文凭,但有个文学梦。她坚持写了十几本日记,后来出了书——《田鼠大婶的日记》。在兼顾农村劳动和照顾家庭之余,她将乡村生活写成诗意的文字,她的文学梦绽放在西北的土地上。在"她的乡间创业故事"的直播连麦中,《中国妇女报》记者对话四川省泸州市纳溪区竹海村的博主"川香秋月"吴秋月。在一间茂密竹林围绕的小

屋里吴秋月认真烹饪石磨豆花、干锅肥肠、毛血旺、钵钵鸡、藤椒鱼等家乡美食，传递着人间烟火气，两年时间里，她凭借一手厨艺吸粉上千万。"做好自己不留遗憾，别人说什么不重要，坚持走好自己的路！"吴秋月作为新时代的新农人，既用"心"也用"新"，积极投身乡村振兴事业，不断让新农村释放出新魅力！这些火爆网络的农村女性故事可亲、可感知，用女性正能量带动传播大流量，建构起网络空间积极主流的农村女性形象，汇聚成向上向善的网上引领力。

（2）大有作为的农村女性

根据样本所呈现的内容，"农村致富女性"在中国妇女报全媒体的报道中占有较大的比重。报道中，有才干、有能力、有想法的农村女性学习新技术、提升新技能，拓宽就业创业渠道，科技兴农致富创收。随着国家出台一系列鼓励性政策，农村吸引了大量女性返乡创业者，她们中不仅有外出务工人员和毕业的大学生，还有大城市的白领，她们返乡发展，带来了先进的技术及理念，发挥着增收致富的带头作用。例如，《热爱创造奇迹！她说要做颗种子在家乡土壤生根发芽》一文中，"80后"的吴琴芬，2019年回乡创业，在浙江龙游溪口镇开了一间陶艺工作室。一开始知道溪口镇号召青年返乡创业时，吴琴芬心生欢喜，非常激动可以在家门口做自己喜欢的事。在想到父母和家乡的一些留守老人后，她更加下定决心要为家乡发展做些力所能及的事情，她说："创业在乡村，热情创造奇迹，乡村大有可为。我们就像一颗种子，种在家乡的土壤上，生根发芽，希望家乡越来越年轻越来越美丽。"

作为乡村全面振兴和共同富裕的重要推动力量，农村女性致富能手在助推乡村产业结构升级、乡村资源优化配置以及乡村经济社会发展方面发挥着积极作用。报道中，敢想敢做、有智有才的农村女性致富能手往往有个共同之处——不忘反哺家乡。她们不满足于自身致富发展，在创业小有成就后，带动其他农村女性发展。例如，《残疾女工的翻盘人生：带领300名农村妇女共同致富》一文中，浙江金华磐安县冷水镇一位农村妇女陶新花，幼年时小儿麻痹症夺去了她双脚的自由，14岁又因车祸失去了母亲，不幸的遭遇和贫穷的生活并没有打垮她，她靠着不服输的精神和勤劳的双手实现了人生"大逆转"，从养猪、做豆腐、打零工到后来当上来料加工经纪人，不仅自己过上了富裕的生活，还带领300多名农村妇女走上"共富路"。

随着农村现代化的发展，不仅农村的面貌发生了改变，农村女性的形象也发生了改变，比较突出的表现是她们能够主动参与到公共领域，比如参与到政治决策中和经济贡献中。① 农村女性在社会舞台上展现女性力量，变得更加自信自强，这一点并不只表现在劳动参与上，在基层治理和社会贡献等方面均有体现。据公开数据，在最近一次全国村两委集中换届过程中，村班子中女性成员比例大幅上升，一些地区女村干部占比已经超过50%。随着农村女性参与乡村治理的趋势增强，村干部中"她声音"越来越响。2023年底，国家统计局发布的《中国妇女发展纲要（2021—2030年）》统计监测报告引发关注。报告指出，女性参与村级决策和管理比例上升，"女性积极参与基层社会治理"，各地"引导妇女积极有序参与基层民主管理和协商，注重培养和选拔基层女干部"。2022年，全国49.1万个村班子顺利完成集中换届。换届结果显示，妇女成员占比上升，在村班子中占28.1%，较上届提高7.1个百分点，每个村班子至少有1名妇女成员。从一些地方数据来看，这一比例更高。在乡村振兴政策的大背景下，乡村治理进入现代化转型时期，既往阻碍女性当村干部的家庭、性别因素显著弱化，受过高等教育的年轻女性群体更加积极参与村级公共事务治理，促进了村干部队伍的年轻化和知识化，成为推动农村政治、经济、文化发展与进步的坚实力量。《24岁当村长女孩将家乡打造成彩虹村》一文介绍了返乡发展的年轻女大学生张桂芳。1997年出生的张桂芳目前是三家村村支书。因为听说"村长工资高、工作清闲"，她回村参加选举，没想到高票当选河南鹤壁三家村党支部书记。面对村里高达百万的债务，张桂芳也曾想过放弃，但为了家人她开始行动。从修路、铺水管、清理河道开始，建了村里第一座公共厕所、图书馆、篮球场和电影院。她提出"彩虹村"的创意，想以此改变村貌，吸引游客。如今，村子被越来越多的人看见和关注。她说，想用自己的亲身经历告诉大家，其实农村也有广阔的天地，大有可为。看着村里点点滴滴的变化，张桂芳觉得留下来非常值得。

（3）受到关爱的农村女性

对样本中农村女性的报道进行词频分析，培训、服务、创业、就业等词语

---

① 刘炳鑫：《试论〈中国妇女报〉新闻报道中女性形象的流变》，内蒙古大学硕士学位论文，2011，第21页。

出现的频率比较高,这表明在报道中乡村女性的形象突出了"被帮扶者"的一面。

创业就业支持。农村妇女对发展农业生产、促进家庭经营以及在社会生活和家庭生活中发挥了重要作用。但受传统观念等因素的影响,存在农村妇女受教育程度较低和培训机会的缺失,农村女性的就业竞争力较低,工作中升职机会和发展前途也远远比不上男性,家庭经营决策地位和劳动报酬较低等问题,导致农村女性在就业创业中的竞争力较低。充分保障农村女性的各项合法权益,进一步提升农村妇女关爱服务水平,改善农村妇女的就业环境,有效解决就业中的性别和劳动报酬差别待遇问题,需从增强服务意识、加强就业指导、加大职业技能培训力度等方面做出努力。通过报道可以看到,关心关爱农村妇女,激发乡村振兴中的她力量的各项措施不断涌现。例如,福建省妇联以全国"巾帼科技助农直通车"进乡村活动为契机,发挥福建省女性科技特派员人数众多、研究领域广泛、服务基层精准的人才优势,联合省科技厅、省农业农村厅、省林业局、省海洋与渔业局、省农科院、省林科院等部门共同推荐遴选绿色经济发展领域的首批100名女科技特派员,成立"碳汇+女科技特派员联盟";湖北省妇联联合湖北省农业农村厅、湖北省乡村振兴局等多个部门共同主办"楚凤优品进乡村进社区"示范观摩活动,并在活动现场推动武汉市公园社区、金地花园社区分别和远安县茅坪场村、麻城市新屋垸村进行友好帮扶结对子活动,为乡村振兴贡献巾帼力量;江苏省实施"乡村振兴巾帼行动"专项就业创业培训,以市场需求为导向,坚持培训与就业创业相结合的原则,根据妇女劳动力培训愿望,有针对性地开展数字经济下新业态技能培训、农村实用技术培训、居家就近灵活就业培训、家政服务培训、创业培训等项目。

健康生活关怀。党的二十大报告明确提出,推进健康中国建设,把保障人民健康放在优先发展的战略位置。国家"十四五"规划纲要也提出,坚持预防为主的方针,深入实施健康中国行动,完善国民健康促进政策,织牢国家公共卫生防护网,为人民提供全方位全周期健康服务。这为持续完善妇女群众健康促进政策,稳步提升妇女健康水平明确了目标任务。样本中,多次提及"免费两癌筛查"项目为农村女性撑起健康"保护伞"。对于宫颈癌和乳腺癌两种"常见"癌症而言,"早诊早治"至关重要,可有效降低风险、延长生存时间、减少整体医疗支出。但受到传统观念、就医成本、筛查条件等因素限制，农村女性主动接受筛查的积极性不高。在报道中可见，各种政策措施促使"两癌"筛查不断推广，农村女性健康保护这张大网正越织越密、越织越牢。2024 年，甘肃妇联确定的服务妇女儿童实事还包括构建妇女"两癌"综合防治体系，落实省委、省政府为民实事项目，为全省 20 万 33~64 岁城镇低收入妇女和农村妇女实施"两癌"免费检查；在内蒙古自治区妇联推动下，2023 年，内蒙古自治区将"扩大妇女两癌筛查覆盖面"列入政府工作报告，将"提高农村牧区妇女两癌检查人群覆盖率"列入自治区"十四五"规划；2022 年，云南省印发的《云南省宫颈癌和乳腺癌筛查工作方案》将免费筛查对象由 35~64 岁农村妇女调整为适龄城乡妇女，优先保障农村和城镇低保妇女。在 HPV 疫苗接种方面，云南已经在玉溪、丽江、芒市、新平、鹤庆等地开展 15 岁以下人群免费接种 HPV 疫苗试点工作。

（4）面临困境的农村女性

在报道中，多数乡村女性没有因为暂时的困境而自暴自弃，相反，她们都对生活充满信心与希望，在广泛的田野乡村拼搏奋斗，呈现了乡村女性的乐观与坚毅。在乡村振兴的道路上，女性从不曾缺席逐梦舞台，她们用奋进拓展人生宽度，以激扬点燃人生热度，绘就了乡村最美风景线。《祝福！大学毕业溜索女孩回怒江工作》一文中励志又暖心的故事令人感动，登上热搜，阅读量近 3000 万。文中写道，2023 年 6 月，"溜索女孩"余燕恰从云南昆明医科大学毕业。她毅然选择回到家乡怒江州，成为一名医务人员，9 月就要正式开始工作。2007 年，只有 8 岁的余燕恰每天要坐溜索过江两次去上学。一天，余燕恰穿着粉色上衣，背着书包独自溜索过江的画面，恰好被媒体拍到，许多人被触动，纷纷捐款助力修桥。2008 年，一座爱心桥建起。脱贫攻坚和乡村振兴也在怒江两岸如火如荼地接力展开。2018 年，余燕恰以 568 分的高分考取大学，成为村里第一个考上大学的孩子。余燕恰说："我一定不会辜负学校的培养，努力用自己所学的知识为家乡卫生事业发展贡献自己的力量。"

对于改变困境，除了农村妇女权益保护的典型案例报道外，不乏呼吁多措并举的观点报道，其主要观点是全方位加大保障农村妇女合法权益力度，确保农村妇女共享新时代改革发展成果。样本中关于农村女性维权的报道，主要是土地权益受侵害报道。在过往的实践中，不少农村妇女因婚姻状况变化带来居住地变动，其成员身份确认容易受到影响，相关权益难以落实。据此，农村集体经济组织法对妇女权益保护作了专门规定。例如，明确"妇女享有与男子平等的权利，不得以妇女未婚、结婚、离婚、丧偶、户无男性等为由，侵害妇女在农村集体经济组织中的各项权益"。还比如，与《妇女权益保障法》相衔接，规定了检察公益诉讼制度。此外，还规定了农村集体经济组织成员不因离婚、丧偶等原因而丧失成员身份；成员结婚，未取得其他农村集体经济组织成员身份的，原农村集体经济组织不得取消其成员身份。这些规定大大强化了对农村妇女集体经济组织成员权益的保障，解决了农村妇女权益保障领域的痛点难点问题，有利于实现妇女事业与经济社会同步发展，有利于提高广大农村妇女的获得感、幸福感、安全感。

（二）经由农村题材自媒体的"自我"呈现

中国互联网络信息中心发布的第54次《中国互联网络发展状况统计报告》显示，截至2024年6月，我国网民规模达近11亿人。信息技术革命的发展带来传播方式的变化，从事自媒体成为新兴的职业选择。时下，农村题材的自媒体越来越火——助力乡村振兴的主播们，借助新媒体工具，带动了乡村生活、文化、旅游、体育等多元发展，成为赋能乡村振兴的一股重要力量。其中，农村女性短视频的创作与传播，不仅呈现了真实的乡土文化，也给予了农村女性形象塑造的主动权，呈现出丰富立体的农村女性形象。[①] 不同于以往的"被叙述""被呈现""被塑造"，新的传播形态解构了固有的传播秩序，乡村女性在个人化叙事下主动展演，"自塑"的农村女性媒介形象更加多元、更加立体、更加丰富。

1. 研究对象

本文作者采用随机抽样的方式，以2024年1月至2024年6月为时间范围，以"乡村女性""乡村妇女""农村女性"等为关键词在多个短视频等社交媒体平台进行搜索，对与其有关的视频进行集中观察，最终选取10个具有代表性、粉丝数量超100万的农村自媒体账号为研究对象，以其发布的1000余个作品为研究样本。

---

① 涂浪静、王婷：《短视频语境中农村青年女性媒介形象分析》，《声屏世界》2021年第22期，第93~95页。

研究样本中的农村女性自媒体账号，视频创作者几乎涉及了自媒体能涉及的所有形式，包括图形化视频、文字化视频、情景剧、Vlog、个人讲述、个性化剪辑等。她们创作的作品主题丰富多样，有才艺展示、非遗绝活、美食制作、乡土生活展示、乡土文化分享等。值得注意的是这些"爆火"的自媒体账号定位都较为准确，都在其垂直领域内深耕。可见做好账号定位与标签对于自媒体的发展至关重要。因为视频平台的算法与推荐机制决定了账号需要具备内容输出的连续性及稳定性。其中，在农村女性自媒体的头部主播中，以美食制作与分享为赛道的创作者占比过半，视频中乡村美食及制作方式格外受网友青睐。另外，展示传统乡村生活的创作短剧，成为自媒体账号的流量"密码"之一。

2. 农村题材自媒体女性媒介形象的呈现类型

（1）身怀绝技的才艺女性

所谓"高手在民间"，农村女性自媒体创作者不乏高手，她们多才多艺，十八般武艺样样在行。在传统媒体时代，农村女性展示才艺的机会和途径有限，而蓬勃发展的自媒体，为农村女性提供了充分展现个性化自我的舞台，也助推并鼓舞了更多农村女性多元发展。例如，2019年，以烧火棍儿为笔，以水泥墙、地面为画布，创作古典人物的丁春梅及其自媒体账号在网上走红。丁春梅是地地道道的山东农民，只有小学文化，还常年戴着助听器，但她用烧火棍儿画出的婀娜多姿、仙气飘飘的古风美女，让人惊艳。网友纷纷称赞："民间高手""被农活耽误的画家""古有神笔马良，今有火棍大娘"。

（2）质朴暖心的善良女性

淳朴、善良、孝顺是农村女性在网络中的热门"标签"。她们依据时节劳作，春天挖野菜、晒笋干，夏天做西瓜酪、仙草冻，秋天酿红曲酒、蒸乌稔饭，冬天腌熏腊肉、制腊香肠。这类视频中，一张张画面、一帧帧片段，记录着农村女性的点点滴滴，展现了美好农村生活。没有语言的渲染，没有华丽的场景、没有轰烈的故事，呈现的故事暖心质朴、舒适自然。一段舒缓悠然的背景音乐中，乡村女性用最纯真的情感，给年迈的父母做衣服、陪丈夫田间耕耘、做孩子最爱吃的饭菜、带村里的老人去集市卖农产品、教邻居做手工艺品，看似小事，却充满爱意。这类视频足以温暖人心，在质朴中不失柔美，在平凡中彰显崇高，让大众切实感受"绚烂之极归于平淡"的美感，生动讲述了新时代农村女性的美好故事，弘扬了中华民族传统美德。

（3）记录乡愁的勤劳女性

农村自媒体账号展现最多的是乡村女性的辛勤劳作，她们在田间劳作、照顾家人、制作农具、收拾屋内，用镜头真实记录农村的一砖一瓦、一草一木，反映农村真实生活场景，从农村产业到人文情感，让人们看到了生活中的烟火气。农村女性自媒体从业者沈丹就是这样一名视频博主，以"用微小的镜头记录乡村的真实生活"为理念，用淳朴、善良、勤劳的形象吸引了全国千万网友的关注。她把地方宣传、文化推广融入生活，用朴素的话语让大家了解武夷山、了解福建、了解中国乡村，并积极拓展当地特产销路、带动村民增收致富，以实际行动助力乡村振兴。正由一批以勤劳勇敢的全能乡村女性为主题的故事，在镜头前展示中国农家新生态，让人们看见了乡村，记住了乡愁！

（4）幽默搞笑的乐观女性

在短视频平台中，幽默搞笑的情景剧这类农村自媒体账号深受网友喜爱，尤其是农村女性创作的幽默风趣类短视频。这类视频轻松愉快的氛围，不仅让受众得到身心放松，也打破了传统观念架构中的农村女性乏味无趣的刻板印象，展示出农村女性充满创作热情和欢乐有趣的一面。该类农村女性的视频有五个主要特点。一是"土味"。讲本土故事、用本土人员、说本土方言，接地气但不俗气。二是"微观"。用微视角讲大视野，顺应了互联网"碎片化"传播特点。三是"潮流"。内容紧扣时代的问题、乡村建设的痛点、乡村治理的难点，具有重要现实意义。四是"真情"。鲜活生动的人物，以风趣的语言和夸张的镜头拍摄，流露出的真情实感，触动了人们的乡土情怀。五是"正气"。这些走心视频的核心是正能量，爆笑到最后却引人深思、发人深省。

二 农村女性媒介形象呈现的问题分析

随着信息技术的发展，农村女性的媒介曝光率也随之提高，但这一过程中，传统媒介的构建作用并没有消失。在不同的媒介中，农村女性媒介形象是有所不同的，呈现出"自塑"与"他塑"交织的特征。通过分析样本发现，无论是主流媒体还是自媒体塑造的农村女性形象,在议题设置、报道角度、社会性别意识等方面还存在一些问题,还需要进一步改进。

(一)议题设置局限

媒介具有议程设置的功能,通过设置议题决定了受众触达内容。素材资源丰富且为受众喜爱的农村女性议题成为媒介关注的重要议题之一,但该类议题在报道主题和叙述模式上具有局限性,呈现模式化的特征。在诸多女性议题中,媒介对农村女性的报道尤爱把目光聚焦于经济女性。虽然各行各业都有所涉猎,但是其他领域数量相对较少。而关注经济女性的报道相对固化,角度、内容及形式均模式化,容易使农村女性形象呈现同质化,很难突出每个人的个性。相比较而言,一些特色媒体议题设置范围广、涵盖内容更加丰富,其女性形象更多元,更鲜活具体。新时代正在各个领域建功立业、大放异彩的中国农村女性,是媒体巨大的素材宝库。媒体应坚持将理念内容创新和方法手段创新相结合,突破自身认知局限,综合运用文字、图片、图表、视频、音频、直播等传播手段,丰富人物报道类别,展现不同报道角度,创新改进议程设置,实现新的突破。

(二)流量驱动内容

主流媒体推进全媒体传播体系建设,塑造主流舆论新格局,必须把握好导向与流量的关系,把导向放在第一位。主流媒体在选题策划、采访调研、产品制作、稿件发布等各个环节,都要树立导向意识,做到既坚持导向又拥有流量,特别是面对社会热点问题,不失语、不误语,做到切入舆情热点、亮明观点态度、引导舆情走势、引领社会风尚。在对农村女性的各类策划报道中,主流媒体对流量保持克制,秉持正确的价值取向,促进受众对农村女性形象的再认知,有利于化解因信息不对称造成的形象认知偏误。相对而言,自媒体行业具有典型的流量驱动特征。流量,在一定程度上代表更多关注,意味着潜在商业价值;但一味追求流量,甚至不惜违规突破底线,就会陷入"流量陷阱"而不可自拔。在流量收益的驱使下,一些农村女性自媒体账号执迷于流量、热衷追逐所谓"爆款",毫无底线地蹭热点,用惊悚标题吸引眼球,用煽动词语遮掩真相,造成农村女性形象"黑化"。当流量完全沦为生意,甚至成为内容创作的唯一驱动，失控难以避免。无论是刷量掺水，还是内容低俗，其意图无非是博人眼球、博取流量。分贝再高，嘘声终究是嘘声；流量再大，糟粕依然难成精品。突破底线、一味媚俗引来的流量，是短视的，也是短时的，难以为继、不可持续。在农村女性议题赛道，自媒体行业的竞争核心归根到底还是优质的创作内容，应尊重事实而非传播虚假，守住法律边界和道德底线，让优质内容创作变成有意义的流量、可持续的流量。

（三）呈现性别刻板化

形象是文化的载体，作为当代文化的重要生产者，大众媒介对于农村女性这个独特群体的呈现或再现，关涉到她们的主体经验能否在公共文化空间中得到客观、真实、积极的表达，进而关涉到社会和公众对农村女性形象的正确认知。[1] 在样本中，在报道农村女性时，一些媒体仍以传统审美观来塑造女性形象，一味地将温和、善良、贤惠、勤俭、忍让等品质指认为理想女性特质，强调她们对家庭全身心的付出，以及她们对自我的舍弃与牺牲精神。在媒介塑造的农村女性议题中，要把握好报道视角，创新话语表达，要严格选择和取舍，不可过度渲染，更客观更真实地传达出女性的声音，塑造更多元的女性媒介形象，引导女性树立自我意识。此外，短视频的赋能让农村女性拥有了表达和呈现自我的机会，但部分表达的内容和方式呈现性别刻板化。一方面，一些作品习惯性地将女性角色塑造成依附于家庭或依附于男性的弱女子等形象，忽视了女性的独立性，以及女性在家庭或者社会中的贡献。例如，一些视频中农村女性日常生活的重心仍是家庭和家务，甚至有些拍摄刻意回避男性身影在家务劳动中的出现。另一方面，一些作品内容消费并物化女性，例如，一些视频中的画面经常以农村女性的"身体"作为呈现重点，如刻意凭借女性面容及身材吸引粉丝的关注和夸赞，甚至在直播间以身体展示为筹码明确要求粉丝为其打榜刷礼物。这些呈现行为背后的自我规训，正是农村女性无意识地被客体化的体现。

---

[1] 李明文、柏茹慧：《女性媒介形象呈现研究》，《当代传播》2019年第3期，第110页。

三 构建农村女性媒介形象的优化策略

（一）多措并举，支持农村妇女发展成长

要更好地构建农村女性媒介形象，全方位、多举措地支持农村妇女成长发展是根本。在乡村振兴战略中引导女性建功立业，使其在社会公共参与中展现自身的价值，增强自我认同，才能更好构建农村女性媒介形象。具体措施如下：一是加强宣传引导，帮助农村妇女树立正确而全面的发展意识；二是科学把握农村妇女个体的差异性和发展走势分化特征，引导她们走立体化、多元的发展道路；三是开展就业指导培训、技能培训等各类活动，提升农村妇女的综合素养，为农村妇女提供平等的发展机会；四是大力发展数字经济，鼓励有意向、有能力的农村女性进入直播带货、电商物流等新兴产业中；五是大力发展地方特色产业，鼓励女性投身刺绣、手工艺品制作等行业之中，以"指尖经济"带动农村妇女增收；六是打造城乡农、文、旅联合体产业，为农村妇女提供更多就业机会。关注女性的成长与发展，将其发展融入乡村振兴的战略之中，让越来越多的农村妇女成为乡村振兴的主角。妇女不仅能让农村变得更美，而且能让农村变得更"活"。

（二）构建多元立体女性形象，传播先进性别文化

构建多元形象，媒介必精彩。媒介要有性别敏感性，塑造农村女性人物形象，应从单一刻板的女性角色，向丰富多元的女性角色转变。一方面，典型人物的塑造应打破刻板印象，不应拘泥于对传统女性群体的记录，要转向女性叙事策略，多维度呈现女性，同时应进一步关注社会变迁下涌现出来的新女性人物，比如敢于创新的农村女性新职业从业者、追逐梦想的农村女青年等，通过对这些典型人物的记录，体现新时代农村女性群体的发展现状。另一方面，媒介应当加强多面化女性人物的塑造。在以男性为主导的叙事策略中，女性角色的性格特征、社会角色等往往被单一化、标签化，如往往是顺从隐忍的家庭妇女、依附性强的柔弱女子。但随着女性意识的觉醒，报道中女性人物的性格应更加多元，更加贴近时代现实中的人，而不应是精致的"花瓶"；在创作农村女性形象时，应着力呈现女性的成长故事和家国情怀，继而呼唤更多人关注女性的成

长与奋进。同时，要避免过度异化新时代女性形象，不能局限于传统观念之中，将女性形象刻板化，更不能将女性形象边缘化、工具化，而是要结合现实情况、时代特点，塑造多元、真实的女性形象。特别是农村女性题材议题不能一味逢迎热点，不能只重视流量，而应回归现实，学会以新的视角来呈现百态人生，塑造多元人物，传播先进性别文化，避免套路化创作，谨防脸谱化描写人物。

（三）加强内容监管，平衡流量与价值引导

短视频平台去中心化的生产模式，赋予创作者更多的自主权，激发了创作者创作的主动性及自主性。然而一些用户为了流量，肆意地利用这种自主权，发布各种低劣、恶俗的视频，严重抹黑了农村女性媒介形象，也扰乱了正常的网络秩序。用户、平台及相关部门应合力做好监督，减少不良视频的生产传播。用户是内容的生产者，也是内容的消费者，应提升自身的媒介素养和审美情趣，主动抵制不良视频，发现侮辱性、暴力性、低俗无底线等视频，积极进行举报和投诉。自媒体博主要加强自我管理，不能被"唯流量论"冲昏头脑，应自觉担负起传播家庭文明新风尚和先进性别文化的责任，遵循主流价值导向，坚守应有的伦理操守与文化品位，让大流量澎湃正能量。平台要切实当好"守门人"，加强主播规范管理，强化专业资质认证管理；要不断完善审核机制，利用新技术对不当内容识别及阻拦；要强化用户行为规范，依法依规依约引导规范网络直播用户文明互动、理性表达；要优化推荐机制，加大对优质主播、优质内容流量的扶持力度，加大主流价值引领力度，坚决制止"流量向恶"和"劣币驱逐良币"的问题。网络、公安、市场监管等部门要加大监督、管理和查处力度，依法依规严格规范网络信息，对于乱象，发现一起、查处一起、震慑一片。

（四）增强主体意识，提高媒介素养

女性的主体意识就是女性作为一个主体对其在客观世界中的地位、作用和价值的认知，具体地说就是女性能够认识到她们的历史使命、社会责任和生活责任，意识到自己的特点并且以独特的方式参与社会生活，以强调其自我需要和自我价值。① 在短视频平台中，越来越多的农村女性表现出强烈的自我主

---

① 祖嘉合：《女性主体意识及其发展中的矛盾》，《社会科学论坛》1999年第Z1期，第44~47页。

体意识,掌握着话语的主动权,积极地创作视频作品,利用短视频中的各项要素建构和呈现自我形象,展现了新时代农村女性的新面貌。在这个信息爆炸的时代,一些自媒体却走上了无底线博取流量的歪路,严重扰乱了网络公共秩序,污染了网络生态,更在无形中扭曲了部分受众的价值观,破坏了社会信任。面对纷繁复杂的网络信息,提升媒介素养成为受众必修课。媒介素养不仅关乎我们如何获取信息,更在于我们如何理性分析、判断信息的真伪与价值。在信息洪流中,每一位用户都是航行的舵手,掌握着自身信息接收与传播的方向。然而,面对"无底线博流量"的信息,不少网民却容易迷失方向,盲目跟风,成为不良信息的传播者和受害者。身处纷繁复杂的网络世界,网民应学会独立思考,不能轻易被虚假信息所迷惑,沦为"无底线博流量"账号的收割对象。此外,提升媒介素养,除了警惕甄别相关信息外,还应从自己做起,在参与公共表达时多一些理性思辨的意识,少一些极端情绪的宣泄。

四 结论

新征程上,每一位妇女都是时代的书写人、追梦的奋斗者。

党的二十届三中全会就进一步深化农村改革提出一系列措施,对于推进"三农"事业、助力乡村振兴意义重大、影响深远。作为乡村振兴"主力军",广大妇女肩负着责无旁贷的使命,积蓄着无穷的智慧和力量,要更好地发挥自身积极性、主动性、创造性,在乡村的广阔天地建新功立新业,展现新作为。广大妇女既是乡村振兴的受益者和享有者,更是推动者和建设者,在乡村振兴中发挥更加重要作用恰逢其时、大有可为。

媒介的社会意义不只是传递信息内容本身,它还影响我们认识世界以及与他人互动的方式,它联结着私人领域与公共领域,是联结许多社会要素的信息网络。农村女性媒介形象的塑造,不仅是一部分女性群体面貌的呈现,也是社会发展、文化背景、价值观念的重要反映。全面准确真实地呈现农村女性媒介形象,对于重塑受众对传统乡村女性的认知,激发新时代女性参与乡村振兴建设的积极性,实现农村女性的媒介赋能,具有重要作用及意义。

当下，无论是在媒介环境还是现实生活中，女性的形象和地位都发生了巨大的改变。媒介呈现的新时代的农村女性形象与以往时期的女性形象相比也有所不同。总体而言，虽然一些作品在议题设置、性别刻板印象、人物标签化等方面仍需改进，但无论是主流媒体还是自媒体，呈现的农村女性形象更为多元、更为立体、更为全面，在乡村振兴的大潮中，农村女性成为"弄潮儿"，也在追求自身价值与社会价值的实现。

构建立体多元的农村女性媒介形象，媒介应探索最前沿技术的场景化，通过智能化应用，增强沉浸式传播新体验，形成全效能传播业态，提升农村女性议题的表现力和吸引力。同时，提高用户媒介素养，加强媒介平台监管，提高全社会性别意识，传播先进性别文化。

整体而言，构建乡村振兴道路上的农村女性形象，需要创作者基于时代状况，立足于现实需求，有效把控创作尺度，塑造出多样而真实的新时代女性形象。

参考文献

郭庆光：《传播学教程》，中国人民大学出版社，2011。
宣宝剑：《媒介形象》，中国传媒大学出版社，2009。
刘利群：《中国媒介与女性发展报告（2011~2012）》，社会科学文献出版社，2013。
曹晋：《媒介与社会性别研究：理论与实例》，上海三联书店，2008。
刘利群：《社会性别与媒介传播》，中国传媒大学出版社，2004。
詹成大：《媒介形象的塑造与经营》，《当代传播》2005年第3期。
栾轶玫：《媒介形象的研究现状及重新定义》，《今传媒》2006年第9期。
王晓红、王艳芳：《媒体对我国国家形象的塑造》，《当代传播》2006年第3期。
吴迪：《农村女性媒介形象建构研究——以〈中国妇女报〉为例（1985-2019）》，天津外国语大学硕士学位论文，2020。
遇莹：《〈中国妇女报〉女性形象建构及变迁》，兰州大学硕士学位论文，2010。
王皓宇：《〈大河报〉（2003-2015）农村女性形象研究》，陕西师范大学硕士学位论文，2017。
张淇鑫：《〈中国妇女报〉中女性形象的变迁研究（1984-2015）》，海南大学硕士学位论文，2017。
姚鹭鹭：《〈人民日报〉中女性形象的变迁》，兰州大学硕士学位论文，2007。

赵京敏：《论我国妇女报中的女性媒介形象——以〈中国妇女报〉为例》，湖南大学硕士学位论文，2007。

王琴：《〈中国妇女报〉报道中的农村女性形象研究》，南昌大学硕士学位论文，2020。

宣宝剑：《媒介形象系统论》，中国传媒大学博士学位论文，2008。

地方篇

B.13
四川妇女参与乡村振兴发展报告

胡秀琴 管墨霏 周晓琴 侯雪轶*

摘　要： 四川省妇女参与乡村振兴工作通过政策引领、措施保障，在培训人才、平台搭建、环境改善、选树典型等多方面促进妇女参与，使妇女成为全省农业农村现代化建设和乡村振兴的重要力量；妇女人力资源和人才资源为农业农村发展提供重要生力军，妇女在农业生产上的技能持续提高，妇女参与乡村振兴的组织化程度不断提高，在粮食生产、女性优势特色产业、电商销售、乡村治理、文化建设、美丽乡村建设、生态保护等领域中的重要作用持续凸显，为四川省农业农村发展持续贡献巾帼力量。四川的经验表明，一方面，组织化发展、针对性支持、示范化培育对赋能妇女、提升她们在乡村振兴中的参与度具有重要作用；另一方面，四川妇女参与乡村振兴的状况也存在城乡和区域发展不平衡、妇女参与主体性亟待提升等问题。未来通过健全全省产业体系、加强教育培训、加大政策支持力度、强化基层妇联作用等途径，有望更有效地发挥妇女在乡村振兴中的不可替代的作用。

---

* 胡秀琴，四川省妇女联合会一级巡视员；管墨霏，四川省社会科学院社会学研究所硕士研究生；周晓琴，四川省农业农村厅特色产业发展处处长；侯雪轶，四川省妇女联合会发展部部长。

关键词： 乡村振兴 妇女参与 四川

妇女是重要的人力资源，占人口半数的妇女是民族复兴、建设中国式现代化不可或缺的重要力量。党的十九大提出了实施乡村振兴战略、加快推进农业农村现代化、促进农村一二三产业融合发展等一系列发展新思路新举措，这是决胜全面建成小康社会、全面建设社会主义现代化强国的重大历史任务，也是新时代做好"三农"工作的总抓手。四川是一个农业大省，在历史性的脱贫攻坚任务胜利完成之后，正积极推动乡村全面振兴，向农业强省转变。在四川的广大农村，广大妇女投身农业生产劳动，她们学技能、学经营、学电商，不断适应乡村产业发展的新需要，大量有胆识、有知识、有能力的女性在农业农村现代化建设中成为领头雁、带头人，在乡村建设的广阔天地中展现作为、参与治理、引领风尚，成为乡村振兴中亮丽的巾帼风景、贡献着卓越的巾帼力量。

一 四川妇女参与乡村振兴的政策支持与措施保障

（一）政策引领，大力支持落实乡村振兴巾帼行动

四川省坚定贯彻落实习近平总书记关于"三农"工作的重要论述和系列重要指示精神，把巩固脱贫成果、推进乡村全面振兴纳入全省经济社会高质量发展的重大战略，制定了一系列贯彻落实措施。中共四川省委先后出台《关于深入学习贯彻习近平总书记来川视察重要指示精神推动新时代治蜀兴川再上新台阶的意见》《关于深入贯彻习近平总书记重要指示精神以县域为重要切入点扎实推进城乡融合发展的决定》，对以宜居宜业、和美乡村为牵引的乡村全面振兴作出了战略性安排。在粮食生产方面，四川省委、省政府出台了《建设新时代更高水平天府粮仓行动方案》《"天府粮仓·千园建设"行动》，部署了全省"天府粮仓"建设的重大战略任务；在产业建设方面，四川省人大常委会制定了《四川省现代农业园区条例》，四川省农业农村厅出台了《关于狠抓现代农业园区提质增效的通知》，对农业园区等产业融合载体的建设做出了

系统安排；在农村人才发展方面，四川省人民政府办公厅印发《促进返乡下乡创业二十二条措施的通知》（川办发〔2018〕85号）和《进一步稳定和扩大就业十五条政策措施的通知》（川办发〔2022〕12号），对农民工和返乡下乡创业者在用地保障、税费减免优惠、创业补贴、金融支持、人才培育等方面提供全方位的支持。

为接续推进、巩固、拓展脱贫攻坚成果同乡村振兴有效衔接，四川省妇联按照《四川省市（州）党政和省直部门（单位）领导班子领导干部推进乡村振兴战略实绩考核实施方案》的要求，制定出台了《推进"乡村振兴巾帼行动"的实施意见》，并下发《四川省妇联推进"乡村振兴巾帼行动"责任分工方案》，把"乡村振兴巾帼行动"作为妇联的一项重要工作常态化推进。全省各市（州）妇联也紧紧围绕省妇联和地方党委政府的部署要求，研究制定实施"乡村振兴巾帼行动"的工作方案。截至2023年底，全省21个市（州）妇联全部出台了贯彻落实"乡村振兴巾帼行动"的意见或工作方案，把开展"乡村振兴巾帼行动"作为新时代农村妇女工作的创新载体和总抓手，积极加强与农业、文旅、人社等部门的协调配合，建立健全"乡村振兴巾帼行动"工作推进机制，以人才培养、基地建设、典型带动、品牌打造为重点，制定工作规划、整合项目资源、落实政策举措，为妇女参与乡村振兴赋能鼓劲、创造条件、搭建平台、提供支持，充分调动农村妇女的积极性、创造性，全省"乡村振兴巾帼行动"工作推进呈现良好局面。

同时，依托国家和全省各项政策，四川省各级妇联主动作为，在积极推动"乡村振兴巾帼行动"中特别注重利用好金融信贷的作用，支持妇女发展和参与乡村振兴。达州市妇联在万源市召开巾帼企业发展工作会，发布"巾帼家政服务示范点"和"乡村振兴巾帼示范基地"项目，牵线中石油万源分公司与万源市乡村振兴示范基地签订销售协议，推动中国邮政储蓄银行万源支行为5家巾帼企业授信贷款，额度达655万元。① 遂宁市妇联探索巾帼企业与银行、销售方三方协议模式，推动建设银行为225户巾帼企业投放巾帼信用贷款1.68亿元。阿坝州开展"妇女信用关爱提升专项行动"，评定包括妇女民宿、

---

① 《支持巾帼企业发展 助力乡村全面振兴——达州市巾帼企业发展工作会在万源召开》，"达州妇联"微信公众号，2022年7月15日，https：//mp.weixin.qq.com/s/2Vc8tzq2CyqwTsR39tfSXA，最后检索时间：2024年7月10日。

玫瑰产业、农家乐带头人在内的新型农业经营主体4687户，妇女信用户13.79万户，筑牢妇女创业发展的信用基础，妇女经营主体信贷余额66亿元。

（二）措施保障，全方位促进妇女参与乡村振兴

1.加强培训，培育妇女参与乡村振兴人才队伍

四川省近年来十分注重培育农村新型经营主体，加大乡村振兴的人才支撑。一是实施家庭农场培育计划。在全国率先出台《四川省现代农户家庭农场培育行动方案》《四川省家庭农场名录管理办法》等多个政策文件，围绕"一个村民小组发展一个家庭农场"的目标，全面推进系统化培训、精准化帮扶、常态化管理、多元化联动的培育模式。目前，全省家庭农场已达25万家。① 二是实施高素质农民培育工程。按照"选、育、用"一体化的培育理念，聚焦全产业链技术和技能提升，开展农业产业领军人才、农业经理人及新型农业经营主体带头人培训，将符合条件的"四乡"人员纳入高素质农民培训对象，提升创业创新能力和产业发展水平。2023年，培育高素质农民4.4万人。三是推进实施乡村产业振兴带头人培育"头雁"项目。在全省遴选产业带头人1100名，对乡村带头人开展为期1年的定制化、体验式、孵化型、互助式系统培育。同时积极探索建设"乡村振兴智力库"，吸纳近700名高校、科研院所、企事业单位"三农"领域专业人才和1.3万家企业入库，通过智力集成助推产业发展。培育的这些农村新型经营主体中，妇女人才占了相当大的比例。

2021年，四川省妇联启动了"乡村振兴巾帼人才培养计划"，联合人社、农业、人寿保险等部门或企业，整合资源，面向乡村振兴女性带头人和农村妇女开展分层分类培训，累计开展市（州）级培训50期，培训妇女2761人次，县（市、区）级培训375期，培训妇女36928人次。眉山市妇联联合东坡联众职业技能学校，举办乡村振兴巾帼人才培训班，结合眉山农业产业发展特色，开展柑橘种植技术培训与网络直播、电商服务等培训，助力全市广大女性创业就业；开展直播电商培训大赛，以赛带训培养巾帼电商人才。雅安市妇联组织女科技工作者进乡村，带动更多的"田秀才""土专家"走进田间地头，汇聚

---

① 《农民合作社达10.8万个 家庭农场达25万家 合作社+家庭农场：四川农业现代化的主力军》，四川省人民政府网站，2024年6月5日，https：//www.sc.gov.cn/10462/10464/10797/2024/6/5/16900b141b3d43deae8be3bf49b16d64.shtml，最后检索时间：2024年7月10日。

了一批巾帼科技助农服务人才。达州市宣汉县妇联围绕"原乡人才、返乡人才、入乡人才"，积极做好农村女性人才培训的平台搭建和结对服务。

2. 搭建平台，大力扶持"妇"字号产业基地建设

四川省人社、科协、商务等部门每年组织的农民工技能大赛、乡土人才大赛、天府博览会、西博会等，都专门分配名额以保证妇女的参与，为乡村妇女展示成果和商品销售提供了平台和支持。全省各级妇联也大力为乡村妇女搭建交流、学习和展示舞台。四川省妇联每年开展乡村振兴"创女训练营"活动，每2年开展一次寻找"乡村女能人"活动、"妇女创意手工大赛"、"家政技能大赛"，每3年开展一次"川妹带川货"直播带货活动。同时，各级妇联纷纷举办不同类别的技能竞赛、产品展示活动，组织妇女参加广交会、西博会、世园会等各种产品交易会。例如，成都市妇联主办的"蓉城巾帼创意集市"活动，培育的金牛区电商直播产业基地、温江花仙境基地等一大批新经济产业基地，成为女性创业增收的筑梦空间。

全省各级妇联还积极争取资源，扶持妇女创建各类"妇"字号基地，通过发展种植、养殖、餐饮、研学等产业，丰富乡村旅游业态，带动妇女实现在家门口就业。2014年以来，四川省妇联争取四川省发改委支持，设立了妇女居家灵活就业专项资金，面向"妇"字号龙头企业、专业合作社、家庭农场、产业园区等开展基地创建与培育工作，已投入资金1.15亿元，创建、培育省级妇女居家灵活就业基地94个，累计开展家政、手工、电商、农业、文创等方面的培训1.8万余场次，培训360.1万人次。经过10年的探索与实践，"妇女居家灵活就业示范基地"项目扶持政策日益成为四川帮助妇女居家灵活就业的指引性政策，与全国妇联的妇女创业就业基地扶持政策共同形成了妇联组织助力乡村振兴、助推解决农村留守问题最主要的政策支持体系。

3. 改善环境，为妇女生活、发展提供保障

在人居环境上，近年来，四川省实施了新一轮农村人居环境整治提升五年行动，全省新增1.9万个自然村通硬化路，① 农村路网进村入户，群众家门口出行更加便捷。截至2023年底，农村供电可靠率达99.8%，行政村4G网络覆

---

① 《四川推动"四好农村路"和乡村运输"金通工程"高质量发展　城乡融合　交通先行》，四川省人民政府网站，2023年12月1日，https：//www.sc.gov.cn/10462/10464/10797/2023/12/1/54a57c26f2664e5ebca42d79473cd606.shtml，最后检索时间：2024年7月10日。

盖率达100%，农村自来水普及率达90%，卫生厕所普及率达91%，行政村生活污水有效治理率达69.86%，生活垃圾收运处置体系覆盖率达98%，农村生产生活条件大幅度改善。①

在脱贫救助上，针对四川一些地区脱贫后发展落后的现实，为巩固脱贫成果、防止发生规模性返贫，大力完善防返贫监测帮扶机制，强化低收入人口帮扶救助，四川省持续落实各项救助帮扶政策，基本形成了覆盖全面、分层分类、综合高效的社会救助格局，全省农村低保标准连年提升，实现"九连增"，最低达到6396元/年。② 制定出台《关于构建脱贫群众持续增收体系的实施意见》，推动就业支撑、产业带动、消费帮扶、村级集体经济壮大，助力脱贫群众增收。2023年度，全省脱贫人口家庭年人均纯收入实现14633元，增长15.9%。

在医疗健康上，全省持续保持乡村医疗卫生服务全覆盖，农村低收入人口和脱贫人口基本医保参保覆盖率达100%。③ 从2022年开始，四川省政府将农村妇女免费两癌筛查纳入民生实事，截至2023年底，已投入财政资金3.84亿元，为300多万人提供了免费筛查服务。四川省财政厅设立了专项救助资金，每年拨付300万元用于农村低收入妇女"两癌"救助；2021年至今，四川省妇联已向全国福彩基金争取资金6370万元用于农村"两癌"妇女救助，并与人寿保险公司四川分公司合作，为9.96万名低收入妇女提供免费的妇女安康保险。

这些帮扶、救助、关爱措施，为全省农村妇女更高质量的生活、发展提供了相应的环境和条件。

4. 选树典型，展现妇女风采、激发创业就业热情

在乡村，致富带头人对妇女的影响带动作用十分重要。调查显示，乡村致富带头人一般都会辐射带动本村或周边妇女几十、一百、两百人不等，有的甚至可以带动上千人。因此，宣传妇女榜样事迹，发挥妇女"领头雁"作用具有事半功倍的效果。2021~2023年，四川省妇联连续开展了"寻找乡村女能人"活动，从"巧手乡村女工匠""创意民宿女主人""魅力乡村女创客"到"最美乡村女干部""粮食生产女能手""最美巾帼家政人"等的寻找、推荐、评选，培树了省级及全国"妇"字号基地负责人、巾帼新农人、乡村女能人

---

① 资料来源：四川省农业农村厅调研资料。
② 资料来源：四川省民政厅调研资料。
③ 资料来源：四川省农业农村厅调研资料。

等农村妇女带头人321人。各市（州）妇联也围绕上述六大类别积极挖掘和选树巾帼典型，分别开展了市级、县级寻找"乡村女能人"的系列活动，多角度多方式宣传展示乡村优秀女性风采，进一步激发广大妇女创业就业的热情，营造出妇女积极投身乡村振兴的良好氛围。

二 四川妇女参与乡村振兴发展现状

四川作为农业大省，乡村人口众多，脱贫成效显著，自然资源丰富，是全国粮食及生猪养殖重要基地，农特产品种类繁多，农业增加值位居全国前列，美丽休闲乡村数量全国领先。习近平总书记多次视察四川，强调乡村要振兴，要求巩固脱贫成果。全省积极响应，实施发展战略，推进乡村全面振兴。四川妇女在此实践中积极贡献，展现作为。

（一）妇女在农业农村发展中是重要生力军

1. 妇女是农村重要的人力资源

四川省总人口9067万人，女性人口4426万人，占48.82%。全省农村人口5543万人，女性约占一半。①作为传统的农业大省，长期以来四川是一个农村劳动力输出大省，大量农村劳动力外出务工，全省外出农民工常年保持在2600万人以上，总量居全国第二。因此，在相当长的历史阶段，四川农村都流传着"三八六一九九部队"之说，指的就是由于农村青壮年劳动力大量外出务工，留下来的大多是妇女、儿童和老人。这种情况至今依然影响着四川的农业农村发展。调研表明，当前农村外出务工的劳动力仍然占到一半以上，留在农村的人口仍然以妇女、老人、儿童为主，其中，妇女占60%左右，有些地方甚至占到70%。②这些妇女，包括60岁以上的妇女，都在从事农业生产劳动，是农业从业劳动力的重要组成部分，是农村重要的人力资源。

2. 妇女是乡村振兴重要的人才资源

近年来，特别是脱贫攻坚取得决定性胜利之后，四川农村发生了翻天覆地

---

① 四川省统计局、国家统计局四川调查总队编《四川统计年鉴2023》，中国统计出版社，2023，第3~5页。
② 资料来源：四川省妇女联合会调研资料。

的变化，农民生活水平有了较大提升，乡村道路、农田水利、电网通信等基础设施建设得到改善。乡村振兴战略的实施，农业农村优先发展政策的落地，推动四川农村发展步入新阶段、踏上新征程，农业生产和乡村产业中的从业人员结构也随之发生变化。一些外出务工的妇女选择回到家乡创业或务工，越来越多的城市青年来到乡村创业。同时，连续多年的选调生及大学生村官政策，使得参与乡村振兴的女性的数量、年龄、文化结构都悄然发生了变化：年轻女性占比提升了，受过教育、有文化的妇女多了，见过世面、懂生产经营的妇女留在村里了，妇女不仅是农村重要的人力资源，也成为乡村振兴重要的人才资源，乡村振兴过程中女性的影响和作用更加凸显。

（二）妇女在农业生产中的技能不断提高

1.妇女接受技能培训机会增多

近年来，四川省大力实施高素质农民培育、乡村产业振兴带头人培育"头雁"项目，推进专业农机手培训等专项培训行动，加快提升种养大户、家庭农场主、农民合作社带头人、社会化服务专业人员等重点群体的农业技术和经营管理水平。通过农民教育培训行动，全省共培训高素质农民45万人，共培训乡村振兴各类干部人才13.76万人次。同时，积极推进家庭农场和农民合作社带头人职业化改革试点工作，通过资格认定、教育培训、生产扶持、社会保障等一系列的改革试点，覆盖全省的职业农民制度体系正加快形成。

在这过程中，妇女接受培训的机会越来越多。从2020年开始，四川省妇联与农业农村部门联合开展高素质女农民培训，各高素质女农民培训工作重点县根据实际需求，至少每年举办专题培训班1期，每期培训班学员不少于50人，由各地妇联和农业农村部门共同遴选学员，制定培训方案。以2020年为例，成都市举办高素质女农民专题培训班27期，培训妇女1252人；德阳市举办6期，培训妇女338人；达州市举办2期，培训妇女150人；阿坝州举办1期，培训妇女195人。2021年，四川省妇联联合中国人寿四川省分公司推出"乡村振兴巾帼人才培养计划"，每年培训乡村振兴巾帼人才不少于3000人次。这些高素质女农民、女带头人接受培训后，再辐射带动培训更多的农村妇女。数据显示，2022年参加职业技能培训的群体中，妇女占比超50%，妇女接受培训的比例较上一年增加4个百分点（见表1）。各市（州）妇联也积极联合农业农村、人社等部门的培训资源,提高妇女接受培训的比例。2023年,各级妇联承接或联合当地人社部门开展妇女培训1895期,培训110957人。妇女不仅接受农业生产新技术的培训,也接受直播带货、电商销售和经营管理等多方面的培训,妇女生产劳动技能、市场销售及经营管理等综合素质不断提高。

表1 2021~2022年四川省妇女参加职业技能培训情况

单位:人,%

年份	培训总人数	培训妇女人数	培训妇女比例
2021	1009060	491972	49
2022	787453	418210	53

资料来源:四川省人力资源和社会保障厅统计数据。

2.妇女生产技术能力不断提高

据不完全统计,四川省接受过培训的农村妇女占比达到70%;① 从2021年到2023年,四川省获得技能评价证书的群体中,女性占比均超60%(见表2),妇女接受培训并取得良好成效,涌现出一大批乡村种养业"土专家"、合作组织领头人、农业职业经理人等。以成都崇州市为例,目前全市有职业经理人2700多人,其中女性超过1000人,占比达到40%左右。这些女性新农人积极拥抱科技,如王伶俐,她回乡加入合作社,引入现代农机装备及北斗系统,实现农业生产全程科技化,荣获多项荣誉,管理数千亩土地,成为"90后"新农人典范。

表2 2021~2023年四川省妇女获得技能评价证书情况

单位:人,%

年份	获得技能评价证书总人数	获得技能评价证书妇女人数	获得技能评价证书妇女比例
2021	286279	181509	63
2022	375216	232280	62
2023	288086	178398	62
合计	949581	592187	62

资料来源:四川省人力资源和社会保障厅统计数据。

---

① 资料来源:四川省妇女联合会调研资料。

（三）妇女在乡村中的组织化程度持续提高

1. 妇联组织建设不断加强

随着群团改革的深化，四川省乡村妇联组织更加健全，现有村（社区）妇联3.4万个，乡（镇）妇联3100多个。妇联组织在乡村振兴中的引导和支持水平、对妇女的覆盖率和影响力提升，妇女投身乡村振兴的热情和积极性得到进一步调动。

2. 妇女参与经济活动的组织化程度提高

近年来，四川省将培育和发展农民合作社及家庭农场作为巩固和完善农村基本经营制度、构建现代农业经营体系的重要基础，要带动小农户发展家庭农场，推动以家庭农场为基础组建农民合作社，逐步推进适度规模经营，提高农业生产经营效率。据统计，四川省目前有农民合作社10.8万个，入社成员408.3万户，家庭农场25万家。2023年，四川省农民合作社入社成员户均直接从合作社获得收益超1200元，家庭农场直接带动89万人就业。[1] 调查显示，在欠发达的农村地区，目前加入合作社的妇女比例已达46%～54%；在中等发达地区，以宜宾抽样调查为例，在高县来复镇太平村、叙州区蕨溪镇光华村、叙州区蕨溪镇宣化村，参与合作社的妇女占比达到43%～63%；成都、德阳等相对发达地区的农村妇女加入合作组织的比例更高。[2]

此外，四川省以省级妇女居家灵活就业基地为示范，带动建立省、市、县三级农村"妇"字号基地1822个，60余万名农村妇女依托"妇"字号基地的组织引领，实现就业增收，56%的妇女年增收可达到0.5万～1万元，35%的妇女年增收可达到2万～3万元，9%的妇女年增收可达到4万～5万元（见表3）。通过组织化的就近就便灵活就业，农村妇女不仅收入明显提高，而且在家门口实现就业，较好地兼顾了家庭，实现了对老人、儿童的照顾，有效缓解了农村"留守难题"，为推动农村社会和谐稳定发展奠定了良好基础。

---

[1] 《农民合作社达10.8万个 家庭农场达25万家 合作社+家庭农场：四川农业现代化的主力军》，四川省人民政府网站，2024年6月5日，https://www.sc.gov.cn/10462/10464/10797/2024/6/5/16900b141b3d43deae8be3bf49b16d64.shtml，最后检索时间：2024年7月10日。

[2] 资料来源：四川省妇女联合会调研资料。

表3　四川省妇女依托"妇"字号基地增收情况

单位：%

增收金额	妇女比例	增收金额	妇女比例
0.5万~1万元	56	3万~5万元	9
2万~3万元	35	合计	100

资料来源：四川省妇女联合会。

通过农业合作社、集体经济组织、居家灵活就业基地、"妇"字号基地等各种类型的组织，妇女从分散的小农经济和单薄弱小的"小家庭经济"，逐步进入乡村高附加值业态产业，市场盲目性和经营非理性有效降低，妇女劳动价值得到大幅度提升。其中，居家灵活就业基地成为重要推手。内江市井得毛织制衣有限公司作为省级基地，积极应对疫情挑战，开展直播带货，年销售额达3052万元，带动周边1500个家庭妇女居家就业，人均年收入3.6万元。成都市简阳市禾丰镇连山村的"巧手工坊"则是另一成功案例，通过60余场培训，帮助1000余名妇女掌握技能，300余人实现灵活就业，并成功注册"金简银针"商标，产品走进城市及各大展会。绵阳市涪城区的"杨家绣房"基地，则依托传统蚕桑产业，创新产业联合体模式，吸纳1.2万名妇女参与，年总产值达5.5亿元，产品远销欧美，并成为国际奢侈品牌原料基地。同时，培育专业蜀绣绣娘，产出深受市场喜爱的绣品，并建成农业主题公园，吸引游客观光。

（四）妇女在粮食生产中能人辈出

四川省有"天府之国"的美称，是全国粮食主产省之一。习近平总书记多次指示四川要打造新时代更高水平的"天府粮仓"。四川妇女坚定响应总书记号召，积极投身粮食生产。四川省妇联结合"乡村振兴巾帼人才培养计划"，大力开展种粮大户培训，联合农业农村部门共同开展高素质女农民培训，加强粮食生产的技术培训和指导，帮助妇女掌握丰产增收新本领。各市（州）妇联也积极作为，促进妇女在粮食生产中增产增收。遂宁市妇联组织留守嬢嬢通过农户邻里帮耕的模式，复耕撂荒地1.2万亩，亩均增收260元。成都、德阳、南充、达州等地妇联积极争创"全国现代农业科技示范基地"，通过组织科技工作者结对指导、联合银行开展贷款支持等加大对以妇女为主的粮食基地的扶持力度。

在有关部门和妇联的扶持下，众多四川妇女崛起为巾帼种粮大户，实现了显著的增产增收。德阳市广汉市的杨萍，其种植基地超过3000亩，水稻实现全机械化种植，平均亩产高达801公斤，被誉为广汉市水稻粮王。同时，她种植的小麦也打破了西南地区大面积小麦验收单产纪录。广元市剑阁县的邓小燕，则带领村民种植水稻11000亩，年产水稻超过5000吨，展现了强大的组织能力和种植实力。南充市南部县的毛丹，不仅自己成为种粮专业户，还带领全村建成高标准农田1800亩，种植多种粮油作物，年产量达到1500吨。江油市的郑明利夫妻，返乡创办农场，不仅自己种植马铃薯，还带动绵阳地区20户马铃薯种植大户，总面积达5000多亩，并通过季节性务工，为周边村民提供了增收机会。此外，眉山市永丰村的李俊清、郑学珍、翟惠如等人，也都是四川省"天府粮仓"建设中的巾帼英雄，她们以自己的实际行动，为四川的粮食生产贡献了重要力量。

（五）女性优势特色产业蓬勃发展

广大妇女在积极参与产业发展的同时，还结合自身特长和优势，因地制宜打造刺绣、竹编、漆器等非遗传承和手工文创产品，积极发展乡村旅游、乡村食品等特色优势产业，逐步形成乡村巾帼品牌，促进农村一、二、三产业融合发展。

一是民宿女管家越来越多。近年来，四川省民宿业迅速兴起，涵盖茶文化、花香、星空、云端等多种主题，多由女性主导，推动了地方经济与妇女就业。阿坝州小金县的李菊在四大安山（海拔约3000米）打造悬崖酒店，成为旅游亮点。攀枝花市的孙有宏放弃医院工作，返乡创建茶艺主题民宿，带动11人就业。丹巴县的德吉初也辞职返乡去经营民宿。四川省妇联连续3年评选出11名省级创意民宿女主人，作为行业典范。此外，针对性开展女性培训，如中式烹饪、西点烘焙等，促进了乡村"农家乐"的品质提升。

二是在非遗传承、文创手工方面展现优势。在四川省，非遗保护政策及人社、文旅等部门与妇联的紧密合作，显著推动了传统刺绣、竹编等非遗文化的传承与创新，特别强调了乡村妇女在这一过程中的核心作用。蜀绣技艺多元扩展,凉山彝绣通过合作提升设计,带动5000多名绣娘年均增收近2万元,彰显女性经济贡献。阿坝藏绣等同样依靠妇女力量,成立刺绣合作社,实现"指尖技艺"向"指尖经济"的转变。四川竹资源丰富,青神县依托竹编建立竹编城,成为4A级景区,其中女性技术工人占比高达98%,直接带动3.5万人就业,人均增收近4000元,体现了女性在竹编产业中的关键作用。此外,自贡彩灯、绵竹年画等文创手工领域也活跃着众多女性的身影。南充万学创建的竹编企业,带动500多人就业,其中不乏农村留守妇女等群体,展现了女性在特色产业中的引领作用。成都道明镇的杨隆梅,作为新生代非遗传承人,不仅将传统竹编技艺与现代设计结合,还通过产品销售和国际合作,为女性提供了更广阔的就业和发展空间。

三是在种养业发展中撑起"半边天"。近年来,四川省妇女在传统农业领域引入新思维、新技术,为种植、养殖等传统项目注入了新活力。资阳市安岳县的"红薯妹妹"黄晓艳通过"农场+合作社+农户"模式,带动2000余户农户种植优质红薯29000亩,年增收1000元以上。兴文县的任思琼则致力于兴文山地乌骨鸡养殖,以"公司+合作社+农户"模式带动700余户妇女参与科学养殖。阿坝州小金县的陈望慧带领乡亲种植玫瑰花,实现了脱贫致富,并带动了46个村、近2万人增收。此外,西昌的"阳光葡萄""云朵玫瑰"等也是乡村巾帼品牌,80后、90后蔬菜妹妹、火龙果妹妹等新人也层出不穷。在特色产业创建品牌方面,眉山东坡的泡菜产业尤为突出。吉香居食品公司的王艳丽带领团队攻克技术难题,促进产业进步,形成了万亩标准化蔬菜种植基地,成就了上百亿产值的"小泡菜大产业"。在她的带动下,广大妇女积极参与泡菜节、泡菜旅游研学等活动,推动了当地经济的发展。

(六)妇女在乡村电商销售中异军突起

近年来,四川省电商领域迅速崛起,尤其在偏远地区,电商平台如雨后春笋,助力农特产品畅销全国。其中,女性网络主播成为重要力量,如李子柒等知名主播引领电商人才涌现。在2023年"川妹带川货"活动中,21位女主播集体亮相,巴中"娜娜"一天内实现百万销售额,彰显女性带货实力。这些女性电商人不仅通过自媒体和直播带货推动产业发展,还巧妙融合乡村产业、生态、文化、旅游于电商平台,促进城乡融合发展。她们运用互联网思维,以现代化营销方式讲述乡村故事,为农村女性提供更多就业机会和销售渠道。温江区邬晶是典型代表,她成立花木产业科技孵化器,建立直播间,赋能传统花木产业,累计培训5000余人次,成功孵化多家企业,解决400余人就业问题。广元市邓小燕则创办"燕乡肴"电商平台,开展公益助农直播带货,年销售量达5000余吨,缓解农产品滞销难题。同时,"蓉城先锋最美主播"温茜也积极投身公益事业,开展"乡村守护人"计划,免费为乡村女性宣传推广,累计播放量超1500万次。她还帮助建立线上销售渠道,带动当地季节性用工,并成立直播联盟,联合200余名女性网络红人助力乡村振兴中巾帼电商发展。

(七)妇女在乡村治理和文化建设中彰显作为

1. 妇女成为参与乡村治理的重要力量

2021年换届选举,四川省实现了100%村(社区)"两委"有女性,100%村(社区)妇联主席进村(社区)"两委",村委会成员中女性占比为27.31%,比上届提高了2.16个百分点。[①] 这意味着农村妇女有更多机会参与村集体事务和决策。以德阳市广汉市为例,女性占两委委员总数的36.7%,妇联执委达1570名,女性网格员在受表扬的网格员中占38.6%。此外,广汉市建立了覆盖村(社区)的巾帼志愿服务网络,有1000余名巾帼志愿者在平安建设等方面发挥重要作用。

女村支书在乡村治理改革中展现出卓越领导力。成都市温江区岷江村党支部书记陶勋花通过村民自筹自建和政府资金支持,实现了村组道路100%硬化,并整治环境卫生,增花添彩,让村庄变美。她还大胆创新,围绕农村宅基地改革开展实践,探索出全链条联农带农利益联结机制,盘活农村资源,推动开展"田园变公园"等农旅项目,走出一条特色乡村振兴道路。同时,她结合村情民情,完善村规民约,建立村民调解小组,有效化解矛盾纠纷。

2. 妇女在志愿服务和乡风文明中扮演着重要角色

四川省各地都建立了巾帼志愿服务队,开展各类志愿服务。村里的"卫生督导员""安全管理员""义务巡逻员"等基本都以女性为主;村里的环境

[①] 四川省统计局、四川省人民政府妇女儿童工作委员会办公室编《2023社会的进步(四川篇)》,2023,第43页。

卫生、垃圾分类、安全管理等大小事务，巾帼志愿者都带头参与；乡村的扶老助困、关爱留守老人和留守儿童行动，也由巾帼志愿者定期开展。村里的"妇女之家""儿童之家"，妇女既是参与者也是组织者。特别是在开展婚前辅导、矛盾纠纷调解、倡导移风易俗、喜事简办新办、普及科学家教、传承优良家风等各类深入细致的思想动员、群众性宣传活动中，妇女都扮演着重要角色，成为乡村的活跃力量。四川省仅凉山州就有由清一色妇女组成的17支县级卫生健康服务队，共205人；17支科学家教服务队，共154人；乡镇有文明新风工作队2754支，6300余人；村级有文明新风工作队、科学家教服务队1万余支，近10万人。

（八）妇女在美丽乡村建设和生态保护中大显身手

1. 妇女带头创建"洁美家庭"和"美丽庭院"

为推进乡村振兴和美丽乡村建设，四川省以凉山州为重点，广泛开展了"洁美家庭"创建活动，鼓励妇女积极参与。基层妇联和巾帼志愿者深入村户，宣传卫生知识，传授整理技能，并通过督导检查和评选表彰，助力村民养成良好卫生习惯。凉山州已评选出80余万户"洁美家庭"，占农村家庭总数的66.32%。2024年，四川省将"天府美丽庭院"建设纳入重要任务，多部门联合印发实施方案，各地组建宣传队伍，开展多种活动，打造示范点和示范户。绵阳市、遂宁市、内江市、简阳市等地妇联纷纷行动，通过垃圾分类、循环使用、主题志愿服务、评选表彰等方式，促进妇女参与美丽乡村建设，实现美丽庭院向美丽经济的转化。这些活动不仅改善了农村生活习俗和环境，还提升了乡村群众的精神面貌，推动了乡风文明建设。

2. 妇女积极参与生态保护、筑牢生态屏障

四川省作为长江、黄河两大"母亲河"干流流经的重要省份，其生态保护工作至关重要，而妇女在其中发挥着不可或缺的作用。以阿坝州红原县的"巾帼护河队"为例，这支由64名社区妇女组成的队伍自2022年5月成立以来，始终秉持"绿水青山就是金山银山"的发展理念，致力于实现"河畅、水清、岸绿、景美"的目标。她们积极参与黄河干支流域生态防护带建设，创建了6.07亩的"巾帼林"，并坚持对其进行浇水灌溉、补植补造和修剪树木，确保林木健康生长。此外，巾帼护河队还常态化地在黄河干支流域生态防护带拾捡白色垃圾、劝阻不文明行为，并监督污水直排，为黄河出川保持一江清水向东流贡献了力量。

同样，在成都市，浦江县村级河长何梅也通过推进农药化肥减量化、厕所革命等措施，有效减少了水环境污染。她利用多种渠道广泛宣传护河理念，并组织巾帼志愿服务活动，保持河流的清洁。与此同时，郫都区唐昌镇永安村的巾帼护水队也表现出色，她们坚持定期护河巡查，修建家庭污水微型处理池，推广垃圾分类，将垃圾转化为农业肥料，积极引导村民参与环境保护，共同守护绿水青山。

（九）女科技工作者在科技助农中贡献力量

科技发展对乡村产业发展的影响日益显现，妇女在其中的参与更加充分。在数字乡村建设的过程中，种植、养殖、渔业等产业发展的机械化、数字化，以及服务的社会化，在为农业现代化、农业农村高质量发展注入强大动力的同时，也显著缩小了男女两性在农业生产劳动中的体力差距，使女性在乡村振兴中的参与日益全面和深入。四川省科研院所众多，农业科技人才数量庞大。仅在四川省"天府科技云"注册的科技工作者就有140余万人，其中女性有75万人。以四川省农业科学院为例，正副高级专家585人，其中女性占41%。在各市（州）、县农业部门，女科技工作者也占相当比例。2021年，四川省科技厅、省人才办、省妇联等13部门联合出台了《四川省共同推进"科技创新巾帼行动"实施方案》，制定政策和措施调动女科技工作者的积极性，推动成立四川女科技工作者协会，吸纳会员300余名。四川省妇联在成都、雅安、绵阳、广安等地建立了9个省级女科技工作者服务站，联合四川省农科院成立了由100名以上女科技工作者组成的科技服务团，开展"巾帼科技助农直通车"科技创新服务行活动，深入各市（州）、县结对基地和农户开展现场培训、田间生产指导、技术咨询服务，指导农户、种粮大户、新型经营主体4000余人次，发放技术资料5000余份。

广大女科技工作者常年在农村与农户一起下田间、跑地头，对农民进行技术培训及新品种、新技术推广，手把手指导田间管理、病虫害防治，她们成为乡村振兴新质生产力的传播者与推动者。如王西瑶，四川农大教授，近40年深入高寒山区进行农业科技服务与普及，通过科技小院助力布拖县马铃薯产

升级，推广面积广，新增利润巨大。再如，杨小丽，80后科技工作者，推动科技小院在四川落户，促进乡城县多项农业发展，并开展"空中课堂"等科普活动，为乡村振兴注入科技动力。又如，张蕾，四川省农科院植物保护研究所副所长，长期研究油菜病害防控技术，获得多项科技进步奖，制订地方标准并合作选育油菜品种。还有长期在农技推广一线工作，广泛传授农业新知识，帮助农民解决技术难题，开展大量技术培训，获得多项科技进步奖及荣誉称号的石棉县农业农村局植保植检站站长蒋凌萍等诸多女性。

三 四川妇女参与乡村振兴的有益经验

（一）组织化发展，带动妇女参与乡村振兴

四川省在促进妇女参与乡村振兴的过程中，注重妇女的组织化引领，通过组织化发展，在政治、经济、文化、生态等多个领域中建立相应的组织，赋能妇女，使女性力量得以充分发挥。在政治上，100%实现村（社区）"两委"有女性，村（社区）妇联主席进村（社区）"两委"，有力地促进妇女参与乡村事务决策；在经济上，通过农民合作社、家庭农场、妇女居家灵活就业基地的建设，有力促进妇女参与乡村经济发展；在文化上，各地建立了巾帼志愿服务队，有力促进妇女参与乡村文化焕新；在生态上，组建巾帼护河队，有力促进妇女参与乡村生态保护。通过把妇女组织起来，积聚乡村妇女力量，为乡村振兴贡献力量。

（二）针对性支持，充分考虑留守妇女特质

四川是传统农业大省和农村劳动力输出大省，农村留守妇女数量庞大一直是农业农村发展所面临的特殊省情。针对这一省情特点，全省在妇女参与农业农村现代化建设和乡村振兴上，有针对性地制定了各类旨在帮扶留守妇女的措施，如，通过建立妇女居家灵活就业基地、培育妇女骨干等方式，帮助妇女在家门口实现就业、增加收入，缓解家庭经济压力，使留守妇女有更多的时间、精力照料家庭；提供高素质农民培训，帮助妇女掌握农业生产新技术，提高家庭农业生产效率，提高妇女农业生产技能、实现妇女就近就便灵活就业，使得留守妇女能够较好地兼顾生产劳动和家庭照料。

(三)示范化培育,注重乡村妇女骨干培养

推进乡村振兴,人才资源不可或缺。四川省通过"乡村振兴巾帼人才培养计划"以及其他面向乡村振兴女性带头人和农村妇女的培训项目,培训妇女骨干;通过农民工技能大赛、乡土人才大赛、天府博览会、西博会等活动,在竞技和交流中强化妇女骨干的技能及运用。通过"寻找乡村女能人"等树典型活动,展示和宣传妇女骨干风采。通过对妇女骨干的培育和宣传,实现乡村妇女技术能手、产业带头人等带动周边的妇女学习技术、实现就业、创造收益,为乡村振兴注入活力。

四 四川妇女参与乡村振兴面临的困难与挑战

妇女在乡村振兴中扮演着重要角色。然而,受传统观念、教育水平、资源获取等方面的限制,妇女在参与乡村振兴过程中面临诸多问题和挑战。

(一)城乡和区域发展不平衡

1. 城乡、区域间发展差异大,妇女参与乡村振兴存在巨大区域差异

成都平原等地妇女已在探讨乡村规划、建设,而边远地区妇女仍仅关注基本生计。四川仍有39个欠发达县域,防止妇女返贫是重要问题。

2. 城乡流动加速,乡村妇女人才发展面临新课题

十年间,四川省乡村总人口减少近1200万人,高素质女性更倾向于城市就业,导致乡村女性人才匮乏。同时,城镇女性到乡村创业和服务群体增长,如何发挥她们的带动作用,促进城乡女性融合互助,成为新挑战。

(二)妇女参与主体性亟待提升

1. 农村妇女教育和技能不足

四川省农村劳动力中,女性比男性多,且文化程度低。智慧农业发展对技能素质要求高,而乡村妇女教育水平普遍较低,缺乏必要职业技能和农业知识,难以适应现代农业发展。

2.组织化引领有待加强

四川省农业发展存在点状发展、规模化进程缓慢等问题，农村妇女参与乡村振兴组织性不够，生产规模小，力量分散。同时，乡村振兴女干部培养有待加强，基层妇联组织作用发挥有限。

3.妇女参与基层治理主体性不足

四川省村委会成员中女性比例较低，与《四川妇女发展纲要（2021—2030年）》目标相比仍有差距（见表4）。乡村妇女参与基层社会治理的积极性不足，参与机制不健全，乡村文化氛围和乡风文明与乡村振兴脱节，不良风气依然存在。

表4　2021~2022年四川妇女参与乡村基层治理情况

单位：%

类别	2021年	2022年	四川妇女发展纲要目标
村委会成员中女性比例	27.31	26.57	≥30
村委会主任中女性比例	15.34	15.03	逐步提高

资料来源：四川省统计局。

五　四川妇女参与乡村振兴的未来展望

未来四川省城镇化率预期将达到70%，农村仍将保留2500万人口，乡村振兴任务因此显得尤为艰巨。省委提出以县域为切入点，推进城乡融合发展，而妇女作为这一进程中的重要力量，大有可为。为促进四川妇女更好地参与乡村振兴，特提出以下展望。

一是健全产业体系。四川需以新型工业化带动农业现代化，促进城乡产业融合，激活资本、人才、技术要素的双向流动，为乡村注入新的发展活力。通过发展乡村主导产业、农产品加工业及农文旅融合产业，为妇女创造更多发展空间和机遇，提升生产附加值，使她们在乡村振兴中发挥更大作用。

二是强化教育培训。乡村振兴关键在于科技进步和创新，妇女需紧跟时代步伐，提升就业创业能力。相关部门应制定科学培训方案，结合农村产业发展实际，利用一线培训资源，加强妇女实用技能培训，提高她们的文化素质和自我发展能力。特别要关注年轻农村妇女，通过教育和培训提升她们参与乡村振兴的积极性和能力，同时培养她们教育下一代的能力。

三是加大政策支持力度。政策决策应树立性别意识，积极支持妇女参与新型经营主体，成为乡村经济发展的带头人。相关部门应在创业培训、市场信息提供、贷款融资等方面给予妇女更多支持，激励优秀人才和女大学生返乡创业。同时，培树女性示范项目和带头人，为妇女提供小额信贷和财政支持，帮助她们顺利开展创业项目，实现增收致富。在乡村振兴规划中，要确保妇女有代表参与决策，充分发掘和培养她们在乡村振兴中的重要作用。

四是加强基层妇联作用。要加强基层妇联组织在乡村振兴中的作用，为农村妇女提供观念引导、信息交流、技术支持和权益维护的平台。通过妇女组织开展互助合作活动，形成支持网络体系，使妇女能够有组织地参与到乡村振兴中来。同时，要完善激励机制和共建共享机制，关注特殊群体的需求，帮助她们应对生活中的困难和挑战，确保在乡村振兴的道路上不让任何一个人掉队，共同实现乡村振兴的美好愿景。

B.14
内蒙古自治区妇女参与乡村振兴发展报告

高歌 包兴亚 齐立格尔*

摘　要： 在习近平新时代中国特色社会主义思想指导下，内蒙古自治区妇联围绕党和国家工作大局，坚持妇女发展与乡村振兴协调一致的原则，立足地区特点和妇女实际，发挥"联"字优势，带领广大妇女积极参与乡村振兴，取得了新进步、收获了新成绩。但同时也应看到，妇女参与乡村振兴还面临着一些新挑战，需要进一步加强宣传引导，增强妇女参与乡村振兴的自觉性和行动力；进一步提高基层妇女组织化程度，推动妇女发展和乡村振兴协同进步；进一步增加妇联组织适应新情况新变化、统筹谋划妇女发展的能力和本领。

关键词： 妇女　乡村振兴　内蒙古自治区

习近平总书记指出，"推进中国式现代化，必须全面推进乡村振兴，解决好城乡区域发展不平衡问题"。① 推进乡村振兴是实现中国式现代化的重要内容，妇女是乡村振兴的重要力量，也是乡村振兴的受益者。组织动员广大妇女投身乡村全面振兴、建设高水平农业农村现代化是党中央交给妇联组织的重要任务。内蒙古自治区妇联在自治区党委和全国妇联的坚强领导下、在社会各界

---

* 高歌，中华女子学院全球女性发展研究院讲师，主要研究方向为新时代中国特色社会主义妇女理论、妇女发展；包兴亚，内蒙古自治区妇女事业发展服务中心主任，主要研究方向为妇女事业发展、基层组织建设；齐立格尔，内蒙古自治区妇女事业发展服务中心讲师，主要研究方向为妇女理论及家庭教育。本文系中华女子学院校级课题"习近平关于妇女发展和妇女工作重要论述研究"（项目号：KY2021-0104）的阶段性成果。

① 《坚定不移全面深化改革扩大高水平对外开放　在推进中国式现代化建设中走在前列》，人民网，2023年4月14日，http://politics.people.com.cn/n1/2023/0414/c1024-32663997.html，最后检索日期：2024年9月6日。

的大力支持下，铸牢中华民族共同体意识，团结带领广大妇女融入党和国家全面推进乡村振兴的工作大局，把广大妇女的智慧和力量凝聚到乡村振兴的战略目标和任务上来，充分发挥妇女的积极性、主动性、创造性，在农村牧区的广阔天地施展作为、展现风采，取得了新进步、收获了新成绩。

一 妇联组织促进妇女参与乡村振兴的工作思路

（一）坚持围绕党和国家工作大局统筹谋划的指导思想

党的二十大报告指出，"从现在起，中国共产党的中心任务就是团结带领全国各族人民全面建成社会主义现代化强国、实现第二个百年奋斗目标，以中国式现代化全面推进中华民族伟大复兴"。自治区妇联坚持以习近平新时代中国特色社会主义思想为指导，聚焦以中国式现代化全面推进中华民族伟大复兴的中心任务，贯彻落实《中国妇女发展纲要（2021—2030年）》，以深化"北疆巾帼铸魂""家家幸福安康""强基扩面促活"三大工程为行动载体，推动妇女参与乡村产业振兴、人才振兴、文化振兴、生态振兴、组织振兴，为实现自治区乡村全面振兴贡献巾帼力量。

为全面贯彻落实《中共中央 国务院关于实施乡村振兴战略的意见》，2018年2月全国妇联发布了《全国妇联关于开展"乡村振兴巾帼行动"的实施意见》，提出在实施乡村振兴战略中充分发挥妇联组织独特作用和妇女"半边天"作用，开展"乡村振兴巾帼行动"。为更好地贯彻落实党中央的决策部署和全国妇联的工作要求，内蒙古自治区妇联于2018年6月制定发布了《内蒙古自治区妇联关于开展"乡村振兴巾帼行动"的实施方案》，要求各级妇联围绕"产业兴旺、生态宜居、乡风文明、治理有效、生活富裕"的总要求，动员组织全区广大妇女和家庭积极投身"乡村振兴巾帼行动"。2020年10月党的十九届五中全会提出，走中国特色社会主义乡村振兴道路，全面实施乡村振兴战略，实现巩固拓展脱贫攻坚成果同乡村振兴有效衔接。为贯彻落实党中央的指示精神，全国妇联在2021年的工作部署中明确提出要从妇女人才培育、发展特色产业、推进"美丽家园"创建、完善基层社会治理等方面推进"乡村振兴巾帼行动"。为更好跟进落实党中央和全国妇联的决策部署，内蒙古自

治区妇联于2021年9月制定印发了《内蒙古自治区妇联深化"乡村振兴巾帼行动"工作方案》，分别从强化思想引领、壮大乡村特色产业、开展"美丽家园"创建、加强基层阵地和队伍建设、健全低收入人口常态化帮扶机制、加强组织保障等六个方面明确了工作任务、牵头部门、责任单位，全面开展"乡村振兴巾帼行动"。内蒙古自治区妇联推动妇女参与乡村振兴的工作始终是围绕党和国家的工作大局来部署谋划、积极跟进。

（二）坚持妇女发展与乡村振兴协调一致的发展原则

自治区妇联客观准确认识妇女发展与乡村振兴的辩证关系。认识到妇女发展和乡村振兴是同一发展过程的两个方面：妇女是推动农村社会发展的主体，是乡村振兴的建设者；同时妇女也是农村社会发展的客体，应当平等享有乡村振兴的发展成果，在与乡村振兴一体化发展中实现自身的全面发展。因此，自治区各级妇联组织在工作中始终坚持妇女发展与乡村振兴协调一致的原则。一方面，将妇女发展融入乡村振兴的时代进程中，团结带领广大妇女投身乡村振兴的伟大实践，为实现农业农村现代化贡献"半边天"力量；另一方面，在推动乡村振兴的伟大奋斗历程中，依法保障妇女合法权益，为妇女提供更加多样化的发展机会，营造妇女友好的发展环境，在推动乡村振兴中逐步实现妇女自身的全面发展。

（三）立足地域特点、民族特色和妇女实际，择优选择发展路径

自治区妇联本着因地制宜、因事制宜、因人制宜的原则，综合研判妇女参与乡村振兴的地域条件、人文特色和切身实际，择优选择有效的参与方式和参与路径，协同促进妇女全面发展和乡村全面振兴。针对内蒙古自治区地域辽阔、人口居住较为分散的特点，自治区妇联采取了加强网上妇联建设、用好网络和媒体宣传引领功能、开发好线上培训课程等方式开展工作，最大限度地使用好组织、宣传和培训资源，推动妇女投身到乡村建设中。针对自治区民族特色鲜明这一点，各级妇联组织充分发掘传统服装服饰及其他技艺的时代价值，以实施北疆布丝瑰创业就业行动等工作为载体，开展手推绣、服装制作、盘扣手工艺、笤帚苗编制、玉米皮编制等手工技能培训，促进妇女能力素质提高，促进"妇字号"企业发展壮大。针对妇女家务劳动时间长、可自由支配时间

不固定的情况，主要推广计件、计量、工作时间灵活的用工模式和就业门路，让妇女较好地兼顾就业创收与家庭照料。

（四）发挥"联"字优势，依靠全社会的力量抓发展促落实

党的领导是做好妇女工作的根本保证，"加强与社会各界的协作，推动全社会为妇女儿童和家庭服务"① 是妇联组织开展工作的重要思路与可行性路径。自治区妇联牢牢把握做好妇女工作的这两条重要原则，在自治区党委的领导下，在自治区政府的支持下，在社会各界的帮助下，将妇女参与乡村振兴融入自治区经济社会发展整体进程之中，坚持党的全面领导，争取政府政策和资金的支持，争取公益项目的帮助和爱心企业的助力，依托对口帮扶项目、优质教育资源、公益慈善资源、企业专业技术等，汇集多方力量助力农牧区妇女发展和乡村振兴。

二 妇联组织促进妇女参与乡村振兴的做法与成就

自治区妇联始终把学习贯彻习近平新时代中国特色社会主义思想作为首要的政治任务，以习近平总书记关于妇女儿童和妇联工作重要论述为行动指南，围绕"百年奋斗路，启航新征程""北疆巾帼心向党 携手奋斗新征程"等重大主题，以"百千万巾帼大宣讲"活动为载体，开展"创新理论下基层妇联组织传强音""北疆巾帼铸魂工程""我为妇女儿童办实事·十送"等宣讲活动。组织"三八红旗手"等新时代先进模范人物通过走基层开展"微宣讲"、线上接力开展"云宣讲"、基层阵地开展"家宣讲"等方式，将乡村振兴战略目标、任务和重点工作，生动融入群众性宣讲教育活动中，铸牢中华民族共同体意识，团结引领妇女为乡村振兴贡献"半边天"力量。

通过开展一系列面向广大妇女群众和家庭的对象化、分众化、互动化的学习宣传活动，增强了妇女群众对习近平新时代中国特色社会主义思想的政治认同、思想认同、情感认同，提高了她们的政治站位，使她们更加深刻领悟到

---

① 《中华全国妇女联合会章程》，全国妇联官网，2023年10月26日，https://www.women.org.cn/funvjjlist.shtml，最后检索日期：2024年9月6日。

"两个确立"的决定性意义,切实增强了"四个意识"、坚定了"四个自信";深化了妇女群众对乡村振兴发展战略重大意义和乡村振兴工作具体内容的全面了解和系统认知,激发了他们参与乡村振兴、发展自身能力的积极性和自觉性。切实把妇女群众的思想和行动统一到了党中央的决策部署上来,统一到了全面推进乡村振兴、创造人民美好生活和实现中华民族伟大复兴的奋斗目标上来,积极投身农业农村现代化建设,为实现乡村全面振兴做出巾帼贡献。

(一)聚焦发展壮大"妇字号"乡村特色产业,发挥妇女主体作用,助力乡村产业振兴

发挥妇女在产业振兴中的独特作用,一是要发挥妇女在成立和发展各专业合作社中的作用,二是要适合农村妇女的现实需求大力推动发展电子商务,三是要发展妇女特色手工产业,四是要在县域范围内加大企业对妇女就业的吸纳力度。① 自治区妇联在工作中深刻认识到妇女参与乡村振兴这四个关键点,以发展特色手工产业为抓手,以发展电子商务为助力模式,以促进妇女就业创业为目标追求,推动妇女和乡村振兴同步发展。以下以"布丝瑰行动计划"为例对农牧区妇女参与乡村产业振兴情况进行介绍。

发展民族特色手工产业既传承了优秀非物质文化,也助力了乡村妇女灵活就业,增加了家庭收入、兼顾了家庭照料,是一条灵活有效助力乡村妇女发展的路径。2018年,自治区妇联启动实施"布丝瑰行动计划",旨在更好地推动妇女参与乡村产业振兴。"布丝瑰"在蒙古语中意为"不扎腰带的人",引申为"妇女"。"布丝瑰行动计划"旨在通过推动民族服装服饰的元素化、时尚化、生活化、产业化、现代化发展,带动妇女创业就业、赋能增收。通过"布丝瑰行动计划",各级妇联组织为民族服装服饰企业、民族手工艺品合作社、农村妇女架起了一座一体化合作的桥梁,建起了产供销一条龙的助农产业服务体系。妇联组织一方面定期邀请企业或公益机构为农牧区妇女进行刺绣、盘扣工艺、服装版型设计等免费培训,让广大妇女习得一技之长;另一方面支持乡村妇女能人创办手工艺品合作社,组织乡村妇女参与传统服装服饰及手

---

① 郑长忠:《充分发挥妇女群众和妇联组织在乡村振兴中的作用》,《中国妇女报》2024年5月7日,第5版。

工艺品的设计制作；此外，妇联组织还为企业和合作社牵线搭桥，建立稳定的产供销合作机制。以"布丝瑰行动计划"为载体，妇联组织把就业创业、妇女发展、产业兴旺、优秀传统文化传承等系统化地融入乡村振兴发展的全过程。

自治区妇联依托"布丝瑰行动计划"，每年都会举办多期技能培训、创新创业、直播电商节等系列活动，以带动更多妇女创业就业、参与乡村振兴。以2020年为例，自治区妇联一是举办了内蒙古"布丝瑰"民族服装服饰创新创业大赛，集中展示自治区民族服装服饰优质项目以及"布丝瑰行动计划"的创新成果，扩大了产业影响力。二是举办促进内蒙古大学生和妇女就业草原集市暨"布丝瑰"民族服饰大赛作品直播电商节，优选了来自全区12个盟市51家布丝瑰工坊（企业）的3600多种产品，提供了200多个大学生实习岗位，带动了工坊或企业近400名从业者、呼和浩特地区1000名手工艺人、12户贫困边缘户妇女增加经济收入。三是通过成立"布丝瑰"助创产业联盟，吸纳中国建设银行内蒙古自治区分行加入并签订战略合作协议，加大项目实施和整体推进力度，在全区扶持创建5个"布丝瑰"创业创新孵化基地，并举办"布丝瑰"助创产业联盟资源对接会、布丝瑰助创产业联盟成果展示等活动。此外还开展了"布丝瑰"民族服装服饰设计师培训、"布丝瑰"订单式培训、"传统元素与现代生活"文创设计和妇女创业培训，推动妇女发展与乡村振兴协同进步。

（二）大力实施高素质女农牧民培育计划，提升妇女自我发展能力，助力乡村人才振兴

随着大量男性农村劳动力的外出务工，妇女日渐成为农村建设的主力军。为了更好地发挥妇女的积极性、主动性、创造性，助力妇女在乡村振兴中发挥"半边天"作用，自治区妇联协调多方资源和力量，大力实施高素质女农牧民培育计划，广泛开展面向妇女群众的手工艺技术、电子商务、农牧业实用技术等示范培训，提升妇女素质和生产技能，加强培养新型女农牧民。

一是协调利用自治区内部资源，开展高素质女农牧民培育工作。自治区妇联积极协调人力资源和社会保障厅，收集整理利用相关培训资源。通过微信向广大妇女推送职业技能线上培训、新媒体运用等课程链接和手工刺绣教程微信

公众号，组织妇女随时随地学习生产生活实用技能；在北疆先锋网开展全区农牧民妇女网络教育培训，在北疆女声微信公众号、内蒙古妇女网开设"乡村振兴巾帼行动"网络课堂等专栏，推送手工、种植、养殖等网络课程。同时，自治区妇联还积极对接自治区农牧厅，筹划实施高素质女农牧民培育工作。自治区妇联按照内蒙古自治区高素质农牧民培育项目实施方案的统一部署，要求每个盟市每年至少举办一期高素质女农牧民专题培训班，每期培训学员50～100人，助力培养农村牧区妇女人才。

二是对接高等院校优质教育资源，建设妇联乡村振兴教学站。与清华大学继续教育学院合作建设自治区妇联乡村振兴远程教学站。借助清华大学远程教学平台的优质教育资源，开展妇女和家庭素质提升计划，推出了中央一号文件解读、中国"三农"形势与乡村振兴、推进乡村文化振兴等一系列素质提升及科普课程，帮助广大家庭及妇女群众提高综合素质与能力，助力乡村人才振兴。截至2023年，在各级党委、政府的支持下，自治区妇联已在7个盟市建设32个乡村振兴远程教学站。其中，2022年新建设10个远程教学站，全区各盟市干部、师生共13.8万人参加相关课程学习；2023年新建教学站13个，全区9.7万余人参加各类培训。

三是依托京蒙协作发展框架，争取多方资源助力妇女赋能创收。京蒙协作，即北京市与内蒙古自治区之间的合作。项目始于1996年，当时党中央、国务院作出了开展东西部扶贫协作的重大决策，决定由北京对口帮扶内蒙古的贫困旗县，支持内蒙古在产业发展、基础设施建设、生态环保、市场开拓、干部人才、教育科技、文体卫生等多个方面的发展。在京蒙协作的支持框架下，自治区妇联争取到了妇女创业就业、手工艺技能、种植养殖技能等方面的技术和资金支持。自治区妇联还和北京市妇联建立了协作关系，双方于2016年签署了《北京市妇联 内蒙古自治区妇联妇女发展对口协作框架协议》，启动了"京蒙妇女同发展，创新合作奔小康"活动。两地妇联共同合作，实施产业帮扶、妇女人才交流培训、网络信息服务、困境妇女帮扶救助等四项行动，合力帮助内蒙古自治区困境妇女增收。2022年，双方妇联又签署了《京蒙妇联2022年东西部协作意向书》，推动在人员培训、绿色生态文明建设、爱心捐助等方面加强交流合作。

自合作帮扶以来，北京市妇联给予了内蒙古自治区妇联大力支持和帮助。

2016年北京市妇联资助内蒙古自治区妇联100万元，赤峰市妇联利用项目资金开展了"龙乡巾帼E启富"电商扶贫项目，帮助120名建档立卡的贫困妇女稳定脱贫；乌兰察布市妇联利用项目资金创建了"京蒙巧手致富示范基地"，培训妇女200余人，带动贫困妇女编织汽车坐垫实现灵活就业、脱贫增收。2017年，北京市妇联支持乌兰察布市成功举办了首届妇女儿童产业博览会；并通过"走出去"和"请进来"的方式，两地妇联协作开展了妇女手工编织技能、母婴护理（月嫂）、中餐面点等多项培训，举办了内蒙古自治区妇女赴京手工技能培训班，提升妇女创业就业能力，2600余名妇女受益。2018年，北京市妇联资助20万元，支持赤峰市敖汉旗玛尼罕中心小学改造了学校饮水设施，给孩子们营造了更好的学习生活环境。2019~2022年，北京市妇联共投入69万余元帮扶内蒙古自治区困难女大学生和困难妇女，并邀请呼和浩特、兴安盟、赤峰、通辽和呼伦贝尔的"妇"字号企业多次参加了中国（北京）国际妇女儿童产业博览会。2021~2023年期间，内蒙古妇联争取京蒙协作资金569.8万元开展手工艺和城乡妇女创业就业技能提升订单培训，共培训1800余人，其中1000余名妇女获得订单，年增收1500元以上。2016年以来，京蒙协作落地内蒙古项目共计311个，总投入资金达8.2亿元，其中，北京市妇联及北京市各级妇联组织为帮扶和促进内蒙古妇女儿童发展投入860.8万元，5184名妇女和儿童直接受益。今后，内蒙古自治区各级妇联还将进一步争取并加强与北京市各级妇联的协作，促进双方在妇女思想政治引领、家庭家教家风、提升技能就业、儿童友好发展等领域加强合作交流，实施惠及京蒙妇女儿童特别是困难妇女儿童和家庭的项目，努力使广大妇女儿童共享改革发展成果，为全面建设社会主义现代化国家贡献巾帼力量。

（三）以深化实施"家家幸福安康工程"为行动载体，发挥妇女的独特作用，助力乡村文化振兴

妇女是良好家风的建设者、维护者，在推动乡村文化振兴中发挥着不可替代的作用。自治区妇联创新工作思路，组织发动妇女、依靠妇女力量，深化实施"家家幸福安康工程"，以家庭小切口弘扬社会主旋律，以文明家风促进乡村文化振兴。

一是围绕促进社会主义核心价值观在家庭落地生根、在社区开花结果，利

用重大节日和重要活动节点，广泛开展家风故事宣讲、家规家训挖掘传承等宣传活动。例如，2024年母亲节到来之际，自治区妇联组织各盟市妇联积极开展"展文明风采 润文明之心"送花活动，为自治区的全国五好家庭、最美家庭的妈妈们送上鲜花与祝福，并开展家风故事分享，以家庭小切口唱响社会文明主旋律。在2024年5月15日的国际家庭日，自治区妇联联合自治区文明办举办"奋进新征程 共筑家国梦"现场展示分享。组织民族团结家庭代表、敬业奉献家庭代表、文明家庭代表等，以家庭事迹VCR播放、家庭代表访谈、舞台情景剧表演、晒家训、秀家宝等宣传形式，生动展现新时代家庭的良好精神风貌，通过发挥家庭基点作用，将千千万万的"家力量"汇聚成实现强国建设、民族复兴的中华民族"国力量"。

二是积极贯彻落实习近平总书记2023年10月30日同全国妇联新一届领导班子集体谈话时提出的"积极培育新型婚育文化"要求，加强对年轻人婚恋观、生育观、家庭观的引导，并通过多种渠道为青年人婚恋交友提供支持和帮助。2024年，自治区妇联率先接入全国妇联新建大型婚恋网站信息填报端口，并将中国婚恋网小程序接入内蒙古妇女儿童项目管理网站，还积极参与全国妇联打造的"幸福联线"婚恋服务活动。2024年"5·20"前夕，自治区妇联在赤峰市红山区乌兰哈达婚俗文化园举办"幸福联线 爱在红山——我们一起走"户外徒步交友活动，帮助单身青年联谊；在中国婚恋网的技术指导下，在呼和浩特、包头、赤峰、乌海、鄂尔多斯五个城市开通了"幸福联线 相约周末"AI云交友上线活动，打造具有妇联辨识度的"幸福联线——爱在北疆"婚恋服务品牌，为青年群体提供便捷的婚恋交友服务。截至2024年6月21日，自治区各盟市妇联共举办线上线下"幸福联线——爱在北疆"青年婚恋交友联谊活动65场，积极为适龄单身青年提供婚恋交友服务，6359人参与活动。

三是充分发挥典型人物与事例的示范引领作用，辐射带动更多的家庭参与到"最美家庭"创建活动中来，推动家庭文明建设不断迈上新台阶。自治区妇联以"家教家风话传承·好家风进万家""最美家风耀北疆"等主题活动为载体，持续开展新时代家庭家教家风典型人物与故事宣传。2024年，自治区妇联接力参加全国妇联"最美家风润万家"家风故事宣讲，宣传展示爱岗敬业、孝老爱亲、诗书教子、热心公益等14个最美家庭代表的家风故事，组织

"妇联好声音·优秀女性代表""人民楷模""草原母亲"等荣誉获得者都贵玛为自治区广大家庭送祝福";组织"北疆楷模"、2023年自治区"五好家庭"代表、内蒙古出入境边防检查总站阿拉善边境管理支队银根边境派出所副所长徐乃超家庭在"守国亦守家 守家即报国"活动中诠释初心、信守诺言,讲述良好家风故事;宣讲尼玛老人一家三代人50余载扎根祖国边陲,把边疆守成故乡,成为边境线上的"活界碑"的感人故事等等。据不完全统计,2024年上半年,全区各级妇联共举办最美家风耀北疆故事分享178场,参与群众达15.489万人次,让更多家庭在典型人物和事迹的分享中感受"最美",认知"最美",弘扬"最美",争当"最美"。

(四)组织动员广大妇女全面参与"美丽家园"建设,激发妇女主动性、创造性,助力乡村生态振兴

妇女是生态文明的推动者和践行者,在推动乡村生态振兴中同样发挥着不可替代的作用。自治区妇联尊重农村牧区妇女的主体地位和首创精神,坚持绿色引领,以"半边天"的磅礴力量助力乡村生态振兴。一方面创新工作方式方法,使农村牧区人居环境整治工作取得了切实成效,增强了广大妇女的幸福感、获得感;另一方面号召广大妇女从自身做起、影响身边的家人和邻里,以实际行动传播绿色理念、普及绿色文化、弘扬绿色新风,形成生态环境治理与保护的良好社会氛围。

一是聚焦外部环境整治。以"清洁卫生我先行""绿色生活我主导""家人健康我负责""文明家风我传承"四项行动为抓手,广泛动员农村牧区妇女和巾帼志愿服务队参与到"美丽家园"建设、村庄清洁、厕所革命、垃圾分类等活动中,净化序化居室环境、绿化美化庭院街巷、提升优化村容村貌。

二是开展"美丽家园"示范项目创建活动。以"美丽家园"建设为抓手,每年组织盟市旗县申报、评比创建自治区级"美丽家园"示范项目,给予一定数量的专项资金支持,主要有"美丽家园"示范户、示范乡村和乡村旅游巾帼示范点的申报和评比创建。在示范项目评比创建基础上开辟乡村民宿旅游路线,帮助农牧区妇女在营建"美丽家园"的同时增收致富。

三是跟进配套科普宣传,巩固既有活动成果。通过微信公众号推送"巾帼健康行动"系列科普文章,引导妇女做好家庭清洁、提高健康水平、养成

良好卫生习惯；通过面向全区征集各级妇联在推进"美丽家园"建设工作中形成的典型案例，加强宣传，在农牧区形成典型示范引领作用。2020年5月14日《农民日报》社会民生版，就以照片的形式生动展示了赤峰市敖汉旗萨力巴乡乡村振兴巾帼行动暨美丽家园建设现场推进会的情况，反映出农牧区妇联组织和妇女群众积极参与乡村振兴的良好精神风貌。

（五）加强基层妇联组织建设，发挥好桥梁纽带作用，助力乡村组织振兴

2020年，全国妇联出台了《全国妇联关于深化妇联组织建设改革实施"破难行动"的意见》，要求切实将"破难行动"落地在基层、见效在基层，建强基层妇联组织，助力妇女在乡村振兴中发挥重要作用，并就如何加强基层妇联组织建设提出了具体目标和要求。

妇联是党和政府联系妇女群众的桥梁纽带，这是妇联组织的政治定位。立足政治定位做好党的妇女工作是妇联组织的使命任务。习近平总书记在2023年10月30日同全国妇联新一届领导班子集体谈话时强调"要围绕保持和增强政治性、先进性、群众性，继续深化妇联组织改革，着力补短板、强弱项、打基础、增活力，全面加强妇联党的各项建设。"这是对深化妇联组织改革提出的奋斗目标和工作要求。同时指出"要树立大抓基层的鲜明导向，深入调查研究，了解基层妇女所思所盼和妇女工作所急所需，推动资源和服务更多向基层倾斜"，这是对妇联组织改革指明的工作重点和努力方向，要求妇联组织加大对基层的支持和帮扶力度。"要加大在新经济组织、新社会组织、新就业群体等新领域建立妇联组织的力度，实现全覆盖，走好网上群众路线，夯实党执政的妇女群众基础"。明确指出了妇联组织改革的可行性路径和方式方法。"要加强高素质专业化妇联干部队伍建设，不断增强推动妇女事业高质量发展、服务广大妇女群众、防范化解妇女领域风险的本领"，这是对妇联干部能力素质建设提出的明确要求。总书记的重要讲话深刻阐释了深化妇联组织改革对于提升妇联干部队伍的凝聚力、战斗力和影响力，以及更好促进妇女发展的重要作用。为更好地贯彻习近平总书记关于妇联组织改革的重要讲话精神，自治区妇联通过开展选树强基扩面促活工程先进示范典型和实施基层组织建设示范项目等形式，纵深推进妇联组织建设改革"破难行动"，有效拓展妇联组织覆盖的

广度和深度；通过加强基层妇联主席和执委教育培训，锻造能力本领过硬、充满生机活力、锐意进取的基层妇联组织。

一是积极推广"妇女小组三个123工作法"等，在村（社区）网络建立妇联组织、妇女小组，并逐步拓展至业委会（物管会）、物业服务企业及其他领域。仅2023年上半年，全区各级妇联新建各类新领域妇联组织500多个，新建各类"妇女之家"（微家）300多个。锡林郭勒盟、兴安盟等妇联还专门印发了《关于推进在网格员队伍中建设妇女组织的实施意见》《关于推动女性社会组织中妇联组织建设工作的通知》《关于推进新经济组织、新社会组织、新就业群体妇联组织全覆盖的通知》《关于在嘎查村（社区）网格中建立"妇女小组"的工作方案》等文件以更好推进工作。2023年上半年，锡林郭勒盟在"三新"领域建立妇联组织181个，新建网格"妇女小组"243个；兴安盟妇联组建网格员妇联组织6个、妇女小组90个、妇联阵地81个。二是落实"基层妇联领头雁培训计划"，培养高素质农牧区妇联干部及执委队伍。自治区妇联通过争取转移支付专项经费，大力支持开展对嘎查村（社区）妇联执委的示范培训。三是探索推进村（社区）网格员与妇联执委双向互兼机制。推动妇联工作力量下沉到网格，达到网格员队伍与妇联组织信息共享、活动互助、资源互补的效果。

三 妇联组织促进妇女参与乡村振兴的未来展望

乡村振兴为妇女参与经济社会发展提供了更加全面的发展条件，营造了更加友好的发展环境。妇女在参与乡村振兴的过程中，自身能力素质、发展理念、主体意识等都有不同程度的提高和改观。但同时也应看到，妇女参与乡村振兴还面临着一些发展困境和新的挑战，需要振奋精神，积极应对。

（一）妇女社会参与的主动性不足，要进一步加强宣传引导，增强妇女参与乡村振兴的自觉性和行动力

内蒙古自治区地域广阔，农牧区媒介信息传播的基础设施相对落后，广大妇女接受新思想、新观念的方式和渠道较为单一。妇女一定程度上对国家发展战略及方针政策知晓不够；对乡村振兴战略的重大意义与重要作

用认识不全面；对乡村振兴和国家发展、地区发展、家庭发展、个人发展的辩证统一关系认识不充分；对男女平等基本国策和共建共享发展原则的了解不系统、不深入；没有深刻认识到妇女在乡村振兴中的主体地位和不可替代作用；没有深刻认识到妇女平等参与经济社会发展、平等享有乡村振兴发展成果是基本的公民责任和权益。此外，受传统习俗和"男主外，女主内"等观念的影响，妇女在乡村治理和社会劳动参与中还处于较为边缘的位置，这也使得她们在参与乡村振兴中还处于相对被动的状态，没有走到农业和农村现代化建设的舞台中央，没能很好发挥出自身的主动性、创造性和积极作用。

全面推进乡村振兴是实现农业农村现代化的必由之路，是推进城乡一体化发展的重要举措。妇联组织要进一步做好思想政治引领，做好宣传解读，让广大农牧区妇女不断提升对党中央大政方针的知晓度、理解度、认同度，更加清晰地认识到自己所肩负的乡村振兴的伟大使命与国家发展、民族发展、社会发展、家庭发展、自身发展之间的辩证关系，不断增强积极投身乡村振兴的思想自觉、行动自觉。

（二）基层妇女组织化程度较低，应进一步深化基层妇联组织改革，推动妇女发展和乡村振兴协同进步

基层妇女在参与社会活动和技能培训时积极性、主动性不高。一方面是因为妇女承担了较多的家务劳动和家庭照料，烦琐的家庭事务使得她们较少有闲暇参加各种技能培训和有酬的社会劳动；另一方面是因为基层妇女的组织化程度较低，妇女的社会生活网络往往局限于家人、邻里和亲戚等有限范围内，眼界不开阔，缺少开放创新的发展思路和先进的发展理念，因此对新事物容易持观望态度，参加学习培训和社会管理的频率相对较低。

《中华全国妇女联合会章程》明确指出，妇联组织的职能定位和工作任务是"立足引领、服务、联系的职能定位，以团结引导各族各界妇女听党话、跟党走为政治责任，以围绕中心、服务大局为工作主线，以联系和服务妇女为根本任务，以代表和维护妇女权益、促进男女平等和妇女全面发展为基本职能"。立足妇联组织的职能定位，做好对广大妇女的"引领、服务、联系"，首要的一点就是要做好妇女的组织工作。把妇女广泛地、有序地组织起来，使

妇联组织成为妇女群众最亲近的"娘家人"，这是做好妇女工作的重要前提和基本要求。加强基层妇联组织建设是提高妇联组织战斗力、凝聚力和创造力的重要途径，也是团结妇女、组织妇女、动员妇女、服务妇女的有效途径。要进一步拓展和延伸妇联组织网格化建设，不断完善基层妇联组织工作机制，提升妇联工作的精细化和有效化水平；通过扩大妇联组织的覆盖面，进一步提升农牧区妇女的组织化程度，更加准确地了解妇女发展所急所需所盼所想，更加紧密地联系妇女、服务妇女，更加有效地助力妇女在参与乡村振兴中实现自身全面发展。

（三）妇联组织适应新时代发展情况、统筹谋划妇女发展工作的能力有待进一步加强

要想给人一瓢水，自己得先有一桶水。妇联组织和妇联干部要坚持守正创新，紧跟时代的发展变化，不断加强能力素质建设。通过实施"妇联干部能力素质提升行动"，深化"基层妇联领头雁培训计划"，借助党校（行政学院）、高校、企业、社会组织等单位的优质资源和平台，对各级妇联干部和执委开展分类分级全覆盖、精准化培训，全面提素质、强本领。要注重提升妇联干部的思想政治站位，要从党和人民的立场出发想问题、搞创新，围绕党和国家工作大局谋发展、做事情。要学深悟透习近平新时代中国特色社会主义思想，把握好其中的世界观、方法论，掌握和运用好贯穿其中的立场观点方法，并将之转化为开展妇联工作、引领妇女发展、联系和服务妇女群众的能力和本领，更好地胜任新时代的妇女工作。

公益基金组织篇

B.15
友成基金会"香橙妈妈"乡村女性经济赋能项目案例

张 静*

摘 要： 友成基金会"香橙妈妈"乡村女性经济赋能项目，采用"线上线下创业技能培训+女性创业孵化指导+创业运营资源对接"的创新模式，通过"学习、练习、实践"合一的赋能教学体系，从互联网思维、电商技能、产品打造、营销推广、女性心理、女性领导力、财务金融、团队管理等多个领域为乡村女性提供一学年赋能，帮助她们建立成长和自立的认知意识，掌握在乡村创业的技术技能，思维升级，视野拓展，从内生动力到外在能力全方位提升，实现自我价值，成为乡村振兴的重要力量。

关键词： 友成基金会 "香橙妈妈" 乡村女性 经济赋能

友成企业家乡村发展基金会（原友成企业家扶贫基金会，简称"友成

---

* 张静，友成企业家乡村发展基金会常务副秘书长。

基金会")于 2007 年成立,是经国务院批准,在民政部注册的国家级慈善组织。业务主管单位是农业农村部。友成基金会成立 17 年来,开展了社会创新、乡村建设、教育帮扶、电商帮扶、产业帮扶、健康帮扶、东西部协作等领域的新公益项目。友成基金会具有联合国经济及社会理事会-非政府组织特别咨商地位,是民政部全国性社会组织评估评定的 4A 级基金会,在历年各类基金会透明度排行中一直名列前茅,是首批认证的慈善组织之一。

一 友成基金会开展促进乡村女性发展项目的初心

乡村女性领域的项目在 9 年前并不是基金会主动作出的选择,当时还没有想过这是友成非做不可的项目。2016 年,是借助沃尔玛基金会与友成一起探讨"在中国电商行业兴起的阶段,如何可以让乡村掌握互联网零售的技能"这一契机,发现乡村女性这一需要被关注的群体。

在这个公益项目设计的过程中,基金会调研了县域电商的情况,发现女性比男性在电商灵活创业领域的需求更为强烈。于是友成基金会开始做了试点,为乡村创业者提供 40 小时的线下技能培训及半年期的线上陪伴孵化,发现半年的时间内最后一直持续参与项目、活跃度高、坚持做电商的受益人中女性占了 90%。哪怕是一个月只挣了 300 块钱,都非常开心并愿意一直坚持下去。很多男性做了一段时间就去做其他的事情了。而且在培训的课堂上,女性背着娃上着课的情况非常多,后来才知道很多妇女是不顾家人反对出来学习的,她们这种想要融入社会、实现家庭之外价值的向上精神令人感动,也让基金会对这个群体开始了关注。

试点之后,基金会做了大量的乡村女性群体的研究工作,发现留守女性数量大,她们面临受教育程度低、收入低、自信程度低,甚至家庭地位低、非农就业创业机会少等各种问题。各地妇联在政府系统中相对被动,也缺少财政资金来支持乡村女性的发展。作为社会组织,可以做些什么?应该如何做才能真正解决实际问题?如何与政府或其他女性项目做出差异化且互补?应该重点关注健康、法律、家庭还是应该先关注经济?在调研和各方讨论后,一连串的问题得到了答案:经济基础是实现女性全面发展的前提。基金会决定先关注乡村女性的经济收入议题。于是在2015年的试点后，2016年基金会就完全转向乡村女性经济赋能的项目方向。

二 "香橙妈妈"乡村女性经济赋能项目的主要做法及成果

9年以来，友成基金会不遗余力地支持乡村妇女发展。与其他基金会或慈善组织的支持不同，他们没有将乡村女性看作单纯的受助者，而是看作乡村振兴的参与者，因此支持并发掘其潜能，使其成为乡村发展的创变者，并以创变者的框架来建构和发展在地妇女项目。

友成基金会"香橙妈妈"项目致力于在贫困地区通过数字化赋能手段，帮助乡村女性就业或创业，提高其经济收入以摆脱贫困。除了经济赋能外，还强有力地支持了乡村妇女在再生产领域和社区领域的发展。项目经验表明，仅有经济赋能是不足以支持乡村妇女获得平等地位和自由发展的，必须同时关照妇女在再生产领域和社区领域的发展。2015年以来，项目也从单一的乡村女性电商培训，逐步升级为包含就业创业技能培训、女性领导力培训、家庭教育、社区参与等丰富内容的乡村女性经济赋能项目，体现了"人的全面发展是最大的公益"的基金会理念。

友成基金会"香橙妈妈"项目采用"线上线下创业技能培训+女性创业孵化指导+创业运营资源对接"的创新模式，通过"学习、练习、实践"合一的赋能教学体系，从互联网思维、电商技能、产品打造、营销推广、女性心理、女性领导力、财务金融、团队管理等多个领域为乡村女性提供一学年赋能，帮助她们形成成长和自立的认知意识，掌握在乡村创业的技术技能，思维升级，视野拓展，从内生动力到外在能力全方位提升，实现自我价值，成为乡村振兴的重要力量。助力她们有能力、有机会，更有勇气和信心去拥抱美好生活。

从2015年至2024年10月，项目在贵州省、甘肃省、四川省等21个省（自治区、直辖市）的174个县市开展，累计有2万余名学员参与，培训结业率达88%，通过项目间接受益的人数更是多达10万人。经过培训后，67%的受益人通过电商领域的创业就业提升了经济收入，人均增收500～3000元不等。

项目经过多年的实践和不断优化，形成了一套完整的操作流程与管理机制，课程体系也不断更新完善，培训效果好，转化率高。整体来看，项目在目标实现路径上体现了系统性和专业性，短期内实现了乡村女性的能力成长，并为农村电商行业输送了人才；长远来看，项目还将有助于农村电商行业培养体系完善，助力农村电商行业发展与乡村振兴战略的实现，而且提升了受益方、合作方、地方政府对公益的认知和理解，有更深远的社会影响。

（一）优先把"直播电商创业"作为技能培训主要切入点

中国数字经济发展白皮书显示，数字经济对我国经济增长贡献率不断提升。2020年，我国数字经济规模达到39.2万亿元，占GDP的38.6%。"十四五"时期，我国数字经济将迎来更大发展。数字经济的快速发展降低了妇女就业创业的机会成本，激发了妇女的潜能和创造性，增强了妇女的经济赋权，广大城乡妇女依托数字经济获得了更多就业创业机会。

而直播电商创业则是最为适合乡村女性创业的形式之一，具备以下几个主要特点：创业成本低，只需要一部手机即可创业；掌握技能速度快，经过3到5天的学习和强化训练，基本上每个人都可以进行直播；受限制条件少，直播卖货的形式可以让没有货源的受益人在其他受益人及所在地区和本地区迅速寻找到货源，或者在各个直播平台找到现有货源，实现一键代发、快速回款；电商主播职业的工作时间相对灵活，乡村女性在完成家庭照料工作后有很多可支配时间做电商；直播的形式非常有助于提升学员的沟通表达、形象管理和文案策划能力，部分擅长表达和互动的学员，还能够在短时间内迅速增长粉丝，极大地提升自信心。以贵州雷山县为例，在当期课程还未结束时，通过课堂小组直播竞赛，总销售额已达2000元左右。一名雷山县学员，从学习完直播课程后，三个月内粉丝从0增长到7万人。

根据培训效果来看，直播带货创业的形式见效最快，也最实用。在项目中已实现直播带货创业的学员中，年平均增收16256元（即月均增收1354元），其中最多增收10万元（即月均增收8333元），增收中位数为5000元（即月均增收416元）。有70%的学员表示增加了学识，增强了自信心，也结交了更多朋友。

"香橙妈妈"项目结合乡村振兴和数字经济发展的契机，积极回应农村女

性的经济发展需求,为农村女性提供能力培训、创业就业、组织培育等服务,支持其参与乡村建设;同时,着眼于培养农村二、三产业发展人才,积极打造农村创新创业带头人队伍。

(二)"技能培训+孵化指导+资源对接"创业赋能闭环模式

"香橙妈妈"项目采用"线上线下创业赋能培训+女性创业孵化指导+创业运营资源对接"的乡村女性创业赋能闭环模式,项目模式链条更为完整。在技能培训之后,还通过6个月陪伴孵化期,强化练习和实践,并通过班级社群运营,形成良好的互助激励氛围。同时建立创业资源网络,提供货源、贷款、销售渠道等资源对接及直播流量和电商运营支持。

在培训期间带来的女性领导力、亲子、创业等理念课程,让受益人的相关意识得到启蒙。培训班以小组参与课堂互动的形式,促成了受益人之间互助小组的雏形,她们相互鼓励、相互扶持,彼此间不断拓展收获的知识。外出研学,是激励受益人的活动之一,每年项目都会在每个县评选出优秀学员,带着她们走出大山、走进城市。通过研学的方式,与城市链接,将大山里的故事和特色产品展示给更多的人。

在孵化期有志愿者导师持续开展指导和支持,答疑解惑,最终让受益人个人发展的思路、自我成长的意识越来越清晰。

(三)"学+练"教学模型

PBL教学法:即Problem-based Learning,问题驱动式教学法,是一种以学生为主体、以专业领域内的各种问题为学习起点、以问题为核心规划学习内容,让学生围绕问题寻求解决方案的一种学习方法。该教学方式让每节课均有产出。

"香橙妈妈"项目采用"学习、练习、实践"合一的赋能教学体系,在第一阶段的培训期间,受益人就有机会进入实操直播或习得电商销售技能,同时产生成交量、带来收入;在孵化期内,持续的技能巩固社群活动,促进受益人不断尝试精进所掌握的直播技巧,利用项目提供的后续资源支持,持续磨炼产品营销能力,逐步让收入来源扎实可靠、收入水平稳固提升。

在电商创业方法方面,项目培训了微店、短视频和直播等多个技能,让学员根据自身特质选择电商创业形式。而在每个县的课程中，电商直播课程都是必修课。课程内容主要是20%的知识点讲授+80%的实操练习，在基础知识学习之后，课堂上开展小组直播销售竞赛，讲师逐一点评指导。

此外，项目针对乡村女性的特点和生活状况，开设了"女性领导力""沟通与表达""亲子关系"等多个主题的课程和学员沙龙，为乡村女性提供综合赋能。

（四）通过赋能乡村妈妈，提高乡村家庭教育水平

2022年1月1日起《中华人民共和国家庭教育促进法》正式实施，要求父母或者其他监护人有责任有义务促进未成年人全面健康成长，要对孩子在道德品质、身体素质、生活技能、文化修养、行为习惯等方面做正确的培育、引导和影响。

在乡村，随着我国脱贫攻坚与乡村振兴政策的开展，欠发达地区获得了大量的教育资源，农村地区家长或监护人的教育观念、教育态度、教育方式有了一些积极的转变，但仍存在一些严重的问题，比如，大部分家长的家庭教育相关知识匮乏，导致教育观念失之偏颇，简单粗暴的教育方式仍然存在，隔代教育存在缺陷，家庭教育信息获取渠道闭塞等，严重影响了乡村家庭教育的质量，乡村地区很多孩子仍然因为不能感受到家庭的爱与温暖，导致产生心理障碍、缺乏学习动力、与家长关系生疏等严重问题，不能全面健康快乐地成长。

自2022年6月开始，友成香橙妈妈项目在贵州雷山县开展乡村女性家庭教育项目。为50名乡村妈妈提供1年期4阶段的共120小时的家庭教育及女性成长的线上线下学习和长期陪伴。在培训中，通过游戏互动、绘本分享、读书社群等方式，了解每一位受益人的家庭面貌，改善亲子关系和家庭成员关系，提高妈妈情绪力、自信力、优势力、自控力，从而提高家庭教育水平。

培养乡村妈妈自信积极的品质，使之获得和谐幸福的家庭生活，能够为乡村社区做出积极贡献，有自己的目标追求。帮助乡村妈妈培育出身心健康的下一代，从而实现生命的滋养和成长，以"生命影响生命、生命成长生命"的方式带动家庭及周围社区的改变。

（五）奖项介绍

2021年9月，"香橙妈妈——乡村女性经济赋能项目"案例在2021年"中国乡村振兴人才论坛"案例征集活动中，入选"中国乡村人才振兴优秀案例"。该活动由国家乡村振兴局中国扶贫发展中心、中共中央党校（国家行政学院）社会和生态文明教研部指导，中国扶贫志愿服务促进会、中国西部人才开发基金会联合主办。

2021年8月，"香橙妈妈——乡村女性经济赋能项目"入围2021中国公益慈善项目大赛百强项目。该活动由中国公益慈善项目交流展示会组委会主办，深圳市民政局承办。

2021年3月，"香橙妈妈项目组"荣获全国妇联颁发的"巾帼文明岗"荣誉称号。

2021年3月，"友成乡村女性经济赋能项目金融导师志愿服务"获得中央宣传部、中央文明办等19家单位联合颁发的2020年度全国学雷锋志愿者服务"四个100"先进典型宣传推选活动"最佳志愿服务项目"。

三 "香橙妈妈"乡村女性经济赋能项目遇到的挑战

随着国内电商市场中涉农的企业及电商主播越来越多，专业化、产业集约化、标准化等不断升级，这对于依靠个人IP讲乡村故事的乡村女性来说，开展电商创业的局限性不断增加。再加之近几年出于气候变化的原因，极端天气频发，对于农产品的产量及质量都产生了影响，直接影响了当年的收入。电商创业销售的本地产品也在减少，一些女性最终放弃了电商创业，重新回到了外出打工的状态，不得不又一次离开家庭与孩子。面对这个挑战，2024年基金会计划探索乡村女性创业的更多可能性，开发更多适合女性发展的创业类型，倡导乡村女性多元经营。如非遗手工、采摘、农耕体验、水果蔬菜认养、乡村研学、民宿等。依托互联网的传播优势，依靠美丽乡村的绿水青山、文化传统、古老民俗等特征，让乡村女性通过更多的渠道增加收入、提升自信。

社会公益组织中开展乡村女性经济赋能议题的机构较少，大部分公益组织以妇女儿童健康保障为主。如何动员更多的社会力量关注乡村女性经济赋能这个社会议题，也是一个挑战。2024年，基金会致力于撬动更多的力量开展议题共建，联合政府、企业、志愿者、社会组织共同了解这个议题，共同为这个领域的发展提供资源支持。

四 社会公益组织开展的促进乡村女性发展项目未来设想

未来，社会组织充分发挥社会动员的优势，通过成功的公益项目案例推动政策出台，出台更多关于乡村女性创业的政策支持。通过公众传播让更多的公众了解乡村女性的现状，让更多企业愿意参与到乡村女性经济赋能行动中，推动更多的专业志愿者为乡村女性提供创业陪伴指导，推动更多城市创业女性与乡村创业女性进行互动，建立社群支持网络。

希望不久的将来，在社会各界的共同努力下，涌现出一批具有社会企业家精神的成功乡村女性创业者，向善的社会资本为这些具有社会价值的女性创业家提供可持续投资。

参考文献

顾磊：《让乡村女性拥有"美好改变"》，《人民政协报》2022年5月31日，第6版。
张明敏：《经济赋能乡村女性》，《公益时报》2022年5月10日，第6版。
王晔安、潘莉、郑广怀：《双向赋权：乡村弱势女性与草根社会组织之间的共生机制》，《妇女研究论丛》2023年第3期。
陈利娟：《空间赋能：乡村振兴背景下的女性力量——以青海马莲花工坊为个案的田野分析》，《青海民族大学学报》（社会科学版）2023年第1期。

B.16
蚂蚁公益"数字木兰"计划助力乡村振兴的实践创新与路径探索

杨江华 数字木兰女性公益研究小组*

摘　要： 本报告聚焦数字时代乡村振兴中的"她"力量，深入总结蚂蚁公益"数字木兰"计划的初心、做法与成效、模式经验以及未来发展的方向，以期为其他公益组织的关联行动提供参考借鉴。"数字木兰"计划的初心是用数字技术和平台力量助力乡村女性获得更多发展机会；主要做法是为乡村女性提供大病和教育保障、就业创业支持和多元发展支持，在助力巩固脱贫攻坚成果的基础上，助推乡村产业和人才振兴；主要的经验模式是积极把握国家重大战略方向，聚焦数字赋能女性高质量发展，发挥企业技术和平台资源优势，多主体协同助力项目落地，构建长效可持续的帮扶机制。未来蚂蚁公益会继续秉持初心、不断创新、深化合作，持续加大对乡村女性的帮扶力度，增强乡村女性参与乡村振兴的内生动力。

关键词： "数字木兰"　数字包容　技术赋能　女性发展　乡村振兴

实施乡村振兴战略是党的十九大做出的重大决策部署，是全面建设社会主义现代化国家的重大历史任务，是新时代"三农"工作的总抓手。党的二十大报告将全面推进乡村振兴作为推动我国高质量发展的重要内容，强调要坚持农业农村优先发展，坚持城乡融合发展，扎实推动乡村产业、人才、文化、生态和组织振兴。

女性是乡村振兴队伍的重要组成部分，乡村振兴中的女性力量不可忽视，

---

* 杨江华，西安交通大学社会学系教授，数字社会研究中心主任，主要研究方向为数字社会学；数字木兰女性公益研究小组，主要研究方向为数字赋能、乡村女性发展、人才振兴。

充分激发和发挥乡村女性的潜力和作用,具有重要的现实意义。习近平总书记指出,"以中国式现代化全面推进强国建设、民族复兴伟业,需要全体人民团结奋斗,妇女的作用不可替代",激发女性的积极性、主动性和创造性事关乡村的全面振兴。2018年,全国妇联下发的《关于开展"乡村振兴巾帼行动"的实施意见》指出,妇女是推动农业农村现代化的重要力量,是乡村振兴的享有者、受益者,更是推动者、建设者。2023年中央一号文件中,再次提出实施乡村振兴巾帼行动、青年人才开发行动,再次强调了女性力量对于实施乡村振兴战略的重要性。

一 "数字木兰"计划的初心

近年来,伴随着互联网、大数据、云计算等数字技术的蓬勃发展,数字经济与农业农村社会的融合不断深入。数字技术为农业农村发展注入新动能,成为提高农民收入的重要手段。在这一过程中,女性群体作为乡村振兴的重要力量,逐渐展现出其在农村经济活动中的独特优势和潜力。在此背景下,蚂蚁集团和蚂蚁公益基金会秉持"数字普惠"的初心,围绕"用数字技术助力女性发展",联合发起"数字木兰"系列计划。该计划通过为乡村女性提供基础保障、创业就业支持、多元发展机会等,让更多乡村女性共享数字发展成果,助力女性在推动乡村全面振兴中发挥更大作用。截至2023年底,"数字木兰"系列计划已为困难女性提供了460万份免费公益保险;为1.5万名女性提供了就业培训及新型数字化就业岗位;累计支持了全国70所乡村学校女足球队,带动了300余所乡村小学的4000多名女孩体验足球乐趣。

从项目领域来看,"数字木兰"计划针对不同乡村女性群体的特点与需求,设计了多元化的项目,涵盖了就业创业、教育培训、基础保障等多个领域,通过打造差异化帮扶体系,助力不同女性群体实现高质量发展。具体来说,"数字木兰"计划重点关注以下几类女性群体。

一是乡村留守妇女群体。这一群体主要肩负着家庭照料与小规模农业生产的重任,但由于她们普遍受教育程度不高,加之本地非农就业机会的稀缺,留守妇女群体面临着就业不充分问题,难以在乡村振兴中释放其人力资源潜力。

二是返乡就业女性群体。在我国中西部欠发达县域地区,由于经济发展水平相对滞后，高质量就业岗位的稀缺是制约新生代女性返乡就业的重要因素，导致她们的人力资本难以在本地有效转化，限制了她们为当地经济和社会发展贡献力量的机会。

三是返乡创业女性群体。返乡创业的女性往往具备一定的物质资本和社会资源，她们是乡村振兴的重要力量，能够为乡村发展注入新的活力。然而，要真正激发这一群体的潜力，需要为她们搭建一个能够充分展现其自身优势、施展创业才干的平台。

总之，以上三类女性群体是乡村女性人口的核心组成部分，通过激发她们的优势和潜能，可以为乡村振兴注入持续的动力和活力。"数字木兰"计划的设计目的就是通过与政府、企业和社会各界共同努力，充分挖掘留守妇女的人力资源潜力，激发返乡就业和创业女性的人力资本潜能和比较优势，助力提升她们的经济能力与社会地位，从而推动乡村社会的发展进步。

二 "数字木兰"计划的做法与成效

乡村振兴涵盖产业振兴、人才振兴、文化振兴、生态振兴和组织振兴五大方面。其中，产业是基础，人才是关键。只有产业与人才协调发展，才能真正推动乡村振兴的全面实现，确保乡村经济、社会、文化等各方面的全面进步和可持续发展。为此，"数字木兰"计划在助力困难女性权益保障的基础上，以女性就业创业和技能培训支持为核心，推动乡村产业和人才振兴。

（一）数字赋能女性基础保障，巩固脱贫攻坚成果

习近平总书记指出，"巩固拓展脱贫攻坚成果是全面推进乡村振兴的底线任务，要继续压紧压实责任，把脱贫人口和脱贫地区的帮扶政策衔接好、措施落到位，坚决防止出现整村整乡返贫现象"。作为全球拥有最多女性群体的发展中国家，我国在妇女保障水平上仍然存在城乡、区域及人群发展不平衡不充分的问题。女性因贫辍学、因病致贫、因病返贫的概率往往比男性更高，需要更好的保障和支持。保障女性的教育和健康等基本权利，是促进女性平等发展的第一步，也是为女性提供"安全感"的基础，在此基础上女性才能真正发挥她们的潜力。

为此，浙江蚂蚁公益基金会联合中国妇女发展基金会共同发起"加油木兰"女性公益保险项目。通过为欠发达地区0~100岁困难女性免费赠送一份"教育+医疗"公益保险，减少因学、因病返贫的发生率，助力提升欠发达地区女性的健康、教育水平。其中，教育保障为当年在读高中、职业中学、中专的女性提供，帮扶标准为500元/学期、1000元/学年；医疗保障为当年首次确诊的全身所有恶性肿瘤（癌症）女性患者，一次性帮扶2万元。"加油木兰"公益项目依托蚂蚁数字科技能力，实现理赔投保全部线上完成，过程便捷高效。除公众捐赠以外，蚂蚁集团每年也通过蚂蚁公益基金会向该项目定向捐赠。截至2023年底，该项目已累计为17个省份57个欠发达县域的困难女性免费提供了460万份保险保障。

（二）数字赋能女性就业创业，助力乡村产业振兴

习近平总书记强调，"产业振兴是乡村振兴的重中之重，也是实际工作的切入点。没有产业的农村，难聚人气，更谈不上留住人才，农民增收路子拓不宽，文化活动很难开展起来"。产业发展是人才培养、文化传承的物质基础和载体。但是，当前我国中西部欠发达县域大多产业基础薄弱，就业机会不足，难以满足乡村女性高质量就业的需要，制约了乡村女性劳动潜能的发挥。为此，蚂蚁集团借助数字技术和平台优势，以"数字木兰"计划为依托，通过落地"AI豆计划"人工智能产业孵化项目、"数字木兰民宿管家培训计划"、"女性创业支持计划"等方式，打造了一套针对不同人力资本水平乡村女性的差异化就业帮扶体系，不仅助力了乡村女性在家门口实现就业增收和职业化发展，而且推动了县域传统产业升级和数字经济新业态发展。

1. 降低留守妇女就业门槛，拓宽其非农就业发展空间

在实施乡村振兴战略中，乡村留守妇女承担着家庭和农村经济社会发展的重任，发挥着举足轻重的作用。《2022年农民工监测调查报告》显示，在全国农民工中女性占比36.6%，外出流动务工的女性占比31.1%[1]。也就是说，当前仍有将近2/3的乡村女性劳动力留守乡村。她们普遍受教育程度和专业技能

---

[1]《2022年农民工监测调查报告》，国家统计局网站，2023年4月28日，http://www.stats.gov.cn/sj/zxfb/202304/t20230427_1939124.html。

水平较低,以中老年妇女群体为主,大多从事家庭照料劳动或从事低回报的农业生产活动,非农就业率低,经济收入有限。为此,要积极拓宽留守妇女的本地非农就业空间,满足留守妇女兼顾家庭和工作的双重需要,发挥留守妇女在乡村振兴中的重要作用。

在此背景下,蚂蚁集团充分发挥数字技术和平台优势,与地方政府展开合作,通过推动灵活就业岗位在乡村的发展,助力留守妇女就近就业,提升留守妇女劳动参与率。例如,借助速卖通平台,组织中国假发产业带商家深入经济欠发达地区,建立假发社区工厂,在打通假发产业链"内循环"、稳定企业生产经营、解决企业招工难题的同时,积极拓宽留守妇女就地就业增收渠道,实现了对留守妇女闲暇时间的有效利用。除假发社区工厂外,穿戴甲社区工厂等手工业项目也落地县域,这些产业环节对劳动力技能需求不高,简单培训后即可上岗,工作时间和地点也较灵活,为留守妇女提供了家门口就业的机会,让更多的留守妇女实现"顾家、赚钱"两不误。培训期内,蚂蚁公益基金会"数字木兰"就业培训专项基金还为相关人员提供专项补贴。

2. 提升青年女性就业质量,激发新兴产业发展活力

乡村青年女性是乡村人才的核心组成部分,她们的回流能够为县域经济的多元化和高质量发展注入新的活力。然而,由于我国中西部大部分县域存在产业基础薄弱、产业形态单一、规模效益不足等问题,第三产业比重与就业需求总体仍然较低[1],尤其对女性提供的就业岗位大多集中于低端制造业和服务业,难以满足中高等教育水平乡村女性的职业需求[2],因此也难以吸引乡村青年女性返乡就业。对新生代乡村女性而言,她们返乡之后的就业挑战是,要么通过考公考编等方式进入体制就业,要么被动选择福利待遇不高且职业发展空间有限的就业岗位,通常很难有其他更好的职业选择机会。因此,要推动乡村全面振兴,还需拓宽乡村青年女性的本地高质量就业空间,吸引更多乡村青年人才返乡投身乡村振兴和建设。

为了助力欠发达县域解决乡村振兴面临的人才引留问题,蚂蚁集团和浙江蚂蚁公益基金会紧抓数字时代产业培育新机遇,结合数字服务、人工智能、信

---

[1] 王邹、孙久文:《以高质量的县城建设推进县域现代化:事实与路径》,《中国农村观察》2023年第6期。

[2] 向晶、刘华:《人力资本提升与女性就业部门选择倾向》,《人口与经济》2018年第3期。

息标注等新兴技术在中西部欠发达县域建设数字化产业基地，推出"AI豆计划"人工智能产业孵化项目，培养以女性为主的青年群体成为人工智能训练师、云客服等，拓宽乡村青年女性的本地高质量就业空间。主要做法如下：一是整合产业资源，引入一批初始数字订单；二是与当地政府共建县域数字就业中心，联合培养管理团队、建设幸福职场环境，联合孵化在地运营企业，促进数字产业在县域可持续发展；三是持续提供技能培训，帮助当地年轻人特别是女性群体掌握人工智能数据标注等具有技术含量的工作技能，提升就业竞争力，为当地留下一批数字人才。

截至2023年底，"AI豆计划"已支持在甘肃省积石山县、陕西省清涧县、贵州省遵义市等地建立了17个县域数字就业中心，累计带动超5800人在地就业。其中农业户口占比79.7%，女性占比68.5%，90后、00后等年轻人占比85%，大专及以上学历者占比71.2%，有外出务工或求学经历的占比77.4%。这些数据表明，数字新就业项目在吸纳中高学历乡村青年女性返乡就业上发挥了积极作用，为县域引回了一批高素质人才。从收入上看，"AI豆计划"员工月平均收入在3000元左右，工作两年后近1/4的员工月平均收入在4000元以上。其中一部分业务能力较强的员工月收入甚至超过8000元。如图1所示，总体上这些从事数字新职业的员工平均收入显著高于当地的城乡居民人均可支配收入。作为县域消费的主力军，青年女性的回流和收入的提升有利于激活县域消费。一是带动企业周边的住房、餐饮、零售、娱乐等消费领域不断拓展；二是撬动网购、外卖、夜市等消费新业态的提档升级。如今，"AI豆计划"数字就业中心已成为当地外卖、快递的集中派送地，大量的年轻消费者更是为县城夜市经济、奶茶甜品等小吃提供了市场扩张空间。

与此同时，"AI豆计划"中的乡村女性因从事数字就业和参加数字技能培训，不断提升数字素养和能力水平。调研发现，入职7~11个月的员工数字技能与素养高于入职3~6个月员工，项目经理、组长等中高层员工的数字技能与素养远高于基层员工。对于数字新就业群体，数字素养的提升将有利于促进其就业质量提高、工作效能提升及未来职业晋升。例如，来自甘肃积石山县东乡族的宝妈白雪，通过加入蚂蚁云客服，在第一个月就拿到了7000多元的工资，后来由于生育暂时离职，重返公司后被调整至人工智能标注ADS业务，经过数字技能培训和业务能力提升，不仅月入过万元，而且晋升为业务组组

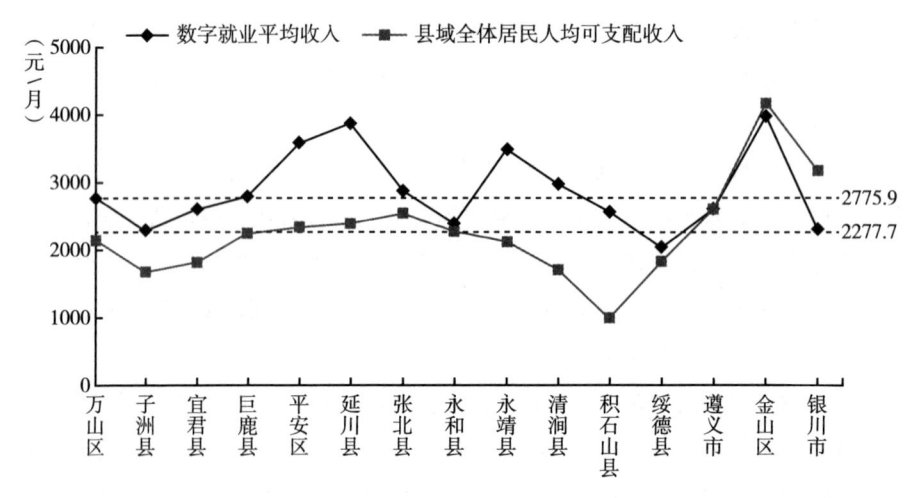

图 1 "AI豆计划"项目基地员工平均收入与所在县域全体居民人均可支配收入对比

资料来源:"数字就业平均收入"数据源于西安交通大学数字社会研究中心 2023 年组织开展的县域数字经济发展状况调查数据;"县域全体居民人均可支配收入"数据源于各区县 2022 年国民经济和社会发展统计公报。

长。可以说,白雪在蚂蚁云客服工作中的数字素养和技能积累,为她重新回归职场并顺利转入人工智能标注岗位奠定了基础,进而实现了职位晋升和收入增长。总之,通过数字新就业,一些中西部的乡村女性成功实现了从普通务工者到白领员工的身份转型,掌握了新的职业技能,获得了更好的职业发展。同时,也一定程度上缓解了县域人才外流的困境。通过人才对产业的反哺与带动,形成了"产业引才,才育产业"的良性循环。

3. 拓宽返乡女性创业路径,助力农业产业转型升级

随着我国工业化和城镇化进程的不断推进,大量优质农村劳动力流向城市,导致农业从业者严重缺失、农村出现农地抛荒等现象。农村劳动力转移的背后是农业相对收入的不断下降,这也是区域和城乡发展不平衡的体现。实践表明,数字技术在农业农村领域的广泛运用,能够为农业农村现代化发展注入新动力。尤其是农村电商和直播带货营销模式的发展,能够有效激发乡村女性的劳动潜能和比较优势,同时也为农民职业化的发展提供了可能。为此,蚂蚁集团积极助力乡村电商产业发展,为乡村女性电商创业提供金融支持,吸引了一大批爱农业、懂技术、善营销的年轻新一代投身农业,越来越多乡村女性实现了从普通务工者向乡村带头人的身份转变，助力了农业产业转型升级和提质增效。

一方面，蚂蚁集团通过渠道对接和流量支持等方式助力乡村女性电商创业。在许多欠发达县域，农产品面临着同质化竞争，价格不上去，存在缺乏品牌的问题。为了突破这一现实困境，蚂蚁集团自2021年发起"百县百品助农行动"，以"脱贫地区好农货，平台不收一分钱，助力乡村好品牌"为宗旨，致力于发挥蚂蚁集团数字技术和平台能力，助力脱贫地区农产品品牌推广。截至2023年底，已累计助力296个脱贫县的1400多个农产品线上推广，118个农产品在活动期间登上淘宝天猫全国排行榜第一名，相关品牌传播曝光总量超过63亿人次。在此过程中，一大批乡村女性电商精英迅速崛起，她们以创业带动就业，在乡村经济发展中起到了"领头雁"的作用。

例如，曾是"打工妹"的陕西省宜君县的杨婷，在看到家乡苹果、核桃等农特产品的电商销售潜力后，选择返乡从事电商直播创业，在蚂蚁公益项目的支持下，她从不懂电脑的"电商小白"成长为远近闻名的"直播一姐"，带动了几百余户村民实现增收致富，并当选为铜川市人大代表。同样还有来自陕西省佛坪县的返乡创业大学生周正亚，她在从事电商直播创业的过程中，依托各种惠民政策，通过合作种植、劳务用工、技术服务等多种方式，带动了周边村民76户108人实现了增收致富，受到了中央电视台《焦点访谈》栏目与《人民日报》等中央主流媒体的关注报道。

另一方面，通过普惠金融支持乡村女性创业经营，助力提升乡村女性创业参与度和竞争力。例如，网商银行于2020年发起了"数字木兰创业计划"，旨在为女性经营者提供金融支持和经营助力，降低她们的创业门槛和风险。2023年，该计划再度升级，新增了为100万名女性提供贷款减免利息服务，以及每年提供100个女性全年贷款免息名额等举措。截至2023年底，"数字木兰创业计划"已为全国超111万个女性经营者提供减免息贷款支持；推出了107节小微女性创业课程，推动女性小微创业者在农村电商、跨境电商及社群经济等数字经济领域中释放"她"力量。

作为网商银行女性创业者代表的郭娟，她在毕业后远嫁甘肃大山里，跟随婆婆学习手工麻鞋编织，并设计出一款爆款产品"防水麻鞋"，使她的淘宝店迅速走红。2018年，郭娟萌生了在各个景区开设线下实体店以提升手工鞋销量的想法。然而，每间店铺需要5万~10万元的押金。借助网商银行的贷款资金，她成功开设了线下店，经过几年的发展，这些线下店铺的营业额已经超过了淘宝店。创业十余年来，郭娟将当地麻鞋销往全国各地乃至东南亚，并带动了2300多名留守妈妈实现再就业。为了支持她带动更多留守妈妈就业，网商银行"数字木兰创业计划"为她提供了20万元免息经营贷款。此外，还有来自山东临沂的牛庆花，她在2015年踏上电商创业之路，销售家乡的苹果、桃子等农产品。随着电商销量的增加，牛庆花的资金周转需求也在不断扩大。由于没有房产和抵押物，她很难获得小微经营贷款。在此情境下，网商银行首先为其提供了小额贷款支持，并在后续通过"数字木兰创业计划"为其提供了20万元免息经营贷款，助力她进一步扩大电商经营规模。

（三）数字赋能女性技能提升，助力乡村人才振兴

在我国中西部欠发达县域，当前普遍面临着人口流失与人才匮乏的双重困境，县域人力资本存量十分有限。女性人才是人才队伍的重要组成部分，是乡村经济社会建设的重要力量。加强乡村女性人才培育能够为乡村产业振兴、生态振兴、文化振兴、组织振兴提供重要的人力资源和智力支持。为此，蚂蚁公益基金会秉持"授人以渔"的公益理念，借助"数字木兰"计划，以提升乡村女性的能力为核心，在部分县域落地了"追风计划""数字新农人培养计划""民宿管家培训计划""乡镇社工培训计划"等，为不同人生阶段（学龄阶段、就业阶段和婚育阶段等）的乡村女性提供不同类型的培训支持，助力乡村女性的发展能力、就业能力和养育能力提升，让女性真正成为乡村振兴的生力军。

1. 聚焦学龄阶段女性教育，助力女性发展能力提升

学龄阶段乡村女性的成长不仅关乎乡村家庭的未来，更关乎乡村的可持续发展。2019年，蚂蚁公益基金会联合中国青少年发展基金会发起女足系列支持项目"追风计划"，计划在五年内资助100支乡村校园女足队伍，为其提供足球发展基金和体育培训资源支持，以赋能乡村校园女足建设，帮助乡村女孩通过足球收获自信、获得多元发展机会。截至2023年底，"追风计划"项目已直接资助全国70支乡村校园女足队，覆盖23个省份69个县区（包含23个乡村振兴重点帮扶县），惠及4000余名乡村女孩和近300位体育老师及足球教练。"追风计划"注重链接"榜样力量"，从2021年起，该项目和中国女足一

起为偏远地区的"追风计划"修建中国女足主题球场——玫瑰梦想球场，通过中国女足精神带动和影响更多乡村足球女孩。同时还联合中国女足发起"一赛一场"项目，即中国女足在大赛中上场一次，项目就捐赠一座玫瑰梦想球场。截至2023年底，项目一共为乡村学校捐建9座玫瑰梦想球场，其中7座已投入使用，并带动超过500万人线上参与女足"打call互动"。实地调研发现，足球对这些乡村女孩产生了多重的积极影响：她们中的一些人因此获得了更好的教育资源，得以进入优质的学校学习；一些人得以离开偏远的山区，拓宽了人生视野；更多的女生因此而变得更加健康、自信和乐观。足球对这些乡村女孩来说不仅是一项体育运动，更是一个改变命运的希望平台，成为她们走向未来的"助推器"，让她们的人生拥有更多元的选择与可能性。

2. 强化就业阶段数字素养培训，助力女性职业能力提升

随着乡村振兴工作的推进，乡村电商、文旅等产业已经成为很多欠发达地区发展乡村经济的重要突破口，与此同时，也产生了人才数量上的巨大缺口，暴露出从业人员在职业能力、数字素养等方面的不足。针对这一困境，蚂蚁集团联合浙江蚂蚁公益基金会通过落地"数字木兰民宿管家培训计划""数字新农人培养计划""数字木兰乡镇社工培训计划"等，为乡村女性等重点群体提供技能培训与数字素养教育支持，助力打造一支强大的乡村女性人才队伍。

（1）发起"数字木兰民宿管家培训计划"。该计划由文化和旅游部市场管理司、浙江蚂蚁公益基金会、中国乡村发展基金会联合发起，目的是为有意愿从事民宿行业工作的乡村女性提供职业技能培训与数字素养课程，帮助乡村女性抓住家门口乡村文旅产业发展的机会，成为民宿管家为家乡留住八方来客。该计划探索开发了一套符合乡村女性及民宿管家职业需求的数字素养提升课程，覆盖从手机基础功能、互联网沟通礼仪、基础拍照技巧到短视频制作等系列数字技能，回应数字时代旅游消费者需求的变化。截至2024年4月，"民宿管家培训计划"已在14个省份的旅游资源集中区域培训了超过4000名乡村女性，助力她们成为数字时代更具竞争力的新型职业民宿管家，抓住乡村旅游发展所带来的就业机会并增收，形成了一套面向乡村民宿管家数字素养与技能培育的示范模式，推动了乡村民宿产业的可持续发展。

例如，来自甘肃省临夏回族自治州东乡族自治县的阿英曾是一名全职主妇，在家里照顾三个孩子和杏树是她全部的生活。2019年，阿英所在的村子建起了一家扶贫民宿，招工时阿英第一个报了名，她是村里第一个出来工作的女性。刚开始，阿英完全不知道自己能做什么，2023年"数字木兰"民宿管家培训计划来到了东乡县，阿英获选参加了培训。5天集中培训里，阿英在客房服务、接待礼仪、消防安全、数字素养等方面都有了很大的提升。在老师的指导下，她学到了星级酒店的客房整理规范和要求，更重要的是，阿英认识到民宿管家也是一个体面的职业，做好了也可以有更好的发展。现在，阿英在工作中已经越来越得心应手，整个人也变得开朗、自信。家里的亲戚有什么事情做不了主的时候，也经常会来问问阿英，在他们眼里，阿英是"见过世面的人"。靠着做民宿管家的收入，阿英给自己买了人生中第一部手机。小小的屏幕，让她跟客人之间有了更多连接，也让她看到了更大的世界。

（2）发起"数字新农人培养计划"。针对乡村电商人才教育供给侧不均衡和乡村电商人才队伍建设薄弱等问题，蚂蚁集团"百县百品助农行动"面向有意愿或正在从事电商行业的小微涉农商家，通过"数字新农人培养计划"培养一批懂品牌、会经营的农产品电商带头人，提升乡村电商从业者的综合素质和竞争力。截至2023年底，该计划共为1544人次涉农商家提供了专业培训，这其中包括一大批乡村女性能人。

例如，河北青龙县五指山村人祖祖辈辈种板栗，但山高路远，农户只能把优质的青龙板栗低价卖给收购商。2021年10月，村里返乡女大学生韩文亮参加了"百县百品助农行动"。短短2天，店铺成交额近70万元，青龙板栗登上了淘宝天猫全国坚果排行榜第二名，超过百草味和三只松鼠两大零食巨头，仅次于良品铺子。全村180多位留守妇女、老人被动员起来帮忙打包发货。活动后，青龙板栗名气大增，青龙县坚定了做青龙板栗的信心，趁热打铁发布了青龙板栗区域品牌，还开起了电商培训班。韩文亮也成了青龙的红人，她的店铺月销从2万元涨到了28万元，复购大大提升。她还主动免费教村民开网店，做直播。活动后3个月，青龙全县新开100多家淘宝店，涌现了一批创业新农人。

（3）发起"数字木兰乡镇社工培训计划"。该计划针对致力于家乡建设和寻找职业发展新机会的返乡青年，通过数字平台为其提供一站式乡镇（街道）社会工作学习内容，结合线上学习资源、线下集中培训和社群辅导，助力返乡青年女性成长为职业乡镇（街道）社会工作者，为乡镇困难人群提供"最后一公里"的专业服务。截至2023年底，已为四川、云南、陕西、贵州四省约1000家乡镇（街道）社工站培训超过9000名新上岗的乡镇社工。

3. 减轻婚育阶段女性压力，助力女性养育能力提升

对于许多婚育阶段的女性来说，职场发展与家庭育儿难以兼顾。为了进一步改善乡村女性的工作环境，蚂蚁公益基金会联合宜家中国在陕西宜君、绥德、清涧、佛坪和甘肃积石山5个县域，基于数字就业中心和社区服务中心，建立了5个"木兰成长空间"。这些空间配备了适合儿童玩耍、学习和阅读的设施，并有专人负责陪同和组织个性化活动，为儿童提供了安全、舒适的课后活动场地。"木兰成长空间"显著支持了当地家长，特别是女性，让她们得以安心工作、追求职业发展，更好地实现自我价值。同时，成长空间的落地能够引导乡村家庭关注和重视幼儿教育，助力乡村女性养育能力提升。

在空间改造过程中，宜家中国充分发挥其经验优势，因地制宜设计方案。例如，针对清涧县数字就业中心低龄儿童较多的情况，设计方案突出了小龄儿童的玩耍、阅读和收纳区域，并增加了手工、下棋和绘画等桌面活动区域。在佛坪县，空间被巧妙地划分为手工区、游戏活动区和学习读书区，立柱被改造成具有互动趣味的大树，兼顾美观与实用，满足不同年龄段儿童的需求。此外，蚂蚁集团及蚂蚁公益基金会还引入乐高集团"乐乐箱"困境儿童关爱计划，通过"乐乐箱"儿童学习工具，为儿童创造良好的学习环境。在"木兰成长空间"，儿童不仅可以愉快玩耍，还能得到专业老师的陪伴和辅导。目前，5个"木兰成长空间"直接惠及超过400名儿童，间接支持约300名妇女安心工作。

4. 搭建数字公益互动平台，助力女性生计能力提升

蚂蚁集团基于自身的数字技术和平台能力，在支付宝上线了公益互动产品"蚂蚁新村"，创建了一个能够让广大网友低门槛、多维度、趣味性参与女性公益的数字平台，助力乡村女性就业培训。"蚂蚁新村"是目前国内规模最大的以乡村女性帮扶为主题的公益互动产品。在平台上，千万网友的互动参与和爱心捐赠，不仅能够提升民宿管家、乡镇社工、人工智能训练师等新职业的公众认知度，助力更多女性就近就业和职业能力提升，而且也能推动乡村产业发展。此外，蚂蚁公益基金会还联合支付宝公益平台发起"数字木兰"女性公益专区，专项支持其他公益伙伴发起的高质量女性公益项目，链接爱心网友，

获得更多资金资源。

数字公益平台助力女性的重要意义在于,首先,它促进了性别平等,为女性提供了平等的学习和就业机会,有利于打破传统性别角色的束缚。通过提升职业技能、增强就业竞争力,女性不仅能够获得经济独立、增强自信心、提升在家庭和社会中的地位,而且还能推动乡村建设和社会进步。其次,数字平台构建的互助社区和低门槛、多维度的互动形式,激发了公众的公益热情,吸引更多人关注和参与女性公益事业。最后,通过资源链接与整合,高效提供资金和支持,创新了公益模式,使公益行为更加便捷和普及,最大化了公益效益,推动了社会的公平正义和可持续发展。

三 "数字木兰"计划的模式经验

"数字木兰"计划不仅已取得显著的实践成效,而且形成了具备自身特色的项目经验模式,其主要特征是:主动响应国家重大战略需求,充分发挥蚂蚁集团的科技力量和平台资源优势,采取多主体协同的行动实施方式,为乡村女性发展进行数字赋能,并构建长效可持续的帮扶机制,助力女性在推动乡村全面振兴中发挥更大作用。

(一)响应政策号召,多主体协同助力项目落地

在"数字木兰"项目实施过程中,蚂蚁公益积极争取政府支持,并与中国妇女发展基金会、中国乡村发展基金会等公益组织合作,引入市场机制,充分发挥不同主体在政策支持、资源统筹和专业运作等方面的优势,形成了"国家部委指导+地方政府支持+公益伙伴合作+企业参与"的多方参与助力模式。以"AI豆计划"落地陕西省清涧县为例,该项目在全国妇联指导下,由中国妇女发展基金会、蚂蚁集团、蚂蚁公益基金会联合发起。为了将该项目引入陕西省清涧县,由定点帮扶清涧县的国家卫健委牵头,拨付专项启动资金,并派驻挂职干部深度参与项目落地;清涧县委县政府成立专项工作领导小组,选派优秀管理团队负责项目实施,并提供免费办公场地、税收优惠和创业政策等多方面支持;蚂蚁集团协调引入初始数字订单,蚂蚁公益基金会联合中国妇女发展基金会提供孵化所需的公益资金及不少于3年的产业发展陪伴期。2019

年底,清涧县属国有企业清涧县爱豆科技有限公司成立,是陕西省首家数字产业扶贫企业。

(二)发挥技术优势,拓展乡村女性发展空间

相较于传统企业,数字平台企业的一个显著优势是拥有领先的数字技术,而技术创新能够引领业态创新,推动新产业新业态的发展。因此,蚂蚁公益借助蚂蚁集团的数字技术优势,致力于用技术的力量为乡村女性提供更多平等发展的机会。一方面,蚂蚁公益以"东数西算"为契机,为县域引入数字新就业机会,助力青年女性高质量就业。例如,"AI豆计划"通过一块屏幕和一根网线,为欠发达县域引入了人工智能产业爆发式增长所带来的数字就业机会,助力县域孵化数字产业、培养数字人才,突破了资源、交通等客观条件对欠发达县域发展的限制。该项目的成功落地不仅表明数字新兴产业在县域有很大的发展潜力,还反映了欠发达县域对数字前沿就业机会的渴望。另一方面,蚂蚁公益通过推动数字技术下乡,助力农村电商产业发展和农业现代化转型升级,从而助力提升农业经营回报率,为乡村女性在农业领域创造更多发展机会。例如,"百县百品助农行动"助力提升了农产品的品牌化和附加值,为乡村培养了一大批女性致富带头人,释放了创业带动就业的红利效应。

(三)发挥生态优势,链接资源,加大帮扶力度

相较于传统企业,数字平台企业的另一个显著优势是拥有庞大的生态资源。因此,蚂蚁公益可以借助蚂蚁集团的生态优势,协调和整合生态资源,带动社会力量广泛参与,加大对女性群体的支持力度。首先,链接企业内部资源,助力乡村女性发展。例如,"数字木兰创业计划"利用集团的金融服务资源,帮助乡村女性解决资金困难,助力其创业和发展;"百县百品助农行动"利用集团的电商平台等资源,助力农产品品牌化建设,为乡村女性提供就业和创业机遇。其次,链接合作伙伴资源助力乡村女性发展。例如,"数字木兰"民宿管家培训计划链接了生态伙伴洲际酒店集团的资源,为优秀的培训学员提供在旗下星级酒店内的进阶研学机会,帮助乡村女性开阔视野,进一步提升她们的综合服务能力;"木兰成长空间"链接了生态伙伴宜家中国和乐高集团的资源,为乡村宝妈群体提供育儿支持,缓解她们的育儿压力,助力她们更好地

参与职场。最后，链接广大网友资源，降低公众参与女性公益的门槛。例如，"蚂蚁新村"平台让更多网友能够便捷地参与女性公益；"数字木兰女性公益专区"旨在为其他高质量女性公益项目链接广大网友的资金资源，扩大公益影响力。

（四）坚持以人为本，构建长效可持续帮扶机制

乡村女性人口数量庞大，涵盖不同年龄层次、不同人力资源禀赋及发展能力。因此，蚂蚁公益在助力乡村女性发展的过程中，致力于探索符合不同乡村女性群体特点的帮扶模式，助力她们以多种方式参与和推动乡村振兴，形成多样的发展路径。一方面，蚂蚁公益始终以乡村女性的真实需要为出发点和落脚点，通过深入调研和实地考察，了解不同类型乡村女性的具体需求和问题，确保项目资源能够精准地投入最需要的地方。另一方面，蚂蚁公益始终秉持"授人以渔"的公益理念，注重培养提升乡村女性的数字素养与职业能力，助力她们人力资本积累和收入回报提升，构建"造血式"可持续帮扶机制，增强女性参与乡村振兴的内生动力。以"AI豆计划"项目为例，该项目落地的目的不仅是为县域创造更多就业岗位，更重要的是培养和提升青年女性的数字能力，增强数字产业发展的内生动力，促进产业结构转型升级。

四 "数字木兰"计划的未来设想

女性既是乡村振兴战略的受益者和享有者，更是推动者和建设者。支持女性在乡村振兴中发挥更重要的作用，正当其时，大有可为。未来，蚂蚁公益将继续秉持初心、不断创新、深化合作，通过助力乡村女性就业空间拓展、助力乡村女性数字能力提升等措施，让更多乡村女性受益于数字经济带来的机遇和红利，增强她们参与乡村振兴的内生动力，实现乡村女性发展与乡村振兴的良性互动。

（一）深化项目合作创新，拓展女性发展空间

助力乡村女性发展需要多方合力，创造共建共治共享的多方参与格局。蚂蚁公益将继续争取与地方政府、社会组织、企业等多方的协同合作，争取更多

政策支持，动员更多社会资源，共同探索"数字木兰"项目的新模式、新路径，扩大项目的影响力和覆盖面，拓展乡村女性融入乡村振兴的广度和深度，为乡村振兴注入更多创新元素和活力。例如，在女性就业支持方面，蚂蚁公益将继续争取与地方政府合作，共同助力乡村新兴产业发展和传统产业升级，探索适合乡村产业基础和女性人力资源特点的产业升级之路，特别是助力发展女性友好型产业，如电商（直播电商）、文旅产业等，为乡村女性提供更多参与乡村振兴的机会，支持她们就业创业。同时，鼓励当地社区和乡村女性参与项目设计和实施过程，增强项目的适应性和实际效果，提高项目的覆盖广度和深度，助力乡村女性在乡村振兴中发挥更大作用。

（二）加强数字素养培训，提升女性数字发展能力

未来，蚂蚁公益将争取与高校、培训机构等多方合作，针对不同乡村女性群体，面向乡村女性的全生命周期，围绕不同的应用场景，开发适合乡村女性特点的数字素养培训课程。通过创新培训内容和授课方式，提高培训的针对性和实效性，增强乡村女性在信息时代的适应力和竞争力。同时，蚂蚁公益将积极搭建乡村女性发展支持平台，为乡村女性提供在线培训、就业信息和创业指导等服务，提升服务的便捷性和灵活性，让更多乡村女性公平享受数字化发展的成果，缩小城乡和性别数字鸿沟。此外，蚂蚁集团也将继续发挥企业的数字技术和平台优势，不断推动算法科技向善，避免算法对女性的盲视与歧视，确保技术在促进女性发展的过程中发挥积极作用。

（三）发挥数字平台优势，助力乡村公共服务发展

针对乡村公共服务支持不足，蚂蚁公益未来会继续发挥数字技术优势，与政府、企业和其他公益组织合作，共同推动乡村公共服务的发展，为女性参与乡村振兴提供更多支持。在教育和培训支持方面，开发并提供免费或低成本的在线课程，涵盖职业技能培训、创业指导、数字素养和基础教育等领域，帮助乡村女性提升知识和技能。总之，蚂蚁公益将持续关注和支持妇女教育和健康，特别是农村教育中的女童教育、老年妇女健康，以及社会保障中的男女平等受益等。

（四）加强典型案例宣传，构建长效公益帮扶机制

通过宣传数字平台企业和公益组织助力乡村女性发展的典型案例，可以提高社会各界对数字技术和乡村女性发展问题的认识和关注，推动数字技术更好地为乡村女性服务，并吸引更多的社会资源和力量参与其中。未来，蚂蚁集团和浙江蚂蚁公益基金会将深入分析帮扶项目的成功实践和典型案例，定期总结并形成一批可复制、可推广的经验做法，构建可持续发展的公益帮扶机制，为其他数字平台企业和公益组织助力乡村女性发展提供借鉴和启发。同时，也将积极利用新媒体传播技术优势，通过宣传乡村女性发展的典型案例，激励更多乡村女性追求个人发展，提升乡村社会对女性平等权利的认识，逐步改变传统的性别角色观念，减少对女性的偏见。

B.17
姐妹乡伴：福建省乡村妇女参与乡村振兴模式探索

袁 玲*

摘　要： 女性在乡村中是一股重要的力量，是乡村振兴的重要参与者。要调动其积极性、主动性，找到适合她们参与的路径方法是十分必要的。2018年，福建省恒申慈善基金会提出"姐妹乡伴"项目，以支持妇女自组织为载体，通过为她们提供能力建设、跟进陪伴、搭建社群交流平台、提供发展基金的方式实现乡村女性的增能发展、探索妇女参与乡村振兴的模式。

关键词： 乡村妇女　自组织　乡村振兴

"姐妹乡伴——乡村妇女自组织支持计划"是福建省恒申慈善基金会2018年发起并实施的，以挖掘和培养乡村妇女自组织为切入点，以助力乡村妇女实现自我成长与发展、有能力应对并解决她们所面临的问题为目标的福建省乡村妇女成长支持计划。截至2023年底，项目覆盖9个地市32个区县49个乡镇51个村庄的58个妇女自组织，开展各类能力建设活动134场，4631人次参与；妇女自组织在乡村开展活动2925场，68802人次受益；开展各类小额支持活动145场，服务16114人次。

2019年，项目荣获福建省第二届"善行八闽——海峡公益慈善项目大赛"二等奖；2022年，项目荣获首届"福建慈善奖"之"优秀慈善项目（慈善信托）奖"；2023年，项目荣获首届"阳光1+1奋进新征程"福建省社会组织助力乡村振兴公益创投大赛二等奖。此外，项目支持的前洋村姐妹乡伴团队

---

* 袁玲，福建省恒申慈善基金会项目经理，中级社工师，"姐妹乡伴"项目负责人。

2021年荣获"全国巾帼建功先进集体"称号，西浦姐妹讲解团2022年获"宁德市新时代文明实践志愿项目大赛"铜奖。

一 项目的初心

2018年，中共中央、国务院发布《中共中央 国务院关于实施乡村振兴战略的意见》（以下简称《意见》），指出实施乡村振兴战略，是党的十九大做出的重大决策部署，是决胜全面建成小康社会、全面建设社会主义现代化国家的重大历史任务，是新时代"三农"工作的总抓手。同时，《意见》还指出实施乡村振兴要深化村民自治实践。坚持自治为基，加强农村群众性自治组织建设，健全、创新村党组织领导的充满活力的村民自治机制。同年，全国妇联下发《关于开展"乡村振兴巾帼行动"的实施意见》，广泛动员组织农村妇女为乡村全面振兴贡献力量。

乡村振兴战略下，国家更加重视其实施过程中农民的主体作用，这也为农村妇女的发展提供了重要机遇。农村妇女的力量得以迅速崛起，逐渐改变了"农村中的女性处于边缘社会中的边缘，她们的声音，长期以来被宏大的叙事所淹没"的状况，在政治参与、经济建设、文化传承等方面开始扮演重要角色，并发挥重要作用。[1] 妇女民间组织为农村社会组织的重要形式，在增强社区自治和服务能力，创新农村社区治理、激发社会参与活力、回应居民需求方面具有独特作用。[2]

基于上述背景，2018年，福建省恒申慈善基金会发起了"姐妹乡伴——乡村妇女自组织支持计划"，项目以福建省由乡村妇女自发组建的非正式妇女团体为对象，通过为她们赋能和提供资金的方式，支持她们在家乡开展与公共事务有关的活动。

选择"妇女自组织"，第一，希望能够号召和带动更多乡村女性的参与；第二，一群人比一个人更有力量、更有动力；第三，组织的形式，大家可以互

---

[1] 袁云、袁海：《乡村振兴战略下农村妇女的参与意识与实践研究》，《法制与社会》2019年第36期，第171页。
[2] 王浩骅：《妇女民间组织参与农村社区治理研究——基于河南省D村"嫁娶帮扶会"的个案》，《新疆广播电视大学学报》2019年第1期，第51页。

帮互助，当面临外部质疑时，可以互相鼓励、支持，不会因此打退堂鼓。

选择公共事务，主要有三点考虑：其一，公共事务属于"公域""正式"的部分，与家庭"私域""非正式"是不同的，能够为女性提供一种新的视角和机会。正如有学者指出，公共参与为妇女创造了家庭生活之外的另一个平台，也让她们在公共领域获得正当性身份，拓展了她们的意义世界①。其二，公共事务范围较广，选择性较多，参与方式多样性，妇女有更多选择的机会。其三，公共事务是与村庄内每个人都息息相关的，乡村的发展要靠大家，村庄变好了，每家每户的生活也会随之更好。

二 项目的主要做法及成果

（一）主要做法

项目挖掘或培养福建省扎根乡村、有明确目标、致力于解决乡村问题的妇女带头人及自组织，通过为她们提供能力建设、跟进陪伴、搭建社群交流平台、发展基金等多元化多样性的服务，支持乡村女性参与村庄公共事务。截至2023年底，项目支持了福建省内9个地市32个区县49个乡镇51个村庄的58个妇女自组织，直接参与项目的女性近千人。

1. 专业赋能，增强意识能力

项目自成立起，为参与项目的妇女提供能力建设活动134场，4631人次参与，有效解决了妇女自我学习和提升缺少平台与机会的难点，让女性获得自我教育、自我反思、自我成长的能力并建立起自信自主意识，为后续参与村庄事务奠定了基础。

第一，集中培训，学习理论知识。每年入选的妇女自组织带头人或骨干成员都会参与项目组组织的不少于2次的线下集中培训，内容包括带头人特质能力、自组织发展历程、活动策划组织、活动简讯撰写、手机摄影摄像技能、垃圾分类知识、农村老人服务指南、乡村发展政策学习、协作者技能、沟通表达

---

① 陈义媛、李永萍：《农村妇女骨干的组织化与公共参与——以"美丽家园"建设为例》，《妇女研究论丛》2020年第1期，第63页。

能力和总结汇报等，从意识层面提升妇女的认识，并做知识储备。

第二，参访游学，观摩实践操作。在学习理论知识后，项目每年安排至少2次的实地参访游学，一方面是让学员对所学的知识有更直观的理解、体验，通过走进与她们情况相似的村庄去学习别人乡村振兴、社区服务、经济增收的经验和方法。目前已经带领大家先后前往福州、厦门、宁德、莆田、泉州、龙岩、南平等地的近30个村实地观摩，与当地村委、村民、妇女团队进行面对面交流。

2. 提供资金，参与乡村振兴

在项目支持下，每个妇女自组织每年获得1万~2万元不等的活动资金，在各自的村庄开展长者关怀、儿童关爱、妇女提升以及环境整治等各类活动3070场，服务村民84916人次。这些活动的开展不仅解决了村内的实际需求问题，也让村民在对女性的传统认知上有了正向的改观。

第一，关怀长者，幸福晚年。留守老人是村里的一大主要人群，其中很多是子女不在身边的独居老人或孤寡老人，身体健康水平下降、生活照料不足和精神寂寞是他们面临的三大主要问题。长期生活在乡村的妇女在发现这些问题后，结合自身所长和内外部资源，为留守老人从不同层面提供服务与活动，温暖他们的晚年生活。诸如龙岩市培田村的培田女子团队发现村里独居老人基本上煮一餐饭可以吃好几顿，而且没有太多的营养价值。为了解决这个问题，她们利用活动资金在村里租了厨房、聘请了人员办起"老年食堂"，每日为村里有需要的老人提供午餐和晚餐，90岁以上老人免费，并且实现了可持续运营；福州闽侯县林柄村由于距离乡镇比较远，村内老人外出不便，但每月均有理发需求，于是妇女团队对接到本村的理发师，每月固定时间固定地点为有需要的老人提供义务理发服务，切实解决了老人生活中的难题。

第二，关爱儿童，温暖未来。留守儿童是乡村的另一大主要人群，且多数是由祖父母辈在照料，他们的物质生活需求虽然得到了满足，但在情感支持方面比较缺失，在学习、行为及习惯方面会伴有一些不良的表现。在看到这些情况后，妇女团队在能力范围内开展了一些行动。比如南平建瓯的桃源金姐妹连续两年暑假对接福州的支教团前往村里开展暑期夏令营，福州永泰赤玉学堂团队带领村里的孩子们每日诵读国学经典，福州闽清的塘西西团队坚持每月为低龄儿童开展绘本阅读活动，宁德屏南青青小草团队每日为一、二年级的孩子提供课业辅导……这些活动的开展不仅解决了祖父母辈在儿童教育方面的困难，也让留守儿童得到了关注，有助于他们在生活和其他方面形成良好的习惯。

第三，助力妇女，实现增收。经济增收是农村妇女目前最大的需求，在一些有旅游资源、有农特产品等的乡村，妇女们利用资金学习知识技能、进行农产品加工研发，让有需要的妇女在本地实现就业创业，增加了收入。比如福州连江梅洋梅妍团队利用本地梅花资源和梅花旅游节，研发和销售各类梅花糕点，并成立烘焙坊；宁德寿宁西浦姐妹讲解团，结合本地景区的优势，培养17名留守妇女成为讲解员，不仅缓解了本地讲解员的短缺，也让留守妇女多了一份收益。

第四，环境整治，美化村庄。庭院美化、垃圾分类是近几年在乡村环境治理方面的两大切入点，通过这些活动的开展，村庄的环境变得更加干净、整洁，村民的环保意识得到提高，不仅打扫自己的区域，也会关注到公共区域。项目支持下的福州晋安前洋姐妹乡伴团队以"房前屋后打扫、打造美丽庭院"为重点，组织村民外出学习、召开村民动员会、和村民一起打扫整理，开展庭院打造评比等。来自福州闽侯的卓玛志愿队从垃圾分类入手，组织成员学习垃圾分类知识，分组上门宣传知识，为村民发放干湿分类桶，每日上门查看分类情况并进行讲解，在村里建设堆肥池，变垃圾为肥料。

3. 搭建平台，促进同辈交流

借助互联网平台，组建线上交流社群，除项目提供的支持外，让妇女分享自己的经验，形成知识的流动和信息的交流，更重要的是扩大了妇女们的交际网络，获得更多的支持与肯定。

第一，对接讲师，开设专题课程。为了让更多在村的妇女学到新知识，回应她们当下的问题，项目组根据调研信息，邀请国家二级心理讲师，开设线上语音课、直播课，先后开设过"儿童教育""情绪管理""公益图书馆的运营""乡土文化课的打造""浅谈新媒体传播""村庄资源分析"等课程。

第二，定期分享，形成经验传递。项目组以月度或季度为单位，举行线上妇女自组织活动、团队发展经验及个人变化感受的分享交流会，例如"夏令营知多少""关于创业，我们是这样做的""报考成人高考，圆我的大学梦"等。

第三，汇编活动信息，助力宣传推广。妇女自组织在开展完每次活动后，都会在群里分享活动信息、活动照片，项目组以月度为单位对这些活动信息进

行汇总并制作成易于转发传播的图片,方便姐妹们的转发和宣传。

4.持续陪伴,落实协同成长

除了学习、实践外,项目的另一个重要经验是对妇女的持续陪伴,实现个人和村庄的双重发展。

第一,日常联系,让问题及时化解。项目人员与每一位入选的妇女以月度为单位保持联系,一方面是跟进妇女组织在活动方面的实践情况,收集相关材料和数据;另一方面是及时回应她们在实践中遇到的各类问题,及时给予建议、物质或其他方面的支持。

第二,实地走访,让支持更有力量。妇女在乡村开展活动的过程并非一帆风顺,特别是初期总会有各种各样的声音出现,甚至是来自家人的反对和阻力。项目组会每季度至少进行一次实地走访,走入妇女团队真实的生活和活动场景,观察和感受她们的需求和难点,给予更加贴合实际的建议;同时也让妇女感受到被关注、被认可、被支持,能够更好地坚持下去。

第三,整理案例,让改变被看见。在项目的支持下,很多妇女和村庄都发生了正向的改变,为了让这些改变被看见,将妇女参与乡村振兴的经验传播出去,项目组每年都会进行妇女个人发展故事的采编撰写以及妇女自组织发展视频的拍摄,借助网络的力量进行传播、呈现。

(二)项目成效

促进乡村妇女实现个体觉醒和独立自我的发展,为农村妇女走出家庭、实现自我发展提供了希望和机会。随之而来的是乡村妇女能量感提升、批判性思维提升、自我效能感提升,抑郁情况减少。自组织成为女性改变自我的载体,在这里,女性开始挑战自我,也有正能量包围着,可以给女性足够的包容、倾诉的空间,女性可以成为自己,而不是妈妈、媳妇或儿媳。

促进乡村妇女登上台面,进入乡村公共的平台,打破了传统上乡村妇女参与公共事务机会少的格局,也激发了乡村妇女的公共精神。这里的公共生活既包括娱乐生活和经济发展,也包括社会服务和公共事务的治理。即乡村妇女能够从以往作为村庄当中的一个个体,通过妇女组织的方式进入村庄的公共平台。借助这个平台乡村妇女从村庄的个体产生与村庄整体层面的链接,妇女的公共精神被激发。与此同时,依托乡村妇女自组织的平台,乡村妇女进入乡村的公共平台、"姐妹乡伴"的公共平台,她们从胆小、自卑,到登上台面,身上的能量开始被激发。

项目在乡村建构起一种新型人际关系,及超越了传统乡村"差序格局"式的交往模式,自组织为乡村妇女提供了一种平等、尊重、温暖和接纳的组织化共同体。这种人际关系区别于乡村传统的熟人关系,不是依据地缘或血缘关系而聚在一起,不因工具性互惠而聚集到一起,而是基于共同的兴趣而组合成小团队,大家本着一个共同的目标加入进来,在对共同目标的追求下产生集体行动。乡村妇女以项目为载体,以达成某个共同目标为依托,建构一种新的交流方式,加载新的交流内容。在妇女自组织看来,这种新的交流方式令妇女们更愿意交流,也能够从交流当中汲取能量。

项目搭建起促进乡村妇女参与到乡村振兴中的重要路径,为乡村发展提供了一条可借鉴的路径,探索了经济发展、社会服务和公共事务的治理等做法,并成功探索出妇女参与乡村振兴的运作模式。

(三)经验启示

1. 村民自组织可以成为村庄参与的通道

村民在村庄中的公共参与途径便是在村民和村两委之间建立一个自组织,使得由村民组成的一支队伍站到村庄的公共平台上,发挥起村民和村两委之间的桥梁作用。而实现的条件便是:村民有需求;村庄有一个自组织;村两委愿意将公共平台向村民开放,并支持该自组织。带来的效果是村庄需求的显现、村庄公共服务水平的提升、村庄社会资本的提升,集体行动由难变易,村民的公民感提升。

2. 建成自组织需要一定的条件

在村庄从无到有成立一个自组织,并且能够让这个自组织存活且运作下去,这是需要条件的。包括:一是成立自组织的机会,是否有人关注和支持;二是村两委对自组织的支持,包括合法性身份的赋予、资源支持和能力支持等;三是自组织的内部驱动力,即村民做这件事的动力,来源包括服务对象的认可、队伍内部的激励等带来的成就感和温暖感;四是自组织的专业能力——从村民的需求脉络出发。走进村民家中,了解需求、回应需求时,才真正获得村民认可。

3.妇女共同体培育是女性参与乡村振兴的路径之一

无论是以直接参与村庄公共事务为起点，还是以兴趣或利益为起点，只要能够将女性队伍培养起来，将大家的能力和公益心激活，未来就能够走上公共治理或村庄服务的路径。

三 项目遇到的挑战

（一）主体意识不足

随着社会的发展，乡村女性受教育水平有所提升，但整体依然偏低，这使她们在思想、文化、认知方面都会受到限制；另外，她们对自己能力和价值认识不到位，造成个人自信心、自尊心普遍偏低，对公共事务不关心、不感兴趣、认为与自己无关；对于外部邀请，很多都是被动、消极的态度，缺乏主动性，没有意识到自己是乡村的"主人翁"。

（二）受外部环境制约

现在，多数家庭仍然是"男主外、女主内"的传统模式，女性主要的角色是家庭照料者，承担家务劳动、赡养长辈、抚育幼儿等，甚至可能还需要参与农业生产或者外出上班，每日繁忙和繁重的家事让她们已经无心无暇关注或参与其他事情。此外，很多人认为女性不应该在外抛头露面，乡村妇女参与村庄事务会遭受到流言蜚语和质疑，这些负面信息和不良情绪影响到女性参与的积极性和意愿性。

（三）自组织的可持续发展具有不确定性

在参与项目过程中，虽然很多妇女意识有了提升，但大部分仍然表示"告诉自己要做什么就好，前期讨论什么就不要叫她了"，一定程度上自组织的发展方向、活动设计就落到了负责人身上。如果负责人因个人原因退出或者长期没时间精力筹划自组织发展，妇女自组织很可能内部凝聚力下降，久而久之就成员减少、组织解散。

习近平总书记在全球妇女峰会上指出："推动妇女参加社会和经济活动，

能有效提高妇女地位,也能极大提升社会生产力和经济活力。"① 可见,提升乡村妇女意识、支持乡村妇女发展,有着重要的意义。做好妇女参与乡村振兴的探索、实现乡村妇女与乡村振兴的良性互动,持续发挥女性"半边天"的作用,是摆在社会组织面前的一项重要工作。未来,项目将继续从以下三方面提供助力。

第一,提升妇女参与的能力。乡村妇女想要获得个人不断发展以及持续参与乡村建设,要有热情和积极性,更要有"硬功夫"。这里的"硬功夫"是指妇女参与、行动的综合能力,需要通过不断学习和实践进行积累。项目将继续通过组织培训、参访、经验分享、复盘总结的方式,实现她们能力水平的提升。

第二,强化"姐妹乡伴"共同体的影响带动作用。乡村女性是一个相对特殊的群体,女性们的参与很容易找到共鸣,快速建立信任,并团结起来、相互增能、彼此激励,持续产生带动效果。项目组要对共同体持续"加温"或"保温",既让已经加入的妇女保持这份热情和动力,也让还未加入的姐妹看到变化,有勇气和信心加入进来。

第三,优化对项目的管理。主要体现在:一方面要对妇女自组织在团队管理和公共事务参与方面的经验、方法进行挖掘、整理,形成文字,传递给更多的乡村妇女;另一方面要给予妇女更多选择、发挥的空间,激发妇女的能动性与潜能,探索更多女性参与乡村振兴的路径和可能。

参考文献

张欢欢、陶传进:《"赋权理论"视角下农村妇女参与乡村振兴的路径研究——以 S 公益项目为例》,《贵州社会科学》2020 年第 3 期。

陈义媛、李永萍:《农村妇女骨干的组织化与公共参与——以"美丽家园"建设为例》,《妇女研究论丛》2020 年第 1 期。

---

① 《促进妇女全面发展 共建共享美好世界——习近平在全球妇女峰会上的讲话》,新华网,2015 年 9 月 28 日,http://www.xinhuanet.com/politics/2015-09/28/c_128272780.htm,最后检索时间:2024 年 7 月 24 日。

陈博影、肖婷婷、林夏竹：《农村女性在实施乡村振兴战略中的作用研究——以福建省龙岩市拱桥镇为例》，《龙岩学院学报》2024年第1期。

袁云、袁海：《乡村振兴战略下农村妇女的参与意识与实践研究》，《法制与社会》2019年第36期。

张嘉凌、董江爱：《乡村振兴视角下农村妇女参与乡村治理路径研究——以运城雷家坡村德孝文化建设为例》，《中共福建省委党校学报》2019年第2期。

王浩骅：《妇女民间组织参与农村社区治理研究——基于河南省D村"嫁娶帮扶会"的个案》，《新疆广播电视大学学报》2019年第1期。

Abstract

This report was jointly authored by experts and scholars from universities and research institutions under the organization of the Global Women's Development Institute at China Women's University & ACWF Executive Leadership Academy.

The report provides an overview and synthesis of the latest progress in gender equality and women's comprehensive development in the context of the new era and new journey. Based on the available gender-related information, it conducts a comprehensive review, evaluation, and analysis of women's active participation and contributions to the Rural Revitalization Strategy. Furthermore, it offers targeted strategies and measures to promote the high-quality development of female talent. The report is divided into six sections: Overall Report, Institutional Framework, Industrial Dimension, Talent Perspective, Local Context, and Role of Public Welfare Fund Organizations.

This report asserts that on the journey toward Chinese-style modernization, the power of gender equality has provided significant momentum to new quality productive forces. Women have played a crucial role in rural revitalization, contributing to the construction of beautiful villages and becoming an indispensable force driving social progress. In recent years, women's participation and contributions to rural revitalization have increased significantly. This progress can be attributed to the improvement of institutional policies, the support of various forces, and the proactive involvement and active participation of women themselves. Women's Federation organizations have actively guided this process, implementing a series of policies and measures to support women's engagement in rural revitalization, thereby further stimulating the vitality and potential of the female population. Women have demonstrated unique contributions and the strength of modern women across various fields, including the integration of agriculture, culture, and tourism; industrial revitalization; the preservation of intangible cultural heritage; and the construction of rural ecological civilization. Additionally, women have leveraged emerging media such as short videos to participate in rural revitalization, showcasing new characteristics and potential. The positive portrayal of women in media under the rural revitalization strategy reflects societal recognition and expectations of women's roles. The practices and achievements of local Women's Federations and public welfare fund organizations in promoting rural women's development and participation in rural revitalization hold significant value. These efforts contribute to the comprehensive development of rural women and the deeper implementation of the rural revitalization strategy.

Looking ahead, with the widespread promotion of gender equality, women will have greater opportunities to enhance their education and skills, enabling them to participate more actively in various fields of rural economic and social development. This will allow them to access more resources and support, further leveraging their unique strengths in agricultural production, handicrafts, and rural tourism, and positioning them as key drivers of rural industry innovation and economic growth. Moreover, as rural governance structures are optimized, women are expected to play a more significant role in areas such as rural planning, project management, cultural heritage preservation, and ecological conservation.

Keywords: Rural Revitalization; Chinese-style Modernization; Women's Participation; Women's Development

Contents

Ⅰ General Report

B.1 Injecting Strong Impetus into the Development of New
Quality Productive Forces through Gender Equality
—An Analysis of the Development Trend of Gender
Equality on the Journey of Chinese Modernization
                                          Zhang Li / 001

Abstract: Advancing Chinese modernization is an unprecedented and groundbreaking cause, which cannot be achieved without the optimal dedication of half of the population, namely women, who are striving with all their might. High-quality development is the primary task for building a socialist modern country in an all-round way, and developing new quality productive forces is the inherent requirement and important focal point for promoting high-quality development. Only by promoting gender equality to the greatest extent in the process of Chinese modernization can we inject strong impetus into the development of new quality productive forces. This report, combining with the theme of rural revitalization in the 皮书, focuses on the goals, tasks, and strategic measures for women in eight areas: health, education, economy, participation in decision-making and management, social security, family building, environment, and law, outlined in the "Outline for the Development of Chinese Women (2021-2030)". It summarizes and refines the latest achievements in gender equality and women's comprehensive development in the new era and new journey of China, and presents data showcasing the social value and contributions of Chinese women who "hold up half the sky". This report aims to fully implement the guiding spirit of General Secretary Xi Jinping's important exposition that "safeguarding the legitimate rights and interests of women and children, promoting gender equality, and ensuring the comprehensive development of women and children are important components of Chinese modernization". It objectively analyzes the new challenges and practical obstacles faced in continuously promoting gender equality and women's comprehensive development in the process of Chinese modernization featuring high-quality development and the development of new quality productive forces. This report actively proposes relevant countermeasures and suggestions for deeply promoting the synchronized development of women with the economy and society, and allowing the force of gender equality to inject strong impetus into the development of new quality productive forces.

Keywords: Chinese Modernization; Gender Equality; Women's Development; New Quality Productive Forces

B.2 Contributing "Her" Power to the Revitalization of Beautiful Villages
—New Achievements of the "Half of the Sky" on the Journey of Chinese Modernization *Zhang Li / 084*

Abstract: Implementing the rural revitalization strategy is an important plan to promote agricultural and rural modernization in the process of advancing Chinese modernization. Rural women are both builders of rural revitalization and beneficiaries of its outcomes. The level of rural women's participation in rural revitalization greatly influences the optimal effectiveness of rural revitalization, and the extent to which rural women enjoy the fruits of rural revitalization serves as a primary measure of Chinese modernization's goal of promoting comprehensive human development. Based on the "Law of the People's Republic of China on Promoting Rural Revitalization" and in accordance with the overall requirements of prosperous industries, livable ecology, civilized rural customs, effective governance, and affluent living, this report analyzes and evaluates the achievements and contributions of women in participating in the revitalization of rural industries, talents, culture, ecology, and organizations since the new era. It objectively identifies the difficulties and obstacles faced by women in participating in rural revitalization and proposes relevant countermeasures and suggestions for further promoting women's participation in the five aspects of rural revitalization on the new journey.

Keywords: Chinese Modernization; Rural Revitalization; "Her" Power; New Achievements

II Institutional Reports

B.3 Research on Institutional Policies to Promote Women's Participation in Rural Revitalization *Gao Xiujuan* / 136

Abstract: The policy of rural revitalization system helps to stimulate women's endogenous motivation and enthusiasm, expand the self-esteem, self-confidence, and self-reliance of women in rural revitalization. The report reviews and examines the policies and measures for supporting women in rural revitalization, analyzes the diverse support policy system at the national level, as well as the project-based operation methods and measures at the social level. It also collects and organizes relevant policies and regulations on rural women from 2011 to 2022, and presents the national support policies for promoting rural women through text analysis. Through case analysis, the path and effect of empowering women's participation in rural revitalization from the perspectives of ideology, resources, and economy were presented. On this basis, propose institutional policy recommendations and prospects to further promote women's participation in rural revitalization.

Keywords: Rural Revitalization; Institutional Policies; Empowerment

B.4 Analysis Report on Women's Federations Leading Women's Participation in Rural Revitalization *Li Huibo* / 158

Abstract: This report elaborates on the primary approaches, characteristics, achievements, and prospects of women's federations in guiding women's participation in rural revitalization. The key approaches include strengthening ideological and political guidance, promoting industrial revitalization, enhancing women's capabilities and qualities, focusing on the "home" aspect, providing assistance and support to disadvantaged women, and promoting women's roles in grassroots governance. The working characteristics of women's federations lie in adhering to a work pattern guided by party building, involving all parties, and advancing collaboratively, while flexibly carrying out work based on local conditions and giving full play to the principal role of women in rural revitalization. In terms of achievements, women's federations have significantly contributed to rural economic development, promoted women's participation in rural governance and elevated their social status, made positive progress in ideological guidance and cultural construction, and enriched the cultural connotation of rural areas. Looking forward, women's federations still have room for improvement in macro policy environments, grassroots organization operations, and the arrangement of activities serving women. To ensure that women play a more significant role in rural revitalization, women's federations need to strengthen policy guidance at the macro level, integrate local realities at the meso level, and provide precise guidance and activities at the micro level, thereby promoting women's greater contributions to rural revitalization within a comprehensive and multi-dimensional framework and deepening the implementation of rural revitalization strategies.

Keywords: Women's Federation; Rural Revitalization; Women's Participation

B.5 Female Aid-Dispatching Officials' Poverty Alleviation Practices in Minority Areas under the Background of Rural Revitalization
—*Taking Village Z in County X of Liangshan as an Example*

Liu Chao / 173

Abstract: This paper takes Village Z in County X of Liangshan as the research object, deeply analyzing the difficulties, coping strategies, and achievements of female aid-dispatching officials in poverty alleviation practices in minority areas. Through field research and case analysis, it reveals several issues in the area, including weak grassroots organizations, improper conduct of officials, lack of trust from villagers, and excessive reliance on external assistance. By adopting strategies such as flexible entry, immediate action, and attracting talents, female aid-dispatching officials have successfully established trust with the villagers, solved many problems, and promoted local sustainable development. The research results indicate that the work of female aid-dispatching officials is of great significance in promoting social development and sustainable economic development in minority areas, providing useful references and insights for rural revitalization.

Keywords: Rural Revitalization; Female Aid-dispatching Officials; Poverty Alleviation In Minority Areas

Ⅲ Industry Reports

B.6 Report on the Participation of Female Villagers in the Development of Rural Tourism Industry

Wei Kaiqiong, Li Yiting / 188

Abstract: Female villagers are the subject of rural tourism industry. The existing practice shows that they have made important contributions to the development of rural tourism industry. The No. 1 Central Document in 2024 clearly proposes that the construction of rural tourism agglomeration areas (villages) should be promoted. As the owners of villages, female villagers are not only participants in the tourism industry, the inheritors of farming culture, but also the main force of rural revitalization. This report found that goverment, women's federation and family supplied external motivation for female villagers' participation. the internal power included female individual feelings to hometown, yearning for a better life and women's agency. Female villagers have obvious advantages in participating in the rural tourism industry. Firstly, the female characteristics are highly compatible with the tourism industry. Secondly, self-employment at home enables them to balance family care an career development, and thirdly, their life skills in the family strongly support their career development. The report also found that by participating in the rural tourism industry, women are empowered in the family, however, women's physical and mental health are also impaired by overlode work, and women's marginal status in the participation, to some extent, limits their full development. This report put forward the following Suggestions. Firstly, friendly atmosphere should be built for women to participate in rural tourism industry. Secondly, women's needs and voice shoud be valued. Thirdly, Women models are importment to attract more women to participate in rural revitalization and promote women more comprehensive development.

Keywords: Rural Tourism Industry; Female Villagers; Women's Participation; Women's Development

B.7 Practice and Reflection of Rural Women Migrant Returnees in Industrial Revitalization in Contemporary China

Wang Yuxia, Wu Huifang / 209

Abstract: Rural women migrant returnees invigorate local industries with their Innovation and entrepreneurial spirit, playing a key role in reshaping the rural economic landscape. Under the context of comprehensive rural revitalization, the flourishing rural economy, supportive policies, and favorable entrepreneurial environments enhance their motivation to return. These women, driven by strong familial responsibilities and attachment to their hometowns, and combined with educational and urban experiences, contribute diverse professional roles to rural society that are both locally distinctive and contemporary. They explore new business models in rural industrial development, apply advanced concepts and skills for industrial transformation and upgrading, enhance mutual cooperation among women, and commit to preserving local culture and sustainable rural development. However, female returnees face challenges such as social recognition and gender bias, technical and organizational capabilities, and resource constraints and integration issues. Addressing these issues requires enhancing societal acceptance of female returnees, eliminating gender discrimination, providing targeted technical and leadership training, and optimizing policy participation and resource support to fully unleash their potential in industrial revitalization.

Keywords: Industrial Revitalization; Rural Women Migrant Returnees; Innovation and Entrepreneurship

B.8 Achievements and Challenges of Women's Participation in the Construction of Rural Ecological Civilization in the New Era　　　　　　　　　　　　　　*Zuo Ling* / 224

Abstract: For China to be beautiful, it must be beautiful in rural areas. The construction of rural ecological civilization is not only an important part of promoting rural revitalization in an all-round way, but also an essential part of strengthening the construction of ecological civilization. In the process of rural ecological civilization construction, women play an important role of "half of the sky" with their unique social status and family role. This paper summarizes the achievements and progress of women's participation in the construction of rural ecological civilization in the new era, analyzes the problems and challenges faced by women's participation in the construction of rural ecological civilization, and puts forward policy suggestions to promote women's deeper participation in the construction of rural ecological civilization.

Keywords: Women's Participation; Rural Ecological Civilization Construction; Beautiful China Initiative; Women and the Environment

B.9 The Role, Challenges, and Optimization Pathways of Rural Women's Participation in Rural Revitalization through Short Videos
　　　　　　　　　　　　　　Cai Shuangxi, Li Hongbei / 241

Abstract: Since the implementation of the rural revitalization strategy, the improvement of internet facilities in rural areas has greatly promoted the popularization of short video media in rural areas. Especially rural women, driven by new media technologies, can not only use short videos to meet their information, entertainment, and social needs, but also enhance their ability to express themselves and participate in society by browsing and producing short video content. This report conducts a search and analysis of academic papers on the CNKI platform from October 18, 2017, to June 30, 2024, and finds that short videos significantly promote rural women's social exposure and emotional satisfaction, providing new impetus for rural revitalization. Based on this, this study explores the specific role of short videos in empowering rural women and the digital dividends they bring, and proposes targeted optimization strategies to further leverage the positive role of short videos in rural revitalization.

Keywords: Rural Revitalization; Female Participation; Short Videos

Ⅳ Talent Reports

B.10 Rural Revitalization and the Development of Female Talents

Shi Xin / 261

Abstract: Women are the main force in rural revitalization, undertaking multiple roles such as agricultural production, family care, and community building. Without the development of women's talents, there can be no rural revitalization. The study believes that governments and women's federations have introduced a series of policy measures, including incorporating into national strategies, taking special actions, and carrying out skills training, to enhance rural women's employment channels and skill levels. The main problems currently faced in the development of women's talents include insufficient attention from local governments, difficulty in attracting women to return to rural areas, and insufficient role of women in cultural heritage. The article proposes countermeasures such as increasing gender sensitivity in skills training, creating a supportive policy system, and valuing women's cultural and handicraft inheritance, in order to fully leverage the role of women in rural revitalization.

Keywords: Rural Revitalization; Rural Women; Women' Talents; Women's Development

B.11 The Intangible Cultural Heritage Effect: Research on the Protection and Cultivation of Female Intangible Cultural Heritage Inheritors from the Perspective of Rural Revitalization *Gao Ling / 274*

Abstract: Female inheritors are not only the bearers of culture and techniques of intangible cultural heritage but also play an irreplaceable role in rural revitalization. They promote the comprehensive prosperity and development of rural culture, economy, and society through inheriting the rural historical lineage, driving rural economic development, and empowering rural talents, etc. However, the group of female inheritors still faces some practical challenges in their development, such as lack of successors, weakness in team building, loss of self-identity, and other development dilemmas, which constrains female inheritors to play a greater and more sustainable role in rural revitalization. From the perspective of rural revitalization, more attention and support are needed for the protection and cultivation of female inheritors. Therefore, this report puts forward the "intangible cultural heritage effect", focusing on the practice and value realization of female inheritors in rural revitalization, and discusses the challenges and breakthroughs faced by inheritors from a gender perspective, and then proposes corresponding paths for protection and cultivation of female inheritors.

Keywords: Rural Revitalization; Intangible Cultural Heritage Effect; Female Inheritors

B.12 Research on the Presentation of Women's Media Image in the Context of Rural Revitalization *Yang Yifan, Zhou Zhifei / 292*

Abstract: Women are a vital part of the rural revitalization team, playing an irreplaceable role in rural industrial development, grassroots autonomous governance, and the construction of rural civilization, forming the "half of the sky" supporting rural revitalization. It is an important issue that requires attention and exploration to comprehensively, accurately, and truthfully present the media image of rural women, reshape audiences' perceptions of traditional rural women, and stimulate the enthusiasm of women in the new era to participate in rural revitalization. Research findings indicate that the media-constructed image of rural women exhibits characteristics of both self-shaping and other-shaping. After analyzing the reported samples, it is found that there are still some issues in topic setting, reporting angles, and gender awareness, regardless of whether the rural women's image is shaped by mainstream media or self-media. Countermeasures and suggestions are proposed accordingly.

Keywords: Rural Revitalization; Rural Women; Media Image

V Region Reports

B.13 Report of Women's Participation In Rural Revitalization In Sichuan Province

Hu Xiuqin, Guan Mofei, Zhou Xiaoqin and Hou Xueyi / 310

Abstract: In the government's system of Sichuan Province, the work of women's participation in rural revitalization is promoted through policy guidance and measures in various aspects such as skills training, platform construction, environmental improvement, and example setting. This has made women growing up as a more and more important force in the modernization of agriculture and rural areas and rural revitalization in the province. With women continuously improving their skills in agricultural production and enhancing their organizational level of participation in rural revitalization, the women talents provide important support in agriculture and rural areas. Their roles in grain production, women's advantageous characteristic industries, e-commerce sales, rural governance, cultural construction, beautiful rural construction, and ecological protection, continue to be highlighted, contributing significantly to the sustainable development of agriculture and rural areas in Sichuan Province. The experience of Sichuan Province demonstrates that organized development, targeted support, and demonstration cultivation play an important role in empowering women and enhancing their participation in rural revitalization. On the other hand, some challenges of the development of women's participation in rural revitalization are existing, the imbalance between urban and rural regions are huge, the women's initiative need to be strengthened persistently. In the future, by improving the overall industrial system of the province, strengthening education and training, increasing policy support, and enhancing the role of grassroots women's federations, it is hoped that women's irreplaceable role in rural revitalization can be more effectively leveraged.

Keywords: Rural Revitalization; Women Participation; Sichuan

B.14 Report on Women's Participation in Rural Revitalization and Development in Inner Mongolia Autonomous Region

Gao Ge, Bao Xingya and Qi Liger / 330

Abstract: Guided by Xi Jinping Thought on Socialism with Chinese Characteristics for a New Era. The Women's Federation of Inner Mongolia Autonomous Region, focusing on the overall situation of the Party and the country, adheres to the principle of coordinating women's development and rural revitalization, based on regional characteristics and women's reality, leverages the advantages of the word "union", and leads women to actively participate in rural revitalization, achieving new progress. But at the same time, it should be noted that women's participation in rural revitalization construction still faces some new challenges, and it is necessary to further strengthen publicity and guidance, enhance women's consciousness and action ability to participate in rural revitalization; further improve the level of grassroots women's organization, promote the coordinated progress of women's development and rural revitalization; further enhance the ability and leadership of women's federations to adapt to new situations and changes, and to coordinate and plan women's development.

Keywords: Federation of Inner Mongolia Autonomous Region; Women; Rural Revitalization

Ⅵ Public Welfare Foundation Organization Reports

B.15 Case Study of the "Orange Mama" Rural Women's Economic Empowerment Project by the Youcheng Foundation *Zhang Jing / 344*

Abstract: The "Orange Mama" Rural Women's Economic Empowerment Project of the Youcheng Foundation adopts an innovative model that combines "online and offline entrepreneurial skills training + guidance for women's entrepreneurial incubation + connection to entrepreneurial operational resources." Through an empowering teaching system that integrates "learning, practice, and application," the project provides rural women with empowerment across various domains such as internet mindset, e-commerce skills, product development, marketing and promotion, female psychology, female leadership, finance, and team management over one academic year. It aims to help them establish a sense of growth and self-reliance, master technical skills for rural entrepreneurship, upgrade their thinking, broaden their horizons, and comprehensively enhance their internal motivation and external abilities, ultimately enabling them to realize their self-worth and become a significant force in rural revitalization.

Keywords: Youcheng Foundation; The "Orange Mama"; Rural Women; Economy Empowerment

B.16 Practical Innovation and Path Exploration of Ant Public Welfare's "Cyber Mulan" Initiative in Promoting Rural Revitalization" *Yang Jianghua, Digital Mulan Female Philanthropy Research Group / 352*

Abstract: This report focuses on the power of "she" in rural revitalization in the digital era, providing a comprehensive summary of the original intention, practices, effectiveness, model experiences, and future development directions of

Ant Philanthropy's "Cyber Mulan" program. It aims to offer references for related actions by other philanthropic organizations. The original intention of the "Cyber Mulan" program is to leverage digital technology and platform capabilities to help rural women gain more development opportunities. The main approach involves providing rural women with support for major illnesses and education, entrepreneurship and employment assistance, and diversified development support. Based on reinforcing the achievements of poverty alleviation, it aims to boost rural industry and talent revitalization. The core experience and model involve actively aligning with national strategic directions, focusing on digitally empowering high-quality female development, leveraging corporate technological and platform resource advantages, facilitating multi-party collaboration to support project implementation, and establishing a long-term and sustainable assistance mechanism. In the future, Ant Philanthropy will continue to uphold its original intention, innovate continuously, deepen cooperation, and increase support for rural women, thereby enhancing their endogenous motivation to participate in rural revitalization.

Keywords: Cyber Mulan; Digital Inclusion; Technology Empowerment; Female Development; Rural Revitalization

B.17 Sister Township Companion: Exploring the Mode of Rural Women's Participation in Rural Revitalization in Fujian Province *Yuan Ling* / 369

Abstract: Women are an important force in rural areas and an important participant in rural revitalization. How to mobilize their enthusiasm, initiative, to find their participation in the way is very necessary. In 2018, Fujian HIGHSUN Foundation proposed the "Sister Township Companion" project, which aims to support women's self-organization as a carrier, realize the empowerment and development of rural women, and explore the mode of women's participation in township revitalization by providing them with capacity building, follow-up companionship, building community communication platforms, and providing development funds.

Keywords: Rural Women; Self-organization; Rural Revitalization

社会科学文献出版社

皮 书
智库成果出版与传播平台

❖ 皮书定义 ❖

皮书是对中国与世界发展状况和热点问题进行年度监测，以专业的角度、专家的视野和实证研究方法，针对某一领域或区域现状与发展态势展开分析和预测，具备前沿性、原创性、实证性、连续性、时效性等特点的公开出版物，由一系列权威研究报告组成。

❖ 皮书作者 ❖

皮书系列报告作者以国内外一流研究机构、知名高校等重点智库的研究人员为主，多为相关领域一流专家学者，他们的观点代表了当下学界对中国与世界的现实和未来最高水平的解读与分析。

❖ 皮书荣誉 ❖

皮书作为中国社会科学院基础理论研究与应用对策研究融合发展的代表性成果，不仅是哲学社会科学工作者服务中国特色社会主义现代化建设的重要成果，更是助力中国特色新型智库建设、构建中国特色哲学社会科学"三大体系"的重要平台。皮书系列先后被列入"十二五""十三五""十四五"时期国家重点出版物出版专项规划项目；自2013年起，重点皮书被列入中国社会科学院国家哲学社会科学创新工程项目。

皮书网

（网址：www.pishu.cn）

发布皮书研创资讯，传播皮书精彩内容
引领皮书出版潮流，打造皮书服务平台

栏目设置

◆ **关于皮书**
何谓皮书、皮书分类、皮书大事记、
皮书荣誉、皮书出版第一人、皮书编辑部

◆ **最新资讯**
通知公告、新闻动态、媒体聚焦、
网站专题、视频直播、下载专区

◆ **皮书研创**
皮书规范、皮书出版、
皮书研究、研创团队

◆ **皮书评奖评价**
指标体系、皮书评价、皮书评奖

所获荣誉

◆ 2008年、2011年、2014年，皮书网均在全国新闻出版业网站荣誉评选中获得"最具商业价值网站"称号；

◆ 2012年，获得"出版业网站百强"称号。

网库合一

2014年，皮书网与皮书数据库端口合一，实现资源共享，搭建智库成果融合创新平台。

皮书网

"皮书说"
微信公众号

权威报告·连续出版·独家资源

皮书数据库
ANNUAL REPORT(YEARBOOK) DATABASE

分析解读当下中国发展变迁的高端智库平台

所获荣誉

- 2022年，入选技术赋能"新闻+"推荐案例
- 2020年，入选全国新闻出版深度融合发展创新案例
- 2019年，入选国家新闻出版署数字出版精品遴选推荐计划
- 2016年，入选"十三五"国家重点电子出版物出版规划骨干工程
- 2013年，荣获"中国出版政府奖·网络出版物奖"提名奖

皮书数据库　　"社科数托邦"微信公众号

成为用户

登录网址www.pishu.com.cn访问皮书数据库网站或下载皮书数据库APP，通过手机号码验证或邮箱验证即可成为皮书数据库用户。

用户福利

- 已注册用户购书后可免费获赠100元皮书数据库充值卡。刮开充值卡涂层获取充值密码，登录并进入"会员中心"—"在线充值"—"充值卡充值"，充值成功即可购买和查看数据库内容。
- 用户福利最终解释权归社会科学文献出版社所有。

社会科学文献出版社 皮书系列
SOCIAL SCIENCES ACADEMIC PRESS (CHINA)

卡号：161329169584
密码：

数据库服务热线：010-59367265
数据库服务QQ：2475522410
数据库服务邮箱：database@ssap.cn
图书销售热线：010-59367070/7028
图书服务QQ：1265056568
图书服务邮箱：duzhe@ssap.cn

S 基本子库
SUB DATABASE

中国社会发展数据库（下设 12 个专题子库）

紧扣人口、政治、外交、法律、教育、医疗卫生、资源环境等 12 个社会发展领域的前沿和热点，全面整合专业著作、智库报告、学术资讯、调研数据等类型资源，帮助用户追踪中国社会发展动态、研究社会发展战略与政策、了解社会热点问题、分析社会发展趋势。

中国经济发展数据库（下设 12 专题子库）

内容涵盖宏观经济、产业经济、工业经济、农业经济、财政金融、房地产经济、城市经济、商业贸易等 12 个重点经济领域，为把握经济运行态势、洞察经济发展规律、研判经济发展趋势、进行经济调控决策提供参考和依据。

中国行业发展数据库（下设 17 个专题子库）

以中国国民经济行业分类为依据，覆盖金融业、旅游业、交通运输业、能源矿产业、制造业等 100 多个行业，跟踪分析国民经济相关行业市场运行状况和政策导向，汇集行业发展前沿资讯，为投资、从业及各种经济决策提供理论支撑和实践指导。

中国区域发展数据库（下设 4 个专题子库）

对中国特定区域内的经济、社会、文化等领域现状与发展情况进行深度分析和预测，涉及省级行政区、城市群、城市、农村等不同维度，研究层级至县及县以下行政区，为学者研究地方经济社会宏观态势、经验模式、发展案例提供支撑，为地方政府决策提供参考。

中国文化传媒数据库（下设 18 个专题子库）

内容覆盖文化产业、新闻传播、电影娱乐、文学艺术、群众文化、图书情报等 18 个重点研究领域，聚焦文化传媒领域发展前沿、热点话题、行业实践，服务用户的教学科研、文化投资、企业规划等需要。

世界经济与国际关系数据库（下设 6 个专题子库）

整合世界经济、国际政治、世界文化与科技、全球性问题、国际组织与国际法、区域研究 6 大领域研究成果，对世界经济形势、国际形势进行连续性深度分析，对年度热点问题进行专题解读，为研判全球发展趋势提供事实和数据支持。

法律声明

"皮书系列"(含蓝皮书、绿皮书、黄皮书)之品牌由社会科学文献出版社最早使用并持续至今,现已被中国图书行业所熟知。"皮书系列"的相关商标已在国家商标管理部门商标局注册,包括但不限于LOGO( )、皮书、Pishu、经济蓝皮书、社会蓝皮书等。"皮书系列"图书的注册商标专用权及封面设计、版式设计的著作权均为社会科学文献出版社所有。未经社会科学文献出版社书面授权许可,任何使用与"皮书系列"图书注册商标、封面设计、版式设计相同或者近似的文字、图形或其组合的行为均系侵权行为。

经作者授权,本书的专有出版权及信息网络传播权等为社会科学文献出版社享有。未经社会科学文献出版社书面授权许可,任何就本书内容的复制、发行或以数字形式进行网络传播的行为均系侵权行为。

社会科学文献出版社将通过法律途径追究上述侵权行为的法律责任,维护自身合法权益。

欢迎社会各界人士对侵犯社会科学文献出版社上述权利的侵权行为进行举报。电话:010-59367121,电子邮箱:fawubu@ssap.cn。

社会科学文献出版社